U0928133

世纪波
Century Wave

西点军校的领导力

Leadership Lessons from West Point

[美] 道格·克兰德尔（Doug Crandall）编　　刘智强 译

電子工業出版社
Publishing House of Electronics Industry
北京·BEIJING

Doug Crandall: Leadership Lessons from West Point
Copyright©2007 by Leader to Leader Institute
All rights reserved.Authorized translation from the English language edition published by Jossey-Bass,Inc.

本书中文简体字版由 John Wiley & Sons,Inc.授权电子工业出版社独家出版发行。未经出版者书面许可，不得以任何方式复制或抄袭本书之部分或全部内容。

版权贸易合同登记号 图字：01-2008-1371

图书在版编目（CIP）数据

西点军校的领导力：钻石版/（美）道格·克兰德尔（Doug Crandall）编；刘智强译. —北京：电子工业出版社，2020.1
书名原文：Leadership Lessons from West Point
ISBN 978-7-121-37014-4

Ⅰ. ①西… Ⅱ. ①道… ②刘… Ⅲ. ①领导学 Ⅳ. ①C933

中国版本图书馆 CIP 数据核字（2019）第 131795 号

责任编辑：刘露明 文字编辑：刘淑敏
印 刷：涿州市京南印刷厂
装 订：涿州市京南印刷厂
出版发行：电子工业出版社
北京市海淀区万寿路 173 信箱 邮编 100036
开 本：720×1000 1/16 印张：24.25 字数：435 千字
版 次：2020 年 1 月第 1 版
印 次：2020 年 1 月第 1 次印刷
定 价：98.00 元

凡所购买电子工业出版社图书有缺损问题，请向购买书店调换。若书店售缺，请与本社发行部联系，联系及邮购电话：（010）88254888，88258888。

质量投诉请发邮件至 zlts@phei.com.cn，盗版侵权举报请发邮件至 dbqq@phei.com.cn。
本书咨询联系方式：（010）88254199，sjb@phei.com.cn。

好评如潮

More Praise for Leadership Lessons from West Point

许多西点军校的学员可能告诉你，在他们为期 4 年的学业生涯里，他们学到的最有价值的东西可以归纳为一个词：领导力。一些世界一流的领导者在《西点军校的领导力》这本书里做出了许多贡献，他们清晰而真挚地表达了领导力的战略、价值观、风格及各类情景。我相信每个不同背景的读者都可以从专家们的个人逸事、真知灼见中汲取知识。

——富兰克林·L. 哈根贝克（Franklin L. Hagenbeck），
陆军中将，美国陆军军官学校第 57 届警长，1971 年毕业于西点军校

对于领导力的学习，这是一本很值得一读的入门书籍，不管是年轻的或年长的，以及是否是专业的，道格·克兰德尔很巧妙地从实践和理论两个角度将有关领导力的评论转换为简明易懂且相互关联的文字。《西点军校的领导力》这本书是管理人员的必读之书，也是帮助培育下属成为未来领导者的好帮手。

——约翰·W. 罗斯（John W. Rose），
美国五星中将，1973 年毕业于南加利福尼亚军事学院，后任该校校长

美国军校已经充分证明了领导力是可以培养和提高的。在军队训练、后勤计划、军事战略制定、战场战术实施，以及对士兵的激励中所积累的领导技能均可以被应用到商业中去。

——亨利·西斯内罗斯（Henry Cisnernos），《城景国际》主编

一本出自军事院校教员的书能否帮助那些一筹莫展的领导者？如果你的组织已经有了自己的宗旨和员工，先停下你手中所做的事，看看这本书；然后带领你的团队参观任何一个军事装备区并学习它的宗旨和目标；接下来……持之以恒……看看会发生什么！

——兰德尔 · D. 富尔哈特（Randal.D.Fullhart），
陆战队准将，美国空军指挥参谋学院司令员

《西点军校的领导力》中的每一章均向大家展示了作者的多年从业经验，诸如从失败中学习、获得领导者的信心、培养领导他人的能力等，以及其他有关领导力的知识，这些均可以运用到各行各业。不管你是在部队任职，还是在商界拼搏，如果你想成为一名有效的领导者，这本书中的内容将会对你大有帮助。

——理查德 · W. 施耐德（Richard W. Scneider），
国家海岸警卫队海军少将，诺威奇大学校长

译者序

Preface from the Translator

在着手翻译本书之前，我很少对“领导力培训”之类的问题感兴趣。坦率地说，我并不怀疑领导力可以后天习得，但我认为那是少数人的事，对多数人而言，领导力就如同 DNA，即使不喜欢也很难改变。但是一次偶然的机会，因为电子工业出版社的推荐，我接触到了本书的英文版，在快速浏览第 1 章之后，我决定翻译本书，我意识到我以前的观点也许是错的，我也预料到本书的出版可能改变很多人的一生，我应该做点什么。

本书不是在讲学院式的“象牙塔”理论，而是通过 21 位来自西点军校行为科学与领导系的作者及其周围人的真实故事和体会，教会你如何在家庭、工作和其他任何需要担任领导的地方，成为出色的领袖。本书自始至终不存在强迫你接受什么或希望灌输你什么的痕迹，但是能潜移默化地教会你什么是领导力、怎样提升领导力，如果你有时间读完本书的话。这就是真正的领导力，也是本书的超凡之处：不使用“领导权力”实现领导。我想我说的够了，留点时间让大家自己去看，比我在这里“八卦”效果要好得多。

本书由 19 篇独立的文章组成，分为三个部分：领导力和价值观发展（7 章）、领导力类型与情境（7 章）、领导组织（5 章）。这些文章将领导力阐释得非常深刻，正如道格·克兰德尔所说，本书“打开了西点军校行为科学与领导系这扇窗户，引领我们走进了领导力培养的世界，而且分享了一些诚恳的反思、令人信服的故事、最佳的实践方法和前沿的领导思想”。因此，相信本书的出版将带给所有希望了解领导力、提升领导力的朋友们一份意想不到的收获。

本书在翻译过程中得到了许多人的支持和帮助，在此一并致谢。肖为、邓程琳、刘子军、胡凌芳、陈诚、蔡婷帮忙进行了部分翻译，邓程琳、张佩佩、肖芳、陈婷等对译稿的部分章节进行了校对。全书由刘智强负责总校译并定稿。

最后需要指出，虽然我们已为本书做了很长时间的修改和校订，但由于译者水平有限，仍可能存在一些错误，希望读者批评指正！

刘智强

华中科技大学管理学院

2008 年 12 月

译者简介

刘智强博士，男，华中科技大学管理学院工商管理系硕士生导师。1995 年毕业于兰州大学经济系，获经济学学士学位；2003 年毕业于武汉大学经济与管理学院，获管理学硕士学位；2006 年毕业于华中科技大学管理学院，获管理学博士学位，毕业后留校任教。目前主要从事人力资源管理研究，比较感兴趣的研究领域包括：知识创造与创新、绩效考核与薪酬管理、知识员工管理、职业生涯管理、团队有效性研究。至今已参与国家自然科学基金课题 1 项，主持教育部基金课题 1 项、省科技攻关项目 1 项，出版专著和教材 2 部，译著 1 部，在《南开管理评论》《中国工业经济》《管理工程学报》《研究与发展管理》《预测》《经济管理》等国内外杂志发表论文 20 余篇；主持和参与绩效考核、薪酬管理横向项目十多项。

推荐序一

A Note from the Leader to Leader Institute

我很荣幸受邀为本书写序。本书所有章节均是由一些正在或曾经在美国军事学院（简称西点军校）任教和任教过的资深教育家、军官，以及信奉“责任、荣誉、国家”的公务员写作的。这是我们领导者与领导者协会（Leader to Leader Institute）（前身是彼得·F. 德鲁克基金会）在 16 年内出版的最为重要的领导力丛书中的一本。我们已经出版的 21 套丛书，被翻译成 28 种语言，正在世界各地发行，为领导者提供了重要的领导力资源。现在，《西点军校的领导力》在融合了社会部门组织领导、大学生、全体教员，以及各级政府领导提供的各个层次水平的领导力智慧和实践后，也即将加入这一群体。这本书很适合当我们还很孱弱的时候去读，是一本非常及时的书。

在领导者和领导者协会，我们都相信这本书会成为一本未来领导者不可缺少的行动指南，它将指引着未来的组织。这本书将富有天赋的军官、教育家、领导力开发者聚集在一起来思考领导力的各个方面，各章节不仅有学术理论做基础，而且是建立在这些领导者的实践经验、印象深刻的教育经历，以及他们作为教员时的研究基础之上的。虽然作者提及战争、生死抉择、英雄行为，但他们的焦点还是领导力、使命、价值观、团队协作、组织学习和文化、领导变革，以及其他跨越组织、贯穿公众、私人和社会部门的话题。这是一本为领导者寻找真实性和相关性，让思想者了解自己的书。对那些想要重新定义未来的领导者而言，每一章都是一份礼物。

领导者和领导者协会与美国军队合作而写出的这本书是来自军事领导专家的令人惊喜的领导力资源。这些作者和教员都在致力于构建一种不断发展而且鼓舞人心的鼓励冒险的文化，以使年轻人即西点军校的学员们为未来做好准备。虽然未来无法预计，但是他们注定要担负起领导者的角色，并在持续发展的民主政治中担当责任。这些领导力课程将在全世界各个部门的人中产生共鸣。《西点军校的领导力》是一本不可或缺的随身携带之书，我们甚至希望读者在他们自己的领导之旅中广泛地与人分享它。

法兰西斯·海塞贝恩

纽约

推荐序二

Foreword

吉姆·柯林斯，《基业长青》作者

2005 年，因为一次经济、社会部门和军用事业的领导者聚会，我有幸参观了西点军校。我问聚会的一位组织者——美国军队的一个上尉，从西点军校毕业后获得了 MBA 学位：“从西点军校毕业之后，商学院最使你感到惊奇的是什么？”

“是我的 MBA 同学对部队训练与它在军队外的领导力之间关系的误解。”他答道。然后他描述了一场曾在他的一个课堂上爆发的辩论，以及他一个同学的质疑，“在军队中，你实际上没有必要去领导，因为士兵们都训练有素，他们会一切行动听指挥。”

如果领导力仅存在于人们有自由不服从但仍然选择服从这一情境时，我认为他同学的质疑也许是有道理的。毕竟，平民的生活没有像美国军队那样有明确的指挥系统。当我提出这一观点时，那个上尉回答说，是的，军队有明确的指挥系统，但是军队领导者面临着一个商业领导者极少面临的严峻现实：“在商业中，如果你做错了决定，人们会失去金钱或者工作，”他说，“但是在部队，如果你做错了决定，国家会沦丧，人民会丧生。”

“人民会丧生”这句话在我脑海里盘旋。确实，在军队，你的领导者是否有能力，是否值得信任，是否关心他们自己胜于关心他的人民和使命，都关系到你实实在在的生活。你的一生或许很大程度上都取决于此。将这一事实与保护民族利益和提倡自由事业的更大使命联系起来，你会得到一个在正式的商务课程中极少听到的对领导力的诠释。

这本好书向我们呈现了只有在面临高风险和严重后果时才能被很好理解的

领导力。一般接到书稿，我会在逐页阅读之前先浏览文前以得到对该书总体的大致印象。但是在读这本书时，我发现我立即沉迷其中，在完成我的初步扫描之前就迫不及待地去读整个章节，逐渐被里面的故事所吸引。这些作者把他们的真切体验与思想融合在一起，并通过生动的故事使之栩栩如生。

“受过训练的人其思维和行动都会更加训练有素。”这也正是他们区别于平庸之辈的伟大之处。部队早已将这一概念与其自身的领导力框架——成、知、行（Be, Know, Do）融合在了一起。这一概念贯穿于所有章节，就像一条DNA链。这本书的好就在于它提出了领导力的二元性——知道何时服从命令，何时不服从；知道提出质疑和执行命令的责任；知道应首先致力于使命的实现，而最重要的是为自己的同志们奉献。这一二元性高度强调，遵守纪律并不意味着生搬硬套。遵守纪律的行为意味着从核心价值观体系开始（成），将价值观与知识和理解融合在一起（知），最后根据具体情况决定将要采取的行动（行）。这本书里所讲的领导力，不是以“你做什么”而是以“你是谁”开始的。

探究西点军校的做法，可以得到两个永恒的真理：首先，我们无法预料到中长期的未来；其次，在动荡环境下最好的“策略”是选择合适的人，他应能体现组织的核心价值观且能应对未预料到的挑战。西点军校的存在不是为某场特殊战争训练士兵，而是为了培养这样的领导者：他们可以应对任何可能分裂国家的战争，不管是哪个洲，不管遇到什么情形，不管什么战争形式，不管敌人是谁。

西点军校用“如果你是一个领导者，你是否会这样？”来回答“领导力能否被习得”这一问题。真正的问题在于你是不是一个有效的领导者。在读本书的过程中，我意识到西点军校也解决了我一直在力图解决的一个问题：“能否发展第五级领导力？”在我们研究为什么某些公司可以做得比其他公司好时，我的同事和我都发现领导能力遵循五个层级发展，第五级是最高级别。若处在第一级，说明你是一个很有能力的个体；若处在第二级，说明你是一个对团队有贡献的成员；若处在第三级，说明你是一个有竞争力的经理；若是在第四级，说明你是一个有效的领导者；要上升到第五级，需要一个人同时具备谦卑的个性和职业意愿——将你个人雄心和能力导向一个更伟大的事业或使命的才能。第五级领导者与第四级领导者的区别在于，第五级领导者首先必须是雄心勃勃的，他们将事业、组织、使命、民族、工作放在首位而不是将他们自己，而且他们有为之付出一切的意愿（在组织核心价值范围内）。这些表明西点军校不仅是在培养领导者，而且是在培养第五级领导者。贯穿整本书的内容都是关于服务的典范、为事业的奉献、对同志的忠诚、献身、勇气和荣誉。

在结束对西点军校的访问时，我有幸受一些写过本书部分章节的教员之邀，为即将毕业的学生举行了一个小型的研讨会。一个准备毕业后去中东从事危险任务的资深学员告诉我说，他感觉比他那些已经去了哈佛和斯坦福等大学的朋友们更幸运。“不管我接下来会怎么发展，”他解释说，“我知道我在为一个比自身更伟大的事业服务。”那天早些时候，一个资深的将官评论说，自 1945 届毕业班以来，西点军校这一届毕业生是最受鼓舞而且一直鼓舞人心的一届。

参加完会议，我感受到这些青年男女与 1980 年我大学毕业时所形成的强烈对比。20 年来，我们生活在一个人为的稳定世界里，这可能是由美国在冷战中的胜利，以及 20 世纪 90 年代后期股票市场泡沫中的空前繁荣造成的。我们这一代没有更伟大的事业，没有服务胜于一切的精神，没有可以为之牺牲的伟大目标，我们为此而显得更加可怜。那些将我介绍给这些受鼓舞的学员的西点军校领导者和那些在本书中激情抒写勇气、牺牲、忠诚原则的领导者，帮助我认识到这理想主义的年青一代不仅值得成为其长辈的学生，甚至可以做我们的老师。

作者简介

About the Contributors

陆军少校杰夫·伯格曼（Jeff Bergmann）是美国军事学院行为科学与领导系的一个心理学助教。目前他担任教育心理学和辅导心理学的课程主任，教授领导者普通心理学。伯格曼曾担任过不同的领导职务，包括宪兵连的指挥上将和司令，2001 年他被调到阿富汗边境支援全球反恐战争。他目前致力于研究战争对服役人员及其家庭的心理影响。他获得了美国军事学院的理学学士和纽约大学的文学硕士学位。

上尉丹娜·布拉戈（Dena Braeger）是美国军事学院行为科学与领导系的讲师，主要讲授变革中的领导组织和军队领导力。她作为医疗服务人员和后勤人员带领大家完成过各种任务。2003 年，她被调到伊拉克支援全球反恐战争。她获得了美国军事学院的理学学士和哥伦比亚大学师范学院组织心理学的文学硕士学位。

陆军少校道格·克兰德尔（Doug Crandall）是美国军事学院教务委员会的行政主任。他早先曾是行为科学与领导系的助教，在那里他担任“领导变革中的组织”和“高级军队领导力”这两门课的课程主任，而且获得教学优秀奖。在他到西点军校任职之前，曾担任一系列的领导职务。他获得了美国军事学院的理学学士和斯坦福商学院的工商管理硕士学位。

陆军少校奇普·丹尼尔斯（Chip Daniels）2003—2005 年在美国军事学院行为科学与领导系担任助教，主要讲授军事领导，并担任课程督导助理。以前他曾在部队里担任过排长、行政主任、参谋和连长多个职务。他获得了弗吉尼亚工学院管理学理学学士和杜克大学富卡商学院工商管理硕士学位，在杜克大学富卡商学院他还获得了斯波尔丁领导奖。目前，丹尼尔斯与骑兵第一师一起被调到伊拉克。

莫滕·G. 恩德（Morten G. Ender）博士是美国军事学院行为科学与领导系社会学项目总监和社会学系助教。他是马里兰大学和西点军校的一级教师，他的研究成果已经在学术杂志上发表，已经出了两本书：《军事小子和全球流浪汉：在组织家族中成长》(2002)和《不等式：解读差异性和社会生活》(2004)。他目前的研究就是比较军事学院和普通大学的本科生对当代社会问题（比如女人参战和美国在全球反恐战争中的角色）的态度。他获得了马里兰大学的社会学文学硕士和工商管理博士学位。

陆军少校雷迷·海侠（Remi Hajjar）2002—2005年担任美国军事学院行为科学与领导系助教，主要讲授军事领导、社会学导论和社会理论，也担任社会学系的副主任。他的领导经历包括在军事情报区执行一系列任务。他目前感兴趣的学术主题有：文化和武装力量的多样性，尤其是军队如何加强有效处理文化差异的能力来提高业绩。他获得了美国军事学院领导力研究理学学士和西北大学社会学文学硕士学位。

陆军上校肖恩·T. 汉纳（Sean T. Hannah）是美国军事学院行为科学与领导系领导管理研究的主任。他具有20年指挥步兵部队的经验，其间既历经和平时期和战争时期，也参与过五角大楼战略层面上的（步兵部队）指挥。他获得锡拉库扎大学工商管理硕士和公共管理硕士，海军陆战队大学军事科学文学硕士和内布拉斯加大学领导力工商管理博士学位。

第二陆军中尉格雷格·黑丝汀斯（Greg Hastings）2006年5月毕业于美国军事学院，他在那里主修行为科学与领导系的心理学专业，而且指导了一项如何提高战士们绩效的学术研究并获得了奖项。一毕业，他就被任命为步兵团军官，担任第82空降师的排长。在西点军校时他对登山、外语、格斗、跳伞都很感兴趣，在那里他曾为西点军校降落伞队赢得了一个全美锦标赛奖。

陆军上校托德·汉肖（Todd Henshaw）是美国军事学院教授，还是军队领导力核心课程的主任。以前，汉肖曾指导过艾森豪威尔领导培育计划，这是一个关于领导力和领导者发展的毕业计划，它隶属于哥伦比亚大学师范学院。他曾在不同的领导层和参谋岗位任职，从排到师级。他获得了得克萨斯州大学奥斯汀分校的工商管理硕士和堪萨斯州大学工商管理博士学位。

杰克·杰弗斯（Jack Jefferies）是美国军事学院行为科学与领导系的助理讲师，主要给学员讲授团体动力学和高绩效团队。他目前与第一团队共事。第一团队是一个组织和领导力开发公司，致力于通过个人、团队、组织制度的相互作用来帮助不同的客户伙伴确定和实现自己的目标。杰弗斯作为美国跳伞队队长已经获得了多个世界冠军和全国冠军。他获得了美国大学和国家培训实验室组织发展的理学硕士学位。

陆军上校艾瑞克·G. 凯尔（Eric G. Kail）是北卡罗来纳州大学工业/组织心理学博士生，上大学期间他在美国军事学院行为科学与领导系任教。他曾担任美国常规和特种作战部队的多个指挥和参谋职务，而且是美国军事学院的连队战术指导员。他获得了雷福德大学文学学士和长岛大学心理学领导发展理学硕士，以及美国海战学院国家安全和策略研究的理学硕士学位。

陆军上校托马斯·A. 科迪兹（Thomas A. Kolditz）是美国军事学院行为科学与领导系系主任和教授。他获得范德比尔特大学文学学士学位、3 个硕士学位和密苏里州大学社会心理学工商管理博士学位。他与全体教员组成一个团队一起思考、学习、研究、撰写并教授领导学。他的经历包括在韩国的非军事区领导一个多国军事组织，担任五角大楼的领导顾问、学院全国跳伞冠军队空对空摄影教练。

罗伯特·莫里斯（Robert Morris）2002—2006 年担任美国军事学院连队战术指导员和讲师，他讲授核心领导力课程而且在行为科学与领导系担任艾森豪威尔领导者发展项目的行政主任。莫瑞斯在不同的领导层和参谋岗位（从排到师）任职。他获得了美国军事学院领导学学士、长岛大学心理咨询和领导者培育的理学硕士学位。他目前正在攻读哥伦比亚大学社会心理学工商管理博士学位。

陆军上校詹姆斯·尼斯（James Ness）是美国军事学院行为科学与领导系助教，在那里担任领导发展研究中心主任。他是感觉、知觉和精神物理学的课程主任，还讲授生物心理学，并指导心理学项目的高级论文。尼斯已经带领了一个医学研究单位，掌管重点研究资产，并担任首席调查员研究非电离直接能源的生物效应。他获得了佛罗里达科技研究所理学学士和弗吉尼亚工学院理学硕士和工商管理博士学位。

陆军少校丹尼斯·P. 欧尼尔（Dennis P. O'Neil）是美国军事学院行为科学与领导系助教，主要讲授军事领导才能和领导者心理学课程。2006 年春天，他被调到海外协助阿富汗国家军事学院领导力课程的开发。在加入西点军校之前，欧尼尔在科罗拉多州卡森堡和得克萨斯州胡德堡的装甲骑兵部队担任过多种领导职务。他获得了美国军事学院管理理学学士和杜克大学心理学文学硕士学位。

陆军少校埃弗雷特·S. P. 斯潘（Everett S. P. Spain）在美国军事学院行为科学与领导系任助教，是“领导变革中的组织”这门课的课程主任。他曾就职于第 82 空降师（驻科索沃部队的一部分），并被调到伊拉克参加自由军事行动。他获得了美国军事学院理学学士和杜克大学富卡商学院工商管理硕士学位，在杜克大学富卡商学院获得了斯波尔丁领导奖。他目前是美国军队联合武装中心的司令官戴维·彼得雷乌斯的副官。

陆军上校帕特里克·J. 斯威尼（Patrick J. Sweeney）是美国军事学院行为科学与领导系的学院教授和副主任。他拥有北卡罗来纳大学社会心理学博士学位。他目前指导艾森豪威尔领导者培育项目。他的经历包括曾担任军队各个层次的指挥和领导职务、美国军事学院的领导和组织研究中心的行政主任和研究员及军队足球队的教练。

陆军少校布莱恩·鹤尔布丝（Brian Tribus）2002—2006 年担任美国军事学院行为科学与领导系管理学助教。在开始教学之前，他作为装甲骑兵军官担任过各种领导职务。他获得了美国军事学院的经济学理学学士学位和哈佛商学院的工商管理硕士学位。他目前就职于肯塔基州诺克斯堡的部队战略外联局。

陆军少校詹姆斯·特怀特（James Tuite）是美国军事学院行为科学与领导系助教。他目前是高级军事领导的课程主任和该系推广计划的协调员。他率领过军队不同层次的精锐空降和游骑兵部队。他获得了美国军事学院的理学学士学位和威廉玛丽学院的工商管理硕士学位。

陆军少校埃里克·J. 维斯（Eric J. Weis）是美国军事学院行为科学与领导系前任心理学和领导学讲师，现在就职于乔治亚州斯图尔特堡。他早先当过轻游骑兵和山地步兵，所有这些都有助于他将实践中的领导力和前线作战领导经验带到他的课堂上和他指导的小单位领导者适应性研究中。他获得詹姆斯麦迪逊大学心理学理学学士学位和宾夕法尼亚州大学社会心理学理学硕士学位。

陆军少校托德·伍德瑞夫（Todd Woodruff）2003—2005 年担任美国军事学院行为科学与领导系助教，主要讲授军事领导和社会学课程，即武装力量和社会。他曾既作为一名军官，又作为一名非军事军官带领过分布在全球的十几支部队。他获得了工商管理硕士和社会学文学硕士学位，他在领导、身份和家族方面的研究成果已经在学术性杂志和专著上发表。

前 言

Introduction

道格·克兰德尔

强有力的领导力对一个组织的成功来说可能是最重要的因素，因为上层（公司、团体、小组或者小分队）发生的事会对其他所有事情产生影响。如果领导者的态度不够认真，小组的态度也会随之一般。无论是对一个财富 500 强的公司，还是对一个小商行、一个非营利性机构、一个步兵排、一所学校、一个社区、一个家庭，或者其他任何有共同目标的团体，领导力都是非常重要的。正如第 16 章的作者詹姆斯·特怀特所写，领导力“不仅在于制定完善的政策和激励计划，更在于激励那些落实政策的人们来关注组织和彼此，以使他们能像优秀员工一样表现……即使没有人监督。”

《西点军校的领导力》来源于对《领导者与领导者杂志》（*Leader to Leader Journal*）一期特别增刊的浓厚兴趣，该杂志是“领导者与领导者协会”与“Wiley 出版订阅服务”共同推出的季刊。那期增刊中的文章来源于在美国西点军事学院行为科学与领导系任教的现役军队领导者。这些文章深入分析了在战争与和平时期的领导力对他们来说意味着什么，描述了他们对无声领导、使命、价值观、关怀他人、组织学习、领导变革及其他主题的见解。这本书通过部队中不同级别（从学员到陆军上校）作者的 19 篇文章，将上述主题阐述得比增刊上更为深刻。它抓住了我们所做事情的本质：利用综合经验、学识、努力讲授，来教育、训练和激励我们军队未来的军官。这种领导、学习型领导、讲授型领导的综合是我们理论和成长经验中的一个独特方面。在课堂上，和本书中一样，我们从自己的领导奋斗经验中提出前沿概念和理论及相关故事，帮助学员更好地理解自己的经历并以此指导自身的未来。通过这本书，我们打开了西点军校行为科学与领导系这扇窗户，它引领我们走进了领导力培育的世界，而且分享了一些诚恳的反思、令人信服的故事、最佳的实践方法和前沿的领导思想。

我们怀着一种来自生命本质的激情和理性，踏上了本书之旅。在第Ⅰ部分中，第 1 章的“做一个领导者的培养者”，在领导能力和价值观发展的话题上，艾瑞克 · G. 凯尔将偶尔被看成组织责任的东西转换成个人任务，凯尔说，提高领导技巧不是最终目标，伟大的领导者努力培养其他领导者是因为那些领导者将会影响即使没有上千也有成百的其他人。凯尔确定领导者培养的三个阶段是：向最好的领导者学习，领导，反思你为什么领导。

第 2 章，“从失败中学习”，和大家分享我从自身领导经验和在西点军校课堂中所总结的教训。对失败的反省经常被奉为领导者成长的良方，但是对现实失败的反省经常是令人不愉快、难堪和困难的。我探寻到领导失败的三个显著阶段是：不知道我们做什么，不知道我们是谁，不知道我们想要成为谁。文章中的 3 个例子让我领悟到诚实反思虽然极度痛苦，但是有巨大价值。其中两个例子来自我担任青年陆军中尉时期，还有一个来自我当父辈时期。我所学到的教训可以应用于任何组织的任何领导者，那就是失败需要我们（那些期望做得更好的人）恳求他人提供真实的信息，严格审视自身的行为，并分析我们自身需要改进的地方。

第 3 章提供了一个真实画面，描述了一个刚刚走上领导之旅的人的领导力发展过程。最近刚从西点军校毕业的格雷格 · 黑丝汀斯在“你必须先领导自己”这一章中，反映了一些他学生时代所学到的教训：对自己的行为负责，伟大的领导者需要成为伟大的追随者，即使只有一个人也可以变得与众不同并成功地领导。他不仅给了我们一些关于领导者基本要素的提示，而且展示了我们在西点军校所做的事：将高年级学生和年轻的在册士兵训练成可以随时应对前线巨大领导挑战的男女。

第 4 章阐述了个人内在既定的核心价值观对确保一个组织发展和支持领导者的重要性。在“影响你的组织的道德哲学”中，布莱恩 · 鹊尔布丝描述了从美国企业（结合强生公司等的实例）到战争时期（1993 年的索马里和今天的伊拉克）人们为了做出正确决定而需要使他们的组织价值观具体化的各种情况，而且他提供了很多建议，主要谈及怎样不辜负组织的“荣誉准则”，正如西点军校的学员准则一样——“学员将不得撒谎、欺骗、行窃，也不得容忍他人有这种行为”。

奇普 · 丹尼尔斯用“价值观是我们做决定的根基”以及“组织必须从一开始

就灌输这些价值观”为引线跟进鹊尔布丝的主题。第 5 章“培养他人的组织价值观”，描述了军队提升价值观的系统方法，这对社会各行各业的领导者都很有用。这一方法有 5 个步骤或方法：吸引那些已经分享了组织价值观的人们，让新成员社会化，树立榜样，讲可以强化价值观的积极或消极行动的故事、传说，使用反馈机制和绩效评估使组织价值观铭记于心。

价值观的内化之所以是组织成功的一个至关紧要的方面，是因为价值观不能捏造。正如肖恩 · T. 汉纳所说，最好的领导是那些呈现真实性的人。第 6 章“可信的高影响力领导者”，举了一个案例，主要描述那些能够对自我核心概念产生强烈忠诚感的领导力的培养。在巨大的社会压力、角色冲突及面对迷失自我等困境时，那些最终证明是最有效的领导者都了解自身而且按照自己的价值观念、信仰和自我理解行动。

第 7 章用对所有组织的忠告总结了第 I 部分关于培育领导力和价值观的内容。在“领导培养及美军‘长凳计划’中的自我意识”中，丹尼斯 · P. 欧尼尔、帕特里克 · J. 斯威尼、詹姆斯 · 尼斯和托马斯 · A. 科迪兹共同描述了军队如何培养伟大的领导者：正如成功的棒球队可以随时叫准备就绪的候补队员加入一样，军队正在培养准备好承担最高指挥任务的下一届领导者。欧尼尔和他的同事们用 360 度评价体系来描述 3 个领导阶层：高层经理、中层管理人员、基层领导者（在军队中，指高级领导者、初级领导者和士官）。在每一级别，“长凳计划”已经被所有组织确定为重要的工作，例如，高级领导者应该在压力下保持清醒头脑，并且能够很好地处理坏消息；初级领导者需要有胆量，并且是值得信赖和可靠的；士官需要树立好的榜样，并能培养和激励他们的团队成员。

第 II 部分的章节继续探讨关于领导力风格和领导情境这一主题，以第 8 章以“组建高潜能团队”开始这一部分。杰克 · 杰弗斯写了管理那些希望成为领先团体的困难，借鉴了自己作为一个锦标赛跳伞队成员以及在美国企业任职和在运动队（从西点军校的短跑足球队到国家足球联盟和费城鹰之队）时的经验。杰弗斯向领导者提供了 5 个策略，主要针对如何领导那些傲慢且难对付的精英团队。

第 9 章“倾情领导”。托马斯 · A. 科迪兹分享了关于在危险和高风险情形下领导的观点。他将这些境遇称为“身处极端情形中”，当发生迫在眉睫的人身危险时，追随者相信领导者行为将会影响他们身心福祉或者生存，此时领导者必须给予人们目标、激励和指导。他吸取全军部队和特警队，还有跳伞队和登山导游的经验，列出了这些领导者的 7 个特征，并提供了一些经验教训，以解决如何培养这样的领导人以及如何在危险和高风险情况下进行领导的问题。此外，这些教训在所有情形下和在任何组织中都可以帮助培养伟大的领导者，在极端困境下的领导者才是真正的领导者。

第 10 章“创造紧急事件激励你的团队”，罗伯特·莫里斯与那些努力（或曾经努力）使他们的员工超越平庸的领导者分享经验。他描述了领导者的激励是何等的重要：领导者需要向被领导者规定重点和方向；他们也需要建立强有力的一对一关系；同时，为了达到他们的目的，领导者必须规定优先次序，而且绝不可忽略总体任务和目标。

埃里克·J. 维斯在第 11 章“从容领导”中着重探讨了领导作风的细微差别。他描绘了一幅愿意沟通、激励、虚心听取意见、关心并创造佳绩的领导者画面，所有这些都没有大肆渲染或者恭维领导者角色。

第 12 章不仅提出了领导者说些什么的重要性，而且还提出了领导者怎么说的重要性。在“无声领导”中，杰夫·伯格曼描述了沟通如何影响领导力，提供了关于人们怎样才能更有效地阅读和使用肢体语言、物理空间、面部表情、肢体动作、触摸、音调、语速、音量及时间（例如，一个让某人久等的领导者正在传递一个信息）等知识。有些人故意用这些信号加强甚至否认他们用语言表达的观点，有些人则不知道他们正在用非语言信号传递某种信息。好的领导者必须了解这些非语言交流，以使他们不会不知不觉地在沟通中处于弱势。

第 13 章研究强大领导力中的感召力。在“谨慎地发展领袖魅力”中，丹娜·布拉戈描述了有魅力的领导者们如何吸引他们的追随者以及如何对员工发挥深远的影响力，虽然那样可能有吸引力、有魅力，但也可能限制一个组织发展和成长的能力。她探究了一些她所经历过的非凡领导力的危险性并就如何避免这些危险提供了一些建议。

第 14 章“信任：战争中持久领导的关键”中，帕特里克·J. 斯威尼所谈到信任是战争中领导力的关键。2003 年 5 月，斯威尼在伊拉克自由行动中为反抗第 101 空降连而战，他对那个连的 22 个成员进行了访谈来探讨战斗中的信任和影响之间的关系。他们确定了能在战斗中取得信任的领导者所具备的 10 个特性：才干、忠诚、诚实/良好品格、以身作则、自我控制（尤其是压力管理方面）、自信、勇气、信息共享、个人与下属的关系、强烈的责任感。斯威尼对于战斗中信任的分析适用于各种不同的组织背景和领导者。

本书最后一部分（第 III 部分）深入研究领导型组织。托德·汉肖以研究新领导者的社会化开始这一部分。在第 15 章“社会化领导”中，他借鉴了自己在西点军校研究学员基础训练时所收集到的资料。那些真正执行项目的组织成员并不总是反映高级领导层的意图。正因为如此，当高层领导者在塑造新人和传递清晰一致的信息时必须发挥积极作用。新领导者的社会化会产生长期的文化影响：它是组织成功的开始或结束。

第 16 章“领导政策执行者——以人的发展为中心的管理艺术”，詹姆斯·特怀特紧随汉肖的主题，指出很多领导者不知道如何激励员工。他强调传递组织价值的不应该是领导者本身，而应该是所有作为该组织代理人执行职务的员工，他还描述了领导者怎样才能不强制执行每一项政策以及怎样避免进行微观管理，相反，他们应该去激励其他人。

雷迷·海侠和莫滕·G. 恩德第 17 章的主题“利用文化差异的力量提升组织绩效”做了广泛多样的研究。他们首先提供了普通美国人和特定军队核心价值观的统计数字，然后描述了区分人们“（不）幸运的 7 项因素”——种族和族裔、宗教、社会阶级、性和性别、年龄、体能或身体残疾、性取向。作者针对怎样领导一个多样性团体提供了建议。

托德·伍德瑞夫写了第 18 章，“以人为本发展组织承诺”展示了美国军队在没有高薪利益的情况下如何留住具有高度忠诚感和熟练专业技术的人员——牺牲个人需要不仅是战时的要求，也是军队生活的例行规定。为了建立他们对组织的责任，领导者需要用多种有力的承诺来加强组织成员对于组织目标的认同感。领导者也必须培养一种关爱员工及其家庭的氛围，并为员工个人发展、培训、进修、晋升多做考虑。

我们通过研究组织提升来总结这本书。在第 19 章“领导变革中的期望管理”，埃弗雷特·S. P. 斯潘描述了确定谁将受到变革影响的重要性。成功的领导者将会阐明自己的性格和内涵，描述长期变化过程的收益，定义什么是短期成功，向其共事者详细解释被要求达到的短期和长期目标。斯潘提供了一个详细的案例，研究了最近在伊拉克工作的不同领导人是如何遵循这些规则成功地领导变革，他用所学的管理愿景的 11 个课程包装这一案例，这些课程包括你的期望应低于你能达到的目标，在会议中传递更多的信息和定期进行交流的重要性。

编者的话：本书表达的观点是作者个人的观点，不代表任何官方政策和美国军事学院、陆军部、国防部或美国政府的观点。

目 录

Contents

第Ⅰ部分 领导力和价值观发展

第Ⅱ部分 领导力类型与情境

第III部分 领导组织

第 I 部分

领导力和价值观发展

第 1 章

做一个领导者的培养者

艾瑞克·G. 凯尔

1998 年，在我被提升为少校的前一个月，当了 32 年军官的父亲去世了。在我们最后一次的交谈中，我问过他，我怎样才能知道自己究竟是不是一个成功的领导者。他的回答给了我一个对于成功的界定，这改变了我视自己为领导者的方式。无论是一个士兵、一个丈夫、一个父亲，还是一个社区的领导，他告诉我说，都不要去看自己的军衔等级或者制服上的徽章，因为这些东西只会让你觉得自己很重要，而这往往是其他人努力的结果；他还告诉我不要去看自己的绩效报告或者是工作总结，因为这些东西仅仅是为自己晋升而设计的夸大其词的材料；最后他还说不要去问老板，因为老板可能说些我想听的或是随便什么能让我离开他办公室的话，以便他可以继续工作。

父亲告诉我，对于一个领导者，衡量成功的真正标准只有在你直接下属的眼里，在爱人的拥抱中，以及在孩子的心底才能找到。我对父亲的话深信不疑。爱人的拥抱和孩子的心灵暂且另当别论，你最近一次为了衡量自己是否是一个成功的领导者而去观察下属的眼睛了吗？你是在什么时候做的呢？

当你观察你的士兵、员工或者是直接下属的眼睛时，不要忘了你作为一个领导者的真正价值所在。每次当我将士兵们的领导权移交给别的军官时，我会将他们集合起来做最后一次面对面的告别，也借这个最后的机会感谢他们为我、为大家、为我们祖国所做的贡献。当我最后一次看着每个士兵的眼睛时，我就把上司在业绩评价里、对于我的领导力所下的评语都统统淡忘了。他们的眼神告诉我，他们会成为更好的领导者，因为我在整个周密的培养过程中投入的时间和努力成就了现在的他们。这种感觉真的是任何一种奖赏都无法比拟的。

> 作为一个领导者你所能做的最重要的事情之一就是培养出其他的领导者，而这些领导者又可以影响其他成千上万的人。

领导者培养：对领导者成功与否的真实度量

你是不是一个成功的领导者？在你回答这个问题之前，请先设想一个这样的情境：我现在正在寻找一位高明的木匠来手工做一张木桌，以此来奖赏你为组织所做的一切。这不是一张普通的桌子，而是一张非常重要的木桌，它反映了馈赠方与接受方的实力和廉正。我根据产品所要求的质量挑选到了一位高明的木匠。当挑选到这个木匠为我打造桌子的同时，我也就拒绝了其他依靠工具及艺术品陈列室给人留下了深刻印象的木匠。我也没有选择那些在生产车间的流水线上生产出了成千上万张桌子的木匠，尽管这些人非常有效率，但是对于他们来说，这张桌子只是他们利润中的另一组美元数据而已。我评价木匠的最重要的标准是他们所使用的木材，而不是木匠本身或者他们所使用的工具。

我们再回到最初的问题上来，你是不是一个成功的领导培养者？作为领导者，除管理资源及为你的团队设定发展方向外，你同时还肩负着培养下级领导者的责任。我们通常会更加强调基本要求的满足及自身的完善，却相对忽视了对下级领导者的培养。请设想一下，在你的退休宴会或者仪式上，你是喜欢详述你所有的事迹，包括提供体现你在组织内的领导力的统计表格之类的一场幻灯片展示，还是宁愿和那些人生因你的领导而得以改变的人一起来共享这最后的一晚呢？如果属于后者，他们会因为你对他们培养的投入而在你原来的位置上将“你的基因”延续下去。作为一个领导者，你要记住所需做的最重要的事情之一就是培养出领导者，而这些领导者接下来又可以影响其他成千上万的人。

领导者培养是一个深思熟虑的过程

如今做领导比以往任何时候都更为困难，因为如今的信息处理和决策都变得更为紧迫了（换言之，你必须比以往更快地审时度势并做出决策），而且过去很容易避免的风险在当今的环境中可能是致命的。你必须做的一个至关重要的决定是，你是让你的下级领导者按其自身风格自由发展，还是由你自己费心费力来栽培他们。你要记住，如果在这个问题上不做决定，就等同于任由你的下属自由发展。领导者培养之所以要深思熟虑，主要有三个方面的原因：

你必须做的一个至关重要的决定是，你是让你的下级领导者按其自身风格自由发展，还是由你自己费心费力来栽培他们。

首先，没有理由因为你自己是个很主动的人就认为其他想成为领导者的人也很主动。虽然这么说是有心理学理论作支撑，但是我们也有足够的理由相信，记忆通常使我们误以为成功是自己努力的结果，而失败是不可控因素或者其他人造成的。如果你真的相信你可以把自己培养成一个伟大的领导者，并且能以某种方式回避那些会把你向下拖的命运及他人的影响，那么你不仅错了，而且很有可能会备感孤独。

其次，好的领导者从来不会浪费自己可以直接影响的机遇或因素，那样做太疏忽大意了。无论是身处商场抑或战场，我们总会花费很多精力为组织的成功创造条件。将精力和资源用于培养你的下属就是一种很好的创造条件的方式，而你的下属不久也就能完成组织的事务并最终胜任你的位置。

再次，如果你没有亲自参与到领导者培养的过程中来，你将会错过亲眼看见领导者逐渐变得更成熟、更专业这一极具价值的体验。如果你亲眼看见过你的下属逐渐变得自信、能干，亲身体会过那种满足感，你会明白我说的意思。如果你从没有体会到这种感觉或者觉得这种回报毫无意义，那么你应该将自己的头衔改为纯粹的“看门人”，而不是领导者。

培养领导者的三个阶段

培养领导者有很多方式，但是没有哪种方式是放之四海而皆准的。我作为一个领导力开发者、一个被培养的领导者，以及一个从事领导力研究的学者的经历使我相信，领导培养者需要花费时间，集中精力，有时甚至需要承担风险。（顺便说一句，风险也是领导者获得高薪的原因，仅仅读一本书、一篇文章或者参加一次研讨会是远远不够的。）

领导者培养的三个阶段需要很好地加以理解：学习、领导及反省。这三个阶段是循环往复的，当一个领导者变得逐渐成熟起来时，这几个阶段既会同时存在，也可能相继出现。作为一名领导者的培养者，你在每一阶段都扮演着相应的角色。

你所在的组织重视学员、导师和学习过程本身吗？我所说的“重视”是指尊重这三者并为之提供资源，而不仅仅指将接受正式的领导力培训的过程视为一项“真正”的工作开始之前的准备工作。

第一阶段：向最好的领导者学习

并不是所有的领导者在上任之前都具有接受专业的领导力培训的机会，尽管这些培训常常是大有裨益的。普通的部队军官在其上任的第一年，会花费很多时间在正规的领导力培训系统上，这样做给这些领导者及其领导的士兵们带来的益处是显而易见的。

如果你所在的组织恰好有正规的领导力培训和教育，请仔细考察一下，你所在的组织重视学员、导师和学习过程本身吗？我所说的“重视”是指尊重这三者并为之提供资源，而不仅仅是指将接受正规的领导力培训的过程视为一项“真正”的工作开始之前的准备工作。军队和其他组织自从反恐行动之后在这方面有了显著的改进。

由英国石油、阿莫科、阿科公司整合重组而成的 BP 集团已开发出一个方案用来对其基层领导者进行正规培训和开发。这一方案不是在一次周末领导峰会上制订出来的，也不是某一个领导者决策的结果，而是 BP 集团的高层领导者们通过会晤商讨为什么他们的基层领导者表现不尽如人意，进而设计并进行试验以支持他们的看法。基层领导者培养项目的关键在于组织的高层领导者对其所投入的精力和关注，这不仅仅是公司承担的另一次主动行动，而是组织需要优先考虑的问题。现在，世界各地都有从 BP 的基层领导者培养项目中毕业的学员们，他们掌管着石油公司的运营，他们的业绩评级比那些没有参加过该培训的人要明显好很多。

在你的组织中，你可以通过观察一些具体的事情来知道你的领导者教育和培训系统究竟有多少价值。是谁在培训、教育刚上任不久的领导者？如果你所在的组织真的很重视领导力开发，他们会请一些最好的并且经验最丰富的领导者来直接指导和培训新人。你所在的组织是这样做的吗？或者说，你们的领导者培养小组是不是由那些在组织运营中长期保持优势的人组成的？

不久以前，军队里曾经有段时间，人们认为被指派去当一名指导员或培训师就等同于被流放了，这也让每个组织成员都认为领导力教育不值得动用宝贵的人力资源，因此处于底层或者接近底层的人常常成了参加培训的优先人选。

所幸的是，现在的军官们已经很清楚地认识到应该让谁来培训和教育领导者了。现在主要负责教授军官基础课程或上校职业生涯课程的人都是部队中最优秀的战士或军官，他们大多数都在过去半年中带领部队作战过。安排这些最优秀、最聪明的人作为领导者的教官对军队是大有裨益的，其领导力课程中所教授的内容和领导者培养系统一样都赢得了大家的信赖。

我们假设你是一名刚刚获得晋升、正在参加军官基础课程培训的少尉，而且你的导师不久之前还在伊拉克或者阿富汗战场上率领过一个有 120 个士兵的连队。通过这个导师的教授，他所传授的知识就变得更切合实际并且更为相关，这些导师的经验将会直接影响他们的学生毕业之后的经历。

假设在本宁堡的某个周一早晨，乔治亚和少尉约翰·多伊正在教室里准备学习如何在应对敌军的阻击战中表现出领导力。长官吉姆·史密斯迈着稍微有点跛的步伐大步走了进来，他的左腿是三个月前在伊拉克摩苏尔时被敌军的狙击手射伤的，至今仍在隐隐作痛。他和同连队的其他一些人在回国前两周做了最后一次战地巡逻。史密斯不用虚构一个故事情节，他打算把他的团队如何应对敌军狙击手这一经历当作案例来讲授今天的课程。

这节课会以“当我……”这样的语句开始，并且会以史密斯诚恳地叙述当天自己作为一个连队指挥，他的行为如何挽救了许多士兵的性命，而他所犯的错误又如何可能使一些士兵牺牲在战场上作为结束语。学员也会向他提一些诸如“你当时是怎么做的？”“你当时是怎么想的？”之类的问题。

现在学生所学的东西都是导师的亲身经历，因而对学生来说更有启发性和吸引力。史密斯上尉还记得四年前当自己还是中尉时，就是坐在这个教室里百无聊赖地等着下课，他甚至不记得教课的老师那天用的是什么插图，现在他的学员们则待到很晚才走，目的就是多听一些他的故事，听他讲他是多么思念他的将士们。故事还将在明天的课堂上继续，因为史密斯提醒他们并不是每个士兵都如他当初在摩苏尔那样幸运，明天的主题是伤员撤离，而史密斯在这节课上用的最主要的教学辅助工具是一张脏的沾染了血迹的纸片，他曾用这些纸片记录了战斗伤亡人员的名单及当天伤病人员的受伤类别。

在你的组织中，你不需为做一个富有启发性而且具有吸引力的领导者的培养者而跛行，你要做的仅仅是愿意为那些可能在不久也会处于相似处境的人讲述你的伤痛往事。你要找出你的组织中像史密斯上尉这样的人，并向你的组织成员表明你对领导者培养非常关心——通过指定刚刚“战斗”归来的人员作为他们的导师，可以表明你高度重视那些准领导的发展。

你曾经有没有注意过你的下属们，特别是那些正从事着你曾经做得非常好的工作的人，并想想他们为什么就不能做得像你当年一样出色呢？指望你的下级知道那些他们没学过的或者没有经历过的东西其实是不公平的。

第二阶段：领导

回想一下你第一次做职业领导者时的情形，也就是说当你的工作要求你这样做时是什么情形。你也许当过高中或大学运动队、男子或女子童子军及其他社区组织的领导，所有这些经历都是非常好的准备，但是这些经历与在你选择的工作领域内当领导并且为此获取报酬还是有天壤之别的。第一次做职业领导者的机会是你成为正式领导者的垫脚石，这些机会包括多种情况：可以是被提名做领导，或是一次坚定性的测试，甚至是一种认为你自己没有领导力的感觉。

尽管如此，对于每一个领导机会，有一个众所周知的事实：这是你领导的机会，你要对你的组织或者团队所有的成功和失败负起最终责任。这是所有领导者必须面对的事实，但是如果确有一些领导者对此需要别人提示的话，那他们也该是这些领导者的领导。

下面举一个例子来阐明我的观点。作为一个年轻的中尉，我曾经担任排长一职。我带领着 33 个士兵进行训练并参与作战，我很喜欢这期间的每分每秒，尤其是在阴雨天和战友们一起完成艰巨任务。毫无疑问，我不是美国军队历史上最棒的排长，但是我也是优秀的。

三年后，我被提升为上尉，率领的榴弹炮连的人数大约是以前排的三倍，从我上任那天起，身边的人就给了我很多的建议，但是说得最多的是："记住，你已不再是一个排长，所以你要安排一些下属来做排长的工作，而不是你去替他们做。"

虽然这是一条很好的建议，但是起初很难执行。要从一个好的排长转变成一个优秀的排长培养者，我必须明白两件事情。在入职仅仅一个月后，我就得到了一个机会。

首先，我当时并不知道我该做些什么。不知你曾经有没有注意过你的下属们，特别是那些正从事着你曾经做得非常好的工作的人，是否想过为什么他们就不能做得像你一样出色呢？如果你想过，不必有负罪感，你这样想是很自然的。我们常会记住我们曾经取得的所有成功，也可能记得那些随着时间的流逝而变得有趣的困境，而那些平淡的时刻会渐渐地从我们的记忆中消失。以我们现在的能力作为棱镜，并透过它去回顾过去也是非常自然的，但是指望你的下级知道所有他们从没学过或体验过的东西对他们来说是很不公正的。你要记住，你培养的领导者并不需要重复你的经历，他们需要有自己的生活。

另外，我必须正视的一个事实是我的排长生涯已经结束了，现在排长已经是其他人了。如果我现在还在忙着排长的职责，那么谁来率领我的连队呢？我现在在第 101 空降师（空袭部队）带领一支轻榴弹炮部队已经一个月了。在一个清冷的夜里，我们连在田纳西州肯塔基边境的训练场正要发起一场叫作炮兵突袭的行动，我们的任务是在半小时内将六架榴弹炮用直升机安插到敌人的后方，用 48 轮炮射击一个敌军目标，再搭乘直升机撤退到安全地带。

我很兴奋，也很紧张。在漆黑的晚上只戴夜视镜，没有手电筒，不管做什么事都非常困难。但是我们还要在直升机飞行时，将榴弹炮吊装在飞机的下方。关于安全方面的考虑已经足够多了，并且我们没有因为必须完成的任务而感受到有压力，因为那可能是某天我们在战场将要面对的。

我本以为时间是我将面对的最大困难，但是最终还是顺利完成了。当我们在为这次任务做准备的时候，我根本没有时间亲力亲为每件事。在部队首长给我们布置任务时，我那还没被正式任命的长官，也是我的第一任上司斯科特恰好和我在一起，他问我："这是你第一次执行炮兵突袭的任务，你觉得紧张吗？"当我告诉他此次任务让我想起了在第一次海湾战争时期，我在伊拉克战场上担任中尉时也曾执行过一项相似的任务时，他的眼神一亮，说："你应该知道，今晚过后你的中尉也会有你这样的记忆。"他说的话让我茅塞顿开，每个领导者都必须在他自己的经历中成长起来，以便将他们的经历反馈给后来人。这是随后的两年多内，我从我的首任上司那里学到的第一样东西。

评估你的下属领导者。仔细观察你的下属，记下他们工作中最需要的东西以及他们完成得最好的任务，记下那些他们现在比你当时完成得更好的事情。如果你能真正客观地评价，他们比你过去做得好这一点毫无疑问直接告诉了你他们刚到你手下时已经具备了哪些资质。如果你的下级在你还没开始教他们什么时就已经做得比你好，那你是非常幸运的。

我的首任副排长弗恩 · 克罗利（现在是总司令）在我刚做他的排长时就清楚地向我阐明了这个观点。炮兵排长的一项重要的工作任务就是检查占据射击点的情况，以便一接到命令就能开火。一次克罗利将我带到战场，看我们的士兵在没有我们两人指导的情况下怎样占据射击点。那是在德国的一个清冷的秋日，外面下着瓢泼大雨。我们一起在几百码外的地方观察我们的士兵在及膝深的泥泞里执行他们的任务，他们都在规定时间里达到了开火要求。

我为之感到无比骄傲，笑得合不拢嘴。但是克罗利不这样，"不要忘了最重要的事情，中尉，"他说，"他们在这个任务上做得很好，现在我们的任务就是找出他们做得不好的地方，然后帮助他们改进。"八个月后，我和克罗利率领这个排上了战场。除我那军官的父亲与岳父外，比起其他我所遇到的人，克罗利更多地教会了我作为一个长官和领导的职责是什么。

所有的组织内都有像克罗利那样的人。你在盛大的正式集会或闲谈聚会上是不可能见到他们的，他们往往都在外面完成任务。如果你要向他们征求建议，那么先做好听逆耳忠言的准备。

现在我们来回顾一下你的下级领导应该改进或者保持的是什么：这些事情属于你对他们可以施加影响的方面，同样也属于他们的绩效范围，他们会因此记得你曾任过他们的领导——一个十分关心他们以及他们的士兵或下属并让他们变得与众不同的领导，而其他领导者只是将下属的工作一笔带过，或是让他们自己去琢磨体会。

除了培养领导者，你还有工作要做，也有许多任务要完成。领导者们该怎样平衡培养领导者的需求和带领组织取得成功的需求之间的关系呢？例如，作为一名军官，我的工作是战斗并且为国家打赢战争。我可以顺利地培养出一个好的领导者，但是如果进行得不顺利的话，将会产生严重且持久的后果。不管你从事何种工作，这个道理都是适用的。为下属创造学习的机会对于我们是个挑战，那意味着他们即使失败惨重也不至于产生严重的后果。

最好的方法是培训。在部队里，我们会送一些单位去资源丰富的培训中心受训，可能在加利福尼亚沙漠上、路易斯安那的沼泽丛林中，或是德国的山丘中。这些训练中心负责人的目标是让每个单位接受来自真正的敌人（我们用空子弹朝着想要战胜我们的部队开火）和战争中其他压力的挑战。领导者们被分配的任务往往超出了他们在规定时间能完成的任务量。时间管理不当的直接后果是没有或是只有很少的休息时间。领导者可能在最坏的时机出差错。他们所面临的挑战极大，以至于一些从战场上归来的领导说训练中心的一次演习比真正的战斗更困难，两者的不同之处在于失败引发的后果不同：战场上会有人牺牲，生命会因伤亡而改变；但是在训练中心，失败的后果仅是因为战争输给了“敌人”而感到羞愧，只需要等你的士兵们恢复过来并再次投入战斗。

在训练中心，每次战斗结束后，各单位都会组织一次冗长的战后回顾。这些回顾可能要好几个小时才能完成。我们全程录制下来，这样各个单位就可以带回去反复观摩学习。从士兵到上校，任何一个人都要公开阐述自己在战斗过程中的动机和行为。在整个过程中，我们对每个人包括我们自己都很严厉，因为我们希望在真正的战争中能尽可能做得好一些。如果没有训练中心带给我们的挑战，而且允许我们犯下重大错误，我们只能是一次次地从失败中爬起来并再一次次地重复尝试，等我们到了真正作战时除想象和希望外还是一筹莫展。

不是所有的组织都有时间和有军队去建造或运营训练中心。我们成立训练中心是建立在这样的愿景基础之上：我们的领导者必须接受挑战，并且从个人或者集体所犯的错误中学习，并意识到为了实现这个目标，高级领导者必须为这些挑战创造机会。在你的组织内部，你可以建立同样的愿景。不去理会“你和你的组织很忙，没有时间为此做些什么”而将领导者培养提上日程是需要下很大决心的，事实上，你应该说你必须实施领导者培养计划。

那些最优秀的领导者都喜欢领导，这意味着他们把组织和其他士兵的利益看得比自身利益更为重要。

第三阶段：反思你为什么领导

年轻的领导者们在训练领导力时的最后一课是要弄清楚自己为何而领导，以及对自己是否应该继续领导做一个客观评价。领导者培养中的反思也始于此。在军队中我曾经效力过一些最聪明能干的领导者，他们大都具有一些共同点。

第一点也是最重要的一点，他们喜欢做领导。对于他们每个人来说，领导意味着把组织和其他士兵的利益看得比自身利益更为重要。他们以身作则，拥有权利也意味着要提供好的服务。对于服务型领导而言，领导力存在是为了组织和下属们的利益，而不是为了个人主义或者他们自己的声望。

肯·基恩上校就是一个典型的例子。尽管他成就斐然，但是为人非常谦和。2000 年当埃里克·新瑟基将军下令全军都要戴黑色的贝雷帽，并将其作为统一的头饰时，我正在第 75 游骑兵团服役。这项决议当时在全军引起了很大的争议，因为自从 1951 年以来，只有在第 75 游骑兵团和训练兵团服役的巡逻兵才有权戴黑色贝雷帽，它是专属于巡逻兵的装备，也是巡逻兵区别于部队内其他兵团的标志。作为美军最精英的空降步兵团，陆军游骑兵经常执行高度专业化的作战行动。第 75 游骑兵团是唯一参与其中的步兵团，全团大约有 1 200 名官兵。你只需要想一想在游骑兵团服役的情景，就不难理解为什么团里每个士兵都必须完成长达数月的特训，且该特训的通过率还不到 50%。

当时第 75 游骑兵团的长官是基恩上校，他现在已是准将了。基恩是所有特种兵的典范——一个沉稳的专业人士。无论怎么看他都不是那种很温顺的人，他总是在所有人都看得到的最前方。当大家知道全军马上都要佩戴黑色贝雷帽时，很多人都鼓动基恩不要理会这个命令，劝他坚决抵制放弃黑色贝雷帽作为巡逻兵的专属标志的决定。

每当他碰到他所率领的士兵时，大家都会问他对于军队其他人也戴上了人人觊觎的黑色贝雷帽有何感想。他从来不躲避这个问题，而且也从没有对新瑟基将军本人及其决策做出任何不好的评价；相反，他让所有游骑兵们都明白他关心他们，关心整个游骑兵团，关心部队甚于关心自己的个人利益或自身荣誉。2001 年 6 月，部队里的每个士兵都戴上了黑色的贝雷帽，而基恩上校率领的游骑兵戴上了他们自己的新茶色贝雷帽。山峰没有崩塌，巡逻兵团还是一如往昔，只有远见卓识的领导者才会将组织利益置于个人利益之上。

谦逊的领导风格对军队来说很有必要，那么它在以营利为最主要目的的组织里也能行得通吗？如果你的组织恰好属于这一类型，我建议你要做两个决策：首先你要确定，对你的组织来说，盈利是否真的是最最重要的；其次你要确定，如果你的下属领导力不佳或者你任由他们“自生自灭”，那你的盈利能力究竟有多少。

如果你恪守着让能力最好的人自然成长并晋升为高层领导者这一培养哲学，并且也足够走运坚持到了现在，我还是要提醒你注意这样做的后果。在组织中，那些自然被提升到高层的人很可能是靠取悦你或者顶头上司才达到今天的地位的，他们很可能是你组织中表面看起来最好的那个人，也极可能是那些整天围着上司转，并且非常善于照顾老板同时又能排挤真正具有领导才能的下属的人。

这里有几个简单的方法可以确定情况是否的确如此：

- 询问他们的下属他们得到的是何种方式的领导，而且要认真倾听他们所说的话；
- 如果他们的回答模糊不清而且很笼统，你就问一些尖锐的问题直抵核心，以真正评价他们上司的领导力；
- 注意倾听你的高层领导是怎样评价他们的下级的，他们是倾向于指责下属的过失还是愿意自己承担责任；
- 当你的下级领导者向你索取资源时，考虑一下他们这么做是为了取悦你这个老板多一些，还是更多地在为他们的下属争取其需要和应得的东西。

如果评价得出的结论是你的下级领导者忘了（或是从来就不知道）他们的权力不是用来显摆的而是需要承担责任的，你可以明确地告诉他们你会为放任他拍上级马屁而未能好好领导下级而承担责任，这其实也是为他们树立榜样。

当你开始考虑你的下级领导者需要哪方面的培养时，记住他们的任何缺点都主要是你造成的，也就是你在任何情况下都需要为他们的缺点承担更大的责任。但是很遗憾，一些年轻的领导者根本就不具备超越自身、看到自己对组织和下属所应该担负的责任的能力。另一些人可能与人相处融洽，但是不懂批评人的技巧。你要尽全力去培养这些领导者，但是如果他们没有或者不再有进步，那么可能到了将其从领导者岗位撤换下来甚至将其解雇的时候了。当领导重新思考自己为何而领导时，他们需要始终牢记领导是一种荣誉而不是权力。

假设你是一位橄榄球总教练，离下半场结束还剩 2 分钟时你的球队仍落后 6

分，然后你们队在己方半场后方获得了发球权，这时你希望谁来担任四分卫发起快攻呢？是某个技艺精湛的新手还是以前就经历过很多次同样情况而富有丰富经验的老手呢？我猜，即使这名经验丰富的老手在这种情况下带领球队打赢比赛的概率只有一半，你也会选择让他来带领球队比赛。他的经验之所以可贵，不仅仅是因为他曾经面对过这种情形，而且还因为他已有多年的时间去思考在压力下带领球队的经验。反思是总结我们所学到的和我们所做过的事情的思维过程，通过反思领导时的成功和失败经历，我们可以学到很多新的东西。

当我们反思我们从领导过程中学到了什么、我们在当领导时又做了什么时，我们的目的不是得意于取得的成就，也不是失意于曾经的失误。领导者培养的部分内容就是要求领导者通过总结他们的领导经验而变得越来越好，而不是沉浸在他们成功或者失败的过去中，比起经验积累和所学知识的多少，反思能让一个领导者成长得更好。众所周知，在承担更多的责任面前逐步接受我们自己的领导力培养训练，我们的领导力才能成倍增长。

有些人天生喜欢反思，他们要么进行自我反省，要么不断寻求提升自我领导能力的方法；有些人则需要旁人稍加指点才会开始反思。

如果领导者能够有机会聚精会神地反思他们所学到的东西以及他们的领导经验，那将是再好不过的。有些领导者确实有可能有这样的机会，但是你在开车去办公室或从办公室回家的路上也可以进行反思。我一些最有效的反思就是在跑步的时候完成的。如果反思确实发挥作用了，而你和你的下级领导者并没有一个固定时间进行反思，那么确保每天都抽一点时间来反思也是可以的。

最后的思索

个成功的领导培养计划归结到底就是你作为一个领导者想给后人留下些什么。还记得本章开头我说的那张给你做的桌子吗？我很庆幸自己没有聘请那些拥有令人印象深刻的工具及艺术品陈列室的木匠，因为他们更多的是在为自己考虑；我也庆幸自己没有选择那位生产过数以千计桌子的人，因为他仅仅是想完成桌子，在他眼里，这张桌子和他做过的其他桌子没有任何区别，他做桌子只是为了赚钱；相反，我所选择的那位木匠始终明白，作为一个木匠，人们评价他的标准是他使用的木材，而不是他使用的工具或他所生产过的桌子数量。

做一个好的领导者的培养者首先要认识到，你所使用的木材将是评价你的领导力的最重要的标准。对你的组织而言，培养你的下级领导者比立下任何其他信任状更为重要。

我敢打赌，如果有一天你最终离开了你现在的领导者职位，不论是从个人角度还是从专业角度看，知道自己成功培育了下级领导者都会比收到任何手表或勋章之类物件更加感到由衷的高兴。

第2章

从失败中学习

道格·克兰德尔

在 1996 年的秋天，我差点发射一枚弹径 120 毫米的坦克炮。它如果按照原先的发射路线飞行的话，一队正在军队联合预备训练营参加实战演习的美国步兵可能因此丧生。在几个月后的寒冬，我从距离西雅图大约 100 英里的雅基马训练中心回撤到一个暖和的名叫绿洲的小餐馆，在那儿我吃着可口的干酪汉堡包，而此时我下属的 70 名士兵正在户外忍受着严寒。时间快进到大约 10 年，直到几个月前，你会看到我正在足球场上为公开纠正我 9 岁儿子的错误而使他很难堪。

对于我来说，每当想起上面这件事都很痛苦，它让我觉得既难堪又难受（我的行为是不可宽恕的）；它同时也是一个展示我个人领导生涯中三个片断的窗口，让人不禁疑惑军队到底需要选择怎样的人来作为未来领导者的培养对象。对此我想共享这些选择理由——普遍的原则丧失，人格缺陷以及无法胜任的时刻，因为他们代表一个学习领导力的基本要素：分析自身失败原因，使这些经历变得更有意义，并决心在将来实施更有效的领导。

这并不是什么新的观论，从《哈佛商业评论》到创新领导力中心的《领导力开发手册》，再到无数凝结了学识渊博的作者们智慧结晶的图书，每个学习领导力的人都会读到很多关于分析个人失败原因对于获取卓越领导力至关重要的结论。遗憾的是，这些书籍的作者们给出的建议似乎始终是效果有限。当我反复地读到直面失败并且从中学习是多么困难的时候，我开始不再相信这些作者们抓住了真正的本质，于是我决定写些东西。我专注于阐述从失败中学习及其困难性，不是因为我是一个兼职心理学家，而是因为我是一个领导者，一个不完全的失败者。我写这个还因为作为一名教师，我已经发现对于领导者来说，要面对自己是多么的困难。

从会议室到前线的领导者都缺乏严格审视自我并且从自我改进中获益的能力。

通过反思自己的优势和劣势学会领导

我们在西点军校的核心领导力课程把对挑战性经历的反思放在领导者成长的中心地位。我们在领导力培训中教授军校学生如何进行领导的课程并非很多（可以说几乎没有），我们的主要精力是帮助他们自己学会领导。如果成功的话，我们将提高他们在终生的领导力开发过程中将新知识与实践（包括过去、现在和最重要的将来）相结合的能力。

第一步，我们让他们写一篇反思性的论文。他们的任务是详述最近一次辛苦领导的关键经历，然后从该经历中分析自身的优势和劣势。在我教授这门课程的第一个学期，我收到了一篇突出作者面对自身失败或缺点的挑战性论文，一位属于自信类的学生如此推断自己的主要弱点：“我将成为一个伟大的领导者，我甚至需要采取措施确保我的继任者能顺利接任。因为我的士兵会对我的离去感到非常失望，他们对我的忠诚可能让任何一个接替我的人感到困难万分。”

这显然不是那种有助于个人成长的、客观的自我反省，但是它对鼓励诚实反思的挑战起到了早期警示作用——真正有助于自我发展的反思和认真审视自我的类型。

领导失败有三个方面的失败：我们做什么、我们是谁和我们想成为谁。

我发现这位学生的论文虽然有点刚愎自用，但它的大胆使人耳目一新。这位大三学生可能缺乏自知之明，但这不是个别现象。从会议室到前线的领导者都缺乏严格审视自我并且从自我改进中获益的能力。

当我在那学期把这些反思性的论文发给学生的时候，我和这位学生讨论了一下他的论文和他的“弱点”。我问他，如果其他同学有机会看到他的论文会有什么反应。他一想到他的同学会知道自己傲慢的想法就不寒而栗。

“或许他们已经知道了。”我暗示他，“如果你的傲慢在你的论文上就已经这么明显，那么很可能你的行为举止也传达了同样的信息。你认为一位如此高傲的长官会受到士兵们真心的爱戴和敬仰吗？”很显然，他真正的弱点是不够谦虚和没有自我批评的能力。他颤抖着离开了，但我希望他能变得更善于学习和自我开发。

作为一位老师，我认为示范是激发诚实的自我评估的最好方式。尽管很痛苦，但我还是在每个学期都有技巧地分享一些自己的困难经历和从中学到的教训。通过这样做，我得出一个结论，即领导者失败有三个级别：

- 级别一　“我们做什么”的失败；
- 级别二　“我们是谁”的失败；
- 级别三　“我们想成为谁”的失败。

评估以上每种级别的失败都伴随着不同程度的个人痛苦。“我们做什么”的失败可能带来严重的后果，但是抓住这些缺点并且从中学习通常是最简单的，因为它们对领导者自身来说只是一些皮外伤。由于只是皮外伤，所以从中学习的内容主要与知识和技能的改进有关。

“我们是谁”的失败处于中间位置，比如我们因为没有控制好脾气而使人际关系受到损害，又如我们由于受到下属的才能威胁而扼杀创新的想法，或者由于缺乏公众演讲技巧而把演讲搞砸了。这个级别的失败使我们不得不以批判的眼光审视我们的能力、情感和性格。它们直击“我们是谁”这个要害，因此面对它们会让人觉得更痛苦。

处于最底端的失败是阻碍“我们想成为谁”的失败，这些失败会让我们背离我们的价值体系或者深入人心的做人准则。对这些失败的审视是最困难也是最少的，却非常有利于发展。

级别一：“我们做什么”的失败

事实上我从来没有犯过把坦克炮发射到本方士兵队伍中的错误，我本来要下令“开火”，但就在我差点酿成大祸的时候，负责监控实战演练的军士切入我的无线电频道警告说：“不要向那方开火！”

当时我的坦克带领着一列有 5 辆机动车的车队，其中包括我们排的其他 3 辆坦克和 1 辆载满卫戍工兵的卡车。这些工兵刚用鱼雷在一段有刺的铁丝网上炸开一个缺口，为我们解除了障碍。我们的坦克通过这个缺口并且朝树木繁茂的路易斯安那方向转弯。当我们转弯后一辆敌方车辆（出于训练目的，这辆车伪装成载人装甲车的形状）出现在我们左边。我果断地命令炮手开火。炮手将炮塔对准敌车，说道“锁定目标”，表示他已经瞄准了目标。事实上当那位军士坐在悍马车里追着我们发出警告的时候，我们已经准备好发射那天的第一颗炮弹（而且马上就要这样做）。现在当我一想到我们差点做出的事情时就觉得难受。

在演习进行中，射程管理员已经指示过我不要对遇到的第一辆敌车开火。为了使演习进程保持连贯，他们告诉我我们左翼的步兵连会先摧毁这辆车让我们绕过去。但出现了一队步兵，在我们左前方几百米处，大约 100 名查理连士兵（我方士兵）与敌车处于同一直线。如果我们向那辆车发射坦克炮，炮弹不仅会穿过车子，而且肯定会继续飞进查理连中，很可能有人就要因此失去亲人。

我告诉学员，最好的情况是，我的上司停止这次实战演习并解除我的职务，我的职业生涯会很快结束，我肯定也不能在这里享受在西点军校教授领导力的荣誉；最坏的情况是，我会被送进监狱并会因为我的过错造成我们某位士兵丧生而遗憾终生。

领导者有时一天要做几百个决策，其中很多决策都是错误的。伴随着几乎所有这些行动和决策而来的是揭示我们工作好坏的反馈。不要害怕面对我们做什么的失败，要敢于从中学习。

我们没有发射那颗炮弹，而是把炮塔转向前方，集中精力继续完成任务。任务完成之后，评估组说我们是他们两年来见到的最好的一个排。当然，他们不知道我们差点做了什么，即便那位警告我们不要开火的军士也没有真正明白我们的意图，他只是看到我们的炮口对准目标，在以防万一的情况下他提醒我们不要开火。他不可能听见我们的心声，并且他恰好在我下令前一刻发出警告纯粹是出于偶然。

描述这次差点造成失败的事例唤起了我对那天真正的感受，它是关于“我们做什么”的失败的倒数第二个例子，也就是说，这还不是我认为最难以启齿的一个事例。

我不断想起那个我即将下令开火的瞬间。我们 24 小时前就收到了安全简报。这是我第一次参加实战演习。联合预备训练中心被设计成了一个非常逼真的战场，就像我们临行前军营副指挥说的那样，“在联合预备训练中心，唯一看起来不真实的就是中弹后人们流淌的鲜血。”所以与逼真的战场相比，我们被激发的表现欲和有点人为设置的特殊安全限制联系起来，我们差点开火的行为几乎是可以理解的。

不过，这是一个犯错概率很高的错误，并且是我的过失。但这是一次“我该做什么”的失败，这种失败我们通常可以解决。

领导者行使执行权时有时会失败。领导者有时一天做几百个决策，其中很多决策都是错误的，向左走还是向右走？保持现有业务还是开发新业务？做出改变还是坚持到底？跑动还是传球？是用债务还是用净资产进行风险投资？注重纪律还是发展？保留还是解雇破坏团队合作的明星员工？把新产品推向市场还是将其束之高阁？

伴随着几乎所有这些行动和决策而来的是揭示我们工作好坏的反馈，我们收获的是成功和失败。除非我们不断地犯相同的错误，否则不要害怕面对我们做什么的失败，要敢于从中学习。检查这个级别一的失败有利于提高我们的知识与技能。我们学到的教训培养了我们在某一专业领域的特长，并且对我们日后的奋斗起借鉴作用，它们令我们变得明智。

级别一的失败的痛苦程度取决于它所带来的后果，这些后果往往具有欺骗性，因为级别一失败带来的教训不是以后果为导向的，一项决策可能造成股东们几百万元损失，也可能带来双倍收益，对我们决策进行反省不一定要从结果出发。偶然的决策可能根本就是有缺陷的。表面看起来经过深入可靠性分析的决策也可能会失败。如果我们仅仅在这个层面上审视我们的行为，那么还有更多的东西需要我们去学习。

那次军事演习锻炼了我的洞察力。我开始相信别人的赞美会使我变得骄傲自大（比如，“你们是我们两年来见到的最好的一个排”）。这一级别的失败描述了成功与失败之间的界限，它增强了一位部队长官对细节的警惕意识，尤其是安全方面，但它甚至还不能与我在纽约南部一个寒冷的足球场上对我儿子冲动的训斥（级别二失败），或者我在雅基马训练中心的绿洲餐馆吃的那个干酪汉堡包（级别三失败）上所学到的领导知识相提并论。

为了营造一种诚实反思的氛围，我在上课第一天就讲述了坦克炮的故事。如果我能和这些学习领导力的学生分享我曾经差点杀死战友的故事，那么我希望他们能做得更好。我希望他们学到比我们做什么的失败更深刻的东西：通过发现与探索级别二和级别三的失败学到深刻的教训。

级别二的失败是很容易被忽略的。因为它们的反馈很少，我们必须决定去解决它们，寻找并发现它们。这些失败要求我们征求他人的客观意见，严格审视自身的行为，弄清自身的需求以做出改进。

级别二："我们是谁"的失败

级别二的失败相对更难，因为"我们是谁"是由我们的经历、基因结构和智力组合而成的，既是理性的也是感性的。失败更多的原因是我们自己而不是我们的行为，"我们是谁"的失败可能从表面上看是我们做什么的失败，但是决策与行为更多的是与我们的个人特点、能力和情感相符或者相关的。

我们必须从每个级别一的失败中寻找级别二的失败。我们选择用净资产进行投资是为了规避风险吗？我们坚持到底是因为害怕改变吗？我们差点发射坦克炮是由于粗心大意吗？我们经常停留在级别一失败上，甚至有时出现值得学习的级别二失败也不愿继续前进。我们会自圆其说或逃避躲藏，因为我们做什么的失败比我们是谁的失败更能让人接受。

领导力的学习源自各种环境因素。随着我在过去几年里领导力不断发展，我通过养育孩子、做志愿者工作、看电影、读书和其他无数来源积累了许多重要的经验。

在刚过去的这个秋天，在我和一个朋友的指导下，我儿子所在的足球队以0：9的比分惨败。西点火箭队进了3个球，但对手进了20多个球。在之后的每个星期我们都尝试鼓舞这些年轻队员的士气，让他们把精力放在眼前的学习并且帮助他们理解更困难的经历的意义。当然，对于三四年级的孩子来说，踢足球只是为了好玩，即使对于 9 岁的孩子，踢足球的快乐也会因为一次次的失败而慢慢消失。

在第 8 周的时候，我儿子约翰问我能不能让他当守门员，我本来有很多拒绝他的理由。理由一是约翰继承了我过于竞争的天性。这场即将到来的比赛很可能会非常艰苦，而我知道他不能很好地应付对方对我方球门的狂轰滥炸，我们很可能会因此告别这个赛季。

理由二与理由一有关：约翰缺乏一名优秀守门员必须具备的素质。去年他在每一场比赛中都替补出场，在赛季最后一场对阵联赛中最强球队的比赛中，我们一直以一球领先，直到约翰出现了一个级别一失误。一个 9 岁的高大队员在中场远射，当球在空中飞行的时候，我和我的教练同事迅速算出球的飞行路线并且冲约翰大声发出指令。球从空中大约 9 米处朝罚球区顶部落下。约翰奔向那里，但球在他到达前落地了。时间仿佛在此刻停止了。

我了解我的儿子，所以我知道大祸即将临头。当足球飞向球门的时候，我几乎无法再看下去。当球落地弹起跃过他的头顶飞进球门的时候，约翰还在往罚球区跑，他转过身来刚好看到球慢慢飞进球门。从对手边界传来的家长们庆祝得分的欢呼声更衬托出他的沮丧。约翰摘下手套，把它们摔在地上，然后怒气冲冲地离开了球场。他的行为是可以理解的。毕竟一个年仅 9 岁的孩子承受不了这么多东西：他的失误、扳平的进球和人们的反应。尽管他从这个进球中学到了级别一失败的教训——必须训练扑救高空球的弹跳力，我们还是一致决定在下个赛季暂停他守门员的职务。

但在本赛季的第 8 周，正式的守门员和她的家人一起外出了，约翰问是不是能让他临时填补空缺。比赛开始时他做出了几次成功的扑救，但还是无法挡住对方的猛烈进攻，对方连进两球。当他们第 3 次进球的时候，我隔着球场对约翰大声吼叫，说他应该跑到球前面并用手主动出击。我声音中的沮丧传达出我对他的表现和比赛进程的不满。约翰听到了我的吼叫，其他队员也听到了，甚至连其他家长都听到了。那吼叫声至今仍在我脑中回荡。我 9 岁的儿子放下去年那段痛苦的回忆，主动要求再次担任守门员，而我让他难堪。

我冲约翰大声发出指令有几个原因：因为他是我的儿子，因为我很沮丧，因为我们又将面临一场失败，因为我以前跟他说过要用手出击，因为我还要学习如何更好地认识自己并学习如何做一个好教练和好领导。

约翰离开了比赛，而我直到大约一周之后才认识到自己的错误。与我共事的一位上校也很热心青少年运动，他给了我一本关于执教的书。失败会促使我们去学习，而不是成功。如果这个赛季我们战无不胜，我可能将这本书束之高阁，但是失败和让孩子们失望的感觉使我渴望获得一些帮助。

我在两天内读完了这本书（吉姆·汤普森的《有双重目标的教练》）。书上有许多令人信服的教训，其中有一条让我想起了约翰。作者提醒教练们（其实是领导者）错误发生后不要马上去纠正，他说应该等到当时的痛苦消逝后在适当的时候进行引导，把这点同领导力中最基础的观念——公开赞扬他人，私下纠正错误——结合起来，我知道我失败了。

这不仅仅是级别一的失败，我根本没有学会如何更好地临场指挥，在那一刻居然公开地指出约翰犯了我是谁的失败。我从这次失败中学到的具体的东西是一些我想成为一名更好的领导者、父亲和教练必须面对的、个人的、重要的教训，这些远远超出了我如何对年轻的足球运动员说教，以及钻研为什么那么说和那么做。这是关于我自己的事情，这也是这次失败难以对付的原因，甚至比 1996 年差点发射的坦克炮事件更难应付。

在那场重要的球赛后不久，我和约翰一起吃午饭。我做的第一件事情就是请求他的原谅，因为我使他难堪了。我从我父亲身上学到，即使父亲，一声简单的道歉也能教育孩子终生保持谦虚的品质。我们讨论了我作为一个教练应该如何改进（而不是他作为一个守门员应该如何改进）。在我们离开时，我们决定出去散散心。

当我和这支球队的兼职守门员一起吃午饭的时候，我决心建立他的自信而不是用自己的骄傲来打击他。不管我跟自己说了多少次不要有家长式作风，但有时候我还是会那样。有时我还是会大声发号施令，因为约翰在球场上糟糕的表现使我很没面子。家长、教练、领导者以及全体人类都经受着不同层次的骄傲、不安和自我意识缺乏的折磨。我们有两个选择：一是长期忍受这些折磨；二是审视我们的失败，不断学习如何战胜它们。

足球场上冲动的发号施令，之后阅读了那本书，与约翰共进午餐，这一连串事情使我相信我的执教和领导能力都得到了提高。在接下来的几个月里，我们花费了大量的时间在军队黑骑士队的主场——米奇体育场练习投掷橄榄球。在最初几次投球练习中，约翰很费力才接住球，他渐渐失去了信心。我又有点想发火，

“我 9 岁时就能接住那些球，”我想，“为什么他就接不住！”但我还是忍住了。我只是继续投球并鼓励他，他也表现得越来越好。上周，我们回到米奇体育场和一些好朋友打了一场有趣的家庭球赛，约翰接住了每一个传球。赛后他开心地笑了，他觉得他像一位英雄。我在足球场上的失败——更重要的是，我决定面对失败并从中学习——给约翰带来了橄榄球场上的成功。领导力起了很重要的作用。

级别二的失败是可以避免的，也是很容易被忽略的，因为它们的反馈很少，我们必须决定去解决它们。在某种程度上，我们必须去寻找并发现它们。这些失败要求我们征求他人的客观意见，严格审视自身的行为，弄清自身的需求以做出改进。当我们在关键时刻发脾气、感到无法胜任或未能组建好团队时，我们几乎不可能发现失败的原因。这些失败不同于在一次失败的商业活动中浪费广告预算或者在一个错误的时刻采取错误的行动，它们更难捉摸、更隐秘、更重要。从级别二的失败中学习要求我们承认自己的缺点并具有想成为优秀领导者的决心。没有那样的决心，我们可能在无知却快乐的平庸中慢慢失去学习领导的机会。从级别一的失败中学习使我们面对失败，但再也学不到更多东西。

在本章的开头部分，我们分享了一个似乎不太愿意面对自身缺点的军校学生的案例——他把自己的优点说成缺点，但我看到的是相反的，我已经与许多刚开始领导力终生学习的学生谈过话并给了他们忠告。

有一位特殊的学生（我叫他马克）已经迈出了很好的第一步，他深入分析了自己的级别二失败并且得到了很有价值的教训。他在作为一名学员基础训练排军士的反思里写道：“经过这个夏天，我觉得我是整个团里最笨的。我似乎无法做好别人能轻松做到的事情，比如说，我管不好那些表现不好的下属并且无法团结整个排。领导的工作看起来很简单，但我总是无法确定该做什么和怎样动员整个排去做。我常常表现得优柔寡断和不自信。”

马克继续分析他的一些缺点，指出他缺乏魄力的特点助长了不守纪律的风气。因为害怕受到下级或同级的厌恶，他经常不敢纠正他们的错误。隐藏在马克的自我诊断中有他最近学到的一种领导力理论，这种理论可以用来解释他的失败和描述他的自救办法。

如此坦白和深刻的自我检讨不仅在大学生中是罕见的，在这个时代也是罕见的。各行各业的各级领导在做决定时都很犹豫，他们很看重他人的看法，所以不能很好地处理各种关系。只有最好的领导者才会自我反省，承认他们级别二的失败并做出改进。马克就是他们中的一员。

> 为他人服务，把他人的利益放在第一位，给他们洗脚。这种核心价值观应该体现在我的行为中，但当我的士兵们在户外忍受严寒而我只关心自己的温饱时，我开始怀疑自己的价值观。

级别三："我们想成为谁"的失败

在我教授通过变革领导组织的一堂课上，我们花了一节课的时间对组织与个人进行对照分析。我让学生们阅读吉姆·柯林斯和杰瑞·波拉斯在《哈佛商业评论》上发表的一篇关于洞察力的文章，然后要求他们从那篇文章中提取关键概念，提出他们对洞察力的看法。

这样做有双重目的：为他们深入理解洞察力概念和深入了解他们自己提供一个有力的工具。柯林斯和波拉斯对洞察力的讨论的内涵是核心价值观（3～5个基本的、根深蒂固的做人准则）和核心目标（1个组织或个人存在的原因）。

"我们想成为谁"的失败违反了我们的核心领导力价值观或核心目标，侵犯了我们对领导或领导的理由的基本信念。如果我们希望有效地进行领导，那么我们就不能经常犯这种错误。不过我们还是难免会犯错，所以当我们犯错时，我们应该有进行反思和学习的勇气，这样才能成为更好的领导者。

"为他人服务"这句话说明了我想要成为怎样的领导者，我把它列在我的核心价值观的清单上。很多人把它归为公仆式领导的概念，但对于不同的领导者它有不同的含义。我想成为一名为他人服务的领导者源于我对父母的爱和尊重，我的父母是公仆式领导的典范。我想成为一名为他人服务的领导者还源于我的信念——像耶稣一样为追随者洗脚。我想成为一名为他人服务的领导者和我来自哪里及我想成为谁是分不开的。所以，当电话铃在那个温暖的雅基马训练中心餐馆里响起时，那个美味的汉堡包盯着我的脸，仿佛在说我还不是我想成为的那个人——至少当时还不是。

几乎每个在华盛顿路易斯堡服役过的士兵都曾横穿卡斯克德山脉到达雅基马。雅基马是世界上几种最美味的苹果的产地之一，也是一片适合坦克、步兵作战车和数千士兵驻扎的广阔沙漠。这里夏天奇热无比，冬天也非常寒冷，每天都呼呼地刮着速度达到 80 公里/小时的寒风。尽管对于军队来说雅基马训练中心是一个理想的训练场，但它的生活条件非常不理想。

对于那些连续几个月都待在雅基马的士兵来说，他们渴望可以偶尔去趟快餐厅改善生活而不是老吃小烘饼和部队的伙食。绿洲餐馆位于雅基马临时军营和很少使用的阅兵场之间的营地区域。

对于任何人来说雅基马都不是一个休假的地方。当寒风刮起的时候，你唯一能做的就是紧闭双唇。我记得每天早晨醒来我都不敢拉开睡袋拉链，因为拉开睡袋后扑面而来的寒气让人简直无法忍受。

就在那段寒冷的岁月的某一天，我的长官把我们几个人召回距离训练场大约 30 分钟车程的营地。当我手下 70 个士兵干着手里的活——擦拭机枪、修理战车、改进伪装的隐蔽网，我和我的司机——一位军官驾车回去开会，坦白说我不记得接下来的事情发生的次序：到底是我们先见了长官再去了绿洲餐馆，还是先去了绿洲餐馆再等待会议开始，但是我们确实去了绿洲餐馆。

因为领导是关于“我们是谁”的问题，所以改正领导的错误非常困难。当我们作为一名领导者承认失败时，我们在反思并承认我们违反了“我们做什么”“我们是谁”和“我们想成为谁”的本质。

当时里面只有几个人，5 000 名士兵都在寒冷的户外训练。绿洲餐馆很暖和，角落里的大屏幕电视正在播放节目。我们并不急着离开，我点了一个干酪汉堡包，可能还有一杯软饮料和一些薯条。我们聊了一会儿天——我已经不记得我们聊了什么。然后电话响了，一个戴着白色的高顶帽、围着沾满油污的围裙的厨师喊出了一个名字，我的名字。然后，我再一次听到了他的喊声：

“这里有一位克兰德中尉吗？”

“是的，我就是。”

“你的电话。”他把话筒递向我。

我走向 6 米外的柜台，心想是谁给我打电话。当我把听筒靠近耳朵的时候，我突然一阵反胃而且心直往下沉。我不记得我们说了什么或者为什么他给我打电话，但他是我们排的军官——我的副手，他问了一个简单的问题，我回答他后回去吃了那个我吃过的最难吃的干酪汉堡包。

为他人服务、把他人的利益放在第一位、给他们洗脚，这种核心价值观应该体现在我的行为中，但当我的士兵们在户外忍受严寒而我只关心自己的温饱的时候，我开始怀疑自己的价值观，我怀疑它是否包括为我自己服务。

我不是在夸大这次我在成为服务他人的领导者的道路上犯下的过错。也许很可能我以前很虚伪，也许我经常在满足了自己的需要后把我的队伍留在困境之中，但是当电话响起，我被我们排的军官抓到在偷吃时，我个人的失败一览无余，而且我无法逃避。

这个故事我在课堂上讲了几次，但很多学生并没有认识到这个错误，或者至少没有认识到这个错误的严重性。有些人还分辩说如果我有时间的话，为什么不能吃个干酪汉堡包？当你读到这个故事的时候，雅基马、干酪汉堡包和电话可能都不能使你产生共鸣，但这是级别三的失败的本质：你感觉到它的时候才会了解它。不像级别一的失败，它可能没有反应；也不像级别二的失败，你不需要征求他人的意见。但在级别三的失败中，你的内心会受到折磨，你的行为会与你的价值观发生冲突，并且你很快会意识到你没有成为那种你想成为的人。也许被抓到偷吃干酪汉堡包不是你想用来提醒自己面对失败的事情，但是一些发生在过去的事情已经提醒了你，而且将来的事情也会提醒你。

我真心地信仰为他人服务，我想要为他人洗脚，我想成为一名把团队中其他人的利益放在首位、能与他人同甘共苦的领导。那个干酪汉堡包和电话成了一个精神象征，储存在我的脑海中，它会在我试图违背服务他人的核心领导价值观的时候敲响警钟。

记住我们自己的个人领导失败

在过去的几年中，国家航空航天管理局经历了一番众所周知的了解自身失败并从中学习的挣扎。它以前是一种只许成功不许失败的文化，在分析航空局可以采取什么措施来改变这种文化时，我的一位学生建议他们应该在总部入口摆放一幅巨大的挑战者号爆炸的照片。他说，这样，那些航空项目人员每天都会记得他们所犯错误的后果，它将使他们每天都保持警惕。另一位学生建议他们应该在那幅照片旁边另外摆放一幅登月的照片。这两幅照片将传达两条信息：“我们是伟大的（登月成功）”，但“我们要从错误中学习并且做得更好（挑战者号爆炸）”。

雅基马事件是对我的领导失败的一个提醒。我把那个瞬间深深地印在我的脑海中，只有这样才能使我一直追求为他人服务，并使我明白这种失败给我自身带来的后果。

> 对于教师和培训师来说，率先跳进寒冷的游泳池中是很重要的。对于其他人——那些仅仅期望在个人层次上成为更好的领导者——穿着私下反思的紧身潜水衣就够了，但是不要让私下反思成为你的挡箭牌，要尽量严格要求自己，从自己的努力中学习。

当你反思自己的某次失败、某件事情或者某次痛苦的挣扎时从来不曾感到内心难受的话，你很可能没有深入地检讨你想成为谁的失败。我的失败使我感到不舒服和沮丧，但我会下决心将来要实践我的核心价值观——实现我自己的个人领导愿景。

生活就是教训

我们系以前有一位教师（对他我只是闻名已久），过去常常提醒同事们说“生活就是教训”，领导是关于“我们是谁”的问题。当我们教授领导力时，我们是自己的第一课，因为领导是关于“我们是谁”的问题，所以改正领导的错误非常困难。当我们作为一名领导者承认失败时，我们在反思并承认我们违反了“我们做什么”“我们是谁”和“我们想成为谁”的本质。

有两件事使我能够严格地审视自己的失败。首先，我的工作是教会别人如何自学——如何把自己培养成领导者，因为我对于纠正错误，尤其是对级别二和级别三的错误永不屈服的信念在领导力开发进程中起着如此重要的作用，以至于我必须以这种方式进行领导。我不能够要求我的学生诚实地自我反思，自己却袖手旁观，我必须以身作则，让他们知道我很乐意对我的失败诚实地进行反思并从中受益匪浅。

几个暑假前，我与两个同事和哥伦比亚大学高层管理人员工商管理硕士项目的学生举行了一次研讨会。在会上，我们把面对自己的失败等同于跳入一个冰冷的游泳池。所有人都站在池子旁边，没有人愿意跳进去。但一旦有人跳进去，其他人几乎都会跟着跳。如果你的工作是将别人培养成领导者，你就必须第一个跳进那个学习的池子，这会给那些你领导的人跟随的勇气，你的组织也会因此有所改善。

当面对我的失败时，我记住的第二个关键的要点是每个人都犯过错误。这一点很简单却很重要，我真心相信我有缺点并且需要改进，我也相信其他人也都有缺点而且需要改进，每个人都会犯级别一、二和三的错误。作为一名教师，这种信念让我付出了代价：有几次和学生分享像坦克炮事件这种致命的重大错误的时候，他们的反馈是我的失败使我失去了一些作为他们的领导力老师的信誉。因为我的目标是宣扬诚实反思的品质，我不是太在乎他们对我作为领导者的个人看法，但是我很关心他们对失败和它与信誉的联系的看法。我希望他们相信我所相信的东西，那就是我们都犯过错，分析失败非常有利于提升我们的领导能力。我希望他们都能成为像马克一样的人。

为了减轻失败直接导致信誉下降的消极想法，我向科林·鲍威尔求助。他在我心目中是我们这个时代少数几个最伟大的领导者之一，至少是一位毫无争议的成功的军队官员。在他最畅销的自传《我的美国之旅》中，鲍威尔将军详细地讲述了他的失败。作为一名少尉，他把他的手枪弄丢了，他不得不把他的错误告诉他的上司米勒上尉。米勒后来吓唬他说枪是被当地一个德国村子的一些孩子找到的。“幸好，”米勒说，“在我们听到枪声后赶过去把枪拿回来时他们还没走远。”后来鲍威尔才知道原来他把枪落在帐篷里了。仅仅几个月后，他又把整个排的火车票弄丢了，他们被迫滞留在法兰克福。

如果鲍威尔将军都能承认他的失败（虽然只是级别一的失败），那么我们也应该能够直面我们的失败。

这样做的终极目标是承认自我。对于教师和培训师来说，率先跳进寒冷的游泳池中是很重要的；对于其他人——那些仅仅期望在个人层次上成为更好的领导者——穿着私下反思的紧身潜水衣就够了，但是不要让私下反思成为你的挡箭牌，要尽量严格要求自己，从自己的努力中学习：从级别一的失败中学习知识与技能，从级别二的失败中认识你是谁，从级别三的失败中学习你需要做什么来成为你想成为的那种人。

人人都希望自己不犯错。不管是自我反思还是公开承认，承认各种级别的失败常常令人感到不舒服、痛苦和折磨。所以当我们的领导经验越来越多时，我们会越来越痛苦。刚毕业的大学生总是有一个固定的借口——缺乏经验。学徒是来学习的，因此失败是工作的一部分。但是当我们成为首席执行官、资深合伙人，或者上校时，失败会变得越来越丢面子。承认我们五年前犯了一个“我们曾经是谁”的错误比承认五天前犯了一个“我们是谁”的错误更为容易。

当我拿起那本关于执教的书，我的失败让我觉得难受，我觉得自己非常愚蠢。我在西点军校教授领导力，我当了很多年的足球教练，我热爱孩子。我还在犯这种领导错误吗？是的，停留在级别一失败或对缺点视而不见对我没有好处。我们越快地面对失败，我们就能越快地学习，并且当我们身体力行进行领导并率先跳入冰冷的池子时，其他人也会受到鼓励而跟随我们去学习。

如果生活是教训，那么不完美就是上天赐予我们的，并且有一点是很清楚的：幻想永不犯错是最大的失败。

第3章

你必须先领导自己

格雷格·黑丝汀斯

有3个贯穿我领导生涯的经历发生在我在西点军校大一到大四这段时间中，每一个经历都与不同程度的责任相对应，并且每个经历都帮助我在军队中成为一个更有效的领导者。这些令我成熟的经历很有代表性，同时它们也是探究领导培养界，即美国军事学院的一个窗口。

对你自己的行为负责

我所学到的第一堂关于领导力的课程是在一年级，当时我为能进入西点军校而感到高兴和自豪，可是很多时候我也会觉得痛苦，这种痛苦基本上都是人为的。在西点，一年级新生被称为“plebes”（来源于拉丁文“plebeian”一词），指的是学员中级别最低的人。当时我就是在最低层级做一些诸如发放报纸、清理公共场所、在每次开饭前摆放好凌乱的饭桌等这类临时性事务。不过我在进校前就知道并且预料到了这些，因此不久我就怀抱着对未来的憧憬去完成这些事情，我想等我成为高年级学生，最后成为西点的毕业生和军队长官后，一切都会好起来的。

对于所有新生来说，去执行一个“闹剧”（spirit mission）意味着解放。此时我们可以去做任何事情，而那些事情在其他情况下是决不允许做的，比如从我们的方阵中将见习指挥官扛走，临时戴上从其他学院的交换学员那里得来的他们的某些佩戴物（如帽子），或者袭击军校中其他学生连队的吉祥物等。这类活动的高潮在陆军—海军周中出现，那时人们可以毫不顾忌等级。十多个加入西点一个学期的海军学校的新生都是平时遭受温厚折磨的受害者，可是同时他们也是“闹剧”的积极分子。

在著名的陆军—海军大学足球赛前的一些日子里（我上大一那年的十二月），随处可见那场激动人心的比赛的标志。校园里到处都是海报以及专门为比赛周而设计的制服。灰色的班级制服是最典型的，还包括一件印有“打败海军”字样的衬衫，以及战地迷彩服。在周四的晚上，整个军团的学员在用餐大厅集体共进晚餐并且共同观看录像。这些录像是一些短小但很有创造性的短片，其中很多都是模仿流行的商品广告。饭后所有4 000名学员集体迈步到运动场上观赏一场篝火，其中央是一个象征着海军的小船。

可是当我们得知计划是要到一个海军学校学生的房间捣乱时，我们这些新生就开始犹豫了。“不要害怕，”他们对我们说，“只要有我们高年级学生参与，你们就不会有麻烦。”

当一些高年级学生让我和其他一些一年级新生参与一次闹剧的时候，我们都很兴奋；可是当我们得知其计划是要到一个海军学校学生的房间捣乱时，我们这些人就开始犹豫了。“不要害怕，”他们说，“只要有我们高年级学生参与，你们就不会有麻烦。”那天晚上，在11:30的宵禁刚过之后，怀特军士——一个三年级学员将所有队员召集起来。

在上午的时间里，我们已经准备好了任务所需的工具并且仔细研究了实施计划。我们把装吉他力（一种运动饮料）的桶、旧的牛奶盒子和泡沫剃须膏的罐子都检查了一遍，还演习了集体潜入一个兵营宿舍的行动：我们悄悄地沿着楼梯摸索到了目标人物（一个来我们这儿做一个学期交换生的海军军校学牛）的房间。上了几层楼后，我们找到房间，在给每个人分发了工具之后，我们旋开了房间的门。

按照计划，我和一个大二学生每人拿着一个装有冰冻吉他力的桶进了房间，当我们双双站在那个海军军校学生的床边时，我们对守在走廊的那些人使了个眼色。他们都已经各就各位了，于是那个二年级同学用力但又小声地数到3，然后我们一起往这个熟睡的“乌贼”（陆军学员对来自海军学院的人的贬义叫法）身上倒了大约 5 加仑的运动饮料；之后我们迅速撤离房间。当我出门后，门两旁的两个人向房间抛了两罐捅破了的泡沫剃须膏。如果一瓶新的泡沫剃须膏的罐子被刺破了，里面的摩斯就会喷溅得到处都是。我们扔的这两个“炸弹”完全发挥了效果。编排在这次精神任务最后的那些人往房间里抛了一些发了霉的牛奶盒子后，我们准备离开了。我们安排在走廊两端望风的“保安”也赶紧回到队伍中来，然后我们一起飞奔下楼，四处分散开并且绕道回到自己的房间，以免那个“乌贼”跳起来追我们。

回到房间后，我躺在床上试图让自己平静下来，毕竟明天还有一天的课，之后还要在新泽西玩一整个周末。当我正想着我们将要离开西点在外面度一个自由快乐的周末时，突然听见了敲门声。按照正常情况，不会有人在半夜 3 点起来敲门的，我料想有什么事情发生了。我开门看见了怀特军士，我们偷袭活动的领导者。“我们得去见 CO（指挥官，一个负责这个连队的高年级学生），现在就得去！”

不久我们就立正在 CO 面前了，他对我们大声吼着。显然，我们偷袭活动的受害者（那个“乌贼”）和他的室友醒了之后非常气愤，打电话给中央警卫室报警了。一连串的电话最终打到了我们 CO 这儿，他估计是我们搞的鬼。他知道他的一些学员在密谋一次精神任务，虽然他也不清楚具体细节。之后他来到怀特军士的房间，责问他我们是否真的潜入了那个房间捣乱。

怀特军士没办法只能如实回答。也许在其他学校或者机构中，没有人会这么痛快地坦白，可是在学员荣誉准则下否认或推卸责任是不允许的。准则规定：“学员不准撒谎、欺诈、偷窃，并且也不能容许其他人这么做。”如果我们都矢口否认，大家肯定会一起逃脱惩罚，但是我们谁也没想过要用撒谎来摆脱随后的麻烦。

那天早上我在一群人中立正站立时还很惊讶，毕竟我只是新生。之前那些高年级生告诉过我们他们会对这次行动负责，让我们不必过分担心。我回想起怀特军士说过，“即使有人会因此惹上麻烦，那也只会是我！”现在他确实身处泥泽了，而他也的确试过袒护我们；但是 CO 已经发狂了，看样子他不会让任何一个人逃脱惩罚。

问题就出在我们活动的选择上。一般情况下，活动都应该经过 CO 或者更高级别人士的核准，以确保这些活动没有破坏性。事后他们发现，我们的活动既没经过批准也不恰当。当吉他力、剃须摩丝和牛奶的混合物洒在一张放满电器的桌子上和一个装满制服和平时穿的衣服的箱子上时，它们绝对具有破坏性。在早餐集合前的大部分时间里，我们打扫了我们在极短时间内破坏过的房间，这时我们才意识到自己造成了多大的破坏。清洗了房间和衣橱里的衣服之后，我们又回到了 CO 那儿面壁思过了。

这时怀特军士又开始争辩："这些新生只是听我的指示罢了，放他们走吧！"可是 CO 和参谋官（Tactical Officer，TAC）——监督并且为我们这个连队（西点的学员被平分成 32 个连队，每个连队大约 125 人）负法律责任的一个委任军官——却都不这么看。尽管最初幻想着我们可能因为新生的无知而免受处罚，可是现在我们要和那些唆使我们参与的高年级学生一起面对同样的后果。

那天上午，TAC 对我们正式进行了审问，她还取消了我们的周末外出权，因此我们周末就不能出校狂欢并庆祝陆军–海军赛了，相反我们必须待在房间里随时待命。怀特军士之前就知道他可能因为这事惹上麻烦，但是令他气愤的是，我们这些新生也受到了株连。和怀特军士及这次活动中的其他参与者共度了一个周末，我变得很沮丧，毕竟我只是一个一年级学生，在我参与活动时还一无所知。

我对教练说我是多么无辜，我只是个随从者却被不公正地处分了。他听得很认真却丝毫不给予同情。当我解释完所发生的事情后，教练问了我一个问题："你有做错事吗？"

我们受到的最后的惩罚还包括每个周末好几个小时的齐步走，这是典型的西点式惩罚，这意味着我周末就不能参加任何运动了（当时我还是登山队的成员）。在这件事后不久的一次登山队的会议后，我和教练谈起了这件事。我对教练说我是多么的无辜，我只是个随从者却被不公正地处分了。他听得很认真却丝毫不给予同情，我知道很有可能他会把我从队里剔除，毕竟我的所作所为败坏了登山队的形象。当他认真地听并且时不时地问些问题时，我觉得自己被开除的可能性看起来更大了。在我说完后，教练回到座位上问了我一个问题："你有做错事吗？"

我顿时很沮丧，明摆着教练和那些军官的立场是一致的，而那些军官从来不会体会到（我是这么想的）我们这些习惯于服从命令的低年级学生的感受。我思考着他提出的问题，试图用一种能说服他对我做出宽大处理的方式回答。我解释说我们起初都没有深入考虑偷袭的后果，之后我们在清理房间时看见我们导致的破坏也很后悔自己的行为。但是我也解释了当初我对参与活动也犹豫不决，是那些高年级学生怂恿我加入的。作为低年级学生，我们以为大家都是这样做的——在陆军–海军比赛周，我们以为怎么整那些海军学校的学生都可以。我试图找出各种能够证明我们不应该受到惩罚的理由，辩解说我们只是被人指使，既不是我们自己出的主意，也不是我们领导了偷袭活动。

> “你也许没有负责这个活动，但是你要对自己负责。不管你在指挥链中的地位是高还是低，你都要对自己负责。你永远都是一个领导者，即使在没有任何人的情况下，你也是一个人的领导者，这个人就是你自己！”

我最后的那句话好像惹恼了教练。他看着我，思索着我刚说过的话。在他的注视下，我开始质问自己在这次活动中是不是真的一清二白。在沉默了许久之后，他告诉我一件事，而这是在我作为领导者的发展过程中所学到的最重要的事情之一：“你也许没有负责这个活动，但是你要对自己负责。不管你在指挥链中的地位是高还是低，你都要对自己负责。你永远都是一个领导者，即使在没有任何人的情况下，你也是一个人的领导者，这个人就是你自己！”

对教练的这些话，我最初的反应是生气和不屑，可是在接下来的几个周末里我有充足的时间思考自己的行为和教练对我说过的话。当我在操场上来回迈步行进时，我就想着教练说的话。我意识到虽然我不对那次活动负责，但是我应该对自己的行为负责。就我个人而言，我理应得到现在这样的惩罚。我很感激教练教了我这一课，我同时也为那些虽然经历了此件事情但并没有产生我这样感悟的同学遗憾，他们对于自己所受的惩罚仍如鲠在喉，始终觉得自己是受害者。我却很释然，虽然其中的经历很艰难，我还是学会了作为一个领导者的一个基本技能：领导自己。

出色的领导者同样也应是出色的服从者

两年后的一个夏天，当我在西点带领 38 个新生进行新生初训时又学到了另一条有关领导力的重要经验。经过暑期训练后，新的学员就会成为一年级新生，但是他们只有完成新生初训后才会被军队接收并且授予“军官学校学员”头衔。我负责这些新学员中的1队：1队共有4个班，每班大概10个人。每班有个负责人（同样也是大三的学员）。

我管辖着42个人。在整个初训过程中，我每天站在他们旁边或者前面的时间不少于18小时。在整个指挥链中有许多人的职位在我之上，但是在工作中我接触最多的一个学员是个军士长（连级单位负责人），他比我高一级。在那个暑假前我就认识他了，他是个二级军士长，叫米勒，在训练中我们既是同学又是室友。尽管我们没能成为好朋友，但我们在一起共事还是感觉很愉快。

我很了解处在领导职位的学员仍是处于学习阶段，因而犯错也是难免的；但是当真的犯了错误时，我们还是会觉得很沮丧，特别是因此受苦的通常就是那些新生。

新生初训在很多方面和正规的陆军基本训练不一样。首先，除要掌握如射击、团队合作等基本军人技能外，新的学员还要学习很多关于西点的知识；其次，训练是完全由学员负责的，不受正规陆军人员的监督控制。对于负责这些新生的高年级学员来说，这既是一个很好的锻炼机会，同时也是一个很重大的责任，但是差错不可避免。在学校待了两年后，我很了解处在领导职位的学员仍是处于学习阶段，因而犯错也是难免的；但是当真的犯了错误时，我们还是会觉得沮丧，特别是因此受苦的通常就是那些新生。这些错误多是些琐碎的事情，如时间安排不周以及清单不正确等。

但我还是犯过一个最叫我头疼的错误。一天我们长途跋涉去一个训练场所，这种跋涉对于老学员或者甚至一些年纪大些、身体强壮些的新学员来说并不是特别困难，但是对于普通的新学员，要背着装满东西的帆布包爬西点山还是很困难的。我们每个人都费了很大的劲才到达那个训练场。

最后我们晚到了几分钟，一名队员还扭伤了脚。所以当我们到达时，现场的士兵都很不高兴。他们把我叫到一边，向我解释了准时到达的重要性，然后问我们为何要带着那么重的帆布包行军。之前有人跟我说过行军需要这种包，但是到了之后我被告知其他来的人都没带，这肯定是有人搞错了。这次跋涉到训练场进行训练对我们排很有益，因为它锻炼了那些新生；但因为我们迟到了，再加上那个由于不堪背包（不必要带的）重负而扭伤了脚的新生要拄着拐杖走路，这样也就耽误了大家的训练时间。我想一定要对我的上司表达我的不满。

几天后，我们准备着乘卡车去另一个训练地点。通常早晨在体能训练后，每个人在吃早饭前都会有几分钟的时间来换衣服、冲凉和整理房间。但在这个早上我们的时间比往常都紧些，因为在体能训练后，每个人都必须准备好各自的训练装备，然后回到楼下停卡车的地方集合，我们将乘卡车到了训练场再吃早饭。我把要求详细告知大家后就让他们解散了。我给了他们 15 分钟的时间回去洗澡、准备装备，然后回来集合列队。解散后我也紧随着他们上楼去洗澡，同时催促大家快去集合。

半路上军士长米勒通知我说有个变化："所有人都必须画面部迷彩！"

"你在开玩笑吧？"我生气地回答，"我们 5 分钟后就要出发了。所有人都已经要下楼去了。没有人提前通知我要画这个呀，况且他们画这个要 10 分钟呢！"

"对，我们只有 5 分钟时间，可每个人还是必须画！"他耐心地解释着。

"我们做不到，要那些新生每个人都画好并且准时上车是绝对不可能的。"当时我都想甩手而去了，但我想我还是要对他说实话，更何况他也是我熟识的同学，所以我还是能跟他辩解一下的。

"嘿！"换成他发火了，"其他 3 个排现在都已经在做了，你是唯一一个在这儿浪费时间和我争辩的排长。这个决定不是我做的，如果是，我会改了。这是命令，必须完成！快去执行吧！"

我很清楚那不是他的命令，并且我也知道和他争辩根本没有用。我不再争辩，转身将这个命令通知我的 4 个小队长。他们刚听到命令时对我非常愤怒，就像我刚才对米勒一样。可是我们还是使得所有的人都按时集合列队，并且大家的脸上、脖子上和手上都按照命令画了各种迷彩。因为其他 3 个排也还没弄好，出发前米勒就多给了我们排一点时间把迷彩画完。在我们到达目的地吃完早饭后，因早上画迷彩而生的怨气也都烟消云散了，大家都接着开始训练了。

随着初训的进行，更多的误会和差错也随之出现了。每一次我都会反抗，但是通常我都会像和争辩画迷彩那次一样最后被对方打发了。我认为我是在为我的下属说话，保护他们。我不想他们因为别人的失误而承担不必要的痛苦。

一天晚上，我和米勒一起坐在房间里讨论那些由上而下传达的变动命令。我说，对于下令做变动的那人来说，这种变动仅仅是个决定：他将变动告诉他的 2

个或者 3 个下属，并由他们负责将变动接着往下传递。对于处于任务链中的大部分人来说，那个决定仅仅需要他们确保自己服从命令并将命令传递下去。可是对于那些处在最基层的排长和队长来说，他们就必须确保每个新学员都能理解并执行新的命令。这是很耗时的事情，因为新学员在军校还没待多久，他们还不知道该怎么去应对那些变动，比如说，当那些长官决定我们都要画面部迷彩时，他们仅仅需要通知他们的下属，然后自己也画上迷彩；但是那些小分队队长就不仅要自己画迷彩，还要指导、监督 8 ~ 10 个新学员画迷彩，直到大家都画好为止。并且那些命令还是最后才传达给他们的，因此他们是时间最紧的。

“但是你和我争论就好像我下的命令似的。但是不是我，而是高我们好几级的那些军官，并且你不能像和我争吵那样跑去和他们吵架!”

“哦，上面那些人根本不了解这些临时变动的影响有多大。”我抱怨道。

我经常争辩抱怨，一点也不是我想成为的诚实、高效的、服从的形象，我只是个令人生厌的人。毫无疑问我带领的队伍是全军最好的，我是个高效的领导者，却是个失败的执行者。

“关键不在那儿！不管他们了不了解，你还是必须服从命令。你还是得服从我的命令，不管这些命令是打哪儿来的。”

我清楚他的意思，可是我仍不妥协。

“你看，”他又接着说，“我手下有 4 个排长，你是其中之一。其他 3 个都肯接受命令，如果是不好的命令，他们肯定会有微词，但是他们转身就去执行命令，只有你在那儿和我争吵。你反应这样激烈，我都不敢把坏的命令通知你了。”

这时我开始理解他说的话了。我经常争辩抱怨，一点也不是我想成为的诚实、高效的、服从的形象，我只是个令人生厌的人。毫无疑问我带领的队伍是全军最好的，我是个高效的领导者，却是个失败的执行者。

米勒帮助我认识到这样一个事实，即关注我下属的利益影响了我在整个任务链中的效率。我终于完全理解了服从者的角色，而我目前也正在教那些新学员如何成为一名优秀的服从者。同时我也懂得了领导者的双重角色：领导者也是服从者。

一个人也可以发挥关键影响，成功领导一个团队

在西点读四年级时我学到了领导力的第 3 课。在西点的 4 年中，所有学员都融入了军队的组织构架中并且完成了自己的工作。大四时，我担任了体能开发官这一职务，我的职责就是要让我的连队中的所有学员都达到各项体能要求。由于我负责的连队在体能测试中已经连续 3 年获得了最高的平均分，所以我认为我的工作就是要力保这个领先地位。

在下半学年的早些时候，我就开始为体能测试做准备了。为了这个测试，每个学员都要在这个学年花上几个月的时间。在早上、晚上和周末的时候，我都会组织学员测试一下。大多数时候是自愿性质的，但有时候我也会命令他们必须参加。我甚至还进行了一次模拟测试，以对我们连队的平均分有个具体了解，确定每个学员需要在哪方面多下功夫。在我上学时的大多数时间里，BrewDawgs（我们队的别名）正处于体能巅峰时期，可是随着不断有学员毕业和新生入学，一个连队的特性也会随之改变。而我所担心的是 BrewDawgs 已经有点不重视体能训练了。

当我们开始训练时，参与训练的人数明显有所下降。学员们在模拟体能测试中的得分非常低，并且我几乎没看见有人主动在训练。最糟糕的是，好像大家对我们连队将要失去体能测试冠军一点也不关心。所以几乎在每天的午餐集会上，我都要和全体学员谈一下这个问题。到了晚上我还要挨门去劝说他们跟我一起在走廊里做俯卧撑和仰卧起坐（整个连队大概由 120 名学员组成，分别来自 4 个班级，他们都住在同一排宿舍里）。我的策略还是起作用了，但是效果是个别的和短暂的。随着体能测试的临近，我非常担心我们连队到时会得个什么样的成绩。

我认为问题出在动力上。尽管我不知道原因在哪里，可是全队作为一个整体，显然没有过去参加比赛时的那种斗志了，更别说想争取达到 300 分满分了。虽然我为全队制定了经过上级首肯的目标，但是我并不认为所有人都认同那些目标。而如果他们不认同那些目标，他们也就不会有动力去实现目标了。所以我要尝试想个办法将连队中每个人的体能目标和我定的那些目标结合起来。

我回想起我的一位老师和我讲过他担任初级军官时是怎样为他的排设定目标的（由军队军官给我们上理论课的一个明显优势就是他们可以将上课时的材料和我们未来的工作联系起来）。有一天这位老师参加了关于群体目标的讨论。他

告诉我们他在排里到处张贴布告。开始时学员们都嘲笑甚至挖苦这些布告，可是最后，大家都变得习惯看到它们了，并且开始接受目标了。

几个月后，布告依然随处可见，军官询问大家其中的一些目标是什么。令军官惊奇并且高兴的是，很多人都用布告上的目标作答。他甚至还看到过一个别的排从此路过的士兵，看到这些布告后，开始也像几个月前他的士兵表现得那样——嘲笑；而这次，他的士兵奋起保卫自己的目标。

这些结果听起来好极了，不过在接下来的 6 周里我需要做些改变。准备体能测试的时间越来越少，但是如果我们连队开始努力，成绩仍然可能显著提高。我翻遍了自己的书和笔记，又到网上去查了关于激励的资料。经过一个晚上的查阅，我摘取了一些名言警句，并且建了档：

“不尽力去做就是在埋没你的天赋。”（美国前长跑纪录保持者史蒂夫 · 普芬登的名言）

“和平时代流的汗水越多，战场上流的血越少。”（中国谚语）

“想杀你的人今天就在行动了。”（我最喜欢的话，它很有警醒作用）

……

我总共建立了 16 个不同的文档，每个文档都包含有“冲啊！BrewDawgs！”等字眼，其中很多还包含了军队的目标、我发起的自觉锻炼的计划安排和体能测试的日期。

我将每个文件复印了 2 ~ 3 份并且把它们粘贴在我们军区的墙上。等我贴完时，每隔约 10 英尺就有一张文件，浴室里贴了好几张，这样就不会有人看不到了。有些人是当天晚上就看见了这些文件，可是大多数是到第二天早上才看到的。我不知道这会不会有效果，可是我还是很高兴我的行为引起了大家的注意。至少 BrewDawgs 的全体将士都看到那些宣传语了，那些话语一天可以提醒他们好几次关于连队平均分的那个目标。

在很大程度上，大家都感觉这些话语很有意思，特别是一个讲一只瞪羚超越了一只狮子，而狮子又追过了瞪羚的故事。这个故事告诉我们，“不管你是谁，你最好保持奔跑的状态！”我们连队外的人也听说了那些警句，还互相传颂其中一些不太常见的警句，就像老师给我讲的那个故事中一样，这些句子让全体学员都感到很高兴，可我还是不清楚这件事的结果到底是好是坏。

一个星期过去了，对那些警句的议论又消退了，大家又开始不怎么去参加训练了，我也没发现有任何大家更加关注体能训练的迹象。又过了一个星期，我决定要更主动些，于是又张贴了新的海报，每张海报上都写着我们连队平均分的目标和其他句子，比如：

“不要让团队倒下！”

“BrewDawgs——开创一个体能训练的新时代！”

……

这次我没有贴得到处都是，可是士兵们还是走了个遍，确保把每张都看完了。

那个星期我注意到训练中出现了一些新面孔，我鼓励他们带更多的人来参加训练。当我开始挨个游说时，我发现士兵们已经出门准备晚上的训练了。下午的时候有更多的人拿着毛巾去体育馆或者刚刚跑步回来，那些锻炼的人还在鼓动周围的人也去锻炼。这是我第一次感觉到在整个连队中并不是只有我一个人在单枪匹马地力促别人去参加体能训练。当我问大家想在体能测试中取得什么成绩时，他们给我的回答不再是不确定的“不知道”，而是非常自信的回答：“一定可以超过 270 分，也许得 300 分呢！”（满分 300）

当然，大家对体能训练热情的提高要归因于好几个不同的因素。可能一些士兵本来就打算要等到测试临近前再开始训练；又或者这都是我的错觉，我只看到了我想看到的。我四处询问以确定究竟是什么原因让大家开始热衷于体能训练，很多学员认为正是那些警句刺激着他们去为体能测试做准备，特别是其中一些比较触目惊心的话语，比如说“不要让团队倒下！”。

当测试最终真正来临时，BrewDawgs 已经准备就绪了。虽然我们最终并没能够保持住体能测试冠军的宝座，但是我们的得分也很接近最高分，而且比学期初期的成绩要高出很多。

我一直在努力寻找一种方式去激励队员将体能训练视为第一要务。当其他方法都失败了时，到处张贴海报这招居然还真起了作用。很多年前我和老师的一次随意的谈话激发我想出了这个办法，它帮助我实现了连队的重要目标。在这次尝试之前，我还曾经以为个体对团体的潜在影响可能很小。

三个伟大的领导经验

西点会随时随地给学员提供学习领导力的机会。我的领导力的第一课告诉我，对于怎样做一个初级学员我犯了一个错误，一个教练给了我一个建议，教我在最基层怎样做一个领导者。

在我不断成长为领导者的过程中，我得到了一个领导大约由 40 人组成的一个排的机会。虽然我处处为队员着想，以他们的利益为重，但我还是忽视了自己在指挥链中的另一份责任。这时和一个同辈、也是同学的谈话使我意识到了领导者的双重身份。

最后，在我的学生生涯快结束的时候，我已经具备了影响一个 120 人的连队，以及将整个连队的目标和上级制定的目标融合在一起的能力了。通过我亲眼看见的转变和连队随后的表现，我体会到了一个人同样也可以在很大程度上影响一个组织。这些都是我在我学生生涯中的重要经验和收获，也只有在西点才能学到。

对领导者来说，关注发展和成长是很重要的。当我进入军事学院学习时，我的工作就是要为将来率领美国军队的士兵们做准备。可是所有的领导者，不论是年轻的或年长的，有经验的或没有经验的，都有一个共同的任务，那就是提升自己。一个领导者的荣耀必须持续不断地赢取。在这个领域，没有最好，只有更好。西点的领导力经验是永远都学不完的。

第 4 章

影响你的组织的道德哲学

布莱恩·鹊尔布丝

2005 年夏季，我有幸去了一次中国，并与北京国际 MBA 培训班的学员做了交流。我主持了关于领导力培养的讨论，并和他们分享了我从西点军校中得到的感悟。在我介绍了西点荣誉守则之后，一名学生问了我一个很难的问题："我承认按照荣誉守则的精神和军队的价值观，生活是令人钦佩的；然而我们生活在现实的世界中，有些时候为了完成工作并让生意继续运转下去，不得不让我们理想的价值观做出妥协，例如赠送客户礼物来建立关系（贿赂）等。我们应当牺牲我们的生意而坚持我们的价值观吗？"

这个问题我花了好一些时间来解答，因为我并不充分了解我的听众和他们的背景。然而，我最终回答说，如果组织的领导者知道这种行为正在发生并且做好了承受由员工的这种行为所带来的短期和长期后果的准备，那么提供贿赂的行为也是可以的。这个问题引发了本章的观点。我仅仅希望提出一些关于你们组织的道德哲学的问题，并提供一些关于你怎样塑造它的见解。

被欺诈的经历给了我深刻的教训

在哈佛商学院，我上谈判课的第一天过得与其他课程有所不同。我希望被我的老师点到，在其他课程里，我则畏惧点名。我很有信心，因为我的第一次谈判练习进行得异常顺利。我见到了我的合作伙伴——肯德鲁，并且我们立刻建立了一种融洽、有建设性的密切关系。就像谈判理论所描述的，我们分享了信息，揭示了各种可能性，直到我们意见达成一致，看上去这对肯德鲁的组织（Easterly，专卖夹心饼干和早餐）和我的组织（Brims，一家即将开业的想从 Easterly 寻求发展空间的咖啡店）都有利可图。我渴望与班上其他成员分享我们成功的细节，谁说谈判就一定得有输有赢？我终于被点到了。我微笑着并高兴地解释了肯德鲁和我如何打破了规则。然后，老师打开了一张 PPT 幻灯片，上面写有这次谈判创造的或获取的价值："肯德鲁，240 万美元；布赖恩，1.5 万美元。"

"布赖恩，你怎样解释这些结果？" 老师问道。

我的心猛地一沉，脸也变红了，我感到我正直冒冷汗。教室里的同学开始窃窃私语，有的人甚至咯咯地笑了起来。我已经无法控制自己："你骗我！"我在教室里冲着肯德鲁大吼。肯德鲁的脸变红了，教室里喋喋不休的同学开始喧哗起来。我已经将我组织的信息公开地与肯德鲁进行分享，并信任她也会同样地对待我。相反，她利用信息建立了自己的优势，让我相信我们取得了双赢成果。

尽管我在第一次谈判练习中被肯德鲁击败了，学院仍然允许我给培训生讲授谈判理论。我用这个故事来阐明，当一方（我）运用双赢策略而另一方（肯德鲁）运用掠夺性策略的时候，分配式（输赢）谈判会发生什么。

我在有关控制系统的管理课程中讲到了这个故事。更具体地说，我描述了领导者怎样影响他们组织的道德哲学，那些被人们用来判断什么是对什么是错的道德哲学——原则、价值观和条令。肯德鲁在我们的谈判过程中欺骗了我；她假传了他们组织的信息并利用了我的诚实（天真）。她错了吗？我想知道，如果谈判是现实的，她会得到什么结果。也许她的结果将使她得到奖励和提升。

我的学生指出，她可能因为破坏与客户之间的关系和败坏组织的名誉而陷入麻烦。她的策略已经暴露了，那么无疑她未来的谈判也不会进展得多好。事实上，她在随后的课堂谈判练习中就没有先前做得那么好了。我很快提醒其他同学，在老师揭露肯德鲁欺诈我之前，我的自我感觉是多么良好；但是一旦肯德鲁的策略被揭露，她的行为可能对她的组织造成消极影响。

如果没有提前设定好范围，员工只能依靠自己做出关键的、战略性的决策。暂且不论他们是否是好意的，他们可能做出让组织在未来后悔不迭的决定。

我课上的重点不是要将肯德鲁送上审判席，而是讨论肯德鲁的行为应该与她组织的道德哲学相一致。组织领导者有权设置范围界限，让她在这个范围内操作。重要的是，组织对她处理谈判的方式应该是满意的，并且做好准备承担相关的结果。如果没有提前设定好范围，员工只能依靠自己做出关键的、战略性的决策。暂且不论他们是否是好意的，他们可能做出让组织在未来后悔不迭的决定。

军队塑造道德哲学的案例

美国军校的任务是教育、训练和激励军校学员，让每一位毕业生都成为具有高度责任感、荣誉感、价值观的领导者，并让他们以美国军队军官的身份做好准备投身这一极具专业技能的职业，为国家服务。

军校毕业生将要投身的事业并不是很容易的。美国军队正身陷全球战争中，在伊拉克和世界其他地区与恐怖主义交战。年轻的领导者将会发现他们所处的环境是复杂而且一触即发的，他们必须能够迅速做出决定——那些有时可能对国家目标造成潜在影响的决定。

例如，试想一下，既被要求要赢得伊拉克人民思想和内心的支持，又同时担负着识别、抓捕或者处死暴动者的任务，在那样的情况下，很多事情都可能做错，所以军队处在很大的风险当中。

因此，军官们具备塑造组织道德哲学的能力是极为重要的，这有助于帮助建立原则、法规和价值观，并使他们的下级能够用来判定什么是对什么是错。我的假设是，其他组织所处的商业环境同样是复杂多变的，销售代表、客服代理、项目经理和其他人员都应义不容辞地做出具有战略意义的决定。

其他组织所处的商业环境同样是复杂多变的，销售代表、客服代理、项目经理和其他人员都应义不容辞地做出具有战略意义的决定。

选择和雇用与组织价值观相一致的人员

雇用已经赞同和支持组织价值观的人员将会使建立组织道德哲学变得更容易。美国军校训练军官们识别出那些有合适素质的准军校学员，此外还要考察应征者的学术业绩和体能成绩。

例如，迈克·巴里耶，捷蓝航空的首席培训长官，与学员们交谈并向他们讲述捷蓝航空面试的过程，也就是用机舱服务员来对未来的服务员进行面试，判定他们是否与捷蓝航空以顾客服务为中心的文化相契合。当然，很重要的是，确保那些进行面试的机舱服务员本身就是以捷蓝航空的价值观为宗旨的。

当为你的组织招聘人员时，你有怎样相应的程序观察应聘人员的软特性呢？我们一般倾向于观察一些硬指标，因为它们易于量化，在绩效评价报告和简历中都有描述。当我们观察软特性的时候，我们应该更有创造性。例如，我们学院坚持的价值观之一是“以学员为中心”，换句话说，就是对学员抱有真诚的、个性化的和专业的兴趣。你怎样判断一个准学院成员拥有与他人接触的意向呢？如果这个人在西点军校进行面试，我们应该注意他是否会抓住机会与身边学员进行交流。

促使雇员社会化以符合组织的价值观

尽管你在招收合适的雇员上做了最大的努力，仍然会出现这样的可能性：新进员工不会自动信奉组织价值观并用以指导生活。领导者必须着手设计并管理一个社会化程序，以帮助新员工理解做事的正确之道，并成为对组织有贡献的成员。例如，大卫·巴里耶，捷蓝航空的首席运营官，曾指出该公司在佛罗里达州奥兰多的社会化计划的重要性。每位新进的员工都会得到一份关于企业历史和价值观的简报。他们都会收到一张捷蓝价值观卡片，并学习这些价值观意味着什么，为什么它们很重要。巴里耶说，虽然这种社会化学习一年会有好几次，但是他或者首席执行官大卫·尼尔曼极少缺席。

说完这番话，我接下来要给你们讲一个故事。它发生在我任职骑兵部队指挥官的第一天，故事是关于由于我没有一个固定的社会化计划而产生的后果。

我作为一个装甲骑兵部队的指挥官的第一天过得相当顺利，这支部队的名称叫查理骑兵队，位于得克萨斯州的胡德堡。欢迎和庆祝会进行得很顺利，我与我们部队的几名高级官员的会谈也很有成果。

然而，我上任后的第一个夜晚是一团糟。大约在凌晨 2 点钟，我接到了军士长（是我们部队还没任命的高级军官，也是我的得力助手）的来电，他告诉我说士兵莫里斯被捕了。“莫里斯是谁？”我问道。我们队 140 名成员的名字我都记过，但这个名字并不在其中。军士长回答说：“他昨晚才抵达部队。”事情原来是这样的，莫里斯因为酒后驾车被捕了，而且他还未到饮酒年龄，没有驾照，没有保险，他的车也没有登记过。

从警察局将莫里斯接回来之后，我把我们部队的高级官员都召集起来，在星期六凌晨 3 点召开会议，以了解出事原因并防止以后再次发生类似事情。莫里斯是昨天下午 5 点半来到我们部队的，那时我已经给大家放假过周末了。我们的供给中士返回来给他发放了寝具并给他分配了一间军营宿舍。将莫里斯带到他的房间之后，供给中士告诉他星期一早上 6 点半到体能训练营报道，然后就走了。因为谁也不认识，于是莫里斯换上便装前往闹市区，找了个地方喝得酩酊大醉。

那一晚，我与我的高级将领一起，为制定一个查理部队的正式的社会化程序打好了基础。那就是，我们为接受和整合我们组织的新进成员制定了一项计划，使他们能够得到照料并最终能对部队做出贡献，同时使他们的做事方法与我们的标准和价值观相一致。这个计划包括一些简单的事情，诸如一份检查每名新进人员驾照和报到登记的明细清单，一些帮助新进人员感受到组织认同感和评估他们技能水平的想法，以及一项训练计划。

在莫里斯抵达的当天，本该有一名指定的战友——一名级别更高些的入伍士兵来接待他，这名士兵的任务就是让莫里斯感到他是受欢迎的，并引导他熟悉查理部队的处事方式。在挑选那些人员时我们必须十分小心谨慎，被选上的人员都必须是既成熟稳重又熟知我们的规范和价值观。

在我们的计划中，我也要求所有的新兵在他们抵达的第一天与我见面。我会进行自我介绍，并说明我们部队的标准；同时，我也会花些时间去认识新成员，并看他们有没有什么担心疑虑和需要解决的问题。这是我们计划的重点部分，因为即使没有正式的社会化程序，组织内的新成员也同样会被社会化，但有时候是以一种与我们试图建立的道德哲学不一致的方式建立的。虽然我们在士兵莫里斯身上失败了，但是毫无疑问我们新的社会化方案的出炉将防止类似的失败再次发生。

在组织内建立明确的行为准则

美军要想有能力在全球反恐战争中赢取胜利，其中重要的一点就在于我们的士兵能够很好地理解并遵守交战法则，军队成员在作战部署和作战任务中要遵循它。交战法则明确规定，当受到威胁或面临着不确定的敌意以及由个人或团体引发的潜在危险时，士兵们在什么情况下以及为什么可以采取更高级别的武力手段。例如：

- 什么时候可以开枪射杀一个有杀人意图的人？
- 什么时候又不可以这样做？
- 为了完成你的任务，有什么其他可行又不致命的方法吗？

我们军团里较低等级的士兵同样需要能回答这些问题，并且其答案要和高级军官的保持高度一致。杀死一个无辜的非武装人员，不仅其本身就是个悲剧外，而且也会对我们造成灾难性的影响。

在交战法则的发展和形成过程中，军官们扮演着不可或缺的重要角色，同时他们也有义务教授他们的部下什么是交战法则和它为什么存在，然后他们必须对如何坚持贯彻执行交战法则有一套计划。

通过观察 1993 年 10 月在索马里首都摩加迪沙的巷战，我们可以发现在行动中使用交战法则的例子。那是近代历史中美军士兵所经历的最紧张的交火之一，是一场长达 15 个小时的血腥近身肉搏战。突击队员和特种部队的士兵的任务是抓捕索马里军阀穆罕默德·法拉德·艾迪德和他的高级官员，他们没料到他们需要现场做出道德选择，这对他们的道德观是种测试，对由高级军官和政府领导制定的既定交战法则也是一种挑战。

根据交战法则的规定，当士兵们看到有人持武器出现在目标区域附近时，他们有权使用致命的武力手段。当有人用武器瞄准你并向你开火时，这个规定并不难理解和遵从。然而，如果敌军不遵守同样的道德条令你该怎么做呢？索马里当地军阀和他们的宗族成员十分了解美国的交战法则以及其对美军士兵使用致命武力的限制，因此他们有些人在向美军士兵发起进攻并开火时，将妇女和儿童用作人体盾牌，在这种情况下，美军士兵看到有人手持武器出现在目标区域，但是那个人站在一名无辜的非武装人员的身后，一旦美军还击，无辜者将可能被误杀。

幸运的是，美军士兵同样学习了日内瓦公约中关于遇到使用人体肉盾情况的条约。人体肉盾这种策略在美军过去战斗过的其他战场（如越南）已被对手使用过，而美国的领导者们也预料到这会在索马里战场上发生。美军士兵在被授权能够开火的情况下，运用他们的射击技巧尽量将非战斗人员的不必要伤亡降到最低。虽然他们自己的生命也处于危险之中，有些士兵还是请求他们的长官允许他们成为参战先锋队员。

在索马里，交战法则已被确立，它们被明确地写入已成法典的行动条令，领导们向全军将士都下达了简令，由指挥链中的各层领导者清晰讲解，在课堂教学中也有教授，并给每个士兵都发放了卡片以方便他们携带和记忆。

人道主义者关注着美军在索马里的所有使命，再加上美国的理念是要清楚区分战斗和非战斗人员，这一切全军上下都知道，而且也防止他们滥杀当地无辜平民以及滥用致死武力。交战法则反映了美军的价值观，与美军的陆战规则和日内瓦公约的精神也相一致，它为那些身处在摩加迪沙街道上（一个充满敌意的环境）的美军建立起了行动道德和伦理法则。

人体肉盾的事情在索马里出现之后，就成为美军中备受争议的话题。一方面我们要保护士兵生命安全；另一方面我们还要在遵守美军价值观的前提下完成使命，以及保护非战斗人员的生存尊严。但我们究竟要如何平衡两者之间的需要呢？开展交战法则方面的培训开始在国家军方训练中心变得更重要了，也成为部署部队领导者的一项关键训练任务。

当在发展他们自己组织的交战法则时，领导者应当询问：

- 什么事情在组织中会成为灾难性的错误？
- 什么样的法则能防止灾难的发生？
- 雇员对这些条令的理解程度是多少？
- 什么样的压力会导致他们违反条令？

通过惩罚违规人员来明确界限

没有人总是能挑选到其价值观与组织非常一致的雇员，而社会化程序也会由于雇员的不同和程序效率的不同而可能花费好几个月的时间。因此，应该一开始就设法让员工遵守法规，让他们了解违规的后果。在西点军校，新兵（一年级学生）都会学习荣誉法则的含义：“军校学生不可以撒谎、欺骗、偷盗，或容忍这样做的人。”

高年级学员和军官通过讲授历史故事和个人经历教授给西点新兵关于忠诚

的价值、责任、尊重、无私服务、荣誉、正直和个人勇气（每个单词的首字母正好组成 LDRSHIP）的军队价值观，那些故事说明了各个价值观的含义和它们为什么那么重要。新兵们同样要被告知不遵守这些价值观的后果，违规的惩罚包括从被警告到被开除出军校等不同级别。任何组织的领导者都需要制定一些必要的法规，并且还要明确颁布、遵守它们，要有一个系统来监督执行。超越已定界限的人要根据他们违反的情况，以相应的方法进行处理，这会有助于传达给组织其他的成员一个信息，即不可违规，从而强化其规定的价值观。

当我在担任查理部队指挥官的时候，我们遵守的价值观中的一条就是团队合作。我们部队的组成人员有侦察兵（猎手）、坦克手（杀手）、迫击炮手（间接火力支持）、机械师和行政人员，我们部队要想取得胜利，每个人都是至关重要的。也许我们队伍里工作得最苦、得到嘉奖最少的成员就是机械师了，因此我要特别关注他们，并对他们出色的表现给予奖励。

一天，我注意到我们的一名机械师——一等兵亨特，星期一没参加救护学校（组织偶尔会被要求提供一名救生员）。因为学校调课推迟到星期五，亨特想星期四再告知他的长官，在这之前他可以好几天待在空调房里玩电子游戏，而他的机械师战友们得在华氏 110 度的气温下整修坦克。

本·富兰克林曾经说过：“愤怒从来不会没有任何理由，但很少会有一个好的理由。”我认为，这是极少有的一次愤怒，且又有一个好理由。我已经狂怒了。他怎么能这样对待自己的队友？下午 4 点半，正当部队的其他成员在外面集合准备当日解散时，我在我的办公室召开了他的处罚听证会。亨特承认了他的所作所为，但他告诉我他认为对他的处罚应该从轻，因为这是他第一次犯错误，并且他的行为“不是那么糟糕”。

我们队其他的领导者后来告诉我，当他们看到我脖子上青筋暴起、满脸发红、异常凶猛地靠近亨特时，他们也吓了一跳。亨特还能做得比这更糟糕吗？他让他的队友失望了。我把他教训得泪流满面，其他人都知道了做一个没有团队精神的人肯定会让我暴跳如雷。

超越遵从：内化组织价值观

我们不能仅停留在遵从规则上面。如果一味监督部下贯彻规则，有时只会浪费时间和精力；况且我们很多部下在没有监督的时候也会遵守规则。我们需要让初级军官将我们的价值观牢记在心中，进而树立好榜样，将这些价值观慢慢灌输给他们的下属。

有一个快速但常被忽视的办法，那就是解释你的价值观和规则的目的。就那些百忙之中的军官来说，他们都倾向于采用“我叫你做什么你就去做”的心态。我记得我还是个小孩子的时候，人们就常这样跟我说，我也照他们说的做了，但仅仅是出于害怕受到惩罚的缘故。当然，许多时候部下只需要简单地遵守命令，例如在军队中敌人向你开枪的时候，或者是在商业社会，当生产截止日期快到了你需要采取行动的时候。然而，更多的时候一个快速的解释能够帮助部下看清遵守法规的价值，并朝着内化迈进。

我们不能仅停留在遵从规则上面。如果我们一味地去监督部下和贯彻规则，那就会浪费许多时间和精力。此外，我们很多部下在没有监督时也会遵守法规。我们需要让初级军官将我们的价值观牢记在心中，进而树立好榜样，将这些价值观慢慢灌输给他们的下属。

另一种促进内化的方法是，避免将你的部下置于这样一种境地：如果要完成任务就得放弃组织的价值观。领导者们必须知道他们的命令的言外之意，例如，当我是补给排排长的时候，我的使命之一是随时随地为我们中队的战车提供燃料。我们中队部署在位于加利福尼亚州欧文堡的国家训练中心，由专家评定我们是否做好战斗准备。在中队离开基地去进行模拟作战训练前，我必须确保我们排的油车都通过检测，以保证燃料没有被污染。在出发前一天，我手下的油料部门的中士向我报告说，燃料没有全部检测过。

显然，从拖车厂拖几辆车出来要花费比预期更长的时间，而且他没有时间让燃料在一些车内充分循环（让燃料循环是指让燃料在车内通过一系列过滤器不停流动，用以除去水和其他杂质，这个程序要花费几个小时。）

“难道我要告诉中队指挥官我们因为没有足够的燃料而不能参加战斗吗？我要这些车子在明天早上 5 点之前做好出发的准备。”我吼道。

“别担心，长官，我们会完成任务的。”我的燃料部门中士回答道。

诸如“一定要完成”，或者“我不管你怎样做，给我去做就是了”之类的命令会导致灾难性的后果，并且也是领导者的失败之处。

晚上晚些时候，他回复我说所有的燃料都合格了。起初我兴奋不已，“做得太棒了，中士！真是个好消息!”接着，我开始思考他到底是如何办到的。打听后我才知道，原来他从一辆已经完成循环程序的车中取了几个样本，然后把它们标记成别的车里取的样本送到实验室。那位中士向我保证说，其他车辆会在明天出发之前都完成循环程序，但是在实验室晚上关门之前我们没有足够的时间取到其他车辆的合格样本，因此才这么做。

我犹豫着究竟该如何处理。尽管燃料部门的中士向我保证说燃料不会有问题，但是按规定，实验室需要对燃料进行检测。我知道被污染的燃料可能对一台发动机（坦克发动机价值 50 万美元）造成损害，并且最坏时会导致事故，令士兵受伤。告诉长官我们还没准备好则会体现我的无能，也许还会耽搁中队的部署，令整个团队蒙羞。

我最终还是告诉了指挥官。幸运的是，他动用一些关系，让实验室重新开放并给燃料进行了测试（燃料部门的中士是对的，所有的样本都合格）。我和我的燃料中士还有排里的其他领导一起开了个会，我跟他们说，虽然我很感谢燃料中士渴望完成任务的态度，但是我们不能那样做。

你的部下要完成他们的工作需要怎样行动？你是否想知道？诸如“一定要完成”或者“我不管你怎样做，给我去做就是了”之类的命令会导致灾难性的后果，并且也是领导者的失败之处。当我们在知情的情况下，要求部下做那些与组织价值观不相符的行动，我们又怎能期盼雇员将组织的价值观内化呢？

再举一个例子。我妻子艾普罗在一家大型通信公司工作了 12 年。她的职责之一就是从不同的事业部门收集资料汇编损益表。当她的老板对她收集的统计数据不满意的时候，他会说：“这些数据让人难以接受，我们的副总裁会不高兴的。把它拿回去重新改一下。”这意味着什么呢？是不是艾普罗应该学会怎么在试算表中修改四舍五入规则？她老板和安然公司某些高管之间的区别只是后者被逮捕了而已。

更深层次：将组织价值观具体化

领导者有责任帮助员工改变他们的认同感。随着时间的推移，员工将会把组织视为自己本身的一部分。例如，如果你要求我向你做自我介绍，我的介绍可能包括这样的事实：我在军队中担任军官已经 14 年了，我在军队中的时光已经对我的为人产生了影响。

为了朝着让员工把自己与组织联系起来这一目标前进，领导者必须明确阐明组织存在的原因（它的目标）和组织成员应该遵循的价值观，以及这些价值观为什么重要；然后领导者必须通过他们自身的行为持续强化这些信息。为了达到目的，他们应当询问自己那个西奥多·莱维特的经典问题："我们从事的是什么事业？"他们的直接回答应当能对问题做出正确解读。组织内所有层级的员工都应该了解他们在做什么和他们的工作怎样融入更大的蓝图等问题背后的真正原因。

价值观案例：比奇-纳特公司的过去和现在

我在哈佛商学院学到的一个重要案例是关于比奇－纳特公司（Beech-Nut）的，比奇－纳特公司是一个婴儿食品公司。1978 年该公司管理层注意到，他们从主要供应商那里购买的苹果汁浓缩液的纯度有问题，但是该公司在接下来的几年仍继续购买该浓缩液，其原因是与其他供应商提供的浓缩液相比，该浓缩液的价格便宜了 25%，而公司与亨氏和嘉宝公司的竞争非常激烈，要使公司盈利已经让高管层感受到了巨大的压力。

当证据越来越引人注目时，高管层决定向海外抛售产品，并玩起了骗局。他们让成品在仓库之间来回转移，将产品被查获的可能性和将比奇－纳特公司的可能损失降到最低。根据这个标准，他们认为他们在处理这个问题的工作上做得很正派。

然而，负责质量控制并曾经对浓缩液提出问题的那位高管决定给美国食品药品管理局（FDA）写信揭发，这也导致了对该公司的彻底调查。最后，比奇－纳特公司总裁尼尔斯·豪文德和工厂经理约翰·艾弗里被判一年监禁和 10 万美元的罚款。

如果当时问他们莱维特的那个问题："比奇-纳特公司是干什么的？"我想豪文德和艾弗里会回答说："我们通过销售婴儿食品赚取利润。"如果你现今访问比奇-纳特公司的网站，你会得到这样的暗示，即现在该公司对这个问题的答案可能是："我们的事业是，为父母们提供由最高质量的原料生产的美味食物，帮助他们培育他们的孩子。"如果这是他们在 1978 年的回答，也许比奇-纳特公司能够避免食品药品管理局历史上开出的最大罚单以及由于公众不信任带来的损失了。

组织内所有层级的员工都应该了解他们在做什么和他们的工作怎样融入更大的蓝图等问题背后的真正原因。

一个不同的价值观体系：强生公司

与比奇-纳特公司案例相反的是美国强生公司（Johnson & Johnson）处理 1982 年泰诺事件的方法，它主动召回了零售价值 1 亿美元的产品。首席执行官詹姆士・伯克和其他相关官员的这种行为与强生公司著名的第一信条相一致："我们坚信我们首先要对医生、护士、病人、父母们和其他所有使用我们产品和服务的人负责。为了满足他们的需求，我们所做的每件事都必须是高质量的。"

如果领导者的行为与规定的价值观不一致的话，那企业价值观就会成为毫无意义的口号，甚至会适得其反，使员工做出愤世嫉俗的行为。

教授道德规范

除以身作则塑造组织价值观外，许多领导者还采用一套价值观教育体系。例如，作为西点军校的一名助理教授，我自愿拿出我的时间去参与我们的军事专业伦理教育计划，给学员们上课。鉴于我参加该计划的经历和我对于我们组织价值观的信念，我的一名市场营销专业的学生在他最近参加的一次军事专业伦理教育课堂上发表的一些言论让我感到非常吃惊。

"先生，您看过《办公室》没有？"他问道。他指的是一部关于办公室行为的电视连续剧。

"没有，怎么了？"我回答道。

“因为我们刚上的那堂军事专业伦理教育课与其中一集很像。那集就是关于一次可笑的价值观训练的。这种课真是好笑，完全是在浪费时间。我的意思是，我们一遍又一遍地听着同样的内容，好像他们要将这个价值观塞进我们的脑袋一样。”

相信任何人都不想收到这种关于价值观训练的反馈。领导者无法忍受班上学员有这样的感觉。当然，这可能只是个别学员的意见，但如果大多数学生都这样想的话，那这个培训就有问题了。不仅是开办这些课程是在浪费资源，而且学员有可能变得愤世嫉俗起来。要使我们的课程有效果，我们就要符合以下一些标准：

- **教学内容要与实践相关**。我们用以讲授价值观的案例都是真实的，都是中士们确实在军队中处理过的情节。你的组织必须了解你的员工可能遇到什么情况，这一点非常重要。
- **教师必须是可信赖的**。我们的教师曾经遇到过的情况，与他们的学生将面临的情况是相似的。他们以前也为相似的决定做过心理斗争，有时候他们还在那样的情况下失败了。此外，我们还直接从作战部队请来上尉和中尉分享他们的经验。他们要教的那些价值观都是他们自己深信不疑的，并且是严格遵守的。试想，如果我的妻子艾普罗的老板要教她诚实和准确报告的重要性，那将会有什么效果？
- **教师要了解他们的学生**。如果教师想要用巧妙的办法让学生很好地接受自己所讲的内容，那他们必须知道他们的学生可能在想什么及他们可能的感受。
- **教师不能一味地鼓吹**。培训的目标不是要将你们组织的价值观生硬地塞进员工的脑袋里；相反，应该是让员工探求他们到底是谁和他们代表着什么——让他们看清组织价值观在现实情况中应该如何应用。
- **领导者要进行监督**。如果我们从不花时间对课堂进行观察或对课程进行检验，我们又怎么能说价值观教育非常重要呢？领导者同样也要继续他们的自身教育，通过旁听课程，我们可以在下级官员如何处理问题上学到很多。

管理好自己本职

组织规则可能已经建立好了，并且大家也了解得很清楚了，但在每个员工都把它们牢牢记在心中之前，我们还是要不断地强化它们。如果组织中的初级员工能帮助高层领导者管理的话，组织规则的实施将会容易得多。

1993 年，在我从西点军校毕业一年后，第一次参加了军队的部署演习。我的骑兵部队来到亚利桑那州，沿着墨西哥边境开展了为期 6 个月的缉毒工作。任务开展几天之后，我发现我们的指挥官史密斯上尉用政府的信用卡给他自己和他的司机买了点心和饮料。部署演习之前，我们都接受了如何使用这种信用卡的学习，我清楚地记得这种信用卡主要是用来购买汽油和燃料，如果需要的话，可以购买其他途径无法取得的任务必需物品。史密斯是在偷政府的钱！

我对要去找他讨论他的行为感到十分担忧，毕竟我是一个没什么经验的初级军官，而他是我的上司。在找他之前，我对我的同事——一名以前参加过部署演习的中士谈论了此事，希望能得到一些支持并确保我做的是对的。但他的回答却是："是的，那没什么大不了的，我以前就看到过史密斯上尉这样做。当你回去的时候，财政部的人不会真的查你的消费清单的。"

我惊呆了。我跟他说是期待能确定自己的感觉，但现在反而感到更加不确定了。我应当让这事情就这么算了吗？毕竟，钱很少，史密斯是长官，也是我们回去后检查账单的人。但是我不能让它就这么算了，我们在用政府的钱买薯片和苏打水的时候，又怎么能抱怨没有足够的钱用来训练和购买仪器呢？

当我们回到大本营休息一天的时候，我来到史密斯的房间与他谈了谈。"你有什么问题吗，中尉？"我还没开口说什么，他就问道。我想他可能察觉出有什么事情不对头了。

"我想跟你谈谈关于政府信用卡的事，先生。我认为你不可以用它来购买私人物品。"

"你到底懂什么，中尉？"他回答道。很明显，他对我来找他就已经不满了，现在听到这样的话就更生气了，"我参加部署演习的次数比你当排长的月数还多。我知道怎样用信用卡，而且我就是查账单的。也许你该管好你自己的事，现在滚出我的房间，私家侦探，我要休息了。"

现在该怎么办呢？在我去见他之前，我都不确定我希望有个什么结果。然而，很显然他会继续这么做，而且他就是这么做的。我应该到史密斯领导那里举报这件事吗？那样做应该是正确的。美国纳税人花了大笔钱送我到西点军校学习，他们希望我现在能按照军队的价值观生活。史密斯不道德的行为已经渗透到整个组织内了，这不仅是关于土豆片和苏打水，我以后可能还会发现对于设备偷工减料，那会造成政府几百甚至几千美元的损失。我曾经有机会阻止它，而且我也有责任去阻止它，但我失败了。在我离开他房间的那天后，我一直保持沉默。

人们容忍不道德行为往往出于很多原因。回想我和史密斯的经历，最大的原因就是我的软弱：我缺乏道德勇气去做正确的事情；我担心那会让我和我的领导的关系变得紧张；我害怕如果我越级向我们大队的指挥官报告此事，会发生什么事情；我也担心会被大家排斥，史密斯在部队中受到大多数人的喜欢，让他陷入麻烦是不会让我变得更受欢迎的；此外，我不知道这是否真的是我的问题，毕竟史密斯是长官，而且在斯图尔特堡后方的财务部门才是负责检查信用卡消费情况的部门；最后，是我把小事夸大了吗？毕竟，那只是些小钱。

我选择容忍他的行为的理由有很多种，但是没有借口。领导者需要清楚为什么员工可能容忍自己那些错误的行为，并在管理他们自己时也那样做。

容忍不可接受的行为引发的问题

如何解决对不可接受行为的容忍是一件不容易的事。但是，如果领导者想要成功地让他们的道德哲学扎根并指导雇员的行为，那么要克服的最大障碍之一就是容忍。再次重申，西点军校的荣誉法则是："军校学生不可以撒谎、欺骗、偷盗或容忍这样做的人。"

在影响学员的内化这方面，思想斗争最激烈的一条原则便是"容忍"。也许最大的原因是那些学员，正在试图融入学校这个新环境。他们希望能被其他人接受。当然，向上级举报同学的违规行为并不是一个好的交友办法。在很多情况下，人们是对朋友、队友和同学忠诚，而不是对组织。我们还是先来看一下我的一个同事（以下称他为詹森）告诉我的故事吧，那是他还是一个学员时的经历。

在詹森大二那年的春天，他成为他们连队的荣誉代表，与另外 71 个人一起帮助管理违反荣誉法则行为的调查，出席荣誉听证会，并帮助教师讲授法规和西点的价值观。在他任命后不久，詹森面临着他生命中最大的一个挑战：是否告发他的室友比尔？因为他违反了法规。

詹森和其他一些同学发现，比尔抄袭另一个学员的经济学作业。那些知情的学员求助于自愿成为荣誉代表的詹森，让他去解决这件事。尽管自己是比尔的室友和朋友，詹森还是在比尔拒绝自己坦白之后将他告发了。面临着荣誉调查和可能被开除的情况，比尔决定从学院退学。

我问詹森，当他告发比尔的时候，他脑袋里闪过什么念头，他回答说，尽管那样做非常困难，但是毫无疑问那样做是正确的。詹森的爸爸是一名西点军校毕业生，经常对他说关于荣誉法则的故事，为什么它非常重要，以及它怎样使得西点军校成为一个特别的地方。詹森对西点价值观深信不疑，并自愿成为法则的护卫者。

在告发比尔之后的几个月里，詹森也付出了沉重的代价。一些学员给他贴上了告密者的标签。人们还在走廊上他的名字下面写上"荣誉纳粹"的字样，并且他的外号也变成了"荣誉小子"。甚至詹森的妈妈也受到了牵连，因为比尔的妈妈（原来跟她也是朋友）不能理解詹森怎么可以去检举她的儿子。

作为一名教员回顾詹森的故事，我对这件事非常苦恼：他做了正确的事，做了组织期望的事，到头来却必须忍受由此带来的坏结果。詹森告诉我，事发后没有一个高层教师跟他讨论过他的情况。但是毫无疑问，詹森的战术长官（一名被指派到连队做辅导员、导师和教练的上尉或少校）知道这个事件。这名长官应当清楚詹森所经历的困难，也应当要给予他精神上的支持，甚至他作为一名军官只要简单说几句就能达到效果，如"我知道这很难受，但是你做得对，我为你骄傲。不管你信不信，你的好几个同学们也尊敬你所做的，他们只是没有勇气这样说罢了。" 5 分钟鼓舞士气的谈话就能对学员产生长远的影响。一个同学积极的回应同样能安抚詹森的心灵。

一想到要战术长官将所有学员集中到一间教室并表扬詹森的行为有多棒这个点子时，我和詹森都大笑起来。长官还可以做的是挑选一名被其他学员尊敬的，并相信詹森做得对的高年级学员。他不但能跟詹森进行交谈，同样也能在特地情况下站出来支持詹森，阻止那些诋毁詹森的行为。如果没有支持的话，詹森可能最终说服自己，认为做正确的事情是不值得的。

在他大三那年，詹森面临另一个困境。他正准备和他的朋友约翰以及约翰的朋友提姆一起在离校前去波士顿度周末。在他们 3 人出发之前，一群大二学生到他们这儿找啤酒喝。尽管约翰和詹森拒绝帮助他们，但提姆说他可以用他的假身份证帮他们买啤酒。詹森和约翰说服了提姆，说他们需要出发了，那些大二学生会找到其他卖家的。但是提姆提到的假身份证的事情困扰着詹森，因为使用那个是违反荣誉法则的，而他也希望这件事就这样过去了。

问题还是出现了。他们前往波士顿那会儿，约翰和詹森都只有 21 岁。詹森看到提姆用他的假身份证进了夜总会。现在怎么办？他应该告发另一个学员吗？承受更多因做正确的事而得到的辱骂吗？这一次，詹森决定就这么算了。

几个星期后，詹森与来自其他院校的学生一起参加一次关于领导力的会议。当他正在解释容忍条款这一价值观时，他被自己容忍了提姆的行为这件事给触痛了。他是个言行不一的人。他正在讲连他自己都不遵守的价值观。詹森无法忍受负罪感，决定告发自己违反容忍条款的行为。这个行为会带来重大的潜在后果：詹森可能被学院开除，提姆可能被指控违反条令并可能也被开除，并且詹森“荣誉纳粹”的名声会大噪，还要忍受更多的折磨。

在反思自己的故事时，詹森觉得早在那些大二学生向他们要啤酒时，他就该告诉提姆不要使用假身份证。这可能很困难，会给去波士顿的周末旅行蒙上阴影，并被人感觉自己像个工具（学员们对那些执行条令的学员的叫法，或者也可叫执法代理人）一样。但是相比他在事后告发所需要经历的痛苦相比，那样的痛苦将会轻松得多。

也许我们作为领导者能提醒我们的下属这一点，并鼓励他们拿出个人勇气，在事情发生之前就在自己的层面上阻止它。我们同样需要确定，我们的员工面对告发同事的决定时所受到的压力。我们也需要提供支持，使得像詹森那样的员工的热情不会被打击。现今，拥有像詹森作为一名学员时所表现出来的个人勇气的领导者在军队中起着至关重要的作用。没有他们，像阿布格莱布发生的暴行就可能会增加。

在你的组织中，谁是像詹森那样的人呢？他们正面临着什么问题？你会授权他们来帮助你塑造组织的道德价值观吗？等到香隆·沃特金斯决定在安然公司做假账的时候，一切就太迟了，股东手里几十亿美元的价值蒸发了。当时有没有谁知道有些事情不对头却没说出来呢？

结论

不论我们是在为民营还是为军方组织工作，我们所处的全球环境正变得越来越不稳定和复杂。下级领导者需要在信息不完全的情况下快速做出决定，而有时那些决定会对组织短期或长期的胜利产生一定的影响。组织支付给那些领导者报酬就是要求他们确保他们设定的条件能够帮助他们的下级领导者做出正确的决定，并建立组织的道德价值观。如果没有完成这些重要的领导职责会有什么后果？阿布格莱布和安然事件已经给我们提供了很好的例子。

第5章

培养他人的组织价值观

奇普·丹尼尔斯

为方便向员工、顾客和股东介绍公司情况及管理模式，许多公司精心构思了一系列核心价值观，这些价值观在公司网站和办公室墙上随处可见，有的公司甚至要求员工随身携带一张价值观清单。组织价值观似乎无处不在。

但是很多时候，组织内的员工并不认同组织的价值观，甚至不知道它们是什么。组织价值观与个人价值观的不一致将对组织和个人造成压力，员工因此感到不快乐并且工作效率低下；而且在这样环境下的员工更有可能违背组织的价值观。

违背组织价值观的事例可频繁见于社会、商业和政府等各个部门。在一些案件中，当事人往往正是在组织工作多年的人。怎么会这样呢？一个在组织工作多年的人怎么可能不知道组织的核心价值观，甚至明知故犯呢？

违背组织价值观会给组织造成重大损失。在军队中，这些行为甚至可能是灾难性的。军队中的所有人不仅需要了解组织价值观，而且还要真心地向他人反复灌输并共享它们。这是年轻士兵所执行的任务和他们所处的危险环境对他们提出的要求。下面这个故事充分说明了组织价值观的影响。

> 很多时候，组织内的员工并不认同组织的价值观，甚至不知道它们是什么。在这种情况下，员工更容易做出背弃组织价值观的行为。

2003年12月10日，陆军上士特雷西·斯特雷明正带队在伊拉克北部城市摩苏尔巡逻。接下来发生的事让他知道了他和他的士兵对军队价值观的内化程度。表 5.1 列出了这些价值观。以下是他对这件事的描述。

表 5.1 军队价值观

忠诚——真诚效忠于美国宪法、军队、所在部队和战友
责任感——履行义务
尊敬——以正确的方式对待他人
无私奉献——将国家、军队和下属的利益放在首位
荣誉——遵守军队价值观
正直——做事要合情、合理、合法
个人勇气——敢于直面恐惧、危险或灾难（无论是身体上的或思想上的）

我们刚从伊拉克北部城市摩苏尔巡逻回来时，一颗炸弹在路边爆炸了，我们队里的一辆悍马车受到严重损坏。同时，一伙埋伏在一排约 50 米远的建筑物里或附近的伊拉克武装分子向我们发动袭击。我们迅速跳出车子，单膝跪地开始还击。

交战并没有持续多久。大多数袭击者被迅速击毙，剩下的都逃跑了。我回到车旁，看到炮手双腿都受伤了。后来他做了截肢手术，双腿都被切除了。我们的队医从车里把他拉出来，用止血带给他止血，我认为是他们救了他的命。

刚开始我以为我们的车队指挥官——他也是我的室友和朋友，只是晕过去了。他直直地坐在副驾驶座位上，就像睡着了一样。车门由于爆炸被扣死了，我只能将他从车顶拉出来。

当特雷西开始拉他朋友的时候，他看到了他背部下方深深的伤口。当爆炸波及汽车时，他当场丧生。特雷西感到无比悲痛、愤怒和沮丧。在给他的朋友举行追悼仪式的同一天，他们接到一项搜索简易爆炸装置的任务。这对他们每个人的价值观都是考验。以下是特雷西对他们执行这次任务的描述：

我们守在街上，相互谈论着此次任务以保持精神集中。我们一贯严格要求我们的士兵，确保他们能够一直做正确的事。我们是这样要求的，以至于有时候士兵们认为我们过于严厉了。但是我们必须这样做，我们不希望再次经历类似伏击事件。在为什么需要坚守战场并集中注意力问题上，我想士兵们会理解得更深，事实上也是这样，他们在相互促进以确保大家都在做正确的事。

特雷西知道，当他们重新出去巡逻的时候，每个士兵都将最终决定如何做出反应。为了让他们集中精神，他提醒他们作为美军士兵应有的价值观和他们的总任务。当被问到他认为什么价值观是美军士兵应有的时，特雷西说：

我认为我们部队的一些价值观一直在发挥作用。勇气、无私奉献和责任感都是很突出的价值观。但我觉得，在受到伏击后，荣誉和正直的价值观作用将体现得更明显，因为12月10日遭受袭击后，我们会很容易怀疑伊拉克人并采取报复。但在知道伊拉克平民与我们受到的伏击并不相关的情况下，我们绝对不能骚扰和袭击我们遇见的每一位平民。

甚至在驻伊拉克的最后一段时间，我们有天晚上接到一项突袭一座房子的任务。和我们随行的是一位军营指挥官和一名军队时报的记者。一些士兵对我们有这么多同伴感到奇怪。事实上，我们追捕的人据说与我们受到的伏击有关。

虽然知道了目标的身份，我们仍然做了正确的事。在逮捕他时我们没有开枪或动拳头。简单地说，他反抗了，而我们做了正确的事。我们重视纪律。我们训练我们的士兵遵守纪律并做正确的事。要知道，我们这次行动可是冒着破坏与伊拉克盟友的关系的危险。我们的任务是保护他们，并帮助他们建立新的国家。

即使受到极端的胁迫，特雷西和他的士兵们依然坚守他们的价值观。如果他们决定擅自处理犯人的话，这件事很可能演变成国际事件，并损害由美国主导的联盟的战略地位。他们在任务中保持注意力集中并在共同的价值观指导下做出正确的决策防止了此类事件的发生。

“在伊拉克，一些军队的价值观一直在发挥作用。勇气、无私奉献和责任感都是很突出的价值观。在受到伏击之后，荣誉和正直的价值观作用将体现得更明显，因为我们会很容易怀疑伊拉克人并采取报复。”

不朽的军队价值观

士兵和军官们在践行这些价值观上绝不是空口说白话，这些价值观为所有士兵和军官的行为创造了一个共同的框架。在这个框架之下，我们知道对方期待什么，我们能期待对方什么；我们还知道我们彼此都会对对方的期待负责。比如两名士兵，不论他们是否相识，都相信对方会践行这些价值观，因为士兵们和军官们对这些价值观的内化程度是如此之深，以至于它们在我们结束军旅生涯后依然会长时间影响我们的生活。它们真正改变了我们的世界观和我们在世界上的地位。

我和我的邻居梅杰·安迪·希门斯最近讨论了军队价值观如何影响我们的生活，以及忠诚的概念如何从一个组织传承到下一个组织。许多公司都将忠诚视作单行的：管理者希望员工对公司忠诚，却不懂得回报员工的忠诚以及如何回报。

安迪给我讲了一个关于他父亲的故事。他的父亲杰瑞·希门斯 1959 年从西点军校毕业后，在军队里服务了 30 年。当他从军队退役后，他进入了一家《财富》500 强的公司工作。不久他被任命为一个部门的主管，管理 5 000 名员工。有一天，公司首席执行官通知他，因为公司失去了另一个部门的一份合同，需要在北卡罗来纳州罗利-达勒姆地区裁员 14 人左右。他只说这些人得靠“他们自己”。

杰瑞抗议说，这些员工已经忠诚地为公司工作了许多年，应当当面告知他们裁员的事，并尽可能地给予照顾。首席执行官说他明白这个问题，他说：“我知道你以前是一名军官，你觉得你必须忠于你的下属并照顾他们，但现在情况不一样。在这个商业社会中，这种事情时时刻刻都在发生。人们知道他们会被解雇，这很正常。”

杰瑞自愿拜访了这些人，如果他们服从安排，他就会努力将他们调到他的部门或者其他部门。他最终成功调动了 14 个人。在他和他的妻子按计划去安迪服役的地方——得克萨斯州胡德堡，与安迪共度周末的前一周，他还在处理调动的细节问题，而他们对这次旅行已经期待几个月了。

安迪跟我说他整个周末几乎没什么机会跟他的父亲讲话，因为他父亲看起来非常不安，不停地打电话。安迪问他母亲发生了什么事，她跟他说了裁员的事。杰瑞在给他在公司里的所有熟人打电话，努力为那 14 个人争取新的工作面试（其他人决定继续留在该地区，但他们对一个部门主管能就裁员的事亲自拜访他们非常感动。）

这件事使杰瑞不能与儿子共度周末，但他成功地帮助全部 14 个人调动了工作。这就是忠诚。

价值观为什么如此重要

一系列核心的和共享的价值观在员工朝着共同的目标努力工作的时候，能够让组织内的员工独立地运作。共享的价值观绝不是限制性的，相反，当更高的权力机构无法提供持续的指导时，它们为下属员工提供行动的自由权。这种行动的自由权使得领导能在面对危机或不确定性情况时，或需要做决策但没有足够的时间收集所有相关信息时，允许员工采取行动。

共享的价值观绝不是限制性的，而是当上级无法马上下达指示时为下级提供行动的自由权。

当特雷西在和他的士兵们所处的环境中采取行动时，主动精神是必不可少的。年轻的领导必须认清机会并采取主动，以便及时做出对形势有积极影响的决策。

这些价值观来自哪里？当人们加入任何组织，他们都会带来由他们过往经历和背景形成的根深蒂固的价值观体系。不过，军队文化促进了共享组织价值观的发展。如表 5.1 所示，美军信奉的价值观是：忠诚、责任感、尊敬、无私奉献、荣誉、正直和个人勇气。如果你把每条价值观的首字母组合在一起，你会发现，这些字母拼成了 LDRSHIP。积极有效的领导已经成为多年来美军的核心竞争力之一。例如，美军领导最近刚刚指挥了伊拉克和阿富汗的战斗任务，亚洲海啸、飓风卡特里娜和巴基斯坦地震过后的救灾行动，以及在世界其他地区的维和行动。不论执行什么任务，美军都需要能够适应当地的环境并有效地领导。共同的价值观使领导者能够灵活应变。

领导者如何让其他成员内化组织价值观

在描述军队如何培养士兵和军官的价值观之前，必须注意到军队和社会/商业组织的重要差别。只有理解这些差别，人们才能正确地判断这种价值观的培养过程是否与他们的组织相关。

首先，军队以及大部分其他武装力量近似一个总的机构：这个机构里的所有个体生活的方方面面都受到组织权力的控制和影响。当然军队并不完全等同于这种机构，但比起大多数商业和社会组织来，它更接近这种机构。人们不是“在军队里工作”，而是“参”军。我们穿着共同的制服，甚至讲的语言也和美国公司的语言大相径庭。

例如，在全国的各商学院校园里，我们会听到MBA学生在找工作时说：“我希望进入某公司工作。”军队里的人可不会这样说，他们会说：“我要到军队里去，陆军、空军、海军或海军陆战队。”事实上，如果你问曾在海军陆战队服役的人们作为前海军陆战队员的感觉如何，他们通常回答的第一句话是，“一旦成为海军陆战队员，永远是海军陆战队员。”没有所谓的前海军陆战队员，因为这是一种生活方式，不仅是一份工作。成为军队的一员已经成为他们自我标识的一部分。

这种对自我的不同认同源于军队的基本结构。例如，军队驻地为一般军队家庭提供所有的基本服务：

- 驻地会为士兵提供住所，并且负责大部分设施的安装费用。
- 士兵和其家人可以在驻地补给库购买食物和在驻地交易所购买衣物和其他家庭消费品。
- 军队家庭成员可以在驻地信用合作社办理金融业务。
- 军队家庭成员可以使用驻地医疗设施，享受所有医疗服务。
- 军队家庭子女白天可以在驻地学校上学，然后参加青少年服务和运动项目。
- 军队家庭成员可以在驻地电影院观赏电影，或者在驻地高尔夫球场打高尔夫球。

总之，驻地设施几乎能满足人们的所有需求。由于驻地所在的位置，很多军队家庭许多天甚至好几个星期都不会开车离开驻地。

很显然，这创造了一个紧密联系的社区。邻居们不仅住得很近，而且一起工作。晚餐聚会和其他社交活动是很常见的，而且常常是即兴的。一名士兵工作结束回家后，他的伴侣可能告诉他，他们将要和史密斯夫妇还有琼斯夫妇共进晚餐。这种社会结构大大影响了军队文化。这种产生于工作场所却在正式和非正式的社交场合不断得到加强的文化深深地影响了士兵和其家庭成员的价值观发展。

军队几乎是一个总的机构。军队文化产生于工作场所，却在正式和非正式的社交场合不断得到加强，它深深地影响了士兵和其家庭成员的价值观发展。

虽然这种“这是生活方式，不仅仅是工作”的态度和自我认同感为价值观的灌输提供了肥沃的土壤，军队也有一套值得社会和商业部门领导者借鉴的培养价值观的系统方法。根据组织和其环境的不同，这个过程的一些步骤可能比较适用，表 5.2 列举了这些方法。

表 5.2　完成军队价值观内化的五个步骤

1. 自我认同与选择
2. 早期社会化进程
3. 使用行为榜样
4. 分享故事和案例
5. 反馈和绩效评估

接下来对军队用来内化其价值观的方法进行概括。本章的其他部分将对每个步骤进行更细致的探讨。

步骤一　自我认同与选择。一般军队会努力吸引那些已经在某种程度上具有军队价值观的人，他们希望招募的新兵已经具有军队价值观，并自愿选择参军。

步骤二　早期社会化进程。部队有一个规划好的以在个人和作为组织的军队之间建立心理契约为目标的早期社会化进程。在这个过程中，新兵会受到军队价值观的正式教育。

步骤三　使用行为榜样。在早期的社会化进程和个人的军旅生涯中，有很多榜样体现了军队价值观。这些榜样尤其对年轻士兵和军官具有巨大的影响力。不是所有的榜样都是组织领导，许多榜样是同级甚至是下级，这就创造了一种对灌输价值观非常有效的责任意识。

步骤四　分享故事和案例。有时候榜样可能不足以强化价值观，这就需要分享非正式的故事或案例。这些故事可以是正面的榜样或行为。两种情形，包括积极的和消极的情形，都在很好地帮助人们对组织和个人价值观的理解。

步骤五 反馈和绩效评估。军队价值观和军队正式的绩效评估与反馈机制是紧密结合在一起的。如果运用得当，这些机制将大大促进组织价值观的建立和加强。

步骤一 自我认同与选择

军队强有力的文化深深地影响着组织所有成员对军队价值观的内化，这个程序实际上早在人们应招宣誓或就职宣誓前就开始了。

军队征兵广告体现了军队价值观。这些广告展示了年轻人在复杂敌对的环境下执行大量任务的场景，它们传达的信息是："如果你喜欢挑战，有冒险精神，并且愿意投身比服务自己更重要的事业，那么军队就是你实现梦想的地方。"此外，军队的 7 条价值观放在军队网页 www.GoArmy.com 和 http://www.Army.mil 的突出位置。网上广告采用数段视频展现价值观在行动中的运用，清晰地描绘了军队价值观。这些在线广告吸引了那些已经认同类似价值观，并且已经做好准备在参军之后遵守这些价值观的人。

与此形成鲜明对照的是军队早期的招募广告——"成为你能成为的人"。那些广告传达这样的信息："参军几年，我们会为你提供上大学的钱，这样你就能继续你的生活了。"运用蒙哥马利士兵法案（Montgomery GI Bill），军队诱惑了许多人参军，但它完全和军队挽留士兵的努力相矛盾。军队用提供大学学费的条件吸引新兵，然后要求他们延长服役期并不使用他们所积累的津贴。军队现在仍提供大学学费作为入伍回报，但它已经不再是招募的中心了。另外，打着"成为你能成为的人"招募标语的广告也吸引了那些重视自我发展的人。自我发展是价值观的核心部分，但是它常常与服务事业重于服务自己的观念相冲突。

当前发生在伊拉克和阿富汗的反极端主义者的战争是测试未来新兵价值观的最好时机。这场战争让每个人都明白，没有责任感或服务国家的价值观的人应该寻找其他工作机会。美国社会的价值观正在改变，许多人认为如今的年轻人更关心他们的个人利益。军队最近招募新兵遇到困难就反映了这一点。

然而，有意思的是，这场战争也是许多士兵选择延长服役期并继续待在军队的原因之一。那些推崇服务意识、责任感、忠诚和勇气的人将这场战争视作践行这些价值观的绝佳机会。研究者相信这些原因可以部分解释为什么战争中军队官兵的保留率反而要高。

军队招募新兵的底线是寻找那些已经倾向于接受军队组织价值观的人。此外，军队招募新兵时会劝告那些自认为不能很好适应军队价值观和文化的人不要应征。一个选择参军作为一项事业的人清楚地知道他即将面临的是什么，从而会比由于其他原因参军的人更顺利地完成从平民到士兵的角色转变。

商业等其他组织如何实施个人认同和选择

在商业和社会组织实施个人认同和选择意义非常明显，因此拥有一套严格的真正被员工接受的核心价值观体系的公司在招聘员工时应当突出这些价值观，并清楚地介绍公司情况和管理模式。这种方法能帮助公司在招聘时淘汰那些不认同或者不会认同公司价值观的人。

> 拥有一套严格的真正被员工接受的核心价值观体系的公司在招聘员工时应当突出这些价值观，并清楚地介绍公司情况和管理模式。

寻找显示潜在员工是否已经认同公司价值观的证据对西点军校和后备军官训练队招聘委员会选拔人才有重要作用，其中一条重要经验是，候选人是否曾在服务性组织特别是童子军中服务过。事实上，有数据显示，青少年曾经当过童子军与他们成年后继续在军队服务有很大关系。由于工作性质的原因，社会性组织比营利性组织更容易统一个人与组织的价值观。人们加入社会性组织通常出于内在动机，加入这类组织的人把他们的工作视作一种使命，而不仅是一种谋生的手段。

虽然商业组织面临更多的挑战，但它们同样能使用这种方法，有些组织已经做得相当好。例如，通用电气的员工都非常了解他们公司的价值观。他们了解、实施这些价值观，并对其负责。这是另一种灌输组织价值观的有效方法。

步骤二　早期社会化进程

大多数美国人都很熟悉军队的基础训练。军队把新兵带到全国各地的基础训练基地，将他们训练成陆军、空军、海军和海军陆战队员。他们学习行军、步枪射击和体能训练等具体技能。这实际上就是军队的早期社会化。

价值观教育也是这种早期社会化进程的一部分。对于新入伍的士兵和军官来说，这个程序在使个人和组织价值观趋于一致的过程中扮演了重要角色。如果价值观没有达成一致，那么将军队价值观内化就是早期社会化的直接目标。

社会化是一个永无止境的过程，并且仅仅是一个人走向成熟的一部分，但给新兵和学员提供入门训练是很关键的。士兵和军官的训练过程很相似，但持续时间差很多。对于新招募的士兵来说，基础训练和随后的高级专业培训时间根据他们专业的不同而定，通常会持续 4 ~ 6 个月，然后他们会被分配到相应的单位。有重任的军官的社会化进程通常要持续更久。后备军官训练队和西点军校学员通常要在大学学习 4 年或者更久。毕业后，这些新军官还要参加最长达 6 个月的专业军官课程。

军队使用正式和集体的方法培养士兵和军官了解和奉行军队价值观的意识。这个过程最终会在个人和组织之间建立起稳固的心理契约，双方互相托付并努力建立互惠关系。对一些人来说，这可能要求他们放弃个人价值观代之以新的价值观。这种社会价值观和社会标准改变的例子现在越来越多。

如果可能的话，一些有效的技术将以正式和集体的方法运用，以保证特殊的军队价值观被内化。新兵和新学员将与军队其他成员隔离，直到他们顺利完成早期社会化程序。这让军队可以为他们量身定制一套特殊的训练方案。

新兵会在课堂上学习军队价值观。此外，西点军校将价值观用作追踪学员成长的基准直至毕业。

由于参加基础训练和军官训练队（如西点军校）的人数众多，军队可以采用集体训练的方法。集体训练使每个人都有共同的经历，有利于加强团队凝聚力，这对军队来说是至关重要的。这种集体方法会比单独社会化方法更能促使每个人形成类似的观点。

集体训练使每个人都有共同的经历，有利于加强团队凝聚力，这对军队来说是至关重要的。

当然这种集体方法多多少少会抑制个人的创新和创造力，这可能不是很多组织所希望的，不过它对军队是有益的。因为在军队里犯错可能付出生命的代价，因此在一个人军旅生涯的早期，与他人保持一致是必要的，军队的集体训练方法会培养这一点。当士兵们变得成熟以后，具有主动精神和创新精神是对他们的新要求。

早期社会化案例：我如何明白我对他人的责任

1989 年，当我还是一名弗吉尼亚理工大学新生时，我经历了一次正规和集体的训练。弗吉尼亚理工大学和得克萨斯州农工大学是全美唯一两所拥有国防生的较大的学校。所有国防新生都被称为“老鼠”，他们必须早于普通新生在夏天到理工大学报到。在那段时间，新学员将接受与西点军校和军队基础训练相似的社会化训练。我们承受了身心上的压力，许多人因此放弃了军队的生活方式。

我认为我很有优势。我的哥哥早年从弗吉尼亚理工大学毕业，他跟我说过作为“老鼠”我能期待什么。我已经做好了面对高压环境的心理准备。不久后，我就掌握了那些需要我掌握的技能任务。

高年级生有一种我们称之为“时装秀”的制造压力的方法。在“时装秀”中，高年级生命令我们进入房间，换上各种制服，然后回到走廊报到，让他们检查我们的穿着和风度。他们会给我们两分钟时间把便服换成礼服。衣服不能有松散或污渍，所有的黄铜饰品必须闪闪发光，鞋子必须擦得像镜子一样亮。

起初没人能做到，我们将受到做俯卧撑的惩罚。后来我学会了如何正确地快速穿好制服。然后，我们会在两分钟结束前冲到走廊报到，高年级生将对我们进行突击检查。

我感到很有信心，直到一名四年级学生——中尉卡蒂·奥布莱恩停在我面前。她称赞我的制服看起来棒极了，她接着问我为什么我的一名“老鼠”同伴的制服看起来很糟糕。我回答说我不知道为什么。我以为那是他的问题，不是我的问题。我想她明白了我的意思。她把我骂得狗血喷头，因为我明知道同伴的制服看起来糟糕还敢离开房间。我不敢相信我因为别人的错误而受到惩罚。她跟我说，我已经学会了穿制服，但是我没尽到保证其他成员穿戴正确的职责。我现在有责任帮助我的同学，并且如果我想成为领导者，我必须现在就开始履行我的职责。我从没敢忘记这条戒律。那一天，我知道了什么是责任。

家庭成员的早期社会化

军队就像一个总的机构，因此使士兵的家人和他们一起社会化也很重要。如果士兵接受组织价值观，但他们的伴侣没有接受，这会给整个家庭带来巨大的压力。他们的妻子可能无法理解为什么他们需要长时间工作或者频繁参加战斗部署，以及自己为什么需要与同伴保持联系和参加部队举办的社会活动。最终这可能会导致士兵离婚或者退出军队。

有能力的领导者会尽早向家庭成员介绍军队文化，以减少价值观的冲突。他们会给每个新来的家庭指派一名导师帮助这个家庭安顿下来，并解答他们许多关于驻地、部队、其他士兵和家庭的常见问题。此外，领导者将与这些新家属会面，向他们介绍军队价值观和组织文化。领导者保证他们可以进入驻地中所有帮助士兵完成从平民到士兵这一角色转变的任何机构。最重要的是，部队单位领导会给他们提供列有战斗部署和其他长期分离训练的时间表，以便他们尽早安排时间。通过对家属进驻部队表示热烈欢迎，领导者能让家属对军队生活保持积极的态度。这将加强士兵满意度和奉献精神，甚至能直接促进士兵留队和提高劳动生产率。

商业等其他组织如何实施早期社会化进程

社会和商业组织能否实施这种社会化进程，主要看组织的任务和角色。如果满足以下条件，公司可以考虑实施社会化进程：

- 公司的任务要求员工具有共同的价值观；
- 犯错付出的代价非常高；
- 公司拥有使用正式和集体方法社会化新员工的资源和能力。

如果公司要求员工立刻拥有创造力和创新力，社会化当然不是最佳方法。

任何组织的社会化进程是永无止境的，虽然在军队中它以正式和集体方式开始，但在早期社会化进程之后，它会变成一个个人的和非正式的过程。因此，当士兵变得较有经验时，军队就能培养他们的创新力和创造力。

步骤三　使用行为榜样

下次你与当过兵的人交谈时，记着问他们是否还记得他们军训教官的名字。

几乎所有人都会记得，因为教官对新兵的影响是如此深刻。教官教给他们的东西使他们终生受用。不论是积极的还是消极的，教官都是一个强大的行为榜样。

在早期社会化进程中，学员会接触到很多榜样。西点军校的全体教员都是由处于职业生涯中期的军官组成，他们持有硕士学位而不是博士学位。他们 30 多岁，最近带领过尉级军官执行任务，而学员们努力奋斗正是要成为尉级军官。本来西点军校的管理层完全可以聘请平民博士给军队节省一大笔钱。毕竟，一旦这些处于职业中期的军官被聘用，军队将送他们到研究生院学习，使他们获得硕士学位以取得在西点军校的任教资格。在西点军校任教使他们不能参加军队战斗部署，但使他们来到新学员面前，这正是军队想要做的。

西点军校选拔这些相对年轻的军官担任教师、教练和其他榜样，其意图是让他们向未来的军官展示军队里“正确的事情是怎样的”。后备军官训练队计划，尤其是高级军事学院，如西塔德尔学院、得克萨斯州农工大学和弗吉尼亚理工大学，都要求教官成为榜样。

榜样：学员的导师

西点军校选择全体教员和类似的榜样当学员的导师。通常导师从学员进入学院第一年就会开始帮助他们。导师会时不时邀请他们共度周末，为他们逃避严格的军营生活提供一个机会。他们能得到放松，与导师一家共进晚餐，也许还能看电视（一年级新生在西点军校没有看电视的权利）。这同样给导师提供了许多给新学员灌输军队文化和生活方式的机会。

导师和学员的关系经常会发展成终生关系。学员们经常会请求他们的导师向他们陈述就职宣誓和授衔，他们也会邀请导师参加他们的婚礼。这些关系和其他榜样的表现会在学生们毕业后继续影响他们。

就像西点军校里军官作为大一新生的导师一样，军队里资深的士兵或者军士常常会成为新兵的导师。他们通常是有影响力的，所以领导者必须谨慎地选拔导师以防由于疏忽让不合格的人成为榜样。

作为榜样的高级领导

几乎在每个人军旅生涯的每个时刻都有许多榜样出现。从士兵第一次执行任务开始，他们身边就有一些给他们个人生活和职业生涯带来深刻影响的高级领导。班长、排长、军士和指挥官展示着正确的日常行为和规范，他们同样诠释着“正确的事该是怎样的”。

然而，他们会时不时表现出错误的行为。但是，好的领导可以讲述不当的行为或价值选择怎样对组织产生负面影响的故事，用这些反面教材来帮助其他人将价值观内化。在军队是一个大家庭的这一事实下，榜样的影响力被放大了。年轻的士兵向他们的班长寻求职业建议和技能培训，同时也密切注视着班长下班后的行为举止。

榜样不仅存在于军队领导者中，对年轻的军官来说，榜样同样存在于他们的同级甚至下级之中。年轻的军官和家人在一起的时间非常多，因此他们的同级深刻地影响着价值观的灌输。这就产生了一种责任文化，同级之间相互成为对方的榜样。他们相互讨论他们做决定的原因以及这些决定背后的思考过程。这些讨论常发生在下班之后或非正式场合，他们会含蓄或直接地对对方做的决定表示赞扬或指责。

来自同级的竞争压力是强大的影响力，但是在军队里，下级同样也深刻地影响价值观的内化。一名年轻军官手下的排长或军士可以说是他的代言人。虽然这名军士理论上是军官的下属，他对军官也会产生巨大的影响。年轻的中尉可能只任职了一年，而一名排长通常有 14～17 年的经验。因此，军士通常是年轻军官的榜样，他们教导军官如何处理日常事务。虽然最终排长服从军官的命令，但通常是他们先对军官进行大量的指导工作。

这种关系有些复杂，但美军坚信它的价值，各级指挥官包括军队参谋长，都有一名军士搭档。这种形式也是美军具有强大战斗力的原因之一。

榜样案例：我怎样学到荣誉、正直、道德和勇气

在我军旅生涯中对我最有影响的一个榜样是我 1999—2001 年在得克萨斯州胡德堡担任连长期间的一位下属。可以说连里的军士长就是连长的左右手。军士长是连里的高级入伍士官，能高效地处理连里的日常事务。我有幸得到一名最好的军士长的帮助。

当卡洛斯·富恩特斯·洛佩兹 24 岁加入美军的时候，他一句英文都不会

说。他告诉我他参军是因为他所居住的波多黎各圣胡安市生活不太稳定，他的儿时伙伴大多数死于暴力或者被捕入狱。富恩特斯和他年轻的妻子正期待他们第一个孩子降生，他知道他必须给他的家庭提供更好的生活。他告诉我，“我希望军队能批准我服役 20 年，然后以上士身份复员，这样我就能存够买房子的钱。”我很惊讶地听到他说“军队能批准我服役”，我从没听到任何人这样介绍他的职业。他把服役的机会视作一种荣幸。

富恩特斯通过军队的在职培训自学英语。他告诉我，在他职业生涯早期，他的军士让他为其他说西班牙语的士兵工作。这种情况并没持续多久。不久他的领导发现他对组织极为忠诚并且非常有才能。他比单位里任何人都更努力地工作，因而比他的同级更快得到提升。最终他被提升为军士长，比他原先希望成为的上士还高两级。

富恩特斯能够像电视和电影里最好的军训教官那样激励士兵和军士。他会大吼着叫士兵起跳，士兵们会笑着问他：“跳多高？”士兵们知道吼叫只是军士长的方式。他们喜欢他，因为他的智慧、竞争精神和对他们的照顾。他们尊敬他而他也尊敬他们，即使他经常时不时对他们吼叫。

有一次，我们在一次训练任务中重新进行战斗部署，我没有确保我们连的设备维护符合标准。我的上级——营长那天夜里把我和富恩特斯叫到他的办公室，告诉我们他发现了违规行为。他说他没料到违规的是我们连，他以为我们会做得更好。我正要说话时，富恩特斯突然告诉营长这是他的错误，并保证不会再犯。他觉得是他的失职，他对此负有很大责任。直到今天我仍认为这明明是我的错误，但他承担了责任。他再也没让我们连犯类似的错误。那一晚，我学到了许多关于荣誉、正直、道德以及勇气。

富恩特斯在美军服役 24 年后，于 2001 年 5 月退役。他用他和妻子存了多年的钱在路易斯安那州买了一栋房子。我认为能成为他的最后一任连长是一种特别的荣誉。直到今天我还和他保持联系。

榜样强化正确的价值观并努力帮助他们的崇拜者使生活变得有意义。这种导师关系和对崇拜者的尊敬是至关重要的，能够给他们带来长期的满足。

保持关系

年轻士兵或军官与他的榜样之间发展成导师关系是很常见的。高级军士投入时间和精力使士兵成为下级军士。当这些下级军士在军队中成长时，即使不再共事，他们还是常常与高级军士保持联系。导师关系也许在军官圈中更常见。许多军官都有好几个导师，他们向其请教个人问题和职业建议。他们会问这样的问题：

"面临这么多战斗部署，我怎样处理好工作与生活的关系？"

"什么样的单位和工作对我的职业生涯和服务军队最有利？"

……

这些谈话往往会归结成关于价值观的讨论。

榜样强化正确的价值观并努力帮助他们的崇拜者使生活变得有意义。这种导师关系和对崇拜者的尊敬是至关重要的，能够给他们带来长期的满足。下级军士选择留在军队是因为他们与他们的第一任营长（比他们大两级的领导者）关系良好。如果中士将营长视作成功统一个人和组织价值观的正面榜样，那么他可能以军官身份继续留在军队服役。

军队认识到了榜样的价值，并努力促进更多导师关系的形成。榜样对其崇拜者的价值观内化施加了巨大的影响，而任何组织都能从中获益。寻找梦想的生活是人类的天性之一。

商业等其他组织如何使用榜样

社会和商业组织有许多潜在的榜样。许多研究显示，如果人们认为他们的主管和公司愿意在自己的发展和成长上投资，他们会更加满意自己的工作。人们希望获得发展，这是发展正确组织价值观的绝好机会。

步骤四　分享故事和案例

主管、同级，甚至是下级都能成为伟大的榜样，并深刻影响组织里的其他成员。因为军队几乎是个大家庭，这种影响被极大地放大。上下班时不断地互动为组织价值观以及它们对决策的影响提供了无数非正式的机会。在早期社会化过程里，领导者可以陈述组织价值观，并要求新成员记住它们。故事和案例能赋予这些价值观新的活力。人们能每天阅读组织价值观的书面材料，也能时时刻刻将写有价值观的卡片放在钱包里随身携带。一些得到荣誉勋章褒奖的例子形象地描绘了无私奉献、忠诚、责任和勇气等价值观的意义。

例如，军队家庭里的晚餐话题通常是关于哪个军官、中士或士兵做出了正确或错误的选择。士兵们和他们的配偶之间的讨论有助于多层次地强化价值观。在非正式商讨会议上，领导经常给士兵和军官们讲一些个人如何基于价值观做决定，挽救单位声誉甚至是其他士兵生命的故事。好的领导者能通过发展一种责任文化来增大这些组织传奇的价值。

通过反面教材灌输价值观

连队的故事并非永远都是正面的。在军队里，分享由于领导者决策失误造成严重影响的故事是很常见的。例如，因为军队是个紧密联系的社区，婚姻出轨会对单位纪律和士气产生严重影响，并且很快会尽人皆知。这也是为什么《统一军事司法法》(规定军队军官和士兵行为的一系列条令)会对此明文禁止。当一个人与另一个人的配偶私通时，很显然这两个人之间就会出现问题。

军队里不贞的行为不仅牵涉当事人，通常单位里每个人都会听说这件事，通奸者的声誉和公信力会被彻底摧毁。在一个信任是完成任务的关键因素的环境下，这对整个组织来说可能是毁灭性的，它会大大削弱能激励人们逆境而上的集体凝聚力。

通过讲述违背组织价值观行为的巨大破坏力的故事，领导者可以强调把价值观放在首位的重要性。例如，安然和泰科的领导者今天应该和雇员开诚布公地讨论不道德的会计行为如何被允许，以及这些公司高管如何没有尽到他们的监管职责甚至彻底地进行欺骗。这些错误带来的教训永远不能被遗忘。

> 通过讲述违背组织价值观行为的巨大破坏力的故事，领导者可以强调把价值观放在首位的重要性。正式地陈述价值观也很重要，但人们通常更容易记住那些故事。

这就是为什么行为科学和领导心理学课程会定期邀请休·汤普森和拉里·科

尔伯恩为一年级新生讲述他们在越南战争中的重要一天所做的决定。汤普森、科尔伯恩和格兰·安德烈奥塔是 3 名阻止 1968 年 3 月 16 日梅莱大屠杀的美军直升机飞行员，他们在梅莱上空目睹了地面上所发生的事：美军士兵包围和屠杀越南平民，其中大部分人是妇女、儿童和老人。

汤普森决定将他的直升机停在士兵和正在逃跑的平民之间，他的队员甚至将武器对准美军士兵。他受到一些美军士兵的威胁，但他还是决定解救一些越南平民。据称汤普森、科尔伯恩和安德烈奥塔用直升机把平民带离当地，至少解救了 10 个人。

汤普森一直给学员讲述价值观的重要性和严重违背这些价值观的后果，直到 2006 年 1 月他去世。当有人问起时，他也会谈到当时国内大多数人对被屠杀者持同情态度，他需要鼓起莫大的勇气去举报屠杀事件并作证。格兰·安德烈奥塔在梅莱大屠杀之后不久的一次战斗中阵亡，而汤普森和科尔伯恩被美国民众遗忘了 30 年，直到最近才被提起。事实上，美军花了 30 年才正式授予他们荣誉。梅莱大屠杀在美军价值观训练课程里继续作为学习的案例。

所有组织的领导者应当通过故事和案例，列举正确的行为并描述他们的组织价值观。这些故事能提供清晰的画面，清楚地显示雇员如何把价值观运用到行动中。正式地陈述价值观也很重要，但人们通常更容易记住那些故事。人们也会相互分享故事，通过描述正确或不正确的价值观运用来建立一种责任文化。在这个过程中，人们会对别人的行为表示赞许或谴责，从而保证了个人与集体价值观一致。这有利于创造一种健康的文化，人们能对彼此怀有一定期望。这种文化能培育出成功领导力的关键因素——信任。

所有组织的领导者应当通过故事和案例，列举正确的行为并描述他们的组织价值观。这些故事能提供清晰的画面，清楚地显示雇员如何把价值观运用到行动中。

商业组织如何使用故事和案例灌输价值观

几乎所有的公司都有关于个人怎样成功地将组织价值观付诸行动的故事，这些传奇故事向别人展示“正确的事是怎样的”，这也是军队颁发奖章的用意。

成功的零售公司诺德斯特罗姆将客户服务视作高于一切的事。这家公司如此重视为顾客服务，以至于新进职员都会听到一位诺德斯特罗姆职员怎样帮助顾客更换轮胎离开停车场的故事。同样地，强生公司的员工仍然在谈论前任主席詹姆斯·伯克如何专业地处理泰诺氰化物投毒事件。1982 年芝加哥地区的几个人离奇死亡，官方发现每起案件的死者最近都服用的泰诺内含有氰化物。这在消费者当中引起了恐慌，并可能演变成强生公司公共关系的噩梦。

没有任何巧言辞令，强生公司当即召回所有泰诺胶囊，并提供片剂作为替代品。同时公司通过大规模的媒体宣传向公众澄清事实。强生公司同样与芝加哥警方、美国联邦调查局以及其他政府部门密切合作以解决这起犯罪事件，并悬赏 10 万美元奖励提供信息并使罪犯定罪的人。

虽然最终没有人被定罪，伯克和强生公司还是向公众保证会采取措施防止此类事件再度发生，这也是密封圈出现在大多数消费品包装上的原因。强生公司有一个所有员工熟知和尊重的案例。在这次危机中，公司领导做决策时都会遵守这个价值条例。虽然泰诺危机耗费了公司数百万美元，但是伯克和其他高管人员凭着遵守他们的信条成功地保护了公司声誉。有了伯克的传奇故事，强生公司的员工都知道如何运用信条指导他们做决策。

西点军校的军官同样也会用许多故事，通常是个人故事，帮助学员们理解价值观为什么很重要。一天，一个研究生院的朋友告诉我，他在进入商学院之前曾经和一位年轻的西点军校毕业生共事。那名年轻人在军队服役期满后加入了我朋友的公司。一次，我朋友和他在休息室聊天，并在一部自动售货机上购买软饮料。他在投入只够购买一瓶饮料的钱后，两罐汽水从机器中掉了出来。

在他们正要离开的时候，那名军校毕业生将另外那罐饮料放在售货机顶上。我的朋友问他在干什么。他回答说："我没有为那罐饮料付钱，那不是我的。"见证了那件事之后，我朋友知道他可以完全信任他的新同事了。他甚至接着说，那件事逼着他重新评估自己的正直。不难看出这种故事会对听到它的学员产生什么样的影响。

步骤五　反馈和绩效评估

很少有组织会将其价值观与反馈和评估程序结合起来，但反馈和评估恰恰是领导者能够用来将价值观成功内化的最有力的工具之一。军队中有一句话说得好："经常受到指挥官检查的士兵（或单位）表现得更好。"

很少有组织会将其价值观与反馈和评估程序结合起来。但反馈和评估恰恰是领导者能够用来将价值观成功内化的最有力的工具之一。

虽然这初听起来有点残酷，但事实就是这样。许多公司的员工甚至不知道他们公司的价值观是什么，更不用提如何将这些价值观付诸行动了。一些公司，如通用电器和强生公司，却能成功地将价值观和绩效评估联系起来。

通过咨询进行反馈

在军队中，士兵和军官通过和直接上级定期进行一对一咨询接受反馈。对新兵来说，这个人通常是指挥链中的第一士官；对军官来说，这个人通常是指挥链中的第一指挥官。咨询可以以多种形式进行。最初的咨询在士兵到达单位时就开始了。这时上级会说明他对士兵的期望，包括组织价值观和需要优先注意的事项。他会概括地告诉士兵"正确的事是怎样的"。目的和目标会一起得到开发和记录。

绩效咨询发生在评估阶段，通常持续一年。许多军队领导者将这段时间视作一次增强价值观教育的机会，他们不仅审查绩效和潜在绩效，同时审查评估期间被评估者如何具体行动，该行动是支持还是违反了军队的价值观。首先，士兵们将被问及什么是价值观；其次，交流关于价值观的重要性的认识；最后，士兵们将被告知他们将价值观付诸行动的方式会在绩效评估中产生什么结果。

区别对待无心之失和明知故犯

下级可能偶尔需要进行惩戒（在军队中被称为负面指导）。当士兵们犯了违反军队价值观的错误时就需要这种指导。如果士兵在复杂或不明确的情况下，犯了一个诚实的错误，导致不好的结果，那就是无心之失。大多数军队领导者会容忍这种过失，特别是当士兵或者军官年轻而且没经验的时候。领导者应该迅速纠正这种错误，将重点放到士兵学到的教训和表现出的主动精神上，而不是实际产生的结果。

高级领导者通过开诚布公地对待他们的错误显示他们对无心之失的接受。高级领导者向初级领导者传授这些教训的最好时机是在正式或非正式咨询会议上。这些会议在本质上是建设性的而不是惩戒性的。另外，外界评论或事后报道给高级领导者展示他们如何容忍错误和接受批评提供了重要机会。

但是如果违反军队价值观，则属于明知故犯，这是一种完全不同的情况，因为士兵在知道组织价值观的情况下仍然犯错。一个明知故犯的人要么不具有组织价值观，要么就是根据他自己的个人利益行动。这些错误要严重得多，并且通常会对组织产生战略层面上的影响。

当然也不是说这些错误无法改正，犯规者的行为无法改变。没有经验的士兵和军官犯了明知故犯错误后经常会参加一个矫正计划，这与西点军校和其他军校很相似。西点军校的荣誉校规是"学员不能撒谎，欺骗，偷窃，或者容忍这样做的人。"

如果一名一年级学生欺骗其他学员或者老师，违反了荣誉校规，那么该学员将受到学员荣誉委员会调查并举行听证会。如果该学员被发现犯了撒谎的罪，委员会将评估他的"服刑"时间。这意味着由其他学员来评判该学员是否已经内化了荣誉校规宣扬的价值观。

如果该学员被认定没有内化荣誉校规宣扬的价值观，委员会会推荐他参加一个荣誉矫正计划。这个计划会安排一位学院军官对该学员进行指导。在这些咨询指导中，军官会和该学员讨论他违规的性质和原因。这样做是为了帮助他认识到他做过的错事，特别是为什么是错的。一旦系统认定该学员已内化了正确的价值观，他将停止参加该计划。

当一名更有经验的学员或士兵违反了组织价值观时，处理方式会完全不同，因为他们应该已经将价值观内化了，所以他们的行为只能是明知故犯。他们通常会被解除领导职务，并被开除出组织。

正式的绩效评估

咨询服务和惩戒措施加强了价值观教育，绩效评估则更进一步推动了价值观内化。军队运用军士评估报告和军官评估报告来评估军士和军官。军队价值观被列在两份报告的第一页。在每条价值观旁边，领导者必须填空说明受评估的军士或军官是否坚持了该价值观，否定的评价需要有正当的理由，因为它对被评价人的职业生涯有极大的破坏性，几乎肯定会影响下级军士的提升。对于军官或高级军士而言，违背军队价值观则会终结他们的事业。

军队领导者在价值观上会受到评估，评估的其中一项内容是他们单位对价值观内化的效果。军队领导者对下属士兵的行为负责，这并不是说如果一名士兵被认定酒后驾车，他的领导者将负责；但是如果持续出现酒后驾车、吸毒或者其他问题，领导者将要对此负责。所以同一军营不同连队的酒精和药物违规率大不相同是很常见的。在大多数情况下，这与连长没能以身作则或迅速处理不可接受的行为有关。长此以往，这会使组织文化出现功能障碍，并导致更多的问题出现。

定期进行正式和非正式的反馈咨询和正式的绩效评估是帮助领导者加强组织价值观教育的有力工具。这些反馈必须包括经常对组织价值观的内涵和如何将这些价值观付诸实践进行讨论，讲述那些关于价值观选择的故事是一种有效的方法，这可使文化得以增强和传承；它同时还让人们清楚认识到个人价值观与组织价值观的不一致，帮助经理人和领导者淘汰那些不具有相同组织价值观的人。

许多公司已成功地把绩效评估与指导员工如何将价值观用于实践联系起来。要能产生影响，公司首先要将公司的价值观文本化。公司必须向员工正式介绍和讲述这些价值观，并提供书面材料。随后，领导者应在反馈会议提及这些价值观，并讨论员工应怎样支持价值观或者为什么没能这样做。严重的违规事件应当被记录下来，并且领导者应和员工一起商量补救计划。最后管理者和员工能够参照这个计划来评估发展和进步。

员工年度或定期的正式绩效评估应当包括员工如何坚持组织价值观的书面评价，这发出了一个强烈的信号：价值观和绩效指标同样重要，或者前者更重要。

结论

价值观在我们每个人心中是如此根深蒂固，以至于我们在做决定时通常不需要有意识地去回想它，它几乎对我们所做的每一个决定，从如何使用公司资源到如何养育孩子，都会自然而然地产生影响。因为价值观在潜意识里已深深扎根，所以组织必须努力寻找已经具有相同组织价值观或者能在一定时间内将这些价值观内化的人。

组织必须有与组织总目标一致的一套清晰的核心价值观。已经将组织价值观内化的雇员会为组织带来许多好处。研究表明，个人与组织价值观的统一能增加个人满足感和成就感。在这种情况下，人们觉得他们有价值并会积极帮助公司完成更大的任务或目标。一个个人与组织价值观一致的人，不太可能做出对组织产生战略性后果的灾难性决定。领导者可以信任他们，并因此给予他们一定的自主权和独立权。员工也会回报这种信任，这就形成了一个良性循环。

培养员工的组织价值观不是一个困难的过程，但它确实要求组织领导者有责任感。领导者必须时刻清楚地表达和举例说明组织价值观，这在招聘新员工时尤为重要。从最开始就阐明核心价值观，给予潜在员工进行自我认同和选择的机会，让他们想清楚是否愿意在组织工作，这节省了领导者大量的时间精力，也避免了日后带来麻烦。

正式和集体的早期社会化进程能在员工和公司之间建立一种心理契约，增强责任感和促进内化，同样也增强了凝聚力，这对部队成功完成任务是至关重要的，并极大地增大了战斗中的人员生存机会。

榜样的作用在早期社会化进程中特别重要，在一个人的职业生涯中也有很大影响。榜样展示了“正确的事是什么样的”，呈现了正确的行为和价值观。在许多情况下，榜样会成为一个人的导师，并且他们的关系常常会持续一生。一个人与他信任的导师的关系能极大地促进组织价值观的内化。

讲故事或引用案例是表达价值观真正含义的有效方法。人们会记住这些故事，这些故事生动地描述了他人如何将价值观付诸实践，而案例展示了“正确的事是什么样的”。

最后，通过在反馈和评估过程中运用价值观，领导者能够极大地强化组织价值观教育并将它们用于实践。

将正确价值观内化的人所组成的组织，与那些长期处在个人和组织价值观矛盾压力下的员工所组成的组织相比，前者更加健康，也更有创造力。已经将组织价值观内化的员工更忠诚、更负责。内化的力量在于，它是变革性的而不是交易性的。交易是短暂的，而变革是永恒的。在这样的情况下，人们能创造奇迹。

第 6 章

可信的高影响力领导者

肖恩·T. 汉纳

人们失败的原因只有一个，那就是他对真实的自我还了解不够。

——威廉·詹姆斯

为什么一些员工仅靠遵从或试图破坏其他领导人的成就就能对自己的领导产生很大的影响和干涉作用？危机时期为什么一些领导者能把员工吸引到身边，而某些领导者被员工排斥？诸如这些问题均涉及真正的领导力核心：可信领导力。可信领导力是不依赖于奖励、强制力和职位的非正式权力。只有在员工将他们的领导视为偶像，并由衷拥护领导者的抱负和理想时，可信领导力才会发生。

在军队领导岗位近20年的亲身体验，以及作为一名领导力学者所从事的研究，使我发现了领导力中一条恒定的定律：真正的领导力产生于领导者的可信性。可信性是什么？怎样成为一名可信的领导者？当处于挑战性的环境时，什么特征能使一名可信的领导者持续创造出高质量的领导—员工关系？这些问题很有意思。我的基本发现是，一位行为可信、同时也促进下属真诚行事的领导者容易创造出真实的企业文化，这种文化对组织是有价值的，并且可能成为组织独有竞争优势的来源。

在军队领导岗位近 20 年的亲身体验，以及作为一名领导力学者所从事的研究，使我发现了领导力中一条恒定的定律：真正的领导力产生于领导者的可信性。

对可信性的挑战

领导者的可信性容易受到挑战，因为领导者所处的环境以及别人对他们的期望总是促使他们违背真实的自我以迎合社会和环境的需要，如公司 CEO 需要平衡来自董事会、股东、投资银行家、雇员、监管机构以及其他单位的需求；车间工长必须在为车间经理制订生产计划和考虑生产线员工的健康和福利之间进行平衡；军队高层领导也必须平衡来自国会、白宫和国防部行政官员、自己的士兵以及美国民众的众多期望。还有，当出征伊拉克的班长挣扎着满足战斗中士兵的要求并努力赢取当地民众的支持时，CNN 的镜头正将他的每一步行动转播给后方的数百万观众。领导者总是冒着风险，在各种相互竞争的利益之间取舍，最终确定权衡后的方案，即在他们所处的环境中找出最重要群体所期待的方案。这样的行为很可能导致领导者在不同的观众面前展示不同的角色，有时甚至会做出一些与自己的核心价值观和信仰相冲突的行为，这就使他们成为不可信的人。

领导者的可信性容易受到挑战，因为领导者所处的环境以及别人对他们的期望总是促使他们违背真实的自我以迎合社会和环境的需要。

不可信的领导会带来严重后果。虽然通过不可信领导行为可能在他人心中形成短期的良好形象，但是从长期来看，它对领导者的影响将是灾难性的。下属们都希望得到来自上级的指导和领导，他们需要的是可信的领导者——那种表里如一、言行一致的人。不可信的领导者最终会被曝光，他们的多重面具也会被人发现并且反过来危害他们自己。在美国陆军游骑兵学院，这样的人被称为“聚光灯游骑兵”，指的是这样一群学生，即当领导在场的时候，他们努力表现试图留下好印象；但是在其他时候，他们不遵守规则，也不为队员提供支持。这些人最终会被曝光，课程考核也无法及格，因为他们的同级评价常常很低。

任何组织都能找到类似于“聚光灯游骑兵”的人，因此尝试着从领导者中分辨出可信领导者是非常重要的。与可信领导者不同，那些伪可信领导者善于将自己表现得非常可信，他们这样做只是试图给人留下一个好印象。由于伪装技巧和水平存在差异，一些领导者很快会被识破，而另一些领导者能在相当长一段时间内保持着可信领导者的形象。随着时间的推移，特别是当面临压力和危机的时候，下属们最终会发现他们不值得信赖，进而失去对他们的尊重，否定他们对自己产生深远影响的能力，因为下属们会产生被愚弄感，认为该领导者缺少道德。这种对抗性反应会被放大（见本书第 2 章）。

与这种伪可信领导者形成鲜明对照的是那些真正可信的领导者：他们即使面对巨大的挑战也会坚持原则，被他们的追随者高度信任，视为偶像。

布鲁斯·阿沃利奥是一位领导力研究领域首屈一指的学者，也是变革型领导理论的主要奠基人之一。最近他和佛瑞德·罗森斯以及盖洛普领导学学院的其他同事一起，推动了关于领导者可信性如何养成的研究。虽然领导力研究（如变革型或魅力型领导力模型）已经揭示，特定的领导者行为会产生积极的结果，但是它们并没有探讨怎样促使领导者做出特定的和积极的领导行为。可信领导力理论填补了这一空白，它明确指出，高度发展的领导者更有可能运用积极的和真实的领导行为，这些行为会对员工产生很大的影响，因为他们获得了员工的信任并被视为榜样。这种高度发展的可信领导者将对下属产生乘数效应，即不论他们实施的是什么类型的领导行为，他们的影响力都将被倍数级放大。

可信领导力构成

与阿沃利奥和他的同事们一样，我相信可信的领导者必须同时展示自我意识和自我约束的能力和动机，这是构成可信领导力的两个重要方面：① 一个人对于真实自我的自我意识水平，它一般通过个人探索和生活经历获得；② 自我约束个人行为的水平，即个人在不同场合向他人展示真实自我的能力和动机。高层次的自我意识给领导者提供了更深层次的理解力和更加清晰的真实自我，并且指导他作为一名领导者应如何与社会环境取得联系。领导者自我约束的能力来源于认知过程，而动机来源于个人价值观——领导者必须具有高层次的自我承诺。

> 一个可信的领导者必须同时展示自我意识和自我约束的能力和动机，这是构成可信领导力的两个重要方面。

领导行为是领导者与其追随者之间的一个双向影响过程，由此产生了可信性的另外两个附加准则：③ 领导者必须是坦荡的，他们的追随者能从他们的可观测行为中得到对可信性的准确理解；④ 当领导者的行为具有可信性并且能接收到来自追随者的积极的口头和非口头反馈信息时，如信任增多、士气上升和承诺增多等，领导者自身的可信性会得到增强和延续。

自我意识

可信性是客观存在的，它并不是让人们去感受可信，而是使人们变得可信并认识到真实的自我。我们都知道，那些严重缺乏自我意识，甚至对真实自我的看法扭曲了的人，仍然觉得自己对于那个虚假的自我是真实的，并止步于斯；相反，一个可信的领导者拥有不断增强的能力和动机来实现自我意识。

通过生活体验，领导者形成了一个自我概念，这个自我概念反映了他们的信念、价值观、目标、角色、态度、贡献、情感，以及其他界定他们是谁和他们如何与社会环境取得联系的因素。自我意识这个词表明一个人坚持自我的水平——本质上，也就是你有多了解你自己到底是谁。自我意识在成长的经历中得到增强，并且受领导者认知能力和自我承诺水平的驱动。

在领导过程中，高效的认知能力提高了监督和控制领导者自我概念的能力，心理学家将此称之为元认知能力，它被泛指为关于思考的思考。思考与关于思考的思考二者存在区别，前者是在给定的情境下决定如何实施最好的领导，后者则是在决策的过程中决定是否在以最好的方式进行。在后一种情况下，领导者可能问自己这样的问题："这个决定怎样体现我的价值观？""我的个性或情感如何影响我现在的领导方式？"

> 要在工作中抽出时间进行自我反思是非常困难的，但是这个步骤也许正是发展可信领导者至关重要的一步。

这种认知能力帮助领导者在领导过程中更好地评估自我、确定自我的意义，同时也帮助监督和调整他们的行为，使之与他们真实的自我保持一致。这种认知洞察力对达成可信性至关重要。研究表明，虽然我们可能追求准确性，但是人们却是认知方面的吝啬鬼，一旦他们的预想（事实上可能是误解）得到证实，他们通常就停止思考。因此我们在认知方面有个很大的障碍，要跨越这个障碍——以一种可控的方式真实地评估自己本身需要十倍的努力。要在工作中抽出时间进行自我反思是非常困难的，但是这个确定意义的步骤也许正是发展可信领导者至关重要的一步。

自我约束

为实现可信性，高度的自我意识是必要的，但它并不是唯一的。我认识一个军官，他极喜好自我反省，总是阅读一些自助自励的书籍，并认为对自我了解得非常好。然而，这位领导者却是一位社交变色龙，他总是在他的观众面前表演以赢得好印象；他缺少自我约束的能力和动机。可信领导者的所作所为必须体现真实的自我。将自我意识转化为行动的能力（表现出真实的自我）需要高度的认知能力，以及在压力下对自我做出准确评估的能力。领导者必须对在一个领导情境中的任一时间都可能被利用到的各种可行的方案进行深思熟虑，然后不仅要根据环境，还要根据它们与自我概念的融合度来评估每一项行动是否正确。领导者们一方面要使自己的行为与自己的价值观、态度和自我的其他方面保持一致，另一方面还必须反思他们的行为可能对他们的下属和组织产生怎样的影响，并确定这样有什么意义。然而，我们都知道，选择了正确的解决方法并不等同于就会正确行动。领导者必须坚定不移地相信自我、克服环境中的障碍以及在行动中进行自我评判。

自我承诺

要做到令人可信是非常不容易的，它常常意味着要做出艰难而正确的选择，放弃容易的却是错误的选择。通常来说，满足他人和自身所处环境的愿望和要求，要比坚持内在原则和价值观容易一些。可信的领导者必须在领导过程中坚持他们之前所宣称的价值观和自我承诺。这种承诺是领导者的一种核心信仰，一种内在美德，领导者凭此对自我行为进行评价。自我承诺需要不断强化，当领导者真诚面对下属并取得积极成果时，积极的反馈促进了进一步的自我承诺。那些成功做到可信的领导者，会建立起展现自己真诚行为的能力的自信，帮助他们克服未来的各种阻力。

要做到令人可信是非常不容易的，它常常意味着要做出艰难而正确的选择，放弃容易的却是错误的选择。通常来说满足他人和自身所处环境的愿望和要求，要比坚持内在原则和价值观容易一些。

下属的感知和归属感

领导关系是双向的，当下属们感受到他们的领导可信时，会同时赋予领导者更大的影响力和权力。那些在与下属进行互动的过程中保持坦诚并展现真实自我的领导者，会让下属更加感受到他的开明和真诚，也就是真正的、稳定的可信。

因此可信的领导行为既包括个人内心过程，也包括人际过程。本质上，可信领导力是领导者与下属之间的一个互惠过程，二者之间的可靠关系在此过程中形成。随着时间的推移，当领导者行为可靠以及下属的相似行为不断涌现时，一种可信的氛围就会出现，进而演变成为一种可信性文化，这种文化将成为组织特有优势的一种来源，有助于防止最近正困扰一些大型公司的道德丧失行为。

可信性的本质

可信性不仅包含了一种保持自我的良好承诺，还包括了在公开行为中所表现出来的自我意识和自我约束的能力。随着时间的推移，由于可信领导者言行一致的行为强化了下属们对于可信性的理解，他们认为领导者是可信的，因而会给予那些领导者更多的信任、影响力和权力。了解了可信领导力的构成元素后，我们能更好地探究可信领导者如何对组织和下属产生积极影响这一问题。

高影响力领导：可信领导的乘数效应

可信领导者对领导者—员工的关系会产生积极影响，而这些积极影响是通过这种关系中更高层次的信任、尊敬、预期等表现出来的。如图 6.1 所示，这些更直接的成果增加了领导者所选择的任何一种领导风格的效果，也放大了下属为这些工作成果付出努力的效果，这些放大的工作成果包括绩效、投入和生产率等，我称之为领导乘数效应。我的经验是，当处于危机时期时，下属们要求他们的领导者具备更高层次的正直性和可信性，这时领导者乘数效应也会提高。

领导力的乘数效应

领导者取得乘数效应的原因在于他的行为产生了信任、尊敬、喜爱以及相似的积极效应，并使下属能容易和自信地从他的行为中推断出可信性。一个可信的领导者是坦荡而一致的，并且因为他的行为体现出他的价值观，下属们也认为他是具有道德和美德的。领导者的可观测行为或运用的价值观支撑着他所信奉的价值观。当可信的领导者们制定了一套标准时，他们就会身体力行、以身作则。当他们说什么事情是重要的，他们就会重点关注它并在其中投入资源。这些行为帮助下属对领导者做出精确的推测，同时也帮助他们在领导者—员工的关系中达到一种稳定、可预测和具有心理安全感的层次。他们知道自己该期待什么以及别人对他们的期待又是什么。

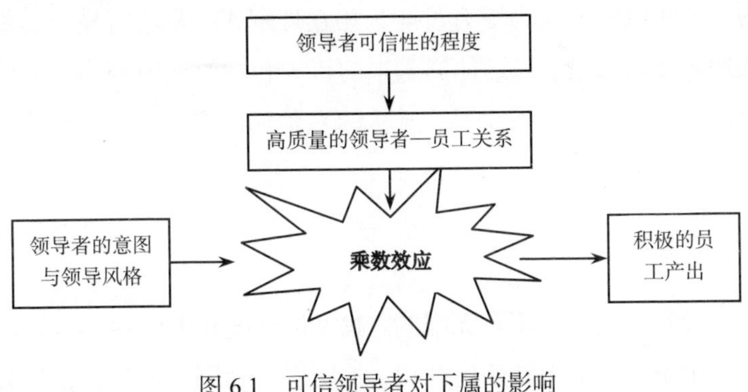

图 6.1　可信领导者对下属的影响

我们可以用变革领导理论作为领导风格的例子来看这种乘数效应。让我们看一下这样一个案例。

> 在一个意在解决下属绩效下降问题的座谈会上，领导者基于个人考虑采用了变革型领导行为。如果该领导者被认为是一个真诚的人，并一直坚持考虑以及建立与下属之间的强大的信任关系，那么他尝试对绩效问题进行讨论的行为将被下属积极接受。下属们将更有可能开诚布公，并向该领导人披露相关的个人和职业信息，以便双方能解决问题，并推进会议的圆满成功。相反，不可信的领导人可能被视为傲慢的或喜欢操纵别人的人，这会导致下属不愿意为他们提供相关的实情，他们也不知道自己能否信任领导者。下属们自然会问，“为什么他现在在意了？”大多数领导者告诉下属要把好消息和坏消息都向他们汇报，但是对后一种消息视而不见。可信的领导者同样也会要求人们向他报告困难，但他确实会关注它的存在。

人们已经证明，信任是由双方在组织中的坦诚、不设防的意愿引发的。一个可信的领导者所表现出的开诚布公和日常的自我反省将被视为一种想做到坦诚的意愿，并能使下属的信任上升到新的高度。领导者的一致性行为也将增加他们被认为具有正直品质的可能性，而这正是建立信任的基础。其实，如果领导者被认为是有道德和善良的，那么他们也应该获得下属的信任和尊重。

除增加信任、尊重和喜爱等积极的效果外，可信性还能让领导者与下属之间的关系保持健康稳定。一致性和坦诚性使得领导者—下属关系更便于管理。由于存在着一定程度的可预见性，领导者和追随者就更容易明白对方以及预测对方的下一个行为。这些成对的行为更有可能为相互理解或共享心智模式提供基础，而这将引导他们未来的互动，并给他们未来的行为和绩效期望创造基础或建立心理契约。这会进一步增强心理安全感，使大家对他们的组织角色感到安心和踏实，进而产生更高的绩效。

特殊信任与个人权力

一位领导者的法定权力不是无限的。我见过在战斗中士兵拒绝执行他们不尊敬的领导者的命令，宁愿接受任何惩罚。追随者必须同意被领导，只有这样，他们才能赋予领导者领导他们的权力。那些证明自己对组织有价值的领导者，在他们的下属心目中建立了霍兰德提出的特殊信任。他们能够“花费”这种信任来行使他们的影响力。当它们被用过后，领导者就得不断从他们的下属那里赢得新的信任以取代使用过了的。我的经验是，虽然专家权力可以在他们的工作中通过展示技术专长或能力来赚取，但个人权力得通过领导者展示可信性和做到有道德和坦诚来获得。我相信个人权力是一个领导者能拥有的最具影响力的权力资源，但是它同时也是最难以获得和最容易失去的权力资源。个人权力是一种最有可能导致下属将领导者视为偶像并随后产生效仿行为的权力资源。除领导者的个人魅力外，效仿还为下属内化领导者理想、价值观等创造了条件，这种内化能促进领导者设定的组织目标得以实现。

领导力幅度

通过建立各种形式的信用，领导者对于下属会拥有更大的领导力幅度，因此在不同的情况下都能灵活应用并具有更大的影响力。考虑一下这样的情境：一名可信领导者已经与他的下属建立了强大的个人权力，然后我们将其置于一个险境中，这时该领导者就得“花费”一些已有的信用，对下属提出一些苛求要求或进行干预。鉴于他是可信的，下属们更有可能相信他这样做并非性格使然，而坚信是形势所迫。若非他们绝对信任领导，知道他能代表他们做出正确的决定，他们肯定不会这么想。一个交易型的领导者是通过职位本身获取权力的，他通常都是在指导下属，偶尔使用奖励和惩罚手段让下属顺从自己。如果处于上述那种假设情境，下属将会排斥他，甚至不服从他的命令，因为下属们很难相信这样的领导在困境中仍会关心和照顾他们，做出有道德的决定。失去了个人权力，领导者只能依靠奖励、强制以及其他基于职位的权力来进行领导，这很可能导致一种后果，即下属们至多只有服从，而最糟时甚至会抗拒他。

伪可信性与反向效应

个人权力是最容易失去的一种权力，当领导者能力退步或被人揭穿是一名伪可信者时，它就会瓦解。对于组织政策的不连贯以及其他丑闻事件的揭露都证明了伪可信性和印象操控并不能长久地维持下去，这是因为随着所有人都能得到更多元化的信息和数据，组织已经变得更加扁平化、阿谀奉承现象更少，一切更加透明，下属们最终会发现组织中真正缺乏可信性的领导。

一旦下属发现领导者是不可信的，就会导致如爱德华·琼斯所说的反向效应，并可能将领导者—下属关系破坏到一种不可修复的地步。相比那些犯了类似过错，但之前已经被人们觉察出不怎么可信的领导者，下属们将更倾向于惩罚那些他们先前误以为很可信，但做出了不道德或不符合可信性行为的领导者。

对于组织政策的不连贯以及其他丑闻事件的揭露都证明了伪可信性和印象操控并不能长久地维持下去。

可信的领导者常被理想化，他们激励其下属仿效自己的模范行为。领导者的这种范例使得下属们在比较中感觉到自己的不足，从而引起了他们潜在的内疚感，促使他们仿效领导者榜样。如果下属后来发现他们被领导者欺骗了，感觉受到了操纵，他们的内疚感很容易转变成愤怒，他们会试图抹黑并损害该领导者的形象。但如果下属一开始对领导者的期望就比较低的话（所经历的内疚感的程度比较低），他们报复的可能性也比较小。

个人权力、效仿及理想化的形式都能对领导者产生反向效应，因为这种权力的来源是非常单一的：下属们认为一个人在诸如道德之类的问题上要么清清白白，要么就是一无是处。例如，领导者可能显露出一些技术上的缺点，但只要他们能在他们专属的大多数领域展现出专长，他们仍然能保持大部分的专家权利。但是，下属对于任何一种道德丧失都可能用一维的方式来看待并将这个领导者贴上不道德的标签，而领导者如要恢复他的道德形象将是非常难的。

我并不是天真地认为可信的领导者就没有犯错的时候，然而我确实认为由于他们较高的道德水平、自我意识和自我约束的能力，他们犯错的次数肯定会比那些不可信的或伪可信的领导者要少得多。此外，由于领导者已经与他们的下属建立起了良好的信任关系和稳固的人际关系——一种可靠的关系，双方更可能开诚布公地讨论，想办法解决问题而不是让情况继续恶化下去。因此对于领导者的一次道德错误，下属们更可能把它视为异常的和一时的失误，而不会认为它反映了领导者的人品问题，而领导者也将继续保持他的个人权力。总之，理想化与个人权力必须建立并保持在领导者的可信性上。

实际运作中的可信领导力

保持可信性并不意味着要使真实的自我变得僵化，伟大的可信领导者并不是由中央处理器驱动并决定他们行为的机器人。可信的领导力的范围要比做一个（内在的）可信的人的范围大得多。可信的领导者不仅对自己本身是忠实的，对他们作为领导者的角色同样也是忠实的。他们十分了解社会的提示信息以及下属的需要、期望和愿望。由于知道这些，他们能对身处的环境做出反应，他们真实自我的某些特定方面在任何时刻都要比其他人表现得更为出色。这里的关键在于，他们在任何情况下表现出的都是基于真实自我的某一部分而不是虚假的自我。其产生的结果就是心理学家所称的运作的自我概念，它要求对环境具有适应性，能对环境做出响应，并合乎具体情况。

要弄清这个运作的自我概念是什么意思，我们必须得先回顾一下认知心理学这一复杂领域。我们对自身的认识在我们所掌握有关任何事物的一切认知中，是最大、最复杂的。最重要的是要理解，对于任何一个领导者来说，在任何时刻或任一情况下，要获取保存在长期记忆中的所有个人信息是不可能的，因为这种记忆储量太过庞大了。弄清楚这一点的一个简单方法就是问你自己“我现在是谁？”，然后写下你的答案。大多数人发现这是个很难全面回答的问题，人们会努力阐明情感、认知和行为方面的自我，特别是在当时并不相关或并不显著的方面。如果现在人们阅读了这一章并受到了一定的启发，再问他们这个问题，他们肯定会给出不同的回答。这种人类认知的局限性就决定了任何时刻都只有一部分或者工作部分的自我概念对我们是可利用的。

这种运作的自我概念与领导者的角色紧密相关。例如，你在工作中面对你的下属和晚上回家面对自己的孩子，在这两种不同的角色中发挥作用的运作自我概念很可能是极为不同的。在人们激活选中部分的自我的同时也就压抑了自我的其他部分，因此，处于活跃状态的自我是通过环境中的线索被人们首先认知的。我能确定地说，当我在战斗中领导一支步兵部队时被环境激活且控制着我的思想和行为的那一部分自我，与我现在正割草时被激活的部分是肯定不同的——尽管在这两种情形中，我都试图真实地展示自我的各个部分。

> 极为重要的一点是，一个可信的领导者所有的运作自我都包含或重叠了一个核心——一个人的价值观和信仰。

因此，可信的领导者们都忠实于自我，并且采取具有强适应性的一系列行为以适应形势的要求，保证在各种不同情境中都能有效地领导。当我们观察可信和伪可信或不可信之间的区别时，我们发现，领导者的一系列行为中最重要的判断标准是，任何时候领导者都不会背叛被激活的这部分自我，即在特殊情境中所展示的自我。举个例子，如果一个下属在某个特定的情况下失败了，领导者可能激发同感，因为他在训练和培养员工上失败了而感受到一定程度的个人责任。然而，这个领导者也可能违背那个自我，用惩罚下属来逃避个人责任，并使自己在老板眼中看上去像个有魄力的领导者。相反，一个可信的领导者将和他的上司一起为下属的失败承担起个人责任，然后选择教练和导师对那名下属进行培训，这样的话，下属就会更信任、尊敬领导者，并最终给予领导者更多的权力来领导自己。极为重要的一点是，一个可信的领导者所有的运作自我都包含或重叠了一个核心——一个人的价值观和信仰。

领导者的可信性水平是连续统一地变化的。领导者们并非是完全的可信或不可信，而是在特定的情况下更可信或不怎么可信。除个人的自我意识和自我约束的动机和水平会影响可信度外，当他的现有角色变换时，他的可信度也会随之变化。这就强调了组织需要了解自己的员工并运用了解的信息决定人员配置、训练和培养以及人员与角色的匹配。我经常见到这样的例子：当一个可信的人被分配了一个角色，而这个角色强烈需要他违背真实自我时，他就不得不成为一个不可信的领导者。最终领导者的自我概念必须与他的职位相一致。只有当领导者认为自己身上拥有这个领导角色所要求的品质和性格时，他才能在这个角色中成为一个可信的领导者。一次不匹配的人员配置将会导致角色冲突，迫使领导者离开该岗位或在该位置做些不妥的行为，这就是领导者和组织双方的功能失调。

例如，一名军队领导者可能已培养出一个基于角色的真实自我，这个自我包括了一个战斗中的领导者应具备的品质和特质。这位自我成就的勇士可能因为是一名可信的领导者而得到提升，并在组织的战术层次对下属产生成功的、积极的影响。我在五角大楼工作的 5 年中，多次见过这些伟大的战士在他们职业生涯中第一次被任命到一个高级别的战略层次的职务。尽管他们以前在组织的战术和运营层面已经取得过成功，但是这些领导者中的某些人还是感受到了角色冲突，因为他们并未受过胜任这种战略岗位的培训，也没有做好相应的准备。这样，他们有些人就不会全身心投入到新角色中。这些领导者认为这种“骑桌子”的角色要么与他们的自身概念相矛盾，要么会在他们未来成长中导致某些“污点”，而并没有将其视为为实现组织战略成功在承担着重要角色。这样的领导方式与高能见度的岗位所产生的不匹配将给该领导者带来强大的压力，使他变得不真诚，并运用印象操纵满足他人对新角色的期望。在公司里同样的现象也会出现，当员工从基层被提升到公司总部的高级职位，而他们并没有得到相应的培训时，这种现象就出现了。

这种关于个人与角色匹配的讨论并不是说领导者不能被培养去担任某些特定的职位。事实上，真正的领导力培养就是要在领导者身上创造出持久的积极变化，并因此改变他们的自我——他们真实的自我，进而使他们能够担任更重要的角色和承担更大的责任。然而，此种培养必须先于这些岗位的委任，从而使角色冲突不会对领导者、他们下属以及组织效率产生负面影响。

培养可信领导者

可信领导者的成长是一个发展的、持续一生的过程。培养可信领导者就是要积极改变领导者这个人本身，而不是像在那些领导学研讨会和座谈会上见到的那样，教给他一些新的行动技巧。在积极改变领导者自身的过程中，积极的行为自然而然就产生了。每年组织都会花大量的资金在公司领导者培养计划上，而顾问们在该计划中推行的方案却不是因人而异的。每当我看到这种情况时，作为一名领导力的实践者和研究者，我常常感到不满。你可以要求你的顾问或者公司内部培训者提供实证的、因果一致的证据，以证明他们提供的培训计划能随着时间的推移提高领导者或者组织的有效性。许多人能提供一些逸事作为证据，但是很少有人能提供证据证明他们的计划具有能让人接受的科学严谨性。

可信领导者的成长是一个发展的、持续一生的过程。可信领导者的培养就是要积极改变领导者这个人本身，而不是像在那些领导学研讨会和座谈会上见到的那样，教给他一些新的行动技巧。

真正的培养是要花很多时间的，因此在大多数情况下，它需要成为组织日常运营的一个组成部分，而不能只是偶尔抽点时间去做。有目的的、完整的领导培养计划能加快成才速度，这种培养计划应当将提高自省和自律的能力和动机作为目标，并通过道德培养来影响它们。现在我想探究一下这种发展的过程，以明确怎样才算是成为一名真正的可信领导者。

培养自我概念

一些领导力学者，如罗伯特·罗德和道格拉斯·布朗指出，我们所拥有的自我概念是具有时间尺度的，它不仅仅是现有的自我概念（现在我是谁），同样也包括更远期的、可能的自我概念（我将成为谁）。其实，我们可以进行“精神上的时间旅行”，它能使我们将我们的发展道路和最终状态结合起来。我主张在设定一个培养的基本框架时，高级领导者应帮助初级领导者发现和反思这两种自我，在两者之间进行差距分析，并引导他们专注于对通道、方法和手段的思索，这都是非常重要的，能促使他们发展为可能的自我。高级领导者必须使实现可能的自我变得切实可行，并给初级领导者提供支持、资源和机会，以让他们获得丰富的经验或者是布鲁斯·阿沃利奥和佛瑞德·路桑斯所称的“发展触发事件”，然后为他们规划出反思时期，让他们找出并吸取这些事件的经验教训，并将这些经验教训添加到他们发展中的自我概念中去。我们常常从一个任务转到另一个任务，却从没认真地对前一个任务进行反思。就像组织必须停下来反思，把从运作中学到的知识进行整理编纂一样，个人也必须这样做，不然那样的知识将会丢失，发展的机会也被浪费了。

心理学家已经阐明，那些拥有较复杂、较有序的自我概念的人能更好地弄清楚关于自我的新信息，因此也得到了新的自我认识。这些高明的人会倾向于花费更多的时间去有意地反思新的、与自我相关的知识。因此强调一个人现有自我概念的坚定性能够在一个持续加速的循环中加快他的成长。用此种方法，自我概念将持续地进化发展，并且只要那个过程的管理和导向是朝着可信领导力发展的，人们就能取得更大的进步，最终成为高效的领导者。

我们的自我概念是一种心理表现，它被储存在长期记忆的试验图式中。在其最简单的功能层面，通过对某人自我记忆的提升和对发展性触发事件的揭示，自我概念可以变得更加充实和复杂，并随着对这些事件的反思，确保它们已被植入长期记忆中，并与此人现存的自我概念联系起来。这种元认知的过程提高了人们的自我约束。幸运的是，加速领导力发展的另一种循环程序是这种经历—反思过程的副产品；对于自身相关信息的解读与处理的行为都将锻炼和增加一个人认知能力的有效性。

这种领导力发展模型中有一个强有力的目标设置部分。一个可能的自我的构想本身就是一个目标设置的过程。高级领导者不仅要在这个构想过程中帮助他们的下属，还要帮他们建立递增的奋斗目标以及绩效反馈的形式，沿着那样的道路直到实现可能的自我。在这个过程中包括一些具体的触发事件，它能让领导者体验到关键的成长经历。

这些触发事件应当是我所说的自我诊断时刻，即当领导人感觉自己不太正常或不太舒服时，他就有机会——事实上是强迫自己——对真实自我进行诊断。这也许发生在一个排长对他新接管的排所做的第一次远景规划，或是一个年轻的执行官在公司董事会做的第一次演讲，又或者是一个领导者正在处理一个由他负责的失败的产品发布。这些事件发生时，最重要的是反思，不仅要思考该领导者对手头的这个任务做得有多好，但更重要的是要思考对自我、与他的社会环境相联系的自我以及在那种环境中作为一名领导者有怎样的认识。遗憾的是，大多数行动之后的回顾都关注业绩成果，而不是关于处理导致成功或失败的领导者与下属人际互动的难题。在询问如下这些刨根究底的问题中，我获得了许多收获：

- 你认为使你的下属处于那样的环境有怎样的感受？
- 作为一名领导者，从你自身的信仰中你学到了什么？
- 在做那样的决定时，你的价值观对你进行了怎样的引导？
- 你认为你的决定鼓舞启发了你的下属吗？

总之，随着时间的推移，领导者在成长中经历了许多触发事件，通过对这些事件的回顾反思，他们将会建立一个更为复杂和充实的自我概念，来保证他们的发展循环能延续下去。通过持续的自我反省，他们将同样提高自我诊断的技巧和能力，增强他们未来领导时的自我意识与自我约束。研究表明，通过对自我和自我约束的习惯性反思，一个高明的领导者可能达到自动认知约束的境界。就像当你骑自行车时，你的主要精力大都花费在观察你行驶的方向和交通上，而踩踏板和保持平衡几乎成为一种本能。如果领导者有意识地在领导过程中强调和练习自我意识和自我约束，他们最终能更多地关注于他们前进的方向。在领导他们的员工和组织方面，若想更为可信，自动认知是必不可少的。领导人保持写反省札记是帮助巩固并习惯这一过程的一个好工具。

培养道德和美德

要对抗领导力的社会压力，就需要有一个强有力的自我承诺。我个人的研究表明，可信性和道德培养会互相强化而且两者不能完全分开。我常被问到一些诸如“如果那才是真实的自我，难道我就不能成为一个可靠的浑蛋吗？”等问题。一个领导者，如果认为自己可能还具有一个“浑蛋本我”，那他就不可能达到真正的自我实现。我主张一个领导人不可能同时是可信的，而同时又是不道德或者是反社会的，因为道德发展和可信性发展的过程是不能被分开的。某人可能感觉到他正在做他自己，但是他其实也许并没有足够的能力来清楚掌握真实的自我。你可以去问一个十几岁的青少年吧，他一定会自以为不仅已完全了解了自己，还完全看透了你。

为了达到真正的可信性，高认知水平肯定会促使人们走向一条成为一个伟大的自我探索者的发展道路。通过那种旅程，由于他的自我与社会环境紧密联系着，领导者关于他自己的看法也会同时得到发展。这种发展将促使道德水平达到一种更加忠实于社会准则的水平。处于这种层次的领导者的内在驱动力更加强烈，基于他所秉持的价值观来行动。也就是说，这个人成为一个更靠价值观驱动并能在他自己的生活中实践罗伯特·卡根所称的“自我主宰”的人。

为了达到真正的可信性，高认知水平肯定会促使人们走向一条成为一个伟大的自我探索者的发展道路。

保持可信性本身就是一种道德使命，并且是与领导者的内在美德相关的。可信领导者认为运用印象操纵手段，背叛自己的信仰、价值观或者本我是一种缺乏道德的行为。可信的领导者坚持认为，做与他们真实自我相一致的行为是一种关键的价值观，是自我概念的核心。他们要坚持自我承诺的价值观，这种价值观为这些领导者们提供了努力的动机和自我反思以及克服阻力的动力，并约束了他们的行为，使之与他们的信仰保持一致。因此，可信性的前提是个人拥有一个健全的、能在此之上建立和发展可信性的核心。

保持可信性本身就是一种道德使命，并且是与领导者的内在美德相关的。可信领导者认为运用印象操纵手段，背叛自己的信仰、价值观或者本我是一种缺乏道德的行为。

通过改变领导者的核心，领导者行为的积极方式就自然产生了。善良的、有道德的领导者关心他们的下属，希望他们的下属能有所成就。这些坦诚的领导者建立了一种使他们的下属将这些积极的行为视为可信性的关系，其结果产生了高影响的领导力，并使该影响力在下属心目得到延伸。

让可信性上升到集体水平：通过塑造可信文化

我认为可信性能被提升到集体层次。如果领导者塑造了他们接触的每一个人，而这些人接下来又塑造了其他人，他们的组织文化和共享的价值观、理想将会创造出一种可信的文化。我认为可信性本身是领导者秉持的一种价值观；又由于领导者能让他们的下属模仿他们并吸收那些同样的价值观，从而能在组织中传播与共享这种价值观。此外，如果领导者通过专门的目标设定和突发事件以及反思来管理下属的可信性培养计划，随着时间推移，他们就能够提升全体组织成员可信性的平均水平。

领导者必须建立一个可持续的、以成长为导向的学习型组织，并保证下属感受到心理安全，保证他们对自我发展有创造性、自我表达性以及开放性。他们必须有学习、探索，以及有时有理由失败的机会。领导者也必须传达这样一种思想，即他们期望大家变得可信，并且调整激励体系以支持坦诚的、道德的行为以及积极的人际互动。组织的各个层面都必须要有那些展示了可信性并且促进社会学习的榜样。

可信性回顾

领导者可信性是客观存在的，它作为领导力的一个加速器，增加了领导者对下属实现组织效能的积极影响。可信的领导者在与下属的交流中建立了高水平的个人权力，这也被下属所效仿。他们是坦诚的，一直在努力建立一种信任、尊重和积极的关系。成为一名可信的领导者是一个持续一生的发展过程，在此期间，领导者通过“经历—反思”循环，在与下属的互动中增加自省自律的能力和动机。这种良性的发展循环是与道德培养相一致的，能使领导者不断向着可能的自我迈进。

在巨大的社会压力或角色冲突中要保持可信性是非常困难的，它需要领导者坚持自我承诺的价值观并以此作为他们自我概念的核心。可信的领导者是忠实于社会道德准则的，这一点也被大家所了解，因此他们也更有可能运用积极的和具有启发性的领导模式，而这反过来又将使下属将此领导视为可信。最终我们得出结论，可信性是高影响领导力的核心。

第7章

领导培养及美军“长凳计划”中的自我意识

丹尼斯·P. 欧尼尔　帕特里克·J. 斯威尼
詹姆斯·尼斯　托马斯·A. 科迪兹

美国军队肩负着培养未来一代领导人的使命——培养一代能够高水平执行使命的领导者。为此，军队推出了一个称为“长凳计划”的新项目。“长凳”这个术语源于棒球比赛，是说一个成功的团队只要从左到右扫视一下赛场边的长凳，就能准确叫出候补队员上场比赛。为了发展这项“长凳计划”，美国军队已经开发了数种旨在协助领导者通过反省来提高自我意识的工具，其中包括为不同层级的领导者量身定制的、简单易行的360度反馈工具。通过多视角的信息反馈，一个理想领导者的特性便能更清楚地呈现出来。这些工具通过提供反馈信息以增强自我意识，同时通过提供对其自身行为倾向不同方面的评价来促进个人成长。一个组织要想发展一项“长凳计划”，其领导者必须同时是具有战略眼光和创造性的思想家、团队建设者、有能力的专业管理者和出色的外交家。自我意识是培养有效领导者多样技能的最重要的基石。

长凳计划的目标

美国军队正处在让未来一代领导者拥有自我意识的文化变革中——此变革

形成这样一种氛围：不同层级的领导者被鼓励从其上级、同事和下级那里系统性地获取反馈信息，从而激发关于如何提升领导力的广泛讨论。长凳计划，作为上述变化的关键部分，创造了一个追求开放、坦诚和积极反馈的环境，反馈不仅来自同事，也同时来自下级及其他各方面。为了营造这个氛围，领导者和下级需要明白，这个考评仅仅是为了个人的发展，是保密的，考评信息也仅限于考评执行者知晓。通过自我反省或导师指导，抑或两者结合，领导者能深刻意识到自身的优劣势，从而制定完善自我的发展战略。整合来自高级军官和下级军士提供的 360 度反馈信息是提高自我意识的关键。为了使大家清楚系统获取反馈信息的重要性，我们回顾一下自我意识与领导培养的关系。

自我意识在培养中的作用

自我意识的本质是反思性学习。自我意识能够帮助我们准确感知别人对我们的认知。当我们拥有较高的自我意识水平时，就会触发自身将自己认知的“我”和别人眼中的“我”进行比较。具有高度自我意识的个体往往能更准确地感知别人对自己的评价。

当高自我意识的人意识到自己和别人对自己的认知存在差异时，潜在的内心冲突就会凸显。比如，如果我认为自己是一名优秀的运动员，而别人认为我是一个动作不协调的人，这个时候就产生了认知差异。在这样的情况下，我有两种选择：或者认为别人的评价是错误的，不予理会；或者改变自我认知。不管是哪种方式，我都会被激励着采取措施去减少二者之间的差异。人们往往积极地去进行比较，如果比较结果发现他们在某一方面并没有自己想象的那么好，他们通常会受到激励并努力在这一方面改善自己。准确的自我意识就像一面镜子，能反射出真实的自我。如果我们不满意镜了中的形象，我们就会被激励着去完善它。

自我意识的本质是反思性学习。增强自我意识的关键是长时间通过多种途径多方获取反馈。

传统上，美国军队仅从一个渠道给出个人反馈，这个渠道通过正式的周期性指导和年度评价已经建立了一个自上而下的反馈体系，但是该反馈仅描绘了图画的一部分。考虑到我们所认知的关于改善自我意识的动机，美国军队现在已经通过提供关于个人优势和劣势这些方面的准确反馈，为促进领导者个人发展创造更加丰厚的机会。

自我意识的持续变化及其范围研究不仅表明了研究工作本身的重要性，也暗示着研究重大的现实意义。基于动机的成分，美国军队已经着手设计用于评价和反馈的工具，以增强领导者的自我意识，进而建立旨在培养未来领导的“长凳计划”。然而，现在几乎没有任何实证研究可以证明领导者的自我意识与领导者的位置或级别之间存在关系。如果领导们是基于自身和某一标准的对比来进行自我反省，那么问题来了，到底以什么作为对比？

换句话说，什么样的标准才是理想型领导应该遵循的呢？更为重要的是，不同层级的领导的参照物是不同的吗？每一个层级的理想型领导的标准是什么？更确切地说，不同层级的领导是否需要不同的镜子来准确地反映自身真实的优势和劣势？本章将讨论这三个研究，希望能够解决上述紧迫的问题。

培养领导者的适应力和自我意识

候补队员主动寻求来自领导和可信顾问之间关于专业发展的讨论。为了实现这个目标，候补队员可接受三个方面的 360 度反馈：高级别领导者评价、低级别领导者评价和高级军士评价。评价的本质在于将他人的反馈和自我评价进行对比。这个对比让我们关注两者之间的分歧并且给予更多增强自我意识的潜能。

美国军队，像其他组织一样，起初发起 360 度评价时效果不显著。大多数尝试都失败了，原因在于 360 度评价太复杂，而且需要部分行为专家大量的解读。同时，由于这些评价通常需要正式的指导，所以 360 度评价非常耗时，且价格昂贵。

相反，在“长凳计划”中的评价很特别，有以下几个原因：首先，“长凳计划”中的评价简单易行。在评价的设计中，首要目标就是简明化。为了得到领导者的参与，需要考虑时间因素，完成评价的时间要相应缩短。因此，每个评价围绕着 12 个问题，5 分钟内即可完成。另外，长凳计划需要一个较高的性价比。换句话说，个人时间成本应该很小，但是来自下属、同级和上级的毫无偏袒的评价应该对领导的潜在反思有巨大影响。为了确保方便使用，评级体系可建立在 Web 基础上，允许全球随时随地访问。

增强自我意识需要来自多方面的长期反馈。在所有情况下，反馈必须是无偏袒的，绝不能去估计。自我意识的真实性能帮助领导者积极主动地减少自己和别人对自我评价的差距。反馈可以促进对领导力的真实评价，激发领导者与值得信赖的顾问之间开展关于自身优劣势的讨论。

为了使评价在领导力开发项目中得到应用，我们将进行三个独立的研究以针对军队中三个不同水平的领导力量身定制评价体系。下面来看一下如何定制三个评价体系以及如何获得对领导力的内在审视。

领导者必须拥有内在适应力，包括熟练应用战术和战略，了解自己所在组织以及竞争对手的优势和劣势，同时保持一个乐观、勇敢的态度。

评价一：高级领导者

“长凳计划”中的陆军等级评价主要针对陆军军官——少校、中校和上校，即相当于企业中的低层执行官和中高级管理者。这个评价通过特质、技能和行为等维度，将优秀的管理人员从其同事中区分开来。

这个评价背后的目的其实是让在岗军官通过 360 度评价和指导，发现并提高一些重要的技能、性格和行为。对其特性和技能上的不足加强培养能够增加每个在岗军官发展成为未来具有综合能力军官的可能，因而能够使军队在未来拥有足够的高级领导者。

训导和指导是通过评价提高在岗官员的关键。导师能够帮助军官处理、理解反馈，并培养战略能力，弥补在核心技能、特质和行为方面的不足。当导师没有时间的时候，军官可以进入“长凳计划”的网站进行自我指导。

利用美国军事学院关于师级领导的研究结果，我们将在岗军官的评价公式化。陆军的师是一个在 1.2 万 ~ 1.7 万人的组织。这个研究的目的就是要获取在伊拉克长达 12 个多月的关于师级军官的领导力的数据。为此，来自 4 个师的 77 名军官接受了采访，此次采访旨在将优秀高级领导者从能力较弱的领导者中区分出来。表 7.1 所示的 12 种行为是辨别杰出领导者的标准。

表 7.1 杰出高级领导者的最佳行为

1. 在压力下保持冷静
2. 明晰任务、标准和应优先完成的任务
3. 能及时做出艰难、合理的决定
4. 总览全局，熟知背景，展望远景
5. 快速适应新环境和需求
6. 有效处理坏消息
7. 走出指挥总部，下到基层
8. 懂得授权，不事必躬亲
9. 建立较高的道德标准
10. 鼓励、支持干部与下属间的团队合作
11. 积极主动，善于鼓舞人心，具有现实的、乐观的精神
12. 高标准严要求，排除“零错误”的心态

资料来源：W.Ulmer Jr. and others, Leadership at Division Command Level——2004(Carlisle Barracks, Pa: Army War College, 2004), p.4.

通过表 7.1 所述的杰出领导行为，我们可以了解到高级领导者需要的潜在特质和技能，了解这些潜在特质和技能对于培养军队未来高级领导者具有促进作用。美国军事学院关于领导力的研究同样适用于各种类型企业的领导人。下面我们来研究一下美国军队中高级领导者的特质和技能，这些特质和技能对其实现有效领导十分必要。

内在适应力

有效的军队高级领导者需要具有对未来预期和评价的敏感性，并且需要果断地抓住机遇，满足动态战场不断变化的要求。为了达到这样的目标，领导者必须：

- **精通战略和战术**。这是内在适应力和敏感度的基础，它能够让领导者快速辨别并抓住机会。
- **了解自己组织和竞争对手的优劣势**。这样能使领导者快速发挥杠杆作用——用自己的优势抗衡竞争对手的劣势，同时防护和隐藏自己组织的弱点。

- **保持一个乐观勇敢的态度**。这样有利于高级领导者充分利用自己的优势，增强必胜信念，并迅速抓住每一个可能的机会。
- **保证有效的睡眠**。在战斗中，有效的睡眠是确保领导力的最主要的武器。一项来自美国训练中心的实证研究表明，领导者在 24 小时未眠的情况下，只能达到其初始效率的 70%；若其 48 小时未眠，效率还不到正常情况下的 60%。随着睡眠缺乏的增加，领导者对信息的集中和编码能力将逐渐降低，理解能力和分析能力下降，记忆力减退，沟通能力也将退化。因此，睡眠的缺乏将极大地侵蚀管理者的适应能力。

保持宽阔的视野

保持宽阔的视野能够帮助高级领导者给其组织以最佳的定位，同时保证组织最有效地利用资源完成任务，达到媒体和当地居民的期望。领导者可以通过以下几个方面来帮助其开阔视野：

- 自己所在公司如何对母公司进行贡献；
- 瞄准母公司的任务和意图；
- 同级组织的使命怎样对母公司产生贡献或者影响；
- 母公司当前运行的文化背景；
- 本地居民的理解和拥护程度；
- 竞争对手的使命和目的。

充分理解上述的要素能够使领导者具有更宽阔的视野，这将使领导者能够：

- 识别机会；
- 做出合理、明确的决定；
- 设置明晰的优先顺序，以促使任务顺利完成；
- 预见竞争对手的行动并制定防御措施；
- 聚焦于组织的关注点和资源，促进其单位和母公司的任务有效完成；
- 获得本地居民的支持，极大地促进目标的执行。

此外，也得给予下级领导者一定的职责，以保证高级领者把主要精力集中在解决战略问题。保持一个宽阔的视野为高级领导者提供了在未来削弱竞争对手优势及发掘对手劣势的机会。

试图操纵下级领导者的职责或者依赖于听取基层的汇报将使领导者迷失自

我，也会导致其丧失对公司更高层面问题的关注。当高级领导者把主要的精力用在关注下级领导者的职责，他们将不能有效地发挥领导作用。那些过于关注组织内部和下级工作的高级领导者将不能在战斗中认清自己的职责所在，也会失去对即时信息的关注，缺乏这些关注严重阻碍了领导者识别和利用机遇，也阻碍了领导者深入了解对手。因此，他们丧失了在竞争中的主动权。一旦迷失自我或者沉入下级领导者的事务，高级领导者可能利用资源优先做那些对完成其自身和公司使命贡献不大的事情。

试图操纵下级领导者的职责或者依赖于听取基层的汇报将使领导者迷失自我，也会导致其丧失对公司更高层面问题的关注。

另外，当高级领导者信任下属并给予一定的职责时，传达了高级领导者对下属工作能力和专业水平的信任、尊重，对下属工作胜任力和专业的肯定，进而激励下属表现和服务。持续的信任能得到下属忠心的回报，因而更加有利于培养相互间的信任。因此，授权下属、事不躬亲能够：

- 对高级领导者保持广阔的视野提供了有力的帮助；
- 让高级领导者关注他们各自的责任；
- 激发组织中的员工共同努力；
- 提高下属的积极性；
- 培养信任。

当高级领导者信任下属并给予一定的职责时，传达了高级领导者对下属工作能力和专业水平的信任、尊重，对下属工作胜任力和专业的肯定，进而激励下属表现和服务。

压力管理

在压力环境下或被告知坏消息时仍能保持镇定是另一项重要技能，它能将杰出的高层领导与其他人区分开来。拥有压力管理的技能，可使领导者在面对压力时能够保持镇定或不受自身情绪影响。面对压力仍能保持冷静，会使领导者在组织对其有最大需要并依赖自己时做出合理的、正确的决策。

自信在压力管理中扮演着重要角色。领导者必须相信，他们有能力和方法应对动态战场或商场中出现的任何问题。对技术和战术的精通是领导者自信的基础，这使领导者具有知识基础去创造性解决问题，做出合理的决策。此外，领导者的身体状况也在抗击压力时发挥着显著作用。良好的身体条件能够帮助领导者消除因长期面对压力而产生的认知效率低下，进而增强领导者的自信心。

来自同级或可信赖的下属的支持是领导者能利用的另一项管理压力的技能。有机会与信任的知己谈谈问题、情况或担忧，有助于领导者解决问题，消除猜疑和恐慌。

自信在压力管理中扮演着重要角色。领导者必须相信，他们有能力和方法应对动态战场或商场中出现的任何问题。

诸如深呼吸等放松技巧有助于领导者在压力环境下保持清醒，集中精力解决手头上的问题。领导者必须确保，在有压力的情况下仍能有规律地吃饭和睡觉，并且保证每晚至少 6 小时的睡眠。

最后，保持一个乐观的心态将有助于减压，因为领导者把不利的环境视为机会，关注事物积极的一面，更好地认知到自己满足当前情形需要的能力，将有助于减压。

概括起来，战略和战术水平、积极的心态和压力管理技巧将有助于保持领导者的自信，使他们相信自己能够镇定地处理可能出现的任何问题，这种镇定也正是大胆、合理决策所必需的。

领导者面对负面信息仍能保持镇定的能力会影响组织内的沟通。当接收到负面信息并对负面信息产生强烈反应时，领导者的失控会使自身孤立起来，因为下属下一次在提供重要的负面信息时会变得犹豫不决，他们可能隐藏或扭曲这些信息，导致领导者无法及时或准确地获得真实信息。领导者缺乏处理坏消息的能力导致了其孤立，进而对其及时处理问题产生了有害的影响。

沟通技能

在军队师这一层级上，领导者通过表达意图和描述任务来实施其最大的影响。首先，领导者的意图必须：

- 清晰地陈述运作的目的；
- 描述要完成的关键任务；
- 根据有利或不利的情形以及在现有领地中拥有的势力清晰阐述最终状态。

在对运作的目的、需完成的关键任务和高级领导者欲达到的最终状态有一个全面的认识后，下级领导者就应当主动去抓住机会或不断调整以实现高级领导者的意图。

而且，对任务的清晰陈述能为下级领导者提供具体的指引，包括：

- 他们必须完成什么任务；
- 这些任务必须在何时何地完成；
- 最重要的是，为什么要完成这些任务。任务陈述将有助于下级领导者理解其组织在帮助同级和母体组织完成任务中所扮演的角色，同时，这种任务陈述还将为下级领导者提供空间去主动利用动态战场中的各种机会。

在所有下级组织中，上级的意图和任务陈述对于同步行动以及工作的优先次序非常重要。因此，高层领导者简洁有效的阐述和沟通有助于下级组织努力地同步进行，并在战场或市场上取得成功所需的主动性。

前线活动

对高级领导者而言，走出总部或办公室去造访其下属非常重要，原因在于：

- **能从下属角度关注当前的局势**。到前线活动并造访下属能使高级领导者获得无可估价的信息，这是无法从总部获得的。
- **理解组织的优势和劣势**。通过综合每个下属的观点，高级领导者将对组织的能力和局限以及敌人或竞争者下一步可能的行动获得一个更全面和深刻的认识。
- **监测下属战斗的士气和意愿**。最重要的是，高级领导者能感知到每个下级单位的士气和决心。
- **与下级领导进行直线沟通**。这些造访也能使上下级领导进行直线沟通，因为通过造访，他们有机会讨论、综合并及时调整以有效利用出现的机会。这样，高级领导能更高效地影响下属的运作。造访也能使高级领导者评价同级组织相互之间配合得如何，掌握下属的资源需求，考虑是否需要更新优先顺序。

- **给予下属分担危险和风险的勇气**。深入基层、造访下属可以表明，高级领导者有勇气与他们的士兵共担危险，这能促进信任的发展。

因此，在动态的战场中，有效的高级领导者可以通过深入基层并造访下属来实施其领导力。

发展下属和建立团队的能力

高级领导者花时间指导下属并给他们提供建设性的反馈，可以创造出一种积极的氛围。在这样的氛围中，下级领导者将会十分乐意积极表现，这对动态战场中的成功是非常重要的。

在时间上的投资和有一个现实的、发展的观点将使高级领导者有能力去提升他们的组织，为下级领导者和员工之间的团队合作创造条件，培养军队未来的领导军官。

高级领导者花时间指导下属并给他们提供建设性的反馈，可以创造出一种积极的氛围。

如果高级领导者希望凡事尽善尽美，并且不把错误和缺点视为发展机会的话，那么就会导致一种追求“零缺陷”的氛围，从而抑制主动性和创造性，影响团队合作，阻碍下属的发展，这些都将降低组织的有效性。

为了将下级组织和员工打造成一个有凝聚力的团队，高级领导者应该：

- 与所有下级领导建立积极的关系；
- 为每个下级领导创造对即将到来的行动提供反馈的机会；
- 确保他们都处于交流沟通环节之中，并能接收到重要的信息。

高级领导应该努力使所有的下级领导感到，他们是有价值的，并为组织做出了自己的贡献。

> 乐观的、积极的和善于奖励的领导会激发团队成员良好的表现，最重要的是，他们激发了成员取胜的欲望。

正直

高级领导者的正直为其组织树立了遵守道德规范的标准。这些领导者必须在道德上表现正直，在言行上信守诚信，并要求组织中的其他人也和自己一样。他们必须确保行动是有计划的，并且遵照法律标准和伦理规范执行行动。

通过设置一个较高的道德标准，高级领导者为其下级组织建立了牢固的道德界限。这个界限非常重要，它能将社会上和道德上都认可使用的暴力和非法谋杀区分开来。道德界限有两个目的：为国家参与战争进行道德上的认定，防止士兵非法使用暴力。这两个目的都有助于维持士兵的战斗意愿，确保他们心理健康。

积极乐观的态度

下级组织会受到高级领导者的态度的影响。乐观、积极和善于奖励的领导会激发团队成员良好的表现欲望，最重要的是，他们激发了成员取胜的欲望。面对艰苦的环境时，下属将参照高级领导者的态度，来看待当前的形势，因此领导者必须：

- 将挑战性的环境或危机视为一种机会，并关注该局势的积极方面；
- 对组织完成艰巨任务的能力持乐观态度；
- 公开鼓励下属发挥其所有潜能。

高级领导者积极、乐观的态度能给下属以希望和动力去继续战斗，哪怕在最艰苦的环境下也是如此。

此外，积极的、鼓励性的和乐观的态度还有助于高级领导者有效做到上述提及的所有行动，进而使他们：

- 适应新的环境；
- 做出大胆的和决定性的决策；
- 管理压力；
- 保持一个宽阔的视野；
- 促进下级的信任；
- 建立团队；
- 促进下级的发展。

正如已退休的克林·鲍威尔将军所指出的，对一个组织完成任务的能力和动力而言，指挥官的乐观主义能够给人无穷的力量，特别是在艰苦的环境下更是如此。

评价二：下级领导者

这一层级的“长凳计划”的 360 度评价旨在帮助连级领导者的发展——二级陆军中尉、一级中尉和上尉——相当于商业领域的中层经理。此评价的目的在于强调成功连队领导者的行为倾向。在连队中，连长处于首要位置，具有很大的自主性和责任。该评价中使用的问题考虑到了领导自我意识发展的趋势。确切地说，连级的评价旨在让中尉上升到比自己高两个层次的水平上来考虑一个优秀的领导者所需的关键行为。该项评价来自一份研究结果，该研究旨在调查成功连长所需的领导特质、技能和行为。这项研究对前任的连长进行了访谈，并让他们回答这样一个问题：“要想获得成功，连长需要知道关于自身的 12 件事是什么？”通过对研究结果的分析，我们建立了连级评价的基础。表 7.2 列出了杰出的连级领导者应具有的 12 种行为表现。

表 7.2 中所列的特殊品质和行为让我们洞察到能使中层领导成功的因素。通过自我意识来发展这些品质和技能，有助于连级管理者成功地升迁到具有更多责任的更高位置。这些行为不仅限于军队，反映了大部分组织中关于领导发展的多维视角。

表 7.2 区分出杰出连级领导者的 12 种行为

1. 真正有兴趣地倾听
2. 值得信赖，可以依靠
3. 人们愿意向其征询意见
4. 公平地和一致性地执行标准
5. 了解自己的工作
6. 有效管理资源
7. 明晰优先事项
8. 在正确的时机做正确的决策
9. 提供有用的反馈
10. 决策时征求并综合其他观点
11. 压力下仍能出色表现
12. 有魄力

资料来源：Thomas A. Kolditz 的原始研究。

胜任力

杰出的连级领导者的优秀行为也反映了一种独特的、强烈的特征，那就是胜任力——或者说，他是否真正了解自己的工作。

对中级领导者而言，胜任力的另一个方面在于能否有效管理资源。对大部分领导者而言，等同于连长的中层管理者可能要在第一时间分配资源去完成任务。一个连级领导掌握的最有价值的资源就是时间。高效的领导者每天会最大化利用时间来训练并提高组织的水平。

一个连队的终极运行状态是每一个士兵都清楚自己的工作。从商业角度讲，军队生产士兵。衡量成功的标准是每个单位的士兵能不能成功地完成战斗中的任务。胜任的领导者能够精通战略和战术，并懂得恰当地调配资源，使个人发挥最大的潜能，同时提高整个组织的胜任力。

胜任的领导者能够精通战略和战术，并懂得恰当地调配资源，使个人发挥最大的潜能，同时提高整个组织的胜任力。

特性

杰出的下级领导者通常十分正直，即在合乎法律和道德标准的前提下做正确的事情。美国人认为他们的军队领导者应该既熟练掌握专业领域知识，又要十分正直。

特别地，领导者都被期望是值得信任和可依赖的，他们的言语和行动都应该值得信赖，也就是说，领导者在言行上要做出表率。下级的信赖来自领导者自身一贯所持的价值观和信仰。建立信赖能够使领导者从下属那里获得非常的业绩。那些较为正直的领导者在面对压力时更能表现出其道德的一面，因为他们总是基于自己的价值观做出决策。

特别地，领导者都被期望是值得信任和可依赖的，他们的言语和行动都应该值得信赖。

另外，领导者都被认为应该具有魄力，也就是说，具有道德和勇气。总体而言，任何具有特性的领导者都善于倾听意见。

培养下属

杰出的领导会持续地培养他的每一位下属。军队领导者扮演着以下角色：副职的导师、教练和老师。

对下属的培养工作还包括提供有用的反馈。杰出的领导者都能通过准确指出下属的优势和劣势来帮助其发展。领导者的反馈可以是正式和非正式的，应抓住每个机会培养下一代的领导者。

沟通技能

杰出领导者最后的特征是具有良好的沟通能力，这包括真正有兴趣地倾听。此外，这些领导者在任何时候都能够征求并综合他人的观点来进行决策。

沟通技能还包括一个认知成分。优秀的下级领导能够理解上级组织的指导，并能够将指导制订成具体的行动计划。接受任务的能力、听取别人意见的能力以及及时做出决定的能力是下级领导者有效沟通的核心组成部分。

评价三：高级军士

这个层级的“长凳计划”主要是评价和培养军队的一级军士和军士长。军队中的军士相当于商业组织中的基层组长。下面将谈到这个层级如何运行：

- 在军队中最高级别的军士是军士少校，他们有责任培养和监督军士长。
- 军士长有责任监督和培养一级军士和下级军士。
- 一级军士有责任监视和培养下级军士或者前线监督员。
- 下级军上有责任培养和监督士兵和一线雇员。

军士军团是军队的脊梁，有责任保证任务的执行。高级军士是军队中所有指挥团队的成员，他们充当着顾问、领导开发者和领导者心腹的角色。

和“长凳计划”中高级、下级领导者评价一样，高级军士评价通过特质、技术和行为方面的考核将优秀军士从其他高级军士中区分出来。这个评价的目的就是通过 360 度反馈和导师的指导，让一级军士和军士长意识到并开始培养这些重要的特质、态度和行为，这将增加把高级军士培养成为未来优秀军官的可能性。

这个培养依赖于导师帮助他们理解 360 度反馈，并帮助其制定发展战略。当没有导师时，军士可以通过“长凳计划”的 Web 网页界面自我提高。

高级军士评价是基于美国军事学院和美国军士专业学院的军士长的反馈来开发的。他们被要求列出 10 项他们认为最重要的领导者品质。他们回答中提到的各种特质、态度和行为会被用来进行频数统计，提到最多的被入选。这些截然不同的技能、态度和行为对最高水平的军士军团实现有效领导至关重要。因此让更多下级军士思考和培养这些特质、态度和行为，能够让他们为迎接来自高级军士的挑战做好准备。区别优秀前线监督员的 14 项领导行为如表 7.3 所示。

表 7.3　区别优秀前线监督员的最佳领导行为

1．一个有效的领导者
2．明晰传达任务、标准、期望和优先事项
3．对他人的发展进行指导并给予有效反馈
4．关心下属
5．言行诚实
6．通盘思考，把握全局
7．以身作则，身先士卒
8．正直并拥有正确的价值观
9．能建立一个凝聚力强的团队
10．能前瞻性思考，预见到组织的需求
11．做出合理、决定性的决定
12．公平、一致、公正
13．激励下属表现优秀
14．能胜任工作

分析这些优秀军士认为的最重要的特质、技能和行为，能帮助我们深入了解高级军士的领导能力。提高这些技能的熟练程度和培养高级军士评价中提到的品质可以帮助军队培养出一大批优秀军士。以下将进行细致讨论。

总览全局

和高级军官相对应，成功的高级军士领导者拥有宽阔的组织视角。总览全局让高级军士意识到怎样使自己所在组织对母公司、组织和军队有所贡献，而且可以使他们：

- 识别和利用机遇；
- 协助上级明确优先事项，这将对组织效率产生显著的影响；
- 最重要的是，对员工和资源的长期发展进行展望。

这个广阔的视角能够帮助高级军士放弃短期利益，从而为单位和整个军队带来长远利益。

例如，假如组织正打算开展一个培训，为一些核心员工提供到职业学校学习的机会，拥有广阔视角的高级军士就会派送这些员工去学校学习，即便组织短期绩效会因此而降低。这些军士知道从长远来看，这种培训对个人、单位、军队更加有利。因此，拥有组织全局观能够让高级军士合理做出决定和设定优先事项，从而对组织内外产生显著的、长期的积极影响。

而且，这种广阔的视角能使高级军士识别和利用机遇，进而帮助他们自己和总部完成任务。对于目标的准确理解，能使高级军士给予那些与组织目标真正相关的事务优先权。这种具有深远意义的优先权能够保证组织向正确的方向前进，同时帮助其员工的发展。

前瞻性思考

高级军士应当具有前瞻性思考的能力，这种前瞻性思考的能力依赖于他们的技术和战术能力以及清晰的组织远景。全面理解组织任务、领导意图、潜在敌人的意图以及每个下级单位应当怎样帮助完成组织任务，能使高级军士正确预测未来的需要，并使组织对未来的挑战进行充分的准备以及保持战争中的主导地位。

沟通技能

与高级领导者相似，军士长必须具备能够清楚地传达意图、任务、标准、优先事项和期望值的能力。通过清晰的表达，军士长能够影响和确保下级军士行动的统一性。他们必须做好以下的几方面：

- 传达任务的目标；
- 概述要完成的主要任务；

- 清晰地概述成功完成任务应具备的条件。

为了便于把任务清晰地传达给下级军士，军士长应以任务、目的和结束状态的形式传达和分配任务。在发布目标和任务后，军士长们应该要求每个下级军士上交一份报告以便确保下级军士清楚地理解了目标和任务。

通过使用这些沟通技能，军士长就能有效传达组织的前进方向并确保整个组织努力的一致性。最后，沟通的一个重要方面是能够听到下级军士们的反馈。高级军士应采取措施制定相关制度，从而保证定期收到来自下级军士的反馈并真正予以关注。有效的倾听技巧能够确保下级的反馈受到关注并得到处理。它有下列好处：

- 表示尊重；
- 帮助高级军士做出正确的决策；
- 增强下级军士的主动性，因为他们感到他们的建议得到了重视；
- 打开和下级军士交流的通道；
- 便于形成相互合作、信赖的氛围，利于培养相互之间的信任；
- 为高级军士提供关于改善措施的反馈。

帮助他人发展和构建团队

成功的高级军士善于训练和指导他们的下级军士以及其他军官。他们聚焦于确保他们的下级军士能胜任目前的工作以及为未来的工作做好准备。为了实现这些目标，高级军士要投入必需的时间去指导和帮助下级的发展，从而极大地激发他们的主动性，同时也可以获得他们的绝对忠诚。这就是为什么帮助别人发展是高级军士一个重要的领导技能。

> 高级军士应该指导和帮助下级的发展，从而极大地激发他们的主动性，同时也可以获得他们的绝对忠诚。

高级军士是一个组织中的团队建设者和连续性的维护者。他们通过以下方式把一个部队的各个成员联结在一起：

- 培养目标的一致性；
- 确保所有成员经过培训能胜任各自的职责；

- 执行标准；
- 支持指挥链；
- 关心士兵；
- 培养士兵在任何环境中求胜的意志；
- 确保任务能被完成。

他们相信源自能力和忠诚的相互信任是一种黏合剂，能把团队成员凝聚在一起，并激励他们为了团队利益和同伴利益而勇敢地面对巨大危险。这就是为什么军士要求所有的士兵按照军队标准接受训练。

> 士兵将不信任或不服从那些不正直的领导者。因此，为了领导士兵和做出表率，高级军士必须诚信，并且信奉军队的价值观。

正直

领导者只有在按照他们自己和组织的价值观行事时，正直才得以体现。正直的一个关键是在言行上保持诚信。正直是人格的核心特性，极大地影响一个领导者的可信性。领导者的正直在以下几方面使士兵放心：

- 领导者提供的信息是真实的；
- 他们的利益会被照顾到；
- 任务以一种合乎道德规范的方式被完成。

这种放心感有利于信任的形成，提高了士兵接受领导的影响的意愿。士兵将不会信任和服从那些不正直的领导者。因此，为了领导士兵和做出表率，高级军士必须诚信，并且信奉军队的价值观。

以身作则

领导者遵循普遍接受的价值观并身先士卒，可以让下属感知到他们的正直和值得信赖，高级军士们知道真正领导士兵的方法，尤其在战争中，是以身作则。因此，所有的军士们必须是能够胜任工作的勇士。在部队中有这样一个信条：“没有人比我更专业；我是一个士官——士兵的领导者。”

士官是基层督察员，他们领导士兵去战斗以确保完成任务。士兵将效仿士官所树立的榜样，而士官将效仿高级军士所树立的榜样。因此，正如他们在整个职业生涯里所做到的那样，高级军士必须以身作则为组织中的士兵、下级士官树立榜样。

对士兵忠诚

对于所有士官而言，其神圣的责任是当士兵完成任务时，关注、支持和保障士兵的福利。士官们应当制订计划来保证把对士兵生命安全可能构成的伤害降到最低限度，同时考虑士兵的福利。士官们应把士兵的福利置于自己的福利之上。他们在照顾自己的福利以前，应确保士兵的基本需求得到满足。这种对士兵的忠诚促进了信任的形成，有利于产生更大的影响力和领导力。高级士官应使用各种制度来确保组织不断地考虑和持续地提高他们最珍贵的资源——士兵的需要和福利。

结论

上述研究为针对领导者量身定做评价体系奠定了基础，同时也表明：

- 这些能力是从成功的领导者的行为和特性中提炼出来的；
- 这些能力对于特定领域的领导者而言会具有独特性；
- 根据这些能力不仅可以用来甄选杰出的领导者，还可用于制定评价体系来提升不同层次领导者的自我意识，并促进其领导力得以提升。

除用于本研究的每个领导力的特定行为表现外，本章各表中提到的各项能力集中在两大板块上——组织领导力和个体领导力：

组织领导力聚焦于制度。这种水平的领导力通过把组织的目标和支持下级发展的制度结合起来，从而明确组织的目标和方向。通常组织领导者通过设计组织结构、构建团队、设置高标准和树立榜样，以及营造道德规范和良好的氛围来对其他人员施加影响。这些特性可以在成功的高级领导者身上看到。

个体的领导力聚焦于人，聚焦于在道德规范的环境中实现个人和他人目标的能力。

在回答不同层级的理想领导者应该是怎样的这一问题之后，我们已经发现在所有评价体系中有一些能力是相似的，尽管其他的能力可能只适用于某个层级的领导。

沟通技能是贯穿于各个层次的一种领导能力。被考察的三个层级的领导力水平均认识到了沟通的重要性；在如何定义有效的沟通却相差很大，这取决于各个领导力水平的直接性或间接性。

所有层次的领导力的一个特点是在压力的条件下进行军事行动的能力。在压力环境中的军事行动增加了上级处理和决策能力的负担，结果只能依靠他们的经验和性格。当领导者被认为在高压力的环境下做出了合理和及时的决定时，下级会支持上级的决定。另一个特点是希望得到关于价值观的反馈。正确的价值观包括了正直、特性和以身作则，基于价值观的领导力是构建和维持上下级之间信任的必要组成部分。有道德、有正确的价值观和正直是我们能够成为成功的领导者的基础。

此项研究的特点在于它的普遍性。尽管所有的参与者都选自军队，但是表现高绩效领导者特征的行为可能存在于各个领域。此外，这项研究表明，与杰出领导水平相关联的能力可以用来为特定层级的领导者量身定制简单易懂、易于操作的评价体系，领导力层次，通过这种评价，在各种组织中能够提升自我意识、为未来培养高级领导者和发展“长凳计划”。

第 II 部分

领导力类型与情境

第 8 章

组建高潜能团队

杰克·杰弗斯

1991 年，当我头晕目眩地站在位于捷克斯洛伐克的美国朗讯科技公司前一片绿色的旷野上时，我是美国跳伞队的四名成员之一。人群中传来的法国人的欢呼声让我明白我们已经与世界冠军擦肩而过。当法国国家跳伞队以最终的速度朝着我们直扑下来的时候，空气中满是尖叫声。随着他们的降落伞在旷野上发出的嘶哑声音，人们从观看篷里涌出来，竞相问候新的冠军队。我们年轻的队伍冰冷地站着，仿佛身处梦境之中，不知所措也无话可说。这不是也不可能是真的，我们具备了实力、雄心等一切成为冠军的要素，胜利本应在望。到底哪里出了问题?

1991 年美国跳伞队在朗讯科技公司与实力不及美国队的法国队的对阵中遭受了一次毁灭性的失败。那一年，美国队的成员可能都是最厉害的，但是毫无疑问，法国队拥有一支更好的团队。在朗讯科技公司，美国队上演了一场由四位顶尖却又过于自信的运动员组成的比赛，他们未能凝聚在一起，结果没能发挥团队的潜能。当 26 岁的我站在这片绿色的土地上时，我那有着傲慢情绪的青春突然间就结束了。1991 年身为美国队一员的可怕经历永远地改变了我的人生。

高潜力才能导致的问题

美国军方和民间商人都努力从年轻、有才能并且常常也是傲慢无礼的个体中挑选成员组建高绩效团队。遗憾的是，最有希望的天才常常被证明是最糟糕和最倔强的团队成员。然而，领导者们通常被迫仅仅招募那些个体表现最好的队员，并且不断地承受着失败团队所留下的惨痛教训。

遗憾的是，最有希望的天才常常被证明是最糟糕和最倔强的团队成员。然而，领导者们通常被迫仅仅招募那些个体表现最好的队员，并且不断地承受着失败团队所留下的惨痛教训。

在他们的大半生中，高潜能的人们被告知他们比其他人更好——他们更加聪明，工作更为努力，并且拥有更具创造性的想法。这就造成了一个进退两难的局面。当那些有天分的人们聚在一起时，每个人都很自然地设想自己正在承担着超出自己理应分担的工作量的责任，他们认为自己所做的贡献比同伴们的更大。问题是当同伴们都认为自己承担着超出应该分担的责任时，他们往往缩小自己的责任，抑制自己的努力，并且有时以一些破坏性的方式表现出来。

当同伴们都认为自己承担着超出应该分担的责任时，他们往往缩小自己的责任，抑制自己的努力，并且有时以一些破坏性的方式表现出来。

我们不妨从他们的角度来考虑这种状况。成为一个团队中的一员意味着个人自主性降低。在团队的环境中，个体常常出于团队的利益而牺牲个人的需求。对于一些人来说，这可能比降工资更糟糕。失去自主性对于在个人主义的文化中长大的大多数人，特别是那些通过自主的行为而取得多次成功的高绩效者来说是不舒服的。他们愿意自己承受一个团体的惯性和降低绩效的可能。他们害怕自己成为普通者，结果往往会拒绝加入团队。

然而，事实上，团队产生的结果优于个人。一群工作上配合默契的人能够更为准确地分析现状，产生更具创新性的想法，并且做出比个人独立决策更好的决议。正如那些为团队招募员工的人们所知道的那样，最好的团队来自最好的团员。所以，我们继续招收那些最优秀的个体并且一次又一次地重复相同的两难困境。

我们怎样成为世界冠军

1995 年 9 月，在时隔朗讯科技公司的失败 4 年之后，美国队在法国的加普赢得了世界冠军。在阿尔卑斯山脉地区，一个充满活力的美国队证明了其不可阻挡之势。经过一轮又一轮的竞争之后，我们以干净利落、勇往直前和协调一致的表现击败了来自其他 34 个国家的跳伞队。世界上没有一支队伍能够与我们的才能、准备和合作相匹敌。

加普的胜利可以被视为 4 年努力工作和不断学习的结果。在朗讯科技公司和其他赛事中的失利刺激着我们决心去诚实地反思失败背后的原因。一言以蔽之，如果我们想要成功，团队内部的开诚布公必不可少。要想成为世界冠军，我们必须超越一系列规则，我们需要动作更快，把自己的时间安排得更好，更紧凑地同步协调转换节奏。但最后，团队协作被证明是解决难题的关键所在。

才华横溢且充满自信的选手能够成为很好的团队成员。在这一章里，西点军校的足球队便是我们用来说明这一点的很好的例证。足球队是由成绩优异的学生组成的，他们在足球这项最需要团队协作的运动中不断地努力成为胜者。球队的文化创造了精英，不论是在球场上还是在教室里，他们都能够走到一起并且形成一个团队。是什么使这个团队运转起来？是什么特别的领导行为使得最好、最聪明的人聚集在一起合作呢？

策略一：团队的所有成员共同分担责任

1994 年，美国跳伞队形成了一个全新的阵容，成员都是从整个国家中挑选出的最优秀的选手。丹・布罗茨基和我组成了团队的核心。丹・布罗茨基统率着加利福尼亚基地的空中机动队，在美国他们是我的主要竞争对手。丹・布罗茨基当时 30 岁，在长达 10 年的时间里不断在美国赢得奖牌，但是从不曾入选美国国家队。他是一个具有超凡魅力的、健壮结实的男人，他对我们新成立的团队尽心尽力。

来自伊利诺伊州的柯克弗纳一生都未离开跳伞。他在父亲的跳伞中心里长大，15 岁时就学习跳出机舱和指导学生。柯克弗纳用他敏捷的动作和灵活的思维带给团队获胜所需的速度。马克・科比填补了团队的最后一个空位。24 岁的他

1990 年从英格兰北部移民过来，白肤碧眼金发，身体结实，只带着一个目标，那就是成为世界冠军。他非常有决心并且给团队带来了野性的动力。当我 16 岁生日的那天，我在阿灵顿开始了跳伞生涯，那时候我的母亲帮助我完成了第一跳。我在跳伞运动的环境中长大，我的父母一直积极从事跳伞运动，他们在大多数周末都会把姐姐希瑟和我带到机场。完成第一跳后不久，我就决心成为世界冠军，对我来说它是一个需要花 13 年去实现的梦想。

共享领导力

团队的每个成员多年来都是这项运动的佼佼者，其中有 3/4 的人在过去都统领过自己的队伍。1994 年 1 月，当队伍第一次在亚利桑那州的艾洛伊集合训练时，关于领导的问题并没有被提出来。谁将领导这支队伍是我们需要探讨的问题。

我们所有人都认同的一件事是获得世界冠军非常困难。我们见过法国和俄罗斯国家队的表现，并且明白，要想获得成功，就必须调动我们的一切资源。成功需要每个成员贡献自己的想法并以饱满的精神和热情投入到每个训练日中。

我们从经验中知道，一旦角色和责任被建立，它们会使人们的行为变得有规律起来。我们将使每个个体进入局部最优化，最大限度地发挥他们的潜能。那些握有权力的人开始在行为上体现出一种家长式作风，而其他人会逐渐陷入一种顺从适应的状态。我们都曾在这样的团队里待过：队长夜不能寐，思索着关于团队的一切，而其他人的工作热情降到了最低点。这样的队伍显然不会成为世界冠军。

我们的教练鲍勃·摩尔给出了答案。由于他对这项运动有着深入的了解，所以极富洞察力的他有着把隐藏的关键点找到并公之于众的诀窍。鲍勃和我自从 1990 年就一直在美国队工作，他也是从那时开始帮助我们准备在朗讯科技公司的比赛。冷静而富有同情心的他带给了团队一种崭新的协作和尊重意识。

> 1994 年由他帮助实现的一个解决方案就是改变领导力结构，在这种结构下，所有的团队成员都平等地分担了责任。我们把责任细分到各项具体的工作当中，领导权也实行按日轮换，这种轮换制度使得每个人都有机会领导他人或被人领导。

对于一群极其优秀的人来说，扮演追随者的角色更加困难。比如，有一天我是被领导者，我排在队列当中。“噢，今天举行步行竞赛。我所需要做的只是低下我的头到队长希望我到达的地方去。这是多么容易的一件事。”但是，这并不容易。我必须努力地倾听以便理解队长的意图。我内心会想，这个计划是多么糟糕，要是我就不会那么做，队长应该换一种方法。我所知道的另一件事就是我的注意力已经转移到别的地方去了，而我也离这个计划越来越远。

一旦处于这种状态，我就会在预跳排演后漫步在角落处与一个朋友聊天。当我聊天的时候，飞机起飞并带上了所有的队员，唯独丢下了我。很显然，我的闲逛得罪了当天的值班队长。我听到了飞机飞离跑道直冲云天的声音。当其他队员训练跳伞的时候我却坐在地面上。服从他人的领导对我来说是一次难得的学习机会，它教会了我在没有正式授权的情况下如何管好队伍的基本技巧。

有时，无礼的一方也会产生巨大影响。我们最年轻的队员马克只有 3 年的跳伞比赛经历，这是他首次承担领导职责，看得出来，他还有一点紧张。他宁可坐在后面，服从老队员的领导，只是在事情变得不对劲的时候才示意一下。比如，当我因为走神而差点错过了跳伞训练的时候，他会说：“嘿，时间到了，你应该跟我们大家一起行动。”他是对的，我按照他说的做了。但是这件事情要分两个方面来看。作为那天队长的马克没有预料到下几步可能出现的情况，并且当飞机接近的时候没有能够及时与队友沟通。结果，由于缺乏明确的指导思想，注意力不集中和走神也就变得非常容易了。

领导权的轮换制使得原本毫无经验的马克必须预测什么是必需的，针对目标及时做出计划，最终对训练成果负责。当我们没有按计划跳伞或者因准备不充分而影响训练质量时，他都有着不可推卸的责任。当队伍内部的联系中断时，他必须想办法使队伍有着统一的决心。

一个星期五的下午，全队正在观看一个大家表现不大好的模拟比赛的录像。我感到异常沮丧，因为我感觉我们在瞎忙。当听到一些解释后，我大声说：“我们在这儿并没有做正事，我们是在跟自己开玩笑，伙计们。”当我提高嗓门时，准备发表一下意见的柯克弗纳被惹急了，并且从此拒不开口。这时是下午两点钟，我们陷入僵局。作为值班队长的马克只用了几句话来结束这尴尬的场面：“没什么，今天就这样吧。下面不安排任何跳伞训练。大家一小时之内在酒吧集合，让我们一起喝酒吧。我们下星期一再看一遍这些带子。”

像这样的情形对每个人来说都是一个挑战，它能够使大家逐步提高领导水平。处在队长的位置上对青年才俊来说是一个挑战，需要他们超越自我感觉良好的心理地带，最终，领导权轮换制使大家成为更好的服从者。

共享领导权的职责

最大的收获就是能够共享领导权的职责。每个人身上都有一副担子。整个队伍的表现绝不仅仅是他们自己个人的表现，而是全队每个人所关心的核心。这并不仅仅只靠某个人的付出，而是需要我们共同承担责任。

举个例子，结束时间对于我们从飞机上跳 CAT 队形非常关键（CAT 是一种细长的队形，跳下时每个人都抓住前面一个人的腿）。当跳伞时队伍的后半部分反应慢了，或者当遭遇八级大风时 CAT 队形就很容易瓦解。对于我来说，当这件事情发生时，我需要问的问题是："我能做什么让这种事情不再发生？"这是一个很好的问题，因为它能够动员每个人找到他自己的解决方案。相比之下，作为 1991 年在朗讯科技公司比赛的美国队中的一个服从者来说，我的反应很可能是："嘿，你们这帮家伙什么时候才能够把你们的动作协调起来，你们拖慢了我的速度。"

把队伍变成这样：在这里，每个人都深深地感到自己对整支队伍的表现负有责任。做到这一点需要建立起一个系统，在这个系统中，对待每个成员的态度要和他们对团队所做出的贡献和他们如何对结果负责等同起来。而共享领导权对于实现这一点是一个很好的办法。

共享领导权的技巧

共享领导权可以通过多种方式实现并且视团队的具体情况而定。有三种基本选择：领导权的轮换、委派领导权，以及委派与轮换相结合的领导权。

领导权的轮换。共享领导权的第一种方法是轮换，在这种方式下，领导权从一个队员到另一个队员按一个既定的时间表进行轮换。这种领导责任最好能够相对简单和直接，这样每个新的领导者不必承担太多或太复杂的责任。这种领导角色应该被明确地描述出来，最好能够写下来并且张贴在大家能够看见的地方。领导者的轮换应该明确并且按已确定的时间表进行，以避免不知道谁值日或者没有人值日的尴尬。例如，在跳伞队，我们每个星期轮换领导权。每个星期一，新的继任者按照已定的规则上任。

这种轮换过程能够强制性地让新队员和老队员融入服从者的角色。每个任期都要做总结报告，使得从实践中得到的经验教训最大化，避免相同的错误在其他人身上重复发生。在跳伞队，我们每周末都会总结前任队长的经验教训，再把领导权交给下一任队长。每个星期五下午，我们都会花 30 分钟坐在一起反思上一个星期的领导权问题，并且讨论一下做过的事情和需要改进的地方。当把责任交给下一个星期的队长时要阐明目标并且提出问题。

委派领导权。委派是一种流行的领导权分担结构，特别是当领导权责任存在很多不同的方面时很好用。当技术领导角色需要靠不断的努力才能胜任或外部人员加入团队需要可靠的关系时，这是一个很好的选择。

要做到真正意义上的共享领导权需要的不仅仅是简单的接受委派，也不仅仅是给出一张要做的事情的列表并定下完成的最终期限，那不利于形成一种培养责任感的气氛。真正的委派是一种责任的赋予，每个人都要完成一定的目标，自己决定怎样去完成它。

例如，跳伞队有很多支持我们训练的赞助商，其中的大多数是在远离我们训练基地的佛罗里达的设备生产商。柯克弗纳负责维护设备，使其达到安全标准。所有的备用降落伞必须每 120 天检查和重装一次。自动打开设备（用来在队员撞晕的情况下自动打开降落伞的设备）也必须定期检查并且保证其有足够的电池电量。柯克弗纳还负责我们所有的传动装置。我们完全确信我们的降落伞能保证我们在空中的安全。

这种基于委派的共享领导权的模式要求队伍有着明确的目标和责任分工。每个个体分担不同的角色并且对其所产生的后果负责。我们都有我们需要负责的具体分工，我们也会轮流担任队长。

委派与轮换相结合的领导权。第三种共享领导权的方式是将委派与轮换相结合。这通常是一种最实用的方式，因为一般的、普通的角色可以用轮换制，而一些比较特殊的角色最好使用委派制。

例如，在跳伞队，我们轮流当队长，这个角色主要负责制订训练计划和保证队伍的日常运作。其他工作如赞助关系等我们则委派领导权，比如柯克弗纳负责保证后勤竞争的支持。有了这些角色，每个个体为了成功必须打通关系并掌握复杂的细节。关键是，我们各自都有需要对其负责的具体分工，我们都要轮流担任队长角色。

策略二：制定和保持队伍的高标准

基因·麦金泰尔，美国西点军校足球队的主教练，坚持使用高标准。“我们不能失败，那就是标准。”他说。根据他们的比赛记录，他完全有权力这么说。这是一个由成绩优秀的学生所组成的队伍。每年，西点军校根据学分和成绩、运动表现以及军事领导才能给学生排名。在过去的12年中的9年里，足球队是整个西点军校中成绩最好的球队。队中65名队员的平均GPA是3.07。这些队员都是精英，他们知道该如何作为一个集体去表现。

这个足球队是在高等学府中最值得学习的运动团体之一。他们努力工作，表现突出并且能赢得比赛。西点军校的学生都希望成为其中的一员。只有接受挑战才会产生最好的成绩，因为比平均水平要稍稍高一些的挑战最能激励队员取得最好的成绩。他们努力地超越平凡。试想，如果这些学生一辈子总在告诉自己：自己太弱，不适合足球运动。那么他们还能做什么呢？

创建卓越的遗产

当西点军校足球队刚成立时，一群极具毅力的军校学生将他们的思想慢慢灌输到这支队伍当中。从此，追求卓越的高标准就被确定下来，每个人都照着此标准去努力。在足球队里，动机和纪律都大多源于内心。队员们通过做俯卧撑和跑圈的方法来惩罚自己没有达到标准。这并不是主教练的命令，而是队员们自己要那样做。如果一个队员没有尽全力或者动作与队伍不一致，那么集体将会严惩他，直到他要么放弃要么重做。主教练不必做这些，因为团队文化替他做了。

帕特·霍尔是一个高大的后卫，他正在慢慢将他的思想灌输到队里。他通过自己的工作激情来激励全队。他的训练比其他任何人都要刻苦，对自己的要求从来要比对队友的高。比如，集体训练结束后，他还要进行加练而不是回军营。许多队员看到他这么做后纷纷加入其中。如果有一个队友没有额外增加训练，他们听到后会说：“嘿，你看上去有点虚弱，我们昨天晚上在健身房没有看见你，怎么回事啊？”

对于其他由富有潜力的个体所组成的队伍来说，没有主见和以自我为中心的行为会突然出现。比如，一个球员速度很快但是很自私，他就无法成为一个团队的一员。他总是独自表演着，想成为英雄。主教练与这个“问题球员”谈话。虽然谈话是单独进行的，但我能猜得出个大概：“你是一个出色的球员，但如果你不能和其他人配合，那么你在这里就变得毫无价值。”他站在与他平等的地位上而不是以一种居高临下的姿态来处理这个问题。在足球队，大多数人能够发自内心地遵守规则，因为这支团队已形成了一种强有力的文化，这种文化不允许队员超出规则。

有些队员感到不适是因为他们的自我意识极度膨胀，以至于团队不能接受他们。这就好比一种血型的血液被注入另一种血型的人体内会产生排斥反应一样。团队取消了分级制度，但是团队外的人知道他属于哪个等级。不久后那个人要么被淘汰，要么自动放弃。

麦金泰尔有意识地倡导这种强有力的、统一的文化。例如，几年前，一些队里的军校学生被抓到擅离岗位。麦金泰尔因为这一部分人违反纪律而对整支队伍训话，说：“你们这些人都要相互负责。”这种领导行为传达了一种强有力的信息：团结和协作。

淘汰末位球员

作为主教练，麦金泰尔不反对淘汰末位球员。如果他们不进行团队协作或者训练不努力的话，他就会淘汰他们。这听起来有些苛刻，但是它传达给球队一个强有力的信息：末位球员是不能被球队所接受的。强有力的领导力将会提高优秀队员的士气。他们希望队友们同样被要求达到一个与他们自己要求的标准类似的水平。

在行为上制定高标准的一个很好的商业案例就是通用电气公司。通用电气以培养高素质的经理而闻名。通用公司的领导力开发计划一直保持着很高的标准，因而能从公司内部吸收顶尖的人才。鲍勃是一个忠诚的并且有动力的人，他把大量的精力花在创造和引领通用的领导力开发计划上。他非常有激情地指出了高标准在发展中所担当的角色。

为了维持高标准，通用每年都会按计划淘汰末位员工。通用基于综合表现对所有员工进行排名，对末位的10%做相应的培训工作。每个人都会被告知其所处的位置并且在制定目标和执行计划方面得到帮助。任何没有达标的人都要被淘汰。通过这种方式，通用不断地提升其平均水平。

使用这种方法时没有模棱两可的标准。每个人都要用同样的标准来衡量，而且每个人都不能放松。双重标准会降低效率，最大潜力很难在这种不公平的规则中被发掘出来。

例如，1991 年在朗讯科技公司比赛中失利的美国跳伞队有一位持双重标准的领队。在很小的问题上，他可以对队员歇斯底里："你在想什么？"然后他转身会对自己犯的错误评论道："我被飞行员的飞行转移了注意力，作为领导，我会对此多加注意的。"我们大家都知道他在掩饰自己的错误，因而失去了大家的尊重。

领导者需要在公平和人性化之间保持平衡。队伍应该在同情和因为同情导致的不公正上保持一个基本的平衡。主教练曾指出：足球队里的队员正在从事着一项艰难的事业，他们深受深厚的传统和强大的文化的鼓舞。这给主教练留下了足够的自由来做一个仲裁者，当他们处在困难时期时，教练给予运动员精神上的支持。

吸收合适的团队成员

高标准应该从招募新成员开始。主教练报告说足球队的标准源于招募那些适合它的人："我们只要我们需要的。团队的每个人都期望那些努力超越的人加入进来。"招募和选拔工作的主要注意力集中在适应性、能力及经验。一个有才华的人能够学会技能，但问题是他能否与队里的其他人搞好关系。

美国跳伞队严格遵循了适应性这条招募标准。最大的问题依然是这名富有潜能的队员是否能够真正融入赛季的训练当中去。当我们离赛季还有 700 次训练跳、离世界锦标赛还有 3 个月的时候，这个人在多大程度上能够作为团队的一员进行训练和单独训练就成了关键问题。

在美国队，我们发现这些问题的答案在于发掘被招募者加入团队的核心动机。比如，如果他因为个人虚荣心的需要而想成为世界级队伍的一员，经验显示，我们将会遇到麻烦。这种情况下，有才能的个人就会出于个人利益的考虑而试图以任何方式远离集体。

我们曾有这样一个队员，他总想以自己的方式来降落以取悦观众，给观众留下好印象。而整支队伍想一齐加快降落速度，以节约时间来进行更多次的跳伞训练。这家伙点头装作同意这个计划，却在降落时依然在观众面前按照自己的方式行事。

这种行为对于团队来说是破坏性的。人的动力是有限的。一个人的动力源泉决定了他将会如何努力和怎样无私。一个应聘者加入队伍的原因提供了探寻他的动机的线索。

有着高潜力的天才运动员的动力源于高标准所形成的文化。在很大程度上，领导者决定并维持着一个队伍的文化并且能够用标准来凝聚队伍。足球队的文化就是高标准和具有职业道德。如果一个人在工作中开小差，队里的其他成员就全对其予以纠正。作为主教练，麦金泰尔保持着这种文化，队员也保持着这种文化。

策略三：发展队友之间的相互尊重

队友之间以及对队伍领导者的尊重对于建立一支高水平队伍是必需的。队伍的领导者必须靠实力和个人魅力来赢得尊重。有才华的队员们如果能努力按照领导者的期望去表现，那么这种领导者往往有很强的能力和令人尊敬的人格魅力。

1995 年，莲花公司（Lotus）桌面高端应用公司推出了一种产品——电子数据表。一时间，1—2—3 电子数据表在软件行业中是相当有竞争力的产品，也是如日中天的微软的最主要的竞争对手。但是该公司在这种电子数据表上遇到了麻烦。为了保持竞争力，它必须发布版本 5，产品还必须要好，公司也必须在市场上打败微软。麻烦在于该公司陷入了与多种应用软件的混战中，如电子数据表、文字处理、电子论坛和群件。它陷入了组织混乱。

1988 年左右，莲花公司以小型的、刚刚起步的公司形象进入市场。在之后的 7 年时间里，它依靠一系列产品成功地快速成长。成长的时候，公司采用了传统的组织结构。发展过程中，市场、销售、财务以及各独立的发展部门在各自领域都发展得不错。公司已经聚集的一批青年才俊不断成长，他们开始有了自己的家庭，工作上不那么卖力了。从此，混战开始了。每个部门为了满足自己的客户群而不顾及公司的其他部门。公司试图想使所有人满意，于是它开始失去重点。杰弗里·贝拉是应用部门的高级副主席，负责公司的应用组织工作。由于是哈佛大学的 MBA，他清楚地知道一支高水平团队的重要性，因此花了大量的精力把公司最优秀的人才聚集起来开发版本 5。通过对公司开发部门人员的精挑细选，他把最顶尖的人才组织成研发第 5 版本的团队。这些天才们都是该领域的顶尖人物，也是完美主义者，希望能够创造出顶尖产品，但是这也会带来一些副作用：他们缺乏对团队其他成员的耐心和移情作用。

例如，每个天才都有自己独有的工作方式，都希望事物按照自己预想的方向发展。不止一次，他们围坐在一起，同意添加一种特殊的程序在产品里面，但是其中的一人希望添加另一种程序，就这样一来一去，最后决定被改变了。这是一种无政府状态。

在莲花公司的另一场混战里，市场部和营销部都希望加一个绘制地图的功能到 1—2—3 产品中。因为客户调查发现这种功能能够使产品卖得更好，所以他们进来说道："顺便提一下，我们需要这种绘制地图的功能。"开发部的领导回答："我们不能那么做，因为它不在任何成本方案中，并且将很快过时。"开发人员不想加入那个功能是因为它被提出得太晚了，工作已经逼近了最后期限，而且他们已经完成了产品的雏形。最终，产品还是加入了绘制地图的功能，并且带来了极大的成功。

贝拉的得力助手史蒂夫·特纳是负责版本 5 开发的副主席。他也是组建精英团队的领导者，并且没有软件专业背景。他曾在英国诺丁汉大学学化学，但是他把所有的精英组织起来开发这个新的版本。他被视为一名称职的专业人士并且获得精英团队成员的尊重。他有着 20 年领导大型全球性开发项目团队的丰富经验。

尽管缺乏技术背景，他仍能赢得尊重是因为他有着领导技术专业团队的实践经验。比如，在 Primavera 系统中，他负责产品开发，这个项目有 100 多人参加。经常听见他说："我不是技术出身，我也不必是，那正是我付钱让你们做的原因。"他非常聪明，懂得工业流程，也清楚怎样让一件产品生产出来。

在队里形成关系

史蒂夫需要形成一个崭新的集体。内部竞争和桌面应用组织中曾经有过的冲突形成了一种具有危害性的氛围。由于需要发展一个由有才华的个体组成的团队，史蒂夫向鲍勃·摩尔寻求帮助，他在组建高绩效的团队方面具有相当多的经验。鲍勃和史蒂夫一起废除了旧的组织结构，把团队组建成了一个由 65 名研发人员组成的整体。

在鲍勃的帮助下，原本贪图安乐的 1—2—3 开发团队在他们一起工作的第一个月里竞相勤奋工作并且相互尊重。鲍勃通过一系列退让的方式赢得了他们的尊重，这种退让消除了团队之间原来的仇恨与来自竞争的隔阂。他能够在团队中慢慢地灌输良好的、让大家相互理解的人际沟通技能。比如，当成员们反对时，团队学会了相互倾听。在团队自身的发展工作初步完成之后，当队员们为 1—2—3 应用提出两个选择时，通过主动倾听，他们开始明白相反的意见的优点和可行性。

保证领导者的胜任力

领导者的胜任力是发展高绩效团队的重要支撑。史蒂夫作为一名具备专业能力的领导者能够将团队中极为不妥协的队员凝聚在一起。比如，他能够正确地了解并且使用这种胜任力成功地管理团队与公司其他部门之间的关系。团队成员不仅承认史蒂夫的个人能力，而且也生活在该能力的激情与光芒之中。

高效的执行者希望得到有能力的老板的肯定与尊重，并且他们倾向于直截了当地从老板那里得到这些认同。所有的人都喜欢从老板那里得到积极的反馈，如果这种反馈来自能力强的专业人士则更有意义。

例如，我在美国天空跳伞队工作的第一年里，我们的队长汤姆 · 派拉兹曾在 1985 年获得世界冠军，被公认为世界上最好的跳伞运动员之一。在天上跟他在一起，是我的荣耀，而且我努力表现，以证明我配待在那里。我认为："如果汤姆 · 派拉兹认为我行，那么就意味着我一定行。"努力达到一个有能力的上级的期望，将给每个人以巨大的动力，但是，超额完成任务的高效的执行者往往很难融入整个团队。

给予清晰的方向

我们期望领导者能清晰地指明工作方向，一个有天赋的员工可能因为领导者没有指明方向而对其表示不满。史蒂夫是一个优秀的沟通者，他从质量与速度的角度激励莲花公司的团队。他常灌输这样的思想：从开始阶段就重视产品的应用，以便节省时间。他制定目标并指明预期结果。在第 5 版问世之前，自负的架构师用他们各自的代码格式处理问题中各个分离的模块。但最后，在产品运行之前，必须把各分散的部分集成一个整体模块，这些烦琐的工作是很费时间的。史蒂夫推动了一个革命性的实践，就是要求每个员工在开始阶段，都把自己的代码格式调成一致。他说："从现在开始，这将是我们今后的工作方式。"

史蒂夫建立了一个强有力的团队文化。他制定了一套新的规则并以身作则。他奖励优秀者，处罚违规者；他从不残酷但不乏严格。例如，以前开会迟到是常事，人们没有按时到会，是因为他们觉得会议不会准点开。这样一来，大量的工作时间被浪费了，团队其他成员没有受到足够的尊重，大家会感到异常恼怒。史蒂夫改变了这一切。任何迟到者不能进入会议室，因为大门被紧锁了。总之，他撇开那些分散精力的琐事，将精力集中到整个团队最重要的事情上。

史蒂夫能够带来这些改变是因为团队成员们尊重他。当一个人能力超强时，他是值得信任的。不仅如此，他也很容易取得成员们的认同并且使他们紧沿着自己设定的目标路线前行。

高效的执行者重视人格魅力，并且能综合提高品质、荣誉及工作的责任感，以完善自己的人格。

意识到正直的人品的重要性

前参谋长爱德华·迈耶将军说：“就像钻石中的碳一样，人品是一个领导者的基本素质。”美国军队通过“Be，Know，Do”三部曲来培养领导者，其中“Be”指人品，“Know”指技能，“Do”指行动。

人品是第一位的，并且是完成其他任何任务的最基本的要素。高效的执行者重视人格魅力，并且能综合提高品质、荣誉及工作的责任感，以完善自己的人格。

莲花公司的开发者们尊重史蒂夫的人格。他观点连贯而且清晰，他们清楚自己与史蒂夫各自所处的位置。史蒂夫把领导团队开发莲花公司 1—2—3 第 5 版当作自己的事业。

他完全相信建立一个团队是必要的，而且不惜冒大风险花时间去努力。虽然产品必须尽快入市，但是他仍花了整整三天时间整顿团队。

应该这么说，史蒂夫所做的一切，在莲花公司中并不常见。他所创建的那个团队比其他团队都要优秀，它的价值无法度量。像史蒂夫那样去创建一个团队并按照自己的意愿经营管理它，需要巨大的勇气。

史蒂夫建立的团队是一个精英之师，他们比原计划提前发行了第 5 版，与较早的所有版本相比，该版错误最少。这一质量过硬的产品，产生了附加利润，同时给莲花公司带来了新的生机。最后，该产品成为公司与微软竞争市场份额的部分之一，并以高价被 IBM 公司买走。

策略 4：保持谦逊，承认个体差异

在 2005 年的 NFL（国家橄榄球联赛）中，欧文斯是鹰队里一个广受欢迎的球星，但他被球队开除了，原因是“其行为对球队不利”。自 1995 年大学毕业，欧文斯已经在 NFL 中打拼了 10 年，就因为给球员抹黑而被解雇。

在 NFL 中，一个球队拥有很多有资质的球员是很普遍的现象。遗憾的是，这些球员并非都能成功。如果他们失败，整个球队付出的代价将会是一个天文数字。“TO”（球迷对欧文斯的称呼）由于自己个人能力及对整个球队的贡献，每年收入可达 350 万美元。然而，尽管他参加的比赛受欢迎程度很高，鹰队认为他不值那么多钱，最终做出了取消与其签订合同的决定。

加拿大主流体育报专栏作家舒尔茨写道：“为什么有人收入很多却生活得并不开心？为什么一个聪明的人会说出如此愚蠢的话？”“TO”与他的队友们相处得并不愉快。因为球队在 2005 超级杯中负于新英格兰飞行者队，他经常对球队中四分位的迈克纳布发牢骚。舒尔茨所提的问题，正是我们很多人问的：“有潜力且高智商的人为什么不能融入团队中？”“TO”背离了鹰队的精神，就像一些自负的参与者冷漠地对待其队友一样。个人才能固然重要，但要想取胜，需要全体成员齐心协力才行。

释放团队的能量

在商业界，群策群力的组织一定能战胜个人独裁的组织。一般情况下，群策群力能更充分地分析形势，做出更好的决策。其中最基本的原因是，每个人都能从不同角度看待事物，如果这些不同角度的观点能被有机联系起来，将给整个工作带来大量丰富的信息。团队开会听取每个成员的观点，再做出某种决定或否决某种分析。

就这一点来说，在开会时，即使非常自信的人也需要保持谦逊。他们需要认识到：团队中的每个个体，包括他们自己，都可能只抓住了整个问题的某一部分。

但是，这种谦逊又是从哪里得来的呢？不妨看一下我过去 4 年一直研究的一个商业案例：安泰健康信息服务公司雇用了 2 000 多名员工为其主要商业部门开发和维护信息技术。

安泰健康信息服务公司实施了一个为期三年、快速反馈的领导力开发计划（Leadership Development Program，LDP），它直接从高等学院里挑选出那些表现优秀的学生。这种做法也许看起来不是很高效，但是想象一下，一个大学生 3 年后负责管理一群在安泰健康信息服务公司有 15 年平均工龄的开发者将是怎样的情形。开发计划的参与者在安泰健康信息服务公司的各个业务领域以自己的工作方式完成 8 个月的锻炼。这些参与者从计划管理会、工作培训组、第三方的指导者及外部的教导那儿获得支持与帮助。参与者通过重要领导素质方面的竞争，比如管理的勇气、交际范围、沟通目的和自学能力，来实现工作经验的一步步丰富。

我们在这个项目中积累的经验表明，参与者随着工作技能的一步步提升逐渐表现出一种很明显的骄傲。他们身上的优点是他们被挑选的原因，因为他们是最好的，将会得到更多的目光关注，也将会持续地被重要位置所青睐。无论如何，我们发现在这个计划执行的第三年的某个时候，参与者就必须开始接受如何保持谦虚的训练。

提高团队成员的自我意识

提高团队成员的自我意识是 LDP 所关注的重点，因为它是巩固和提高团队效率的重点；它也倡导谦虚。通过 LDP，参与者开始意识到他们的行为对整个团队的影响，从而开始认识到之前存在某些偏见。

比如，一个在人生中未经过太多奋斗就获得一定成功的年轻人会带着一种很不好的习惯来到 LDP 工作组。每天，他会懒散地在办公室工作，睁大眼睛观察着别人的意见和评论，那样子透露出一种轻视：他们真是太蠢了，我怎么会在这里和他们一起工作呢！这是一种很负面的行为。

不管怎样，几天之后，从队友那儿，他清醒地认识到这种行为所带来的负面后果。通过工作小组的反馈、教诲和指导，LDP 参与者开始认识到自己的工作能力经常被自己骄傲自大的负面行为所阻碍的道理。小组间的交流及工作成员间的反省会帮助参与者真正认识到真实的自己，然后，谦虚也就随之而来了。

重视个体差异的价值

在跳伞队中，我们学习评价每个人给小组带来的不同，并且利用它来实现我们的目标。我们注意什么样的人拥有什么样的技能，合理地安排每个成员的位置以发挥他们最大的优势。

举个例子，我的同事丹·布罗茨基了解每个人及其需求。培训期间，当我和别人一起散步聊天而错过了跳伞的时间时，值勤员马克很懊恼。他带领团队登上直升机时故意将我落下。当他们着陆后，他在我面前阴沉着脸。丹·布罗茨基已经明白事情的真相，他知道我因为散步而错过跳伞的部分原因是对领导层感到灰心。他没有停下我的工作，他认识到了真实的我，从而合理地化解了我们之间的矛盾并协调接下来的培训。

由于丹·布罗茨基出色的人际沟通技能，我们推举他担任跳伞队的首席联络官。他具备很强的协调团队合作的能力。例如，我们在培训中想要在 8 小时内完成 12 次跳伞任务，可每个飞机上仅仅只有 22 个座位，管理人员却更想安排那些第一次学习跳伞的人。于是好几次从扬声器里传来让我们下飞机的命令。最终丹·布罗茨基与管理人员达成一个协议从而满足了我们的愿望。

从因为某人误会你而产生的愤怒态度中走出来需要谦逊。在上述例子中，我应该冷静下来，让丹·布罗茨基来处理这种人际关系。当我们从飞机上被赶下来后，我只需记住自己的角色而让丹·布罗茨基来做他擅长的事。

差异是一种财富。一个优秀的团队常常根据每个人的技能和自然倾向明智地安排他的位置。谁在什么方面是专家，谁在什么领域有经验，以及我们怎么看待这些不同，这是团队中每个人都需要解决的问题。明白了这些问题，团队中人员的分工就十分有效了。

此外，当有人提出貌似奇怪的想法时，试图了解人与人之间的差异可促使团队之间充满理解的氛围。再一次以我散步走开的那事来说吧，我的灰心丧气源于马克的领导能力。在那段时间里，我认为马克没有领导能力，因此走开了。一次跳完伞后，丹·布罗茨基让我们一起谈谈，我认识到有关领导力的看法马克与我不一样。他认为我所谓的方法太严格、控制得太紧，如果放松些效果会更好。这令我大开眼界。现在当我的队友以他自己的方式做事时，我不会认为他不能胜任。相反，我会迫使自己停下来思考："那就是他看待事物的方式，不也很有意思吗？"

策略 5：坚持不懈地交流

当丹·布罗茨基、马克、柯克弗纳和我在 1994 年组成一个团队时，我们开始做一些以前没有做过的事。从 20 世纪 80 年代到 90 年代初，我们在世界锦标赛中的得分以年平均 10%的速度递增。为了递增得更快，我们不停地寻找更新的技术。为了赢得比赛，我们也做一些特别的事，一些以前没做过的事，我们自然就成了创新者。

1991 年的卢森斯失利后，团队不得不认真思索：获胜需要什么条件？最开始团队里最有天赋的人都以各自的方式去奋斗，这明显是不够的。我们必须弄明白怎样才能学得更快、不断创造新的纪录并且能够相互适应。为了实现目标，我们需要建立一些基本而又持久的信条。

其中的一个信条被鲍勃博士称为"真实对话"，他坚持认为经常性的、富有活力的交流是使自己处于高效学习状态的唯一办法。通过他的帮助，我们实施了一个交流策略，那被证明是我们成功的秘诀。在纪录片 *Airspeed* 中，记载着我们这个团队从组建到 1999 年在澳大利亚克洛瓦获得世界冠军的两年培训历程。引用柯克弗纳的话来说："交流使得团队与众不同。通过交流，我们能克服任何困难。"最终，交流成为这个团队的明显特征。

"真实对话"是一种开放的、诚实的、及时的交流，它强调完全充分表达自我，认真聆听别人，通过给队友反馈意见来对队友的发展负责任，同时按照队友给你的反馈意见行事，我们正是这样做的。

对表现予以反馈

在跳伞队，我们会回顾每一次跳伞，以此来了解情况，找出能够改进的地方。尽管我们使用了摄像机，但是显然每个运动员在他们自由下落时都会有不同的感觉。

例如，在 1994 年西班牙世界杯前夕的最后一次训练中，我们的一次试跳失败了。这个动作是"曲折前移"，要求两个队员紧抱住对方的身体以使得彼此能相互垂直，这个动作很耗体力，需要每一对队员在转弯处旋转 360 度。我们失败是因为我们不得要领，我们有两个队员的身体像投别针一样划过天空。

柯克弗纳和我是失去控制的一对搭档。在我的印象中，柯克弗纳在完成第一个动作后没能够及时收住。他的印象却正好相反，他认为是我没能够收住动作。我们各持己见，其他人也没有什么好办法，第二天的比赛中我们没有做这个动作。

在那天晚上的总结报告中大家仍显得有一些紧张。当情况比较复杂的时候，一般很难确定事实到底是怎样的。所以我们在进行总结时要实事求是，这样我们才能取得进步。

在每次任务后开会讨论

在跳伞队，我们在每次跳伞之后会开会讨论。开会的目的是让每个人都有机会表达自己对队伍表现的意见。我们需要听取每个队员的意见来分析跳伞表现并且决定队伍的前进方向。当每名队员把自己所触及的事实摆在桌面的时候，大家对事实有了充分的认识。通过对跳“曲折前移”这个动作的交流，我们对一些动力学原理更加明白了。柯克弗纳说，他感觉从搭档那里离开时，增加了更多的动力。我记得当柯克弗纳围绕他的中心点旋转时，我曾在左手边被拖住，而这使得我的动作加速并且在一瞬间离开柯克弗纳。有了所有的这些信息，我们就有了对策：柯克弗纳让我带动他的旋转，我也将及早地收住动作。

提供行为反馈

研究表明，个体最不能够评判其技术动作对整体的影响。换句话说，每个人是最后知道自己是怎样影响队友的。比如，在一次跳伞训练中，我爬出飞机，从外面重击机顶，而此时我的队友们在距地面 10 500 英尺的飞机出口处排列成行。队友们在机舱里听到了整个飞机发出的巨大响声。他们害怕飞机解体，前推后挤地往下跳。这一次跳伞可以说是惨败。即使事先做好了最充分的心理准备，我们的现场表现也会影响团队的效率。

传石游戏

为了改善我们的行为，美国跳伞队在每星期的聚会上都会玩传石游戏（pass the rock）。所谓“石块”就是一个物体，用来在房间中传递表示拿到它的人可以说话。如果你没有拿到石块，你就不能说话。当轮到你说话时，你就应该分享你的经历。这种游戏就是为了打开交流渠道而设计的，特别有助于了解队友的行为。这个游戏关注的是团队工作和每个成员需要做什么能使团队表现最优。

在传石游戏中，我听到了我撞击机顶对我的队友们产生了什么影响。因为之前通过其他渠道我已听到一些议论，因而在这个游戏中获得的反馈意见让我更易于接受了。所以我们必须学习如何提高聆听效率。

采取非防守的聆听方式

非防守式聆听方式是团队的另一个基本原则。它意味着当听取反馈意见时，你不能为自己的行为解释或辩护。你必须专心地聆听所有的意见并且只能为了更清楚地获取信息而提问。除反馈是否准确和是否有效外，你不得做出其他任何反应。

这听起来很简单，但实际上并非如此。在传石游戏中我的队友丹·布罗茨基对我在讨论会上的说话方式提了一些意见。他是在那次会议中途进来的，没有理解那种特定的环境，所以产生了一些误会，并且得出与实际相差甚远的结论。当他向我提出他的意见时，我能做的只是咬着我的舌头，然后说“没错”，尽管我不是很赞同他的意见。

跳伞运动需要投入大量的精力。当我们乘着飞机到达一定的高度时，我们不断地研究跳伞顺序。在丹·布罗茨基给我反馈的第二天，我已经不再记得其他事。我开小差去想丹·布罗茨基错在哪里，以及我将如何为自己辩解，我那天的表现实在是太糟糕了。那天晚上，丹·布罗茨基的反馈在我大脑中不断重复，我从梦中惊醒，然后突然顿悟——一个关于我的愚蠢行为的事实清醒地呈现在我脑海中。这真的是一笔相当有价值的财富，如果没有仔细体会的话，我就不会理解到这一点。如果那天早上我固执地坚持自己的想法，那么我会将自己的主观意识封闭在大脑中，并且很可能我将不会获得如此宝贵的意见。

让我们看看安泰的领导力开发计划是怎样使用反馈的。LDP 给参与者提供大量的机会去接受和给出反馈。这种反馈用来帮助参与者获得关于他们能力和影响的一个现实的看法。每个工作小组会留一定的时间给参与者听取直接来自他们同事的关于他们在公司里的表现和影响的真实想法。

让那些自信的参与者描述早些时候收到的关于他们身体语言的反馈也是会

议的一部分。参与者要一直认真听着，这并不容易。要让这些准领导们得到提高，这是十分关键的一步。为了达到这个目的，他们应该彼此信任，共同发展，尽管团队会每半年或者在更短的时间内调整一次成员。

保证有个好教练

让团队达到一个人人可以自由反馈的程度确实需要时间。一个好的教练就像润滑剂帮助机器里面的齿轮一样可以推动这个进程的开展。在跳伞队里，鲍勃博士用其独特的沟通技能来缓解队员的不安情绪。他能帮助我们放松心情和处理反馈，帮助我们从他人的角度看待这种交互。

有一次，一个组员告诉我他不想先跳出机舱，我当时特别紧张。他需要的是冷静、安心和控制自己的心跳，我不明白这个。我想要跳出机舱完美地表演。我相信其他人也会这么做。但是鲍勃帮我从队友的角度明白了当时的情形。

一群高水平表演的精英团队总会给人带来惊奇。但是让极具天赋的、自以为是的组员为了大家共同的目标而改变自己的计划很不容易。

真正的对话能产生高效的学习。开放、诚实和及时的交流能实现最大限度的信息交换，并且当组员需要帮助的时候能够提供支持。如何吸引高水平的表演者很具有挑战性，因为这需要恰当地处理现实和需要之间的关系。

结论

高水平的精英团队能给人带来惊奇。但是让极具天赋的、自以为是的组员为了大家共同的目标而改变自己的计划很不容易。但这又是可能的，团队要想获胜就需要积极地遵循本章所述的五项策略。

- 队员平等分担团队的责任。世界冠军美国跳伞队里的每个成员都能够轮流当队长。
- 如同西点军校足球队一样制定高标准。麦金泰尔教练建立了一套合理的高标准来招募合适的队员，同时淘汰那些低水平的队员。
- 如同史蒂夫·特纳一样在团队成立的早期建立威信。史蒂夫能够通过个人实力、决策力和极强的个人魅力树立威信，让莲花公司的精英软件开发者们组成一个团队。

- 通过提高自我意识，可以培养谦虚的态度并能正确看待各种差异。安泰的领导力开发计划旨在通过一系列具有挑战性的工作经历让未来的领导者们加强能力的提高。
- 通过反馈、开会讨论和相互对话可以让人们敞开交流的心扉。美国跳伞队之所以能够连续 8 年蝉联世界冠军，在于他们把沟通作为一种核心能力。

美国的军队、体育团队和私企不断寻找最好的“选手”并让他们协同工作。他们认为：最好的和最聪明的人组成的团队将会创造意想不到的成绩。但是请记住：由精英组成的高水平的团队很少，这是因为精英们没有多少耐心去听取无能的领导者的意见。所以，如果你想把整个团队很好地融合起来的话，就得仔细考虑你在做什么，否则，你的天才们将会把你当成他们的“午餐”。

第9章

倾情领导

托马斯·A. 科迪兹

当追随者感觉自己的生命安全受到威胁时，领导者就成了他们未来命运的决策者，那些处于危险中的人们会竭力寻找能干的领导者。所以在这种充满风险的环境中最容易发现和找到伟大领导者，而且也可以评判出这些领导者与普通环境中的领导者有着怎样的区别。

我和同事们一直都在研究关乎下属生命安危情形下的领导力。那些带领人们从令多数人感到害怕甚至恐惧的情境中走出来的领导者，他们的行为方式给我们的领导力研究带来一些启示。我们将这种领导和情境称为“极端困境领导”。

本章描述了一些极端困境以及领导者在这些极端困境中应该具有的品质。首先，我们必须认识到，在极端困境中研究领导力并非仅局限于那些大无畏者或铤而走险者，相反，这是一种最全面地了解领导者的方式。任何一个领导者都可以在某种情况下为了达到某个目的而应用极端原则。危险情境中非生即死的这种特点也退去了日常生活中遮盖住的伟大的领导力和管理才能的表象。

什么是极端困境领导

当下属在面对即将来临的危险时，他们相信领导者的行为会影响到其福利状态甚至关系到其生死存亡，极端困境领导就是在此种情景下给予人们目标、激励和指导。极端困境领导不是一种领导理论，而是在特定环境下看待领导者和追随者行为的一种方式，极端困境领导的结果不仅仅是成功、失败或者自豪、窘迫，它还关系到人们的健康状态及生死。

极端困境领导与时下流行的危机领导的概念是不同的。危机领导关注的重点是领导者如何应对未曾预料到的挑战、灾难或是环境。危机领导大部分是以军事历史介绍和综合案例分析为基础，使领导者在面对危难时更好地与人沟通，更全面地考虑事情，并努力保持镇静，提出建议。与之相比，极端困境领导更多且更倾向于将其自身置于极端危险或是极端恐怖的情境之下，而且更重要的是，他们要在这样的情境之下领导其他人。

有很多人都在极端困难的情境下工作和生活，如警察、消防队员、战士和登山教练。对于这些危险行业中的领导者来说，回报以及个人的成败都不能用金钱来购买，或是通过捏造以及谋划的方式得到。极端困境领导的世界由无限力量统治着：物理学和空气动力学中的各种元素、火种以及气候主宰了它们各自的领域。在社会领域中，他们还要面对仇恨、犯罪和战争。因此他们必须凭借自己的能力、决心和勇气与困境斗争。

尽管如此，极端困境领导者很容易被人忽略，因为他们往往拿着很少的薪水，而且他们的工作要么是公益事业（如警察、消防、军人），要么是高要求的活动（如登山、跳伞和其他极限运动）。没有哪个困境领导者是拿着高薪水过着安逸生活的。

了解极端困境领导的途径

我们通过观察以及在极端困难环境中的亲身经历来了解极端困境中的领导者。我们派考察员到尤马和亚利桑那州的特种训练武装部跳伞学院，去现场观察那些曾参与高风险的军事培训的极端困境中的领导者。我们还对包括领导者和追随者们在内的 120 多个对象做了深度访谈，访谈对象的具体组成如下：

- 来自纽约的 SWAT 组的主要负责人和美国联邦调查局驻旧金山的官员；
- 来自三个州的登山教练，包括来自杰克逊霍尔和怀俄明州的备受尊敬的埃克萨姆登山教练的精英；
- 从林摄像探险队的领导者，他们曾经徒手搜寻过老虎的踪迹；
- 大型跳伞方阵纪录的保持者；
- 特种训练兵；

- 曾在 2003 年第 1 个将坦克开进巴格达市内着火的街道的装甲车指导员。

我们曾经对美国军事学院的跳伞冠军队做过系统研究，而且与该队的领导者和常规运动队的领导者们进行了比较访谈。

我们也亲自参与到了战斗中：于 2003 年 4 月第 1 次战役中，在伊拉克和乌姆卡斯尔战场上采访了 36 个伊拉克战俘。还于战争间隙在希拉和巴格达采访了 50 多名美国陆军和海军陆战队的战士。

我们所采访的登山教练，他们都曾有亲自说服其顾客参与挑战性的登山活动的经验，而不仅仅是登山学校的员工。我们采访的所有对象都是真正的困境领导者，这是毫无疑问的。因为如果我们希望找到真正的答案，调查对象必须是由同质个体组成的纯正样本。

极端困境领导的特征

我们首先给极端困境领导下个定义，再对这种领导的行为特征进行深入探讨。在早期的研究中，一些独特的领导方式已经显现出来了，它包括了困境领导的如下特征：① 内在激励；② 学习导向；③ 风险分担；④ 平常的生活方式。

这些特征在我们的研究发现和访谈记录中已经清晰而且强烈地显现出来了。同时显现的还有其他一些特征：⑤ 胜任力；⑥ 培育相互信任关系的能力；⑦ 对于组织的忠诚度。

这些特征在很多优秀领导者身上普遍存在，这项研究成果也证实了卓越领导者素质的确存在。能力、信任和忠诚是在很多情况下都必须具备的领导能力。

在研究中所发现的领导行为特征以及困境领导者和其追随者们的话语里，我们可以得出这样一个结论：当危及生命安全时，领导力会以很容易识别的方式，即困境领导的方式体现出来。我们将在接下来的部分详细描述这七个特征。

特征一和特征二：内在激励和学习导向

我问过西点军校的运动员，主要是组长和其他领导者，请他们为九种领导能力排序。这些运动员可以分为三类：团体运动员、个体运动员、跳伞队成员。

这一分析将高风险和低风险的运动团队进行了对比。表 9.1 列出了供选择的选项。

表 9.1 军队的九种领导能力

沟通：面对个人与群体时，体现出了良好的口头与书面表达能力及倾听技巧
决策：能够做出合理的判断和逻辑推理，聪明地使用资源
激励：激发、鼓励及引领其他成员朝着目标前进
计划：制订出灵活、可接受和合适的，并且详细、易于执行的计划
执行：体现出熟练性，合乎标准并且珍惜人和资源
评价：运用评价和判断工具以持续改进计划
培养：投入足够的时间和精力将下属培养为领导者
建立：花时间和资源改进团队、组织和部门，营造合乎道德的环境
学习：寻求自我提高和组织发展，预见、适应并引领变革

可以想见，无论是对团体运动还是个体运动中的领导来说，激励都是一项最重要的能力。毕竟，胜利就是要求“更远、更强、更快”。我们一般认为，在关系到生命安全的运动中，激励显得更为重要。但是令人惊奇的是，在国家跳伞冠军队员中，激励竟然被排在了倒数第二。相反，跳伞队员们认为学习才是最重要的。通过访谈得到的数据来分析这一悖论，我们发现，在极端情境中的行为方式具有如下两个特点：

- 极端困境中存在内在激励。危险的形势本身会对身处其中的人有所激励，这也使得那些口头上的激励不是那么必要了；
- 极端困境中存在潜在敌对性，这也决定了在此情境下的人强调审视环境和快速学习的能力。

特征三：风险分担

将极端困境领导者和其他领导者区别开来的另一个特征是极端困境领导者愿意与其下属分担同样甚至更多的风险。这些领导者也表达了其分担风险的强烈意愿。例如，驻纽约市政办公室的联邦调查局的组长詹姆斯·加里亚曾经说过：“如果你和大家一起实施一项计划，但是你并不情愿参与其中，也不全身心地投入，那算怎么一回事呢？”

我们的研究表明，风险分担是困境领导技能或风格的一部分，它对下属们有着深远的影响：下属们首先意识到领导者和他们承担了一样的风险，然后会了解到领导者的心中所想及其个性特征，到最后就变为对领导者的深深敬重。相反，那些发现其领导者不愿意分担风险的士兵会丧失斗志和动机，正如一个被俘虏的伊拉克士兵所述：“领导者是个……陆军团长，一个大约46岁的年纪较长的男子。他是个很直率的人，但是命令是巴格达的长官下达的，如上头下达‘这样做’的命令，他没有那样做，他就会逃跑……他还告诉我们，如果你遇到了美国或是英国部队，不要抵抗。”在商场上，领导行为如果仅仅是发布“全部购买市上产品”“慷慨的转滚法”或“金色降落伞”之类常规的计划，是很难激发下属们的自信心的。但是可以确信，它无疑会带来商业风险，就像生命危险一样。

当表现会决定生死存亡时，优秀的领导者不会自己抢先背上降落伞，除非所有下属都已经这么做了。

特征四：平常的生活方式

当我们在询问学员有关他们的报酬和生活方式时，困境领导方式的第四个特征就显现出来了。在这个经常将薪酬挂在嘴边的大环境下，那些淡泊物质、注重价值的领导者会令人觉得耳目一新。

例如，对于公共部门的工作人员如警官和士兵来说，领导者和下属的工资虽然不一样，但是仍然是合理的。联邦调查局的SWAT组长的工资与组内其他成员的工资一样。我们发现，大多数的困境领导者们都拿着一般水平但也够用的薪水，这对我们来说是有意义的。在生命受到威胁时，酬劳与我们所关心的其他事情比起来就显得微不足道了。用领导学者的话来说，交易型领导者在极端困难情况下不能胜任。相反，价值导向的变革型领导这时就浮现出来了，并成为困境领导行动方式的组成部分。

除军人、警察和消防队员以外，普通人仍在延续着普通的生活方式。那些在危险环境下生活和工作的人们学会了热爱生活。他们就好像生活在一个价值观和物质财富并不太相关的世界。我们相信困境领导者们已经接受了这一点。

尽管困境领导者具有很多其他组织的领导者所不具备的特点，但是他们仍有着很多和其他组织中的成功领导者一样的特点。我们发现，困境领导者与其他领导者一样，都是能力很强而且值得信赖并能让人忠诚相待的人。

特征五：胜任力

下属们都希望其领导者精明能干，在危险情景下更是如此。即使没有得到授权，领导者也会在有生命危险时要求下属尊重和服从其命令，不论是在战场上还是在山上。这与一般的军队领导作风看似矛盾——严格的独裁主义者会要求其下属机械服从。军队领导并不是这样，至少我们所采访的陆军和海军陆战队不是这样的，战场上就更不会是这样了。人们会发现与其在战场上听从一个无能的领导者安排，不如因违抗军令而被送上军事法庭。人们只会尊重有能力的人，而尊重是在极端困难情景下处理事情的核心。看看一位于 2003 年 5 月驻巴格达的美国士兵对其领导者的评价："他每次都对他分内的事担负起了责任。当我在做一件事情的时候他在做着一百件事情……他工作负荷很重，但是他总能够很好地处理。他能做好所有他要做的事情。在周围没有人管理部队时，他会指挥整个或部分部队。他做的往往会比你要求的更多。"

即使没有得到授权，领导者也会在生命危险时要求下属尊重和服从其命令，不论是在战场上还是在山上。

因能力而赢得尊重并不是说困境领导者使用了一些沟通技巧，或者说其本人有着不露情感或是情感细腻的特质。相反，危险情境往往要求领导者具有明确、敏锐和积极进取的作风，这一作风可能还会引起下属们的不满。于 2003 年在伊拉克的一位海军陆战队队员曾经这样说过他的领导："我不喜欢那个家伙。我不知道在工作之余怎样处理好和他的关系。但是至少作为一个专业人士和在战场上，他是一个伟大的班长。他会做该做的事情，即使有时候是不受欢迎的事情也要做，因为他是班长。"

危险情境对领导者的要求很高，这些领导者认为其所有的成果和他们的个人能力和才干是密不可分的。这些领导者努力地工作以期能认知并掌控环境。但是事实上，极端困难的情境总是在没有任何预兆的情况下，领导也没有来得及做出决定的时候就已经发生了。然而，个人控制和高效对极端困境领导发挥的作用是至关重要的。与之形成对比的是，在那些社会环境很好且容许推卸责任的情况下，即使一个人的行为明显是他所不能掌控的，且任何一个公正的人都会考虑外部因素而宽恕他，他仍然愿意为该行为所产生的后果承担责任。盖·莱特，一位专业的跳伞运动员，同时也是一位大型跳伞方阵纪录的保持者，记得他说："最糟糕的一天是当我在组织学生的时候，被邀请参加一次更大型的跳伞，当时在半空中发生了高速碰撞，一个朋友在空中栽了个跟头，我下去之后就没有见到他，他去了……那是一次失败的表演。"

能力是在极端困难情境下建立上下级信任关系的基石。那些由上级指派但是能力不够的领导者所管理的组织也许能够勉强应付一些日常事务，但是我们可以预见，当面对真正威胁时组织便会土崩瓦解。那些担心自己生命安全的下属不会信任并追随那些能力被质疑的领导者。

那些由上级指派但是能力不够的领导者所管理的组织也许能够勉强应付一些日常事务，但是我们可以预见，当面对真正威胁时组织便会土崩瓦解。

特征六：信任

如果说对困境领导而言能力是基石，那么信任就是能力搭建起来的房子。我们访谈过的领导者经常说到在危险情境下建立起信任关系的能力。另外，很明显这种关系的建立是经过深思熟虑的。而且，可以预言，如果组织中从来没有这种以信任为基础的关系存在的话，在极端困难情境下，组织的凝聚力几乎为零。

一位被俘获的伊拉克士兵也说过这样的故事："旅长离开后回到了家。他是一个独裁主义者，剩下的每个人都很害怕。萨达姆那边的形势是亲兄弟之间都互不信任。我们也不相信任何人。"

特征七：忠诚

困境领导者与其追随者之间有时会建立起一种短期关系。登山教练、跳伞组织者、探险队领队甚至是宇航员都可以迅速与其追随者建立起彼此之间的信任和信心。但是在警察局、军队和消防部门，领导者与追随者之间建立起了一种能够转化为忠诚的长期关系。这种忠诚本身既有个人的特性又有职业特点。这种来自追随者的忠诚通常会在领导者与追随者之间建立起相互信任的关系。忠诚是双向的，我们发现在困境领导中这一点表现得更加显著。

2003 年 4 月，在巴格达军事行动结束的 21 天后，一个被俘的伊拉克中尉给我们讲了这样一个故事："我让他们赶快逃离战场。因为在阿拉伯有这样一种说法，'某人和我有一定交情'，意思是说我要负有道义上的责任，尤其是对那个人。这些士兵和我有一定交情，也就是说，我要对他们负责，我对前线的士兵们负有责任，不到万不得已我不会让他们牺牲。我不能让他们做无谓的牺牲。"史蒂夫·卡特，旧金山联邦调查局的 SWAT 的组长说过的一番话与我们说的这一主题产生了共鸣："我自己崇拜的英雄就是与我共事的人们，与我一起工作的一些人，他们不是被金钱之类的物质所激励，而是被为别人做好事这样的终极目标所激励。而且能够坚持日复一日地那样去做是非常难能可贵的。"

研究范围的延伸

作为领导者，我们最珍贵的财富是我们所领导的人。我们可以开办公司，我们可以赚很多很多钱，我们可以写书，我们还可以以我们的名字给建筑物命名。最终，对于领导者来说，唯一持久的影响在于给我们所领导的人以激励、方向和目标。不管组织性质及其使命为何，能力、信任和忠诚都是任何一个领导者能有所作为的关键。

在面临极大风险时，极端困难的活动对于发掘人的领导力是非常重要的。普通情境下的领导者会发现困境领导者的想法很有趣或很有用。对困境领导者的观察就像一个放大镜，它使我们已有的认识更清楚且更详细。领导者可以促使你做成任何事情，但是如果没有领导者的话，即使最基本的任务也无法完成。

极端困境中的领导是可信的领导

我们在阿富汗工作的一位研究员遇到了一位陆军上校，该上校也是部队指挥官。这位指挥官的两位部下在阿富汗的街道上被爆炸装置杀害的时候，他感觉到其所率领的士兵们都在颤抖。在他们执行下一项任务之前，他曾经和他们交谈过，但是更重要的是，他选择了陪他们去执行下一次任务，和部下们一起分担风险，而且用一个普通参加者的身份以身作则，这丝毫没有剥夺他作为一个指挥官的威严。

埃瑞克·奥尔森是第 25 精英步兵团的总司令，他放弃了其在巴格达总部的相对安逸的生活，在圣诞节清晨，没有通知任何人就飞往了最遥远的一个基地。在那儿，他挑选了两个准备好去巡逻的下级士兵，让他们坐他的直升机回巴格达去休息，享受美食并且度假。奥尔森则和他的助手一起，代替士兵去巡逻，与一个士兵一起坐在悍马后座，没有享受任何作为高级军官应受的待遇。大家对奥尔森表现出的无私行为马上就有了积极的回应，正如其中一个士兵所说："他坐在军车上最危险的位置，而且和我们一起开车，和我们一起守卫，让我们这些士兵为有他这样的领导者而感到高兴。"这两个士兵后来又延长了在部队的服役时间。

这样的领导者毕生都在恶劣的环境中提高领导技巧，使自己更加值得信赖。现在涌现出来的最受欢迎的领导学理论之一就是所谓的可信领导理论，其中最核心的内容之一是，当那些试图成为领导者的人表现得不够真诚时，下属们比较在意也能够识别出这类情况。可信的领导者自信、积极，而且富有人格魅力，他们对自己的新想法、能力和价值观有很清醒的认识，很多诸如"丹心照明月"或是"你所看到的就是你所得到的"都是对可信领导者最贴切的表述。

可信领导者也很留心其他领导者身上共有的特质。他们可以识别出虚伪或是伪善的领导者，更重要的是，可以识别出那些有心但是还需要培训的经验不足的领导者们。因为只有具备这种能力，可信领导者才能成为极好的导师。对现实中的领导者而言，可信领导者积极、充满希望而且有韧性，这也是可信领导者们能有效博得下属的忠诚、服从、尊重和认可的关键。

随之而来的是，当那些领导者们的积极、充满希望和坚韧的品质被下属们特别珍视时，可信领导者们就会对其下属产生独特的、强有力的影响。在那些追随者们感觉到他们的生命受到威胁时，积极、充满希望和坚韧的品质直接影响了他们对未来的态度。极端困境适于寻求并发现可信领导者以及评价领导者的可信度，尤其在培养领导者时更是如此。研究者们开始研究在生死关头时的领导行为，或者更确切地说，是在必须积极避免死亡的情况下，或者是弥留之际。

可信领导理论与困境领导的概念是密不可分的，因为领导者们在生命受到威胁的情况下会以象征可信领导力的方式行动。令可信领导理论研究者们感到欣慰的是，对困境领导者们的深度访谈为可信领导力的发展提供了一个研究范例。

困境领导是价值导向的吗

当“价值导向”这一词首次被用来描述领导与领导力时，对于它适用于何种价值观就有了很多讨论。心理学家们在早期著作中对于价值观的定义仅仅是指人们最看重的东西——如生命、自由以及对于幸福的追求。在一些领域里，价值导向的领导力指传统的社会价值观甚至是与宗教信仰相一致的理念。有趣的是，我们在研究过程中所访谈过的困境领导者中没有一个人突出强调自己具有宗教信仰（虽然大约有 1/3 的人承认自己是有宗教信仰的）。然而很明显，在极度危险的情景下，他们很重视自己的生命，同时也很关心其他人的生命。这是困境领导的核心。

那些自称为价值导向领导的组织会努力将这种价值观植根于领导者及其追随者心中，例如，通用电气采用多种手段，包括价值卡片，确保通用电气的员工能理解其企业价值观。美国军队也在 20 世纪 90 年代后期制作了价值卡片，它和盖章的金属身份标签一起佩戴在每位士兵的脖子上。

然而，这些方法也有很明显的弊端：缺乏可信度。我回忆自己参观过的几次军队和组织接受新的价值观的经历。当塑料的吊牌分发到战士手中时，经常会引发嘲笑声和起哄声，而这些冷嘲热讽主要来自那些参战最多和最有技能的士兵。

在由学习型领导者所掌管的组织中，价值观的培养似乎是作为沟通任务安排的。困境领导内在的可信品质很强调经验，有人可能说了，困境领导不是价值导向型的。

困境领导与任何技巧无关，它与个人特质和领导—员工之间关系相关。军队领导哲学用“成为，知道，行动”（Be，Know，Do）来定义军队领导者的必备特质。近年来，法国人海塞苯——领导与领导学会的理事会主席，前参谋长埃瑞克·辛赛奇在他们的书《成为，知道，行动：领导军队的方式》中收录了军队领导原则并向公众传播了这些观点。

困境领导与任何技巧均无关。

“成为，知道，行动”最先是由一个年轻的步兵军官哈里斯在1983年写入了军队领导力手册中。哈里斯是西点军校的前任领导力讲师，他指出，“成为，知道，行动”可以确保学校和军队形成一个整体。这也说明一个职员如果要成为伟大的领导者，他不仅需要掌握一系列的技能和知识，还需要具有诚恳的性格。换句话说，作为领导者，他不仅需要得到一份工作，还应当培养出一种能给予他人目标、激励和方向的内在性格。这就是可信领导。在危险的情境下，我们需要采取一种独特的方式。

在领导别人的时候，一切威胁、风险和危险都是不可知的。对死亡的恐惧会对人的行为产生重大影响，例如，通过对第二次世界大战中战士的研究，萨缪尔·斯托佛和他的同事们发现，当经验不足的战士们意识到他们的生命受到威胁时，任何领导者对他们而言都很迫切和有意义——简言之，他们将领导者看作生存的关键所在。如果个体对于自己的生死很不确定，在恶劣的环境中，他们就只能寄希望于领导者了。

心理学家们将个人对于死亡的强化了的意识称为致命性特征。在试验研究中，我们通过询问人们有关生理死亡的具体情境的想象看到了致命性特征。由于受到致命性特征的影响，研究者们试图弄清下属们期望领导者在这种压力环境下具有什么样的特质。在这些研究中我们曾经仔细地做过调查，结果表明，具有超凡魅力的领导者最受青睐，其次是任务导向型领导者和关系导向型领导者（基于领导沟通能力的顺序）。能有效传递信息且具有超凡魅力的领导者会对那些最关注自身生死的下属产生深远影响。而在领导的下属人数较多的时候，致命性特征会产生巨大的影响，加上某些特殊事件的有关消息，它会直接影响到政治行为和诸如投票选举之类的行为。读者们也许能回忆起最近旨在为入侵伊拉克寻找一个理由的时髦政治用语：“不要让冒烟的枪变成蘑菇云。”这样的话已经不仅仅是在哗众取宠，这是对极端情境的委婉建议。对死亡的恐惧可以影响到人们对于领导者的追求。

将理论应用于实践：培养困境领导

对我们这些培养困境领导的人来说，培养过程很简单：指导极端情境下的初级领导，教他们技巧，帮助他们学会评判，并且学会如何令人们充满活力。很多极限运动，以及某些警察、军队和消防培训师，都建立了保证个体能渐进有序地提升自身能力的方法和标准。

但是严格的领导培养者会在高风险的活动中致力于突破规则以求得更好的发展，他们制定更高的目标，用自己的经验推动培养过程的开展。例如，在跳伞运动的兴起之初，往往是由跳伞圈内的人做决策，教练总是那些跳伞次数最多的人。当我们越来越多地了解了组织动力学后，我们会发现培养领导者其实还有更多更好的方式。

有时那些千篇一律的教育和培训方式也被用于极端状况。例如，最近出版的部队领导手册中所提到的领导能力都是订立者从各类军事经验中提炼出来的，所以他所说的这些话会反映出我们在任何一个大企业或是大型机构里都能看到的领导技巧和能力。千篇一律的方法对于部队中的机关在绝大多数情况下是适用的，但是对战场上的领导者来说意义不大。另外，大多数战场领导者的培养方法要么是来源于历史事件的启示，要么是基于专家的推荐。我们认为那些在伊拉克或阿富汗战场上的中尉们经验会更为丰富。

如果你在高风险的情境下和别人一起工作，不管是在极端困境下还是在充满风险的商业经营中，你都应该仔细思考你工作的独特性，思考你的领导力最终会有什么样的变化。研究结果告诉我们（我们自己也已经感觉到），困境领导对于领导者和下属有独特的要求。在一些情境中，领导力需要转换为另一种形式。

能力

信心不仅仅是一种实用能力，还是极端困境中的领导力开发的终极目标。能力是博得信任和忠诚的唯一基础。因此，能力不仅对于个人领导者来说很重要，而且对于组织内的团结也是非常重要的。

信任必须通过正当手段获取。那些处在极端情境下的领导者们都非常谦逊，充满自信，追随者会被之鼓舞。伪装的骄傲是很多困境领导者的致命弱点。

时刻展示出完美无瑕的表现。培训开发者们都知道这一面对高风险的培训方式。因为极端困难情境常常要求执行能一次到位，因此要教会其将简单任务做得尽善尽美，再顺次完成复杂任务。完成一项体力任务时要求至少重复演练 25 次。如果有可能，先在安全条件下训练，然后再到极端困难情境下完成任务。

知道适可而止。培养通常意味着宽容较小的失误，并通过失败来指导学习。困境领导者的培养也是如此。

内在激励

管理激励。真实的极端情境可以产生足够的激励，当风险很大时请不要过度刺激任何人。最好的领导者在最危急的情境下，会表现得相当镇静，头脑也会保持冷静。那些过于激进的领导者会因为在错误的时候带头或是采取了错误的方式致使下属丧命。

解读他人。当他人面临着工作环境的威胁时，尝试着通过观察其反应、精神状况和动力来评判情况。这经常是通过直觉来判断的。

在第二次伊拉克战争中忍耐了恶劣环境的士兵们引用这样一句话描述怎样去适应恶劣的环境并归于平和心态："接受那些令你不快的人和事。"当条件很艰苦或者令人很痛苦时，激励那些最有献身精神的士兵是非常重要的。至于领导者，不应该让你们的士兵在恶劣的环境下自怜自怨，应该积极巧妙地处理你所面对的遭遇（如炎热，暴雨，寒冷及疲劳）。如果条件极其恶劣以致威胁到生命安全时，不要试图隐瞒真实情况。领导者在这时可以利用有效的激励方式使他们的能力发挥到极致。

学习导向

警惕环境的同化作用。当人在面对环境的威胁时，往往会将精力集中于外界。在培养过程中，我们要着重培养和激发下属对当前事件持续关注和分析的能力。主导意识的形成有助于使领导者和被领导者们对关系到生死存亡的环境保持清醒的认识。

理解他人。关注那些表征了他人内心世界变化的迹象。例如，焦虑和其他情绪表明某人的内心正在受某件事的折磨。

用同一种语言。通过语言来共享某些常识是很重要的，极端困境往往是独一无二的，并且在每种职业、运动或是高风险的活动中，都有通用的术语。要确保所有人都认同并了解其含义。错误的表达可能延误时机，甚至会丢失性命。

分担风险

珍惜忘我无私的精神。那些能力很强且有进取心的人通常会被要求完成高风险的任务。组织应该认可、奖赏和培养无私、忘我、分享和关心他人的精神。自私的孤独者和利己主义者都不可能在极端困难情境中对他人负责。

强化风险管理。任何人，不管是领导者还是追随者，在极端困难环境下都承担不起愚蠢或是没有必要的风险。风险管理是一个很专业的工具，而且是一个必要的组织流程。确保每个人都了解有关风险的决策是如何做出的，了解有备之险与未加思索的冒险之间有何区别，并且将那些决策失误或者因为冲动而给他人的生活特别是生命带来威胁的人挑选出来进行再培训。

日常的生活方式

营造充满激情和乐于奉献的文化。我们发现，在高风险的情况下与人共事的领导者似乎不会太关心物质财富、地位之类的身外之物。在极端困境中，最好的困境领导者们能将其价值观和所面对的挑战统一起来。成功意味卓越的生存能力。

探索人们的动机。所有愿意冒险的人，不管是领导者还是追随者，都有其个人动机。专家们努力去了解和发现这些人的动机。是为了引起轰动？是为了自我提高？抑或是为了奖励？如果你能够了解他人的动机的话，那么指导他们以良好的心态去迎接挑战并承担风险就会变得容易得多。

极端方式

领导者在面对各种挑战时必须保持勇敢无畏的精神才能深刻领悟困境领导的内涵。最大的挑战不是来自对普通士兵日常训练的领导，而是在面对真正的危险时体现出来的领导力。那些危险性比较低的活动也是很有价值的，比如，带领团队攀岩，射击，或者彩弹球比赛。在西点军校，所有这些活动都要求团队合作。毫无疑问，这些活动都很有趣，而且不会构成人身伤害，但是这些活动也很有利于帮助参与者体会到极端困境领导的真谛。

拓展训练机构已将其经验扩展到团队开发的过程中。它借助身体和精神的双重挑战经验来传授领导原则。如通过危险的攀岩或者冒险从悬崖处跳伞、帆船探险等极限活动来激发并锻炼个人品质。

通常，只有警察、消防员、军人等，以及专业极限运动员长期处在充满危险的环境中，他们已将高死亡率看作家常便饭，极限领导也被其视为日常生活方式。在这样的严峻考验面前所体现出的领导品质是用金钱都买不到的。他们只能通过艰苦的努力，尽心尽责，以及冒险才能获得这些品质。普通的领导者不可能通过任何捷径来获得这些品质。

常规领导培训是否会达不到目标

我所熟悉的大多数受欢迎的领导培训活动在培养困境领导所必备的个人品质方面都是远远不够的。技能导向型领导培训是现在应用最广泛的领导培养方式之一，但是我必须指出的是它与困境领导的培养是不同的。技能导向型领导培训的前提是这个领导者必须具备完成任务的所有能力。他必须对所做之事有所了解，掌握完成任务所需的技能，并且要有承担任务并将任务进行到底的动力。

许多年来，培训开发者和人力资源管理者都将知识、技能及能力这三者作为雇用员工和为提高绩效而组织的培训项目和开发项目的基础。这种方式是完全符合逻辑的，因为知识、技能及能力能被客观地衡量和检验，以保证个人有足够的能力完成任务。知识、技能及能力的评估也能充分证实雇员的能力，且它的设计与工作要求相匹配。从理论上讲，能力提高了，这个被培养的人也将成为一个更好的领导者（胜任力被认为是困境领导的基本特征）。

要改变一个人的品质需要花费一定的时间以及具备足够的经验。

技能导向型培训与知识、技能和能力的运用在组织内颇为流行。这与领导培养者需要证明能给组织带来额外的价值密切相关。企业中的领导者都希望在培训和开发中的投资能得到可预知和可测量的回报。在短期内评估领导力开发价值是一个挑战。知识、技能和能力能够体现出可测量的产出与组织目标间的联系。

有趣的是，有时个人的知识、技能和能力提高之后，组织的绩效却并未变得更好。尽管造成这种结果的原因有很多，但是其中一个简单原因是即使参加了技能培训，个人的本质在领导方式中仍处于支配地位，致使其很容易继续采用原先的领导方式。

换句话说，技能导向型领导培训能够改变一个人所知道的和所能做的，但是领导力也与其能做到什么程度有关。要改变一个人的品质需要花费一定时间以及具备足够的经验。这也是后勤院校享有的优势之一：它们封闭式的“品格建立”活动为时 47 个月。技能导向型培训方式存在的另一个问题是它通常缺乏鼓舞性。这里所说的“鼓舞”就是要从精神上完全激发出热情。

美国军事学院的使命宣言是：“教育、培训并且鼓舞部队学员，使每个毕业生都具备责任、荣誉、国家的价值观，并随时准备成为为国家贡献知识和才干的领导者。”宣言中的前三个词——教育、培训、鼓舞，为那些想要提升绩效的个人和组织广为采用。

如何培养困境领导者

看看西点军校曾经用来培养处于萌芽状态中的领导者的如下四种方式。

通过讲故事来鼓舞人心

在西点，为了激发那些未来的困境领导者们，使他们为在战场上即将扮演的角色做好充分的准备，我们会以图文的方式让他们知道他们将很快亲临战场，但我们发现讲故事会更鼓舞人心。

例如，在 2002 年，西点的首批军官学员安迪·布里克汗之前毕业于领导力专业，很快进入格鲁亚及的本宁堡学习，随后他向北卡罗来纳州的第 82 航空分部报告了他的首次任务。他在本宁堡的岗位上仅仅待了 17 天，在他登上去伊拉克的飞机时，他的大部分日用品都还原封不动地放在箱子里。

初到巴格达时他发现，他所在的排处在错综复杂的地形中。当他找到将要带领的部队时，天色已经一片漆黑。他们的任务是穿过一座桥，向一个已战痕累累的城市发起进攻。半夜时分，布里克汗所在的排遭到袭击，在和训练有素的伊拉克武装部队作战中他们取得了可喜的胜利。

布里克汗后来也写道，当太阳升起的时候，他第一次看到了整夜与他一起作战的排长的迷彩脸庞和他的通信员，他涌起了一种奇特的感觉。在那一刻之前，他仅仅只能凭其声音与他们对上号。

这个故事能帮助那些受训者一下进入到战争的紧急状态。我知道没有哪一种技能导向型的方式能达到这样的效果。如果你是领导培养者，你应该让你的组织内传诵故事并让故事长时间流传。

用现代科技与极端困境相联系来鼓舞人心

领导培养者们经常将专家集中起来，这些专家包括成功的 CEO、政治领袖及战场上的优秀老兵，让他们一起来与大家分享经验和讲述那些鼓舞人心的故事。世界商业论坛就是这样的一个平台，它是世界上最成功领导者的集会，他们在这个平台上一起讨论领导力及领导培养。这种方式有很多优点，它利用了角色模型，展示了我们所希望的未来的领导者们在 10 年或 20 年后的样子。人们都希望知道将来的自己是什么样子并被之鼓舞。

因此，西点的领导者们现在为学员和在科索沃、阿富汗、伊拉克执行任务的军官领导者们安排了为期两天的可视电话会议。这些先进的设施给学员们提供了直接与生活和工作在极端困难情境中的人沟通交流的机会。这些讨论对这些成长中的领导者非常有意义，因为所提的问题都是这些学员自己构思的。这些年轻的、雄心勃勃的人们，他们都被亲眼所见的也许就是一小时左右时间的真实极端困难的环境，所深深鼓舞了。

在大多数组织中，留住人才是一种挑战，尤其是那些受过高等教育的领导者。很多人离职的一个最主要原因就是人们难以达到自身的期望。通过可视电话来将我们的领导者们带到未来的现场，通过对话我们创造了一个现实的情境，很好地诠释了极端困境领导者的含义。

通过融合现实与未来来鼓舞人心

最近教授重要领导力课程的指挥官汤娜上校被派到阿富汗引领一场变革。她的目标是在阿富汗协助建立和开发一个国际性的军事院校。她在阿富汗的宝贵经验比约翰教授的经典课程和其他学者的组织变革研究的意义还要深远，她还创作了一个课堂经典案例。

在我们通过变革来实现领导组织的课上，与实际相结合的知识管理原则的应用成了有关变革的非常重要的一课。处在极端困难环境中的领导者必须迅速掌握如何通过与上下级的沟通来分享知识，因为未被分享的知识可能导致战场上无谓的牺牲。变革指导员派特·米歇尔少校被作为交换特工人员派到伊拉克。他的使命是为处在极端困难环境中的一个拥有 20 000 名成员的组织开发和运行一项保密的知识管理系统。他当时仍是一个班级指导员。过了几堂课的时间，他用卫星通信系统与其班上的成员取得联系，他利用一些现场观察来引导班上的讨论。在一些案例中，他为他们录制作战简报，改编机密资料，并写邮件给他们，仿佛巴格达的战争就发生在外面的街上一样。

学员们能做出有关知识管理的建议，在极端困境情境下接受组织的考验，并在后面的课堂中得到反馈，想象一下这具有多么大的鼓舞力量啊！人们总是被其不断增长的经验能与实际组织工作相结合所激励。

人们总是被其不断增长的经验能与实际组织工作相结合所激励。

通过超出他人的预期来激励

富有创造力的坚定的领导能够帮助下属们跨越极端困难环境和常规环境之间的鸿沟，而且效果明显。在军事院校的战争领导力课程中，将战争情景带到教室，是一个大胆的尝试。从第二次世界大战到朝鲜战争的历史记载中，从未做过这样的尝试。这种尝试就是将指挥地点搬到战争现场，虽然简单但意义深远。

2003 年 4 月，两个心理辅导员被指派到战争现场一起寻找进入巴格达的方式。一个是阿拉伯籍教授，另一个是社会心理学家，两人都是领导者。他们离开美国时只带上了他们旅行用的帆布背包，此行的目的是通过走访被俘的伊拉克士兵及美国海军陆战队队员等提升对于战场上凝聚力和领导力的认识。他们在布什总统刚刚宣布将于 5 月正式停止对伊战争后不久就离开了巴格达，随即返回学院，最终共同创作了一本对于两支部队的凝聚力和领导力产生了深远影响的专著。

这本著作之所以在部队中产生深远影响，一部分是因为包含了困境领导的新内容和战场上的凝聚机制。虽然他们的著作内容很有价值，但是更重要的是它极大地鼓舞了人们。当学习这门课的未来极端困境领导者知道他们的老师们为了丰富课堂知识承担了巨大的个人风险时，学习的效果大大超出了他们的预期。

困境中得到的关于商业和生活的教训

当一开始为理解困境领导而进行相关研究时，人们以为这种领导是很独特的，只适合极限运动、战场环境和面对灾难时采取行动的情境中。毕竟，当我们凭直觉感觉到死亡的威胁时，人们的行为会改变。商业风险主要是指金钱的损失，无关生死。因此，人们可能无视甚至有些轻视极端困境领导在商业中的应用。但是，如果很多人都将对他们退休金安排的威胁称为对生活储蓄的威胁而不是对工作收入的威胁，这种情况不是很有趣吗？对于个人来说，“生活储蓄”和“储蓄生命”都没能强调想得到的利益。

极端困境下的领导和高风险下从事大量现金交易的精英商业组织中的领导其实有着惊人的相似之处。

事实上，将极端困境领导应用到商业实践中会收到很好的效果。那种领导，着重强调要充满希望、豁达精神和乐观主义，指出了对于下属来说最为重要的核心是什么。那种领导，其行为通常会体现出更高尚的道德情操和伦理境界，这也为其赢得了下属的信任，这些下属会将动力化为积极的行动。

在企业管理界，领导力有时会被误认为是一种技巧或能力，抑或是为提高个人工作的有效性进而提高整个组织绩效的一连串的有意所为。这种领导力本质上具有一定交易性质，因为激励主要还是为了获得利润，所以此法效果不佳。相反，极端困难情境下的领导反映了组织成员在非交易关系下是如何反应的。比较起来，执行高压政策或是政策导向型的管理者们的效率会非常低下。

> 困境中的能力就好比是商场上的货币。

对困境中的领导者和被领导者来说，最重要的就是保全性命，圆满完成任务和使命。那些想要从交易型领导者转化为真实可信的变革型的商业领导者们可以从困境领导角色模型中得到灵感和启发。这些领导者们在困境中的工作方式揭示了许多重要的经验教训，而且这些教训可以运用到领导者们现在所面临的压力与挑战中，即使这些风险本身并不会对性命构成威胁。

困境领导和商业领导两者之间的相似之处非常明显。困境中的能力就好比是商场上的货币。一个我最喜爱的，颇有建树的成功人士在商业银行业务中赚到了很多钱，但是实际上他所赚的钱大部分都是靠其在工作中表现出的卓越才能获得的，他的基本工资并不高。他用“你死我活”描述自己的环境。这当然只是对困境的一种暗喻，这也是商业精英们所处环境的显著特征，就像一个极端困境领导者所处的一样。能力是任何想要成为领导者的人必须具备的资质。

商场精英所生活的世界中，信任是很珍贵的，而且在预测收入时它是一个价值连城的优势。在交易盈利还是亏损的数量大到能改变一些人的命运的情况下，应用困境原则是很有意义的。困境中产生的独一无二的内在激励、学习导向、风险分担，以及日常的生活方式不可能像胜任力、信任和忠诚一样在一般组织领导者中那么普遍，但是我们从困境领导者身上还是可以学到能广泛应用的知识。对极端困境领导的研究揭示和强调了如下七个重要教训，以期能对各行各业的领导者有所启发。

对一般领导者而言，激励是为了使员工更努力地工作。但对于杰出的领导者而言，激励是为了使员工将功夫用在刀刃上。

教训一：在强调学习的同时对员工进行激励是最有效的

还记得本章的前面部分提到的在极端困难情境下，关注学习更甚于关注内在激励的跳伞队长吗？当领导者们发现其下属们被诸如可怕的威胁、巨大的机遇和尽职的责任等原因所高度激励时，他们不应该沉浸于下属们的激情和奉献所创造的安逸生活之中。

相反，领导者们应该特别注意前期的学习，例如对环境的认识、创造性、批判性思维以及对于结果的分析。要激励你的员工关注新的解决方法、不可能的事情和悬而未决的难题。对一般领导者而言，激励是为了使员工更加努力地工作。但对于杰出的领导者而言，激励是为了使员工将功夫用在刀刃上。

教训二：分担风险可以增强信任感和提高危险情境下领导者的效率

困境领导对于其下属、客户、士兵和人民的重视甚于自己的舒适、个人安全及其财富的积累。当风险很大时，这样的领导者才是人们所追求的领导者。尽你所能做一个最好的领导者，尤其在高风险的情境下。如果能通过实际行动表明你所在的组织中的风险和收益都是共同分担的，那么你将会赢得更多的信任和忠诚。

人们通常会通过对照其他人的反应来了解自己所处的环境。包括仔细观察其他人的言语和行为，特别是领导者的言语和行为。在喧闹以及其他一些限制口头交流的场合，对于队员们而言，通过观察同人、上级和下级的眼神来了解情况就显得尤为重要。同样，承担风险的意愿意味着领导者对于正在进行的行动充满了信心，而且表明他愿意与其所领导的员工承担同样的风险。

教训三：你的生活方式向你的下属表明了你所重视的东西

困境领导者的生活方式向其下属传递了一个相当重要而且准确无误的信息："我担任领导者并不是为了自身的利益。"关键不在于领导者挣多少钱，领导者谦虚的行为也正以同样的方式影响着他的下属。这些信息是强有力的，因为它反映了领导者愿意为下属和组织奉献，这也是建立起信任和忠诚的基础。

尽管那些追求组织效率的领导者们有时也会采取一些策略来让自己表现得很无私、关心（员工）、谦虚，但是对于那些杰出的领导者而言，无私和谦虚是内在的，也是其个性的一部分。所以这是他们所特有的本性，并不是一种技巧。

对于所有领导者而言，花时间去了解其所领导的成员的生活经历是相当重要的。如果说一个人的生活方式反映了其价值观，其通常的生活方式则反映了其持有的价值观，这也是一个组织充满活力、高效运作的关键所在。

教训四：在你提升自己的能力时，你也正在提升自己的信誉和忠诚度

极端困难情境的严峻性表明能力在建立信誉和忠诚度中的重要性。能力总是被看作很可贵的领导品质，很明显，信誉和忠诚度在上下级关系中的确具有非常重要的地位。

能力、信誉和忠诚度这三者是相互作用的，其中能力在三者中排第一位。当领导者发现下属对其不信任或是忠诚度不高时，通常会私下进行处理，就像对待社会纠纷一样来处理这个问题。想要建立起信誉和忠诚度的领导者们通常会热衷于参加一些社会活动，诸如高尔夫、远程会议或是其他团队建设活动。领导能力通常是忠诚和信任问题的根源。要仔细识别信誉和忠诚度的根源所在，千万不要忘记能力对于一个伟大的领导者来说是最基本的。

这个原则告诉你，当你在展示你的才能时，你也正在提升你的信誉和忠诚度。很多领导者都是通过自己的能力才达到了今天的地位。你要花时间努力去向你的下属展示你所擅长的东西，并向其表明为什么你能成为领导者，凭什么他们要对你充满信心。当你展示才能时要用心，但是不要对他人傲慢无礼或是让他人难堪。最后，记住，领导是让大家一起努力取得成功，而不是只有你个人取得成功。

教训五：在极度威胁面前显示出领导者和下属的真性情

伊拉克军队的分裂就是一个很好的例子，即当情况不断恶化时领导者的威信会发生怎样的变化。向我们口述经历的伊拉克战俘，通常都是最基层的战士，他们在面对威胁时，如空投炸弹、炮兵袭击或是遭遇坦克，会做出投降的决策。这种决策通常是一群士兵商量的结果，不是来自总部的指挥，而军官们也会应允部队投降——有时是因为自己也想这样，有时则是出于善意。

伊拉克军队的领导者在激发忠诚以及在部队的上上下下中影响他人的能力完全缺失，这毫无疑问直接导致了其在面对美国的武装力量时土崩瓦解。换句话说，不是领导者放弃了部队，而是部队脱离了领导者。

这给出了一个重要的教训，就是当发生危难时，人们的反应其实也表明了他们与组织和领导者之间的基本关系。逆境会使强队变得更加团结，也会使弱队变得更加分裂。领导者必须善于在风险很高的情况下，特别是前景暗淡的时候，读懂每位下属。

与伊拉克士兵进一步访谈后我们发现，如果说伊拉克士兵之间还有感情联系的话，那么这感情联系大多来自士兵的种族或地域关系，而不是部队。师或排之间很少甚至没有内在凝聚力。在伊拉克大约 150 个主要种族中有 2 000 多个分支，分布在广泛区域及多个宗教团体，那些被采访的士兵就是来自不同的种族或地域。

教训六：跟随者关心的是你现在能为他们带来什么，你的过去对他们来说无关紧要

“人们有多少钱”意味着“人们过着怎样的生活”。利用你的生意或行动来换取生活质量，以此来鼓舞你自己及你的跟随者。记住，对于跟随者而言，你以前

的成就不足为道。除非跟随者在目标、动机和方向方面都很依赖你，否则，你就不是一个领导者。这种现象适用于现在，也适用于将来。

教训七：除非出现危险情况，大多数领导者都盲目追求个人在小职权上的独立，而不注重领导力

2003 年 3 月 19 日，美国军队离开科威特，北上经过伊拉克北部沙漠前往巴格达。伊拉克军队各个部门完全各自独立负责。

据报道，伊拉克正规军有些是被迫参军的，他们做任何事时都担心没有完成职责而受到报复以及害怕如果逃避作战而会受到 Baath 或者 Fedayeen Saddam 组织的惩罚。伊拉克士兵们如果被怀疑要开小差，就会被投入监狱或鞭打，因此他们有些人往往会放弃手中的武器，冒着生命的危险到达后方。

如果你领导着一个公司或组织，你的领导力有多大部分是基于你的职权而不是人们自愿作为你的下属一起实现共同目标的呢？假如你无法回答这个问题，你有必要评估一下你的影响力，直到你能回答这个问题。单单凭借基本的人力资源管理工具（包括报酬、奖赏、工作环境、工作安全、津贴）是无法组织起人们的，领导者必须能够在优势受到威胁或者有利条件丧失殆尽的情况下依然保持组织的功能。

大多数伊拉克战俘把他们的长官描述为很冷漠的，而不是人们想象的令人畏惧。事实上，许多长官都是由上级指派的，并不被他们的部下认为有能力胜任而受到尊敬。令人惊奇的是，对惩罚的恐惧通常并不适用于伊拉克军队的领导者。几个俘虏报告说他们的长官如果强迫他们参与战争的话，他们也许先把长官杀死然后投降。

领导者应该努力使组织在交易和管理方面能够独立运作，激励人们工作。如若不然，组织一旦受到威胁，就会崩溃瓦解。

结论：最好的领导者都充满热情

想想那些极端困难环境中的领导者们，尤其是服务于公众机构的领导者们

所承受的死亡威胁和挑战。我们许多人一定会毫不犹豫地说，警察、消防队员及部队的领导者都是值得尊敬的。作为领导者要弄清楚自己责任的重要性以及明白自己应该如何影响跟随者，是要花费一番心思的。所以，如果你肩负着为你的组织选择领导者的使命，那就选那些希望发挥领导作用的人，而不是希望得到晋升的人。

第10章

创造紧急事件激励你的团队

罗伯特·莫里斯

2001年9月11日，我们遭到了袭击。当时我们步枪连还在瓦胡岛上参加军事野战演习，我们的对手借助黑夜的掩护试图攻克我们的防御阵地。凌晨3：30，当通讯员打断我时，我们连长已经召集了所有人开始计划着如何反击。"长官，"他用几近恳求的语气对我说，"有电话找你，我想事情非常紧迫。"虽然我听见了该通讯员的话，可是我们计划进程的紧急性淹没了他的请求。我们连就要完成一个已经准备了6个月的重要任务。在这次半年之旅的初期，我们连甚至对装备还没有足够的了解，这次训练是我们成长过程中非常关键的一步，也是组织变革中至关重要的一部分。

虽然通讯员没有打乱我的思路，但我还是被他的那份执着所感染，最终接听了那个电话。高级长官要求我们将安全度提高到百分之百（每个士兵都要随时应召），处于紧急武装预警状态，并且时刻准备接受上级的任务。当我放下电话重新回到任务上时，我的一级长官（连中的高级领导）问我发生了什么事，"我也不清楚，"我回答，"他们要求我们将安全度提高到百分之百并处于紧急武装预警状态，我估计他们在那边听不到武器开火的声音吧。"没人知道紧急武装预警状态具体是指什么，所以直到一级长官打断我的话时我才开始认真思索着广播里的号召。"该死的！"在询问了我们的陆地训练指挥后，长官大声叫嚷道，"紧急武装预警状态是指已经在美国本土上发生了侵略性实战攻击！"队伍中顿时只有沉默，紧接着就是从森林那边迸发出的一阵阵用手机沟通的声音。

在"9·11"事件发生后初期，军队长官在激励队伍时几乎没遇到过困难，紧迫感不仅仅是一个热门话题，也是我们为不可预知的未来进行准备的一种生活方式。我们发现，一个有效的组织在袭击前如果拥有合适的系统和程序，在后来的部署中，将面临较少的混乱。在那期间，我担任了指挥官的职位，并负责 200 多名士兵和价值 4 000 万美元的设备。我曾经有过 7 年团队服务和领导的经验，并且我曾领导过由 130 个士兵组成的小团队；但是我从来没有遇到过类似的突发事件。我们连经过几个月的努力，完善了制度，建立了组织规范，尽管我们还远不够完美，可是不管完美与否，我们必须为可能发生的一切做好准备。

这次变革以及恐怖袭击所产生的巨大影响让我学到了很多关于建立一个激励性团队正反两个方面的教训。

我的第一堂激励课：人们需要方向和目标

在 2001 年 3 月 31 日这天，我忐忑不安地站在杰夫中尉（我新团队的一个重要人物）面前。当时是晚上 10 点，我原计划第二天上午 10 点在夏威夷斯科菲尔德兵房总署接任一个任务。杰夫和我在外面凌乱的大厅里试图清点设备账目（这个任务持续了大约 5 周），但是还是有很多设备缺失。一想到我们有可能不能按时完成任务时我就更加紧张。在接下来的 12 个小时里，我无论做什么也不能阻止交接仪式的延迟，这令我很痛苦。

尽管这件事的法定责任是由外出的长官承担（他当时没在那儿），但我仍然感受到责任重大。我想到了如果任务一旦失败，很多人都会被卷进这件事中；也想到了交接仪式和士兵们（他们都被自己的长官放了一天假）。一切现有的装备将被签收为连里的装备，然而，我不能签收丢失的装备。并且如果没有相关士兵来制造设备，我无法补上丢失的设备。队伍将何去何从呢？该怎么处理士兵们对是否完成任务漠不关心的态度？

> 在寻找遗失设备时，军队内部并未形成一种真正意义上的紧迫感。似乎没有人会在意这些设备缺失。同时，即使军队里并没有足够的设备和武器来帮助我们完成所分配的任务，也没有明确的规章制度制约这种情况。

一个典型的斯科菲尔德兵房总署由 200 人和一些不同的运行机构组成，这些机构的规模从 3 个人的情报人员到 30 人的巡视兵不等。每个机构的领导都是经验丰富的长官或非委任长官，并且所有的人都知道他们对完成设备清单负有的责任。实际上，因为斯科菲尔德兵房总署可以同时容纳 500 多名士兵，我们从队伍中挑选出了最好的长官和非委任长官（大约 500 人）来提升斯科菲尔德兵房总署的领导力。但是迄今为止，他们中还没有人能解决我所焦虑的设备清单问题。

杰夫为设备清单的事消耗了很大的体力和脑力，因为他对整个过程很失望。我试着想出一种最佳方式来告知我的上司我们不得不推迟完成上级命令。我对杰夫感到很抱歉，因为他是连中新来的，但他的工作能力超强，也是我所见过的最努力工作的人之一。在这次调任之前，杰夫已经被指派专门修复部队中日渐薄弱的行政管理和后勤管理系统。在最后的这一个月里，我们一起安置和盘点清楚连里的每台设备，同时我们也知道，还有大量的责任心问题是我们无法单独解决的。

我认为，一个连的不良表现应归因于激励问题，并不是能力或培训等因素。同样的群体在其他组织中表现得很好，而且我还亲眼看见了他们在训练过程中出色地完成任务。久而久之，我发现那些被激励的人需要的仅仅是方向和目标。

当总部官员出现时，尽管杰夫已经向他们说明了资产问题，但包括我在内的每个人都认为我们能在交接仪式之前及时解决这个问题。除了杰夫，连中对于寻找遗失的设备还没有形成真正的紧迫感。对我来说，这一点远比资产责任缺失问题叫人忧虑：连中的其他人似乎并不关心设备的缺失。

正因为设备缺失，自那晚后我们已经三次推迟了上级命令，而且外出的长官还因为其疏忽被罚款 4 000 美元；甚至在我们一次次推迟命令之后，仍然没有人站出来解决这个问题。当命令最后真的变化时，我的一个同伴发话了：“罗勃，你要看到事情光明的一面！我们连没有别的路可走，只有迎头往上冲!”我需要面对一个意志消沉的长官和组织涣散的团体，并且只有 4 天的时间去思考如何领导这个团队。

因为军队有正规的训练和晋升计划，并且连中每个领导都拥有丰富的经验，所以我认为整个连的不良表现应归因于激励问题，而并非胜任力或培训等因素。

同样的群体在其他的组织中表现得很好，并且我还曾亲眼看见了他们在训练中出色地完成任务。如果没有对整个连的深入观察，我绝对不会深刻感受到责任心的重要性。

我迅速决定将精力集中于激励团队领导者，使他们发挥全部潜力。布鲁斯·E.格鲁姆斯上尉（美国海军学院的第 81 任海军司令）在第五届美国海军领导大会上讲道：他 30 年的海军将领生涯使他懂得，在任何一个 10 人队伍中，通常是由 2 个人完成 80%的任务，由 6 个人完成 20%的任务，而余下的 2 个人在拖整个团队的后腿。格鲁姆斯称，领导者的职责就是指出如何激励团队中 60%的人以高效执行者的水准完成任务，这样就可以提高低效执行者的水平，进而提高整个团队的工作效率。

我在斯科菲尔德兵房总署的经历和格鲁姆斯的观察结果是一致的，时间证明，那些被激励的人所需要的仅仅是方向和目标。少数人需要更多的关注，但最终的结果是我们必须转移他们中的一些人或迫使其退役。正如我们所看到的，我最初的努力集中在团队中最低效的 20%的人身上，我最终会把这些人转移或迫使其退役。所运用的一切方法均是为了建立一个完整并鼓舞人心的团队，使团队成员在其工作中发挥他们的最大潜能。

如果为了让下属去完成组织目标以及提升团队协作，那么领导者必须和成员建立紧密的关系，以此来激励他们的下属勇于面对挑战和无法预知的状况。

通过建立紧密的关系感染他人

领导就是对他人产生影响——通过制定目标、方向和激励计划——以完成组织任务和提升组织实力。

——《菲尔德手册》，pp.22-100，军事领导

鉴于有很多人研究领导力这一主题，有关领导力也相应有很多不同的定义。实际上，历史告诉我们，定义领导力与实践领导力几乎一样困难。很多学者和实践者都认同领导力应包括一些基本的含义：与人交流沟通、影响力或说服能力、目标的实现。军队里对领导力的定义不仅包括影响人们完成任务，还包括影响人

们进而提升组织实力。为了强调这一点，我在领导力的含义中又加了第 4 条：改进，抑或变革。这是每个领导者、军人的责任，换句话说，就是影响他人以完成组织目标进而发展自身。

建立关系是领导者胜任力的基础

我们调查了 50 个高效的领导者，发现每个人都有其独特的个人魅力和领导风格。不管是领导风格还是个人魅力，在大多数现代领导力模型中，一个最重要的理念就是：一个领导者必须和他的下属建立起一定的关系。如果目标是通过影响下属完成组织目标进而提升整个团队，那么领导者必须建立足够强大的人际关系网，以此来激励他们的下属勇于面对挑战和无法预知的状况。

尽管领导者和下属关系的紧密性并不一定表明任务可以完成，可是它常常会影响到下属对组织的责任感。作为一个军队的领导者，我非常强调成员对组织的责任感，只有这样他们才会在艰难的环境中不假思索地执行任务。在这个案例中，我看到了这个连队的责任感缺失，以至于不能在指定时间内应对一项简单且毫无威胁的命令变化。这也是预测连队能否在更加苛刻的环境中完成任务的一个指标。

不同的组织或许会有截然不同的目标。比如，投资公司也许将注意力集中于为其客户积累财富，警察局则致力于为公众提供安全保障。尽管这些不同组织的领导者在各自岗位上会碰到不同的挑战，但是他们还是会遇到一些相似的情况：这些组织的领导者必须激励他们的下属完成组织的核心目标。这一点显然需要领导者和人打交道，即人际关系的处理技巧非常重要。

每个领导者也必须随着环境的变化来适应自己的组织，这也需要人际关系技巧，因为我们无法指望每个领导者都能够独立地理解环境并且预测变化的组织需求。伟大的领导者，甚至比领导者更优秀的下属所拥有的这种能力和勇气通常会引导组织高效运作。正因为如此，我认为人际关系技能是所有领导者的一个关键能力。在本章的后半部，我将谈到如何发展这些关键技能，以及如何激励团队完成组织目标并提升组织实力。

人就是使命

每个领导都会为激励团队的问题发愁。我身边的朋友和同事讲述了斯科菲尔德兵房总署命令变化的故事。每当这时，我的朋友和同事都会问我："你为什么不强迫队员们重新生产设备呢？你是掌权者啊！"其实，领导远远不是那样简单。你是否曾经历过因为团队中某些人拖后腿而使你错过了截止日期，或者无法完成销售任务，抑或输掉一场比赛？你是如何解决类似问题的？通常的解决方式介于解雇员工和什么都不做这二者之间。可是我们多数人会选择折中的方法，要么正式商讨要么私下解决，除非该成员表现出明显的疏忽或者严重的道德问题。我认为一般领导者会毫不犹豫地解雇有重大疏忽和罪行的员工，所以我打算将注意力更多地放在通过激励下属，解决不良绩效团队这个模棱两可的问题上。

在我当斯科菲尔德兵房总署长官的前几个月中，我将整个连作为一个整体进行激励。如果连中的某个部门没有完成预期任务，我就召集所有的部门领导共同商讨整个连的改进策略。我会花几个小时时间和那些部门领导探讨我们的不足之处；同时，我认为我的个人参与和团体的集体策略是建立一个更好团队的基石。在这个过程中，通过每个人的参与（我不想排斥任何人），我们的绩效的确有了一定的提高。尽管这样，我没有意识到的是：我实际上阻碍了一些人的发展。

要在一个大团体中建立很有意义的关系几乎是不可能的。领导者必须和该团队中的核心人物建立有价值的关系。

一天，一个我认为最有能力的部门领导要求我把他调到一个新的部门，他是我原来亲自委任的侦察排排长。对于他的要求我感到很震惊，并让他解释离开的原因。原因很简单，他对我有点不满，因为他一直很勤奋地工作以提高他所在排的绩效，但我对待他的态度和对待那些连中没完成目标的部门领导没什么两样。实际上，我倡导的"我们所有人都是一体的，是不能分割的！"这种工作方式抑制了他的工作动力。

回顾这段经历，我觉得我所犯下的这种最基本的管理失误有点可笑。所有的管理者可以从中吸取到两个重要的教训。

第一，为了建立有效的关系，领导们必须自律。曾有人告诉我要时刻保持自知。作为一名年轻的海军上尉，我的连长多次告诫我说："要尊重事实，不要感情用事！"在执行设备清单管理时，我被连队的低绩效给惹恼了，并且认为其部门领导要共同担负责任。那次糟糕的事件引发的这种愤怒与困窘一直持续了几个月，直到我碰见那位经验丰富的排长。情绪的干扰使我很难分辨出连队中的优秀个人，很难看到有很多人每天都在做着伟大的事业。通过认识你自己，你可以更好地发掘自身的优势来弥补不足。

为了建立有意义的关系，首先要认识你自己并维持 3～5 个人的管理幅度。

第二，要在一个大团队中建立有意义的关系几乎是不可能的。团队通常包含两个或更多的成员，领导者至少必须和这个团队中的核心人物建立有意义的关系。几乎每个领导者和管理类的训练项目都强调控制幅度。显然，那些管理着成千上万名员工的公司主管无法和每个员工建立起有效的关系，可是他们可以和公司核心的管理者建立关系，比如，财务总监、培训总监以及其他高层人员。

军队中每个组织的层级结构适宜用 3～5 个人的管理幅度。因为我感觉我们处在危机中，我试着通过领导团队来控制整个态势。我知道我只有 1 年的时间用来扭转连的局面（实际上 2001 年 9 月 11 日帮助我缩短了这个时限），并且我希望用最高效的方式处理问题。我承认时间的压力改变了我的决定，还有与我最信赖长官的对话，这些都引导着我重新将注意力放在通过与上级领导者建立有意义的关系来塑造我的团队。

建立你的激励团队

你有没有听人说过“这个队伍没有紧迫感”？这说明团队中肯定有人存在紧迫感，要不，也不会有人这样说。更可能的情况是，当你听见这样的评价时，这个团队中每个人的关注层面是不一致的。对个体的激励方式要因人而异，这种差异性建立在他的价值观、个体成长需要和个体情况的基础上。因此，这就需要团队的管理者正确地评价和确定下属的激励需求以促进他们实现组织目标。

仅仅完成定期目标是不够的；我们希望建立一种氛围，它能使团队长期稳健地发展并且适应变化多端的环境。为了变革或提升组织，我们的团队必须认同和吸纳自身的价值观和组织的长期目标。我们的终极目标是拥有一些可以分享团队成长的激情与喜悦的成员，他们在晋升到我们这个职位之前就积极解决问题。实际上，我们希望他们对策略失效和预期缺漏感到焦虑，并且能提出使团队走向正途的解决策略。最初，斯科菲尔德兵房总署中的很多管理者缺乏动力，接下来我介绍一些可以帮助我们实现目标并且提升整个组织的激励方法。

领导力共享：将自己置身于优秀人才中

在西点当学员的 4 年中，我的很多指导员和长官经常对我说："高处不胜寒啊！"军队里不同指挥层的领导者都必须承担相应的法律责任。长官们很有权力，他们可以利用自己的权力提拔、奖励下属，或者进一步地说，在需要的时候限制下属。拿我的职位和其他以服务为导向的职位来说，我们可以命令下属执行可能导致他们牺牲的任务。

同时，权力意味着需要承担很多，我也常思索怎样才能缓解孤独感，这种孤独感我听许多长官提及过。我有一些搞投资的银行家朋友，他们管理着大金额银行账户，一个很简单的数学错误可以使他们客户的投资损失上百万甚至上亿美元。我可以想象那种压力和责任能引起相似的孤独感。缓解这种压力和降低造成重大损失可能性的关键是让自己与优秀的人才在一起，和他们一起共享领导的职责。

我的岳父，一个前任军队长官，现在是一家公司的领导者。在我进入军队时，他建议我最好多和优秀的人物接触。自那以后，我听见过很多次类似的劝告。可是，我也见到很多管理者因为种种原因而忽视了这点。一些人太过骄傲，认为自己无所不知；有些人则感觉自己受到了威胁，因为他们身边有一些更为聪明、年轻的长官。可是，和充满激情、富有能力的人接触所带来的好处远多于它可能产生的损失。

我也遇见过力图和优秀人物打成一片的领导者，但是选择不当实际上会阻碍组织的发展。问题的关键在于选择合适的人，要选择那些可以与你的领导风格互补，同时也可以帮助你为组织做出正确决策的人。

当着手完成斯科菲尔德兵房总署命令的一开始，我上司就找到我并对我说："请谈谈你对于扭转现在的局面所需要做的准备。" 1 个月内，在 7 个关键的领导任务中，我起用了 4 个新的领导者；并且，我是在慎重考虑过他们的个人素质后才做出选择的。比如，我选择陆军中尉福克纳做我的首席长官，就是因为他是一个经验丰富的老兵，之前曾做过精英巡逻警队的供应专员。他的逻辑系统学识和经验远在我之上，我需要借用他的经验来帮助我解决设备去向和责任归属方面的问题。

我的上级军士应该算是和我一起共事的最有能力的管理者。他在他办公室的墙壁上仅仅挂了他和他队员们在1989年入侵巴拿马时坐在诺列加沙发上的照片。他本人很平和也很谦逊，因为他有丰富的经历，连队里的成员都很尊敬他。虽然我曾效力于优秀的团队，但是我缺乏战争经验，这种经验可以使我在连队中受到像对他一样的拥戴。同样地，其他的长官也是各尽所能来提高各自的团队，我对他们每个人都深信不疑。

在那一年里，我和我的主要领导者共同承担了斯科菲尔德兵房总署的领导职责，因而我从来没有孤独的感觉。我做过艰难的决定，而且我也是这些决定的唯一责任人，但是我总会咨询我的团队。这里我要澄清一点：你无法推卸自身责任，这些是你必须独自承担的。相反，和别的领导者分享领导力意味着你要和他们一起商量决策，当你不在时，通过授权让他们自己做决定，同时各自对自己的选择承担相应责任。而且，最重要的是，要充分相信他们能为团队成员和团队谋福利。有时，他们处理问题的方式也许和你不太一样，这也是很关键的一点。记住，你任命他们是因为他们可以与你的领导风格互补，并不是他们会模仿你。

> 如果你的周围都是杰出的人才（他们有可能是你未来的接任者），你就要鼓励他们每天在接受挑战中不断探寻更好的方法。有建设意义的不一致意见和反驳就像维生素一样，可以促进组织的健康发展。

如果你的选择不当，你的周围就可能簇拥着一群和你自己很相似的人，这就很可能导致团队思维的雷同，或者你可能误选了能力欠缺的人。我曾见过领导者选择和绩效差的人在一起，因为这样可以使他们鹤立鸡群。这些人的逻辑就是，“如果我周围都是些平庸的人，那么大家都需要我做决策。这样我就显得特别聪明了”。尽管没有人愿意承认自己这样做过，但我们一定见过有些人在职业生涯中的某一阶段这样做过。这种尝试会毁掉一个团队，因为这样团队很依赖于你的领导，而一旦你离开了，团队将陷入困境。那些领导者们严重地侵蚀了他们组织的长期健康。同时，他们无法完成最基本的领导使命——提升组织。然而，如果你的周围都是杰出的人才（他们有可能是你未来的接任者），你就要鼓励他们每天在接受挑战中不断探寻更好的方法。意见不一致并不是不忠诚，实际上，有建设意义的不一致意见和反驳就像维生素一样，可以促进组织的健康发展。

将团队视为你的第二个家

最基本的团队就是以家庭为单位的。社会化最早也是发生在我们的家庭，并且我们的价值观、信仰和个性特征与我们的父母、兄弟姐妹都是比较一致的。

和大多数人一样，我的家庭也有良好的传统。比如，圣诞前夕，我们就在外婆家一起过，大家一起拆礼物，一起享受美味的大餐。我的叔叔罗恩每年都给我们讲同样的故事，就好像我们从来没听过一样，他还会模仿他最喜爱的歌手乔治·斯瑞特唱小夜曲，这使得那个故事更为有趣。同样，我们如果在爷爷家过圣诞节，也会一起拆礼物，一起吃饭。18 年了，这两个既定的传统塑造了我，并把我和我的家庭紧密地联系在一起。我离开家至今已经有 17 年了，这种亲密的关系经受住了时间和空间的考验。领导者应该从家庭建设中汲取经验，并且将团队建设理念融入他们的社会化进程中去。

人类是群居动物，我们每个人都有交往的需要。当然，有很多性格内向的人更愿意单独生活而不喜欢聚居在群体之中。我的一些家庭成员也是内向的，可是他们仍然喜欢参加家庭聚会，就是想看看罗恩叔叔又跳又唱的样子。领导者必须弄清楚什么才能激励下属，同时必须创造独特的团队建设条例。

在我刚刚成为军官时，我的连长要求连队领导每个周五的下午 3 点都在他的办公室谈论目前的焦点话题。这些话题从连队工作到目前的社会、政治热点。他经常持反对意见并与我们进行争论，以激发我们去积极思考。

在另一个连中，我的长官每个月都在他家中举行一个小型晚宴。在我军官生涯的后期，我的一个营长为全体军官在凌乱的大厅中提供桌子，这样我们每天早上就可以聚在那里一起吃早饭了。相似地，我的另一个营长每周四和一些连长相约一起去位于夏威夷那里欧胡岛的西点海滩冲浪，然后在当地的一家咖啡馆吃早餐。在这些情境中，参与者的个性经历了比较大的转变。我们的一名士兵本来不会游泳，但他仍坚持加入了冲浪小组，如果这件事处理不好的话就会产生严重后果。至今我仍然和那些领导者以及在那些经历中认识的人联系，我认为，正是那些经历使我们建立了友谊。

> 如果我们真的能够建立起这样一种氛围，它以团队合作为核心价值，这种价值观能够使得组织成功和促进组织发展，那么，我们就必须引导我们的成员迎接未知的挑战。

毋庸置疑的是，这几个组织是我参加过的最好的团队。在每个组织中，我们的团队成员都可以和主要领导者进行横向和纵向的沟通。因为我们花了很多时间来谈论日常的挑战，先不管专不专业，至少这样使我们对组织有了更多认识并且也拉近了彼此距离。很少有上司会告知下属他准备提高内部沟通或增进内部联系，但是，我们彼此已经以某种方式紧紧地联系在了一起，这种关系就像一个家庭一样，能够经受住时间和空间的考验。

做一个问题的解决者，而非问题的传播者

即使领导者有时间解决每天出现的所有问题，这也是有害且无益的。我们需要我们的下属能够分析和解决由各种原因引起的最基层问题。权力下放给我们带来了两种明显的推动作用：一是为团队的长期发展提供了可能；二是培养了继任领导者。如果我们真的能够建立起这样一种氛围，它以团队合作为核心价值，这种价值观能够使得组织成功和促进组织发展，那么，我们就必须引导我们的成员迎接未知的挑战。

在 2001 年的一个研究中，军队训练和领导力发展计划要求军队的长官们要有自我反省、适应变化的意识并且处于持续学习的状态。当今的信息技术和全球化创造了一个快节奏、多元化和瞬息万变的环境，在这样一个环境下，领导者必须有效地领导他们的团队。这些胜任力适合所有的领导者——公司领导者、非营利组织领导者、教师和教练等。现在的关键是要找到促进领导者成长的方式。

当计划军事任务时，我们只有执行了计划，才会知道这些计划的有效性。一旦开始实施计划，我们就会面临不断变化的形势和未知的境况，而这些可能需要领导者制定全方位决策以给组织重新定位。为了确保下级领导者做出有效的决策（就是说，决策和整体组织目标相符），我们必须使得他们能统揽全局，在考虑组织整体目标的基础上采取行动。我们这样做的一种有效方式就是给执行长官和前线指挥官更多的控制权和较少的指挥。不仅要减少指挥，还要告诉他们你在下个

特定时期内的计划，并将你的想法和整个团队的目标联系起来。

不管你遵循的是每天、每周、每个季度的发展，还是每年的发展，你必须制订一个阶段计划。假设你希望将公司本季度的利润提高 2%，或者你希望年底在本国的另一地区设立一个新的办事处。通过为团队设立中级目标并且引导下属管理者实施团队战略，你能使他们产生一种成功执行计划的主人翁意识。同时，你成功的关键在于你的沟通能力。你的计划必须支持团队整体目标，应该与你的个性、价值观相符。

为了确保下级领导者做出有效的决策，我们就必须使得他们能统揽全局，在考虑组织整体目标的基础上采取行动。这样做的一种有效方式就是给予执行长官和前线指挥官更多的控制权和较少的指挥。

随着时间的流逝，如果你坚持用这种方法管理团队，你的队员将非常理解你，并且可以在没有任何指导的前提下了解组织目标。此外，通过了解自己任务的总体目标，下属也能提出更好的建议或者提早发现可能出现的问题。你的注意力不应该放在他们的具体执行方法上，相反，应该把注意力放在他们成功完成你的预期计划上。在分配好任务和制定完目标后，你仍需检查进度。不能用放任自流或插手不管的方式领导你的团队。在制订任何计划时，你应该让人们为此结果承担责任。你要指导他们以更加灵活的方式做事，这样，他们就可以在碰见突发事件时做出更好的决策。

如果你希望下属更好地理解你的想法并且对情况有更多的了解，那么你可以把领导团队培训融入你的计划中去。从理论上讲，军队领导者们要对下属两个层级的领导者负责。领导团队培训教导下属学会如何思考和处理比自己职位高两级的领导者所遇到的问题。

领导团队培训也称嵌入式领导培训。因为所有的训练内容都与组织目标相结合。在一个季度性的训练中，我的旅长（比连长级别高两级）将我和旅中的 40 个同伴召集到一起。他设计了一个 49 分钟的训练，即向每组长官指出了他作为旅长所需要解决的问题。这些问题出现在不同的领域：运作、物流、人力配置以及培训。在和一组队员（4 ~ 5 个人）共同探讨后，我们向整个团队简要阐述了我们解决该问题的首选方案。

每个层级的管理者在每个季度中都必须指导团队进行这种培训，所有我不得不参加旅和营的领导团队培训会议讨论，我还必须制订整个连的领导团队培训计划。下面摘录了一些队员从领导团队培训中所学到的东西：

- 能更好地理解长官们的组织要求；
- 对那些影响高层计划和运作的因素有了深刻的认识；
- 对局势变化更加敏感；
- 在组织规定的边界外更好地与人沟通，这样能使你和同伴们分享最好的实践经验；
- 提高解决问题的能力。

训练带来的另一个好处是，很多领导者发现他们上级所面临的问题非常复杂，这使得他们不再埋怨自己的长官，而是重新将注意力集中于完成自己的任务上。这个方法也许还有助于组织处理跨团队纠纷，因为它提高了成员对局势变化的敏感度，打通了横向和纵向沟通的大道。

不管你用什么样的方式，最重要的是在你决策的过程中要考虑到下属。这不仅能锻炼他们成为组织的未来管理者，而且也可以帮助他们更好地理解你的计划，以及在你离开时同样可以做出明智的决策。

激励中的常见陷阱

虽然这些工具曾经帮助我建立起一个高效的团队，可是我仍然忽略了一些我从激励中学到的教训：

- 可以通过给你的团队施加比较大的压力来制造一种组织失调的恐慌；
- 尽管我努力和人们建立积极的、有意义的人际关系，但还是必须一直关注组织的目标。

> 如果你将所有事情都当作紧急事件来处理，那么你的下属将会被弄得精疲力竭，最终你的团队将会遭受到诸如自满、倦怠及毁灭的威胁。

不要盲目恐慌，明确任务的紧急性并有步骤地完成它们

这一点是我在西点做学员的时候感受到的。1990 年 7 月 2 日早上 8 点，我以

新生的身份去西点报到，在 2 个小时里，我以每分钟 120 步极速前进。我这里提到这个报到是因为（就向我的班长和学院低年级同学解释的那样）领导“做任何事情都应有目的性”。虽然我开始完全不理解这句话的意思，但是我还是遵循着这句话，在学校里以我最快的步行速度从最近的路到达我的目的地。第二年，我接受了大量关于带着目标执行任务的培训。我学会了如何在 15 分钟内吃完饭，用 6 小时就完成 8 小时的工作量，以及在不到 10 分钟的时间内从拳击课赶到微积分课上。

那么，那些给我们指导的高年级优等生们他们在做什么呢？和新生相比，他们在校园中悠闲地踱着步子。我们穿梭在那些高年级学生之间，他们就好像静止的一样。实际上，似乎学校的新生们一直处于恐慌中，因为他们受到了来自各方的密切关注。

我以为等我们进入高年级后情况不会再这样了，但是当我们资历提高时，我们也掉进了自满的怪圈中。领导者需要给下属树立榜样，所以理论上讲，高年级同学也应像他们要求新生一样带着一种紧迫感去处理自身的日常工作。如果把每个任务都当成首要任务去完成，那么一年下来，即使精力充沛的学生、员工或领导也会吃不消。

领导者的关键是要设定任务紧急性以及团队的整体进度。我的第一任长官经常告诫我说：“慢就是稳，稳就是快！”这就是他教我的自我规划和耐心待人的方式。如果你将所有事情都当作紧急事件来处理，那么你的下属将会被弄得精疲力竭，最终你的团队将会遭遇到诸如自满、倦怠及毁灭的威胁。有时候，团队需要紧迫感来吸引新客户，完成一项交易或者实现一个计划。注意，这里有个重要的词是“有时候”。如果你从来不休息，一直处于压力下，你的下属有可能模仿你，即使你告诉他们不要这样做。

照顾好自己的组员，但不要忽视任务本身

我曾听过一些领导者的哲学理念：“一定要以任务为重！”我一直在思考这句话，因为我发现在关心员工时出现了一些组织内在矛盾，当然，此时的注意力是集中在实现组织目标上。有时，我们需要牺牲自我来完成任务。不管是被调到很远的地方工作、加班，抑或是降低工资和削减福利。我们也常会要求下属为了提高组织绩效牺牲自己的每日休息时间。

1949 年的经典战争电影《晴空血战史》描述了在第二次世界大战期间，空军军官着眼于完成任务，导致与下属的关系出现了问题，妨碍了最终的决策，进而影响了任务的完成。第一任领导，陆军上校达文波特（由加里·梅里尔饰演）在他豁免了一个没有完成爆破任务的下属之后，被革了职。他在该影片中扮演的角色仿佛是一个呵护子女的父母，而不是一个战争中的指挥官。他的继任者，陆军准将弗兰克·萨维奇将军（由格里高利·派克饰演），采取一种实际的方式将组织发展成一个有纪律的高效团队。他关注使命的实现，似乎又较少考虑组员的感情和个人目标。随着故事的推进，他在其职位上的责任变得越来越模糊了。

实际上，这个电影中的两个领导都和组员走得太近了，从而忽略了对任务的全局统领。因此领导者应该将注意力放在激励下属上，同时也应该时刻关注组织目标。

要考虑两个方面的均衡：要么持续督促员工完成任务，要么牺牲组织目标而达到人际关系的改善，记住要尽可能地平衡你的领导行为。

一般来说，人们不是人际关系导向就是任务导向，这取决于他们自身的偏好。长久以来，学者们的研究也讨论了这两种方式的优缺点。有些人可能认为任务导向型领导者在完成短期目标时更加有效，因为他一般只花时间和 1 个人建立有价值的关系，而不是立即和 3 ~ 5 个人同时建立起关系。

最有效的领导会根据下属和环境的具体情况来平衡完成任务和建立关系的行为。比如，你怎样回应一个急切想下班去参加孩子足球比赛的员工呢？如果是正常工作时间，合理的方式是批准你的员工并且很高兴地让她离开。可是，如果你的一个客户下午 5 点才决定要变更会议安排，你又希望所有的组员都能够留下来加班，那你会怎样做呢？你会命令那个员工留下而使她错过孩子的比赛吗？做类似的决策是很艰难的，一般理想的状态是：那些忠于团队目标且被激励的员工自己会做一个正确且不损害任何一方利益的决策。

作为领导，一个使你效率最大化的方式就是了解自己的偏好（有自我意识），并且建立一个平衡检验的系统使自己不断得到提升。当你面对一个像上述那种棘手并且要即时做出决定的难题时，借助于组织规则或者工作描述来帮助你说服员工留下是不恰当的。如果你已经建立起了高效的团队，那么就不会经常碰到类似的问题了。同时，当你借助于组织规则或者工作描述使员工留下时，其他的团队成员可能同情并且竭力支持他们的同伴。

当你需要保持独特的领导风格和做事行为时，我建议你定期审查组织目标。如果你在某段时间给团队施以很大的压力，也许在不久的将来，你应该下意识地采取更多的人际关系导向行为。比如，给员工一天的假期，给员工福利，或者请大家出去吃饭。不管你做什么，要考虑两个方面的均衡：要么持续督促员工完成任务，要么牺牲组织目标而达到人际关系的改善，记住要尽可能地平衡你的领导行为。

最后的一些建议

在 2002 年 2 月，我和一个连在战场上待了 3 天时间，以考察他们的部署情况。连里的队员正在东南亚着手规划我们未来的军事行动。这是一个紧迫的时刻，同时也是发挥冷静、关爱领导力的时刻。没有人真正了解未来将要发生什么，但是每个人都预料了可能出现的最坏情况并做了最坏的打算。

我们的部署计划被推迟了，在 13 个月后，我平静地离开了斯科菲尔德兵房总署。在斯科菲尔德兵房总署的日子里，我和队员们相处得很愉快。在给新任领导的工作报告中，他本人发现只有一套装备有责任归属问题，而我把这个成就归功于我的执行长官和他队员的辛勤工作。因为我任命了合适的人，我把精力集中于建立领导团队和培养连队的未来领导者上。令我骄傲的是，这个连已经被调配到阿富汗并且出色地执行了任务。

当我刚进入斯科菲尔德兵房总署时，我没想过在未来 3 年内可能面临的挑战。自从 2001 年 9 月 11 日开始，局势变得如此难以预测，军队中的所有机构不得不倚仗技术来满足需要。这成为一种对责任感、团队精神和适应性的检验，并且我们的领导已经开始迎接挑战了。很多士兵已经在海外完成了他们的第三或第四个阶段的训练，他们一直都鼓舞着自己努力工作，积极应对未知的挑战。许多因素不断激励着他们前进：冒险、家庭传统、朋友、大学花销、自由等。领导者面对的挑战是确定影响每个人的激励因素，将不同的一群人集聚为一个整体，共同完成组织目标，同时，还要培养一批有能力的领导者，他们能够在未来继续提升组织实力。组织的领导者可以选择帮助他们更好管理组织的方式和手段，上述这些方式和手段仅仅是其中的一部分。

第11章

从容领导

埃里克·J. 维斯

很多管理原则都是通用的。无论你走进哪一家书店，你都可以找到大量由勤奋的成功领导者所著的书。这些成功的领导者都很乐意和世界上其他朋友分享他们卓越的管理实践。不过，当面对这一系列管理领域的、包含着管理知识点点滴滴的书籍的时候，也许有人会问：还有没有其他需要做出解释的？因为这些书籍对如何成为一名鼓舞人心的领导者，以及如何实施顺利的、高效的、重视目标的管理都做了详尽的陈述。但是如果不按照这些畅销书籍所支持的习惯做法去做，又会怎样呢？倘若想要激励员工付出他们百分之百的努力，仅仅依靠这些书籍上作者精心设计的战略就够了吗？换句话说，在采取军事行动的时候，想要士兵将生死置之度外而骁勇作战，仅仅依靠这些精心设计的战略就够了吗？

虽然很多管理法则在商界和军队都是通用的，但是由于军人特殊的工作环境，军队会选择具有明显不同功能的管理法则。军队中的领导者必须常常做出生死攸关的决定，军事管理就是建立在这些硬道理之上的。不仅对于他们自己，这些领导者还得激励部队中的其他人采取英勇的行动。虽然部队的这种与众不同的工作环境没有明确要求一套革新的管理战略，但是从采取英勇的军事行动这一角度考虑，我们不得不对管理这一概念提出更宽泛的解释。

在我短暂的军旅生涯中，部队曾派我到步兵团里当飞行员。当我在排里和连里执行任务的时候，我发现周围都是我的部下。当然，我们同时都必须服从更上一级的命令。在这个管理大圈中我学到了一些对我影响很大的管理知识，我把这些知识一并纳入我自己的管理理念中。然而具有讽刺意味的是，这些知识并不是从指挥系统中的上级军官那里学来的。实际上，我自身的特殊工作背景让我明白了杰出的领导者来自各个不同的级别。这些领导者都有能力提出具体的目标、明确的方向和无穷的动机来使他们的部队变得更加强大。下至最低级别的士兵，上到师长，虽然他们都非常清楚额外的工作和努力并不会给自己带来奖金或晋升，但他们还是担当起了义务工作者的角色，他们这样做仅仅是渴望和那些志趣相投的、有上进心的战友们一起工作。各个级别的领导者都达成了一种共识：在背后默默地工作，无私地奉献，以这种方式来无形地影响身边的人是完全可以让人接受并被推崇的。

要想成为成功的领导者，默默无闻地工作并不是必要的要求，因为在你军人生涯刚开始的时候就有人教你不要把工作热情和自身能力混淆起来。就在这次执行任务的时候，我从众多成功战友的身上发现了一个真理：作为一名默默无闻的领导者，仍然可以影响大家，只不过这种影响改变了一下形式而已，即无私的奉献没有给他们自己带来各种各样的奖赏以及辉煌的个人成就，取而代之的是，在这些无私奉献者的影响下，士兵们与他们的领导者产生了共鸣。为了使部队变得更强有力，士兵们决心贡献出自己的一份力量。能和这些战士、军士、军官们一起工作，我感到很荣幸，他们展现出无论在部队还是在普通管理中都通用的一种不寻常的高水平管理技能：明确目标，从多个角度思考问题，保持勇气和毅力。

> 各个级别的领导者都达成共识：在背后默默地工作，无私地奉献，以这种方式来无形地领导身边的人是完全可以让人接受并被推崇的。

明确目标

组织必须培养个人的决策能力；与此同时，组织又必须抑制个人的单独行动，从而将可能由财务和人为错误造成的损失降到最低。很显然，这存在着一组自相矛盾的关系：在组织中既要促进个人水平的提高，培养个人的决策能力，又要对他们的行动做程序上的控制。领导者怎样做才能兼顾到所有的方面？在部队中，为了解决这一难题，默默无闻的领导者们会明确提出上级领导者的工作目标，因为这个目标清楚地传达了上级的指示以及他们对完成指定任务的预期结果。

部队中对一些概念的陈述，比如，愿景和使命在战场上和商场上都是通用的。依靠愿景和使命，领导者们便能在不抑制个人决策能力的前提下提出初定的目标和导向，使组织按照领导者期待的方向发展。但是，商业管理和军事运作这两方面都是非常不稳定的。在商界，如果任务发生变动，必须召开紧急董事会议。在部队里，下级领导者也经常会遭遇一些意想不到的威胁，这些都可能是始料未及的。比如，在执行一项特殊的工作任务时，对领导者的初衷不得不做出重大改变，这时即使考虑周密的计划，也不得不随着意外事情的发生而做出相应的调整。

了解到这一点，组织中的所有成员都充分意识到，总体目标的实现需要特定的行动方案。对于成员来说，现在以至于将来采取什么样的行动与措施，明确的目标为他们提供了标准的参考。同时，评判个人或集体的任务是否和计划中的安排相一致也能据此做出审核。有时，整个行动往往不能像计划中那样顺利进行。尽管缺乏后续的指示，成员仍然可以继续朝着他们集体目标的方向努力。因为他们了解自己完成指定任务预料中的结果。总之，管理中的各个因素是相互独立的，但又是相互依赖、不可分割的。这是尤为重要的一点。

目标的传达不能过于冗长。相反，需做出简明的陈述，尤其是在有等级制度的组织中。有句格言叫作保持简单——KIS（Keep It Simple）。也就是说，只有目标得以简单的传达，整个组织才可以变得简单起来。当把愿景和使命结合起来看的时候，当原计划行不通时，下属可以按照有关指导目标随机应变，制定决策，并依实际情况做出反应。

同时，这种指导方针也要求成员们意识到他们个人的行为会对整个组织产生一定的影响。在部队里，指挥官们通常概述一下作战目标，并采取与敌方相对应的行动举措。依据影响因素的多少和其相应组织的等级结构，可以把目标分为狭义目标和广义目标。从较低的战术或执行层面来看，尽管会涉及一些技术上的军事术语及具体数据，但其目标往往是简明易懂的。从较高的战略层面来看，则需明确长期的发展策略或作战方案，这一点无论是在部队还是在公司都是很有必要的。

当没有接到上级的指示，但又要与上级所制定目标的精神实质保持一致时，在瞬息万变的处境中，下级领导者该如何采取行动呢？让我们来看看年轻的西点中尉罗伯特·波尔（Robert Ball）所做出的决定吧！

在首次进军巴格达的时候，他发现自己处于营部连队的第一线。在科威特的苦战取得胜利后，装甲排在他的率领下到达了巴格达市郊。作为二旅作战组的领导者之一，波尔本以为在对巴格达战役开始前会有一次短暂的休整。

然而令他吃惊的是，就在第二天早上，他所在的排就接到由上级军官所发出的直接挺进巴格达心脏的命令。2003 年 4 月 5 日，他将率领他的装甲排向巴格达发动猛烈进攻。二旅作战组的领导们认为，在发动进攻前，很有必要与巴格达国际机场的友军取得联系来确定一下敌方的战略部署、军事实力和作战意图。上级的目标就是作战组成功进军巴格达；夺取巴格达这块非常重要、既具有防御能力而又具有军事象征意义的地盘；进军巴格达后，通信渠道必须保持畅通；能整夜持续地为增援部队提供充足的供给。

尽管敌方使用火箭炮、机枪和轻武器进行顽强的抵抗，波尔在这次直捣巴格达心脏的军事行动中仍冲在部队的前面。就在战役的紧要关头，他看到一个混凝土路障横躺在行军的路线中间。虽然作战组的战略策划者之前并没有认为路障对面的地盘很重要，但是波尔不这么认为。他觉得这个路障很有可能误导增援部队，以至于把自己人带入敌人的埋伏圈。虽然挡在他行军前方的这个混凝土路障有 7 吨重，但是他没有畏惧，反而用自己的坦克高速猛撞这个路障。他的排不断扫除障碍，扰乱敌方的残余势力，以便后援能在伊拉克迷宫似的市中心畅通无阻地前进。波尔为了降低敌人的作战效率而采取了不同的进军路线，还冒险用他的坦克猛撞路障。在战役开始之前谁也没有预料到会发生这样的事情。波尔用他个人决策能力突然改变了原来的作战计划。他做出决定时很自信，因为他明确地知道他这么做并没有超出上级目标的规定范围。

二旅作战组领导层提出的清晰而又简洁的目标为培养下级领导者的个人决策能力及其成长营造了一种氛围。与此同时，为使无数的单个任务与复合的集体运作保持一致，对下级领导者进行适当的控制也是很有必要的。商场上的情形瞬息万变，这使得下属有时需要做出独立的判断。在这种竞争环境下，下属必须做出类似的判断并保持与总体目标相一致。一个明确的目标能够使个人基于上级的最终目的做出决策。尽管具体情况发生了变化，波尔仍然很好地贯彻了上级的任务精神。

清晰而又简洁的目标为培养下级领导者的个人决策能力及其成长营造了一种氛围。与此同时，为使无数的单个任务与复合的集体运作保持一致，对下级领导者进行适当的控制也是很有必要的。

从多个角度思考问题

我在这些成功的领导者身上发现的第二个品质是，他们能够怀着真诚的希望来转换角度思考问题。有时候领导者们发现他们和自己员工之间的距离越来越远。实际上，恰恰就是这些员工做了绝大部分的工作。领导者们只是习惯了充当信息传送者的角色，所以他们失去了对他们来说非常重要而又易退化的聆听技能。在部队里，上级领导者通常为他们的部队建立一些标准，这些标准又分为 4 个层次。上级领导者承担着教导他们的下级领导者至少达到 2 个层次的标准的责任。完成这项任务的最佳方法就是亲自视察下属们的工作质量以掌握第一手资料。回过头来说，有时候这些琐碎的工作提供了很大的信息量。领导者们仅仅在意的是他们的组织是否达到了那些设立的标准。同时，他们也可以针对下级领导者的工作情况采取亲身实践的方法。虽然军衔有时候确确实实可以给人们带来特殊待遇，但是这些成功的领导者从来没有忘记过那些辛辛苦苦工作的普通士兵。他们具有的这种体谅士兵的素质把他们和部队紧密地联系了起来。

有时候领导者们发现他们和自己员工之间的距离越来越远。实际上，恰恰就是这些员工做了绝大部分的工作。领导者们只是习惯了充当信息传送者的角色，所以他们失去了对他们来说非常重要而又易退化的聆听的技能。

有一件事是关于一位世界著名的连锁旅馆总裁的。他每年都要花 2 个月的时间在旅馆里做遍所有的事儿，扮演打杂的伙计、前台领班、勤杂主管、客房送餐服务生等角色。这些经历使他弄清楚了幕后到底需要多少工作来维持旅馆顺利高效地运转。这些经历也更新了他的一些看法。现在他很感激他的员工们为了旅馆能这么辛苦地工作。同时，这些经历也使他进一步确定了他应适当肯定他的员工们做出的这些努力。值得特别指出的是，这位总裁能够做到站在他的员工们的角度去思考问题，做到换位思考，而后体谅他们的辛苦。这在部队里是不大可能发生的，将军们很少会丢下他们的军衔，从一名新兵的角度看待这个世界。不过，即使部队里的指挥官也必须努力做到摆脱这些限制和约束强加给他们的困难，从而做到最大限度地通过各种途径来获得思考问题的方法。

花时间设身处地地为员工着想可能需要领导们做些体力工作。保持了解组织发展的最新情况的感觉是很好的。把自己融入员工中去会使你获得 3 倍的成效，以下我们就此进行讨论。

了解你的属下

换位思考的第一个好处就是，你可以从你的角度去了解士兵。知道士兵们来自什么地方，了解他们有哪些业余爱好，在他们的面前展示出你已意识到了他们的辛勤劳动，也很感激他们的劳动成果。告诉他们，他们现在正从事着什么工作以及他们将来会面临着什么样的挑战。记住士兵配偶和孩子们的名字、生日以及士兵的个人成就。通过这几种方式，上级领导者们可以更密切地融入士兵们的生活当中。

有一件事我仍然记忆犹新。我们的一个旅长，官职比我高 4 个级别，在他的手下有 1 800 多名士兵。有一天，他在食堂的门厅里碰见了我。就在他和我握手的时候，他居然叫出了我的名字，还问候了我刚出生的女儿。一般我自己都很难记住一些重要的日子。然而，他——我们的旅长，竟然抽出他宝贵的时间花心思记住了他属下的名字以及对于属下来说很重要的事情。旅长能够记住我的家庭情况，这件事儿对我来说，影响真的非常大。

部队和公司还有一个极为重要的不同点：规模和接触面。部队中的一个旅长可以有 1 800 名士兵。但对于一家公司来说，可能没有这么多的下属。尽管公司的员工不多，但是公司可能还是不能提供高层领导者和员工直接接触的机会。要一个公司的总裁抽出他宝贵的时间和员工们接触，初看起来似乎不太可行，而我不同意这个观点。我觉得不管公司规模是大还是小，不管是哪一级的领导，都应该在多和员工接触这一点上做出努力。

在部队里，这种接触至关重要。军官们不可能在自己不身先士卒的情况下要求他的下属完成任务。但是，抛开规模与接触面上的差异，与你的团队成员琴瑟甚笃对于任何一个组织都是应该的。这种人事上的接触虽然需要做更多的工作，但其对下属的影响以及收获的效果远超出你的努力。

聆听你的属下

换位思考的第二个好处是，可以聆听你的士兵：有机会面对面地聆听你的士兵的真实想法。具有讽刺意味的是，这个观点是我的第一个司机提出来的。当我征求他对领导者有什么期待时，他只是简单地说："做一位好的聆听者，了解你所不了解的事儿。"这句话对于在部队里刚服役差不多一年的列兵（二等兵）来说是多么的经典啊。作为一名领导者，你应该意识到"聆听你的士兵"很重要，做到这一点需要艰辛而又勤勉地工作。只要做到这一点，即使不了解组织中的每件事儿也没关系。所有的组织都希望他们的新成员有一个学习的进步曲线，但是，优秀的组织同时也意识到培养组织中的领导者是组织的职责。通常组织会邀请下属针对组织内部的运作方式坦诚地说出自己的想法。但如果下属们意识到这个邀请不诚恳，只是个形式而已，他们就会回避这个话题。当你巡视车间想和你的下属打成一片时，他们就不难看出你想倾听他们心声的诚意了。问他们一些简单的问题很可能带来影响深远的答案。他们最喜欢什么？他们最讨厌什么？如果他们是负责人，他们会采取什么样不同的管理措施呢？有时候，当你达到最终目标时，你接纳别人的意见和好主意的意识就变得淡薄了。接纳别人的意见后，你会吃惊地发现有更好的、效率更高的解决问题的方法。与此同时，你也会发现谁有更好的处理问题的能力。

当我第一次统领由 138 人组成的步兵连时，我安排了三次不同的会议。第一次和第二次会议由我、下属军官和军士参加。在会上，我做了自我介绍，和大家一起分享了我的管理理念，并对我们连队的发展提出了我的构想。因为我想多次和军官交流，所以第一次会议开得很短，也不怎么正式。这些军官们个个阅历丰富，整个会议围绕着重视军事行动的训练、战斗部队的援助及接受任务前的准备工作展开。这次会议的重中之重就是为了使连队更好地运转，把我和军官们的观点统一起来。

后来，我又和我的士兵们开了一次讨论会。这次会议的影响更为深远。毫不夸张地说，这次会议让我感到很吃惊。会议的主题和上次一样。我给士兵们留了一些表达他们个人观点的机会，但是当士兵们借助这个机会说出他们内心所担忧的事儿时，我开始从一个和以往完全不同的角度来看待我们的连队了。以往他们就说出过令他们感到担忧的事儿，但是由于一些原因，我们这些当官的从来不曾重视。于是，我把他们担忧的事儿一一记录下来。我还向他们保证会设法解决这些问题，每周至少解决一个。其中有一个问题就是，我们连队的训练日程安排不合理，士兵们能和他们家人待在一起的时间实在太少了。特别是在遇到工作调遣的时候，时间更是少之又少了。这样会给他们的家人和工作都带来不良的影响：既不能开开心心地和家人共享天伦之乐，又不能专心于自己的工作。和其他军官讨论后，我说服了我的上级领导，对训练日程表做了调整。调整后的具体安排如下：周一做好准备工作；周二—周四集中精力训练；周五整整一天做好内务工作；周六周日不做规定，时间由士兵们自由支配。可以预见，做出这样的调整后，连队上上下下都会士气高涨。

关心你的下属

虽然只是对训练日程表做了一些小小的调整，但是士兵们可以从中看出我很关心他们。对他们所担忧的问题，我不是只在口头上做个保证而已，而是做出了实际行动。这件事强化了这么一个观点：连队的事，士兵也享有发言权。我们根据他们提出的问题采取解决方案，使他们的主人公意识得以全面体现。我还发现了一个规律：一旦士兵们意识到了他们的领导很关心他们，他们就会士气高涨。一位军士向他的领导提出了同样的建议："如果战士们不知道你心里关心着他们，他们是不会在意你的想法的。"这句话中的"战士"可以换成公司里的下属或员工。这样说来，对于任何一个组织来说，这句话都是句格言。这表明，为下属考虑是非常重要的。只有对他们各自的才能有了充分的了解，才可以使他们在适合自己的岗位上尽量施展自己的才能。转换角度思考问题，可以给你提供一个了解士兵并充分利用他们的才能使组织得以改善的机会。

保持勇气和毅力

能和那些沉静领导者们一起工作，我深感荣幸。因为他们坚韧不拔——能从失误中学习，总结经验。他们虽有这些令人惊叹的优点，但是谦虚谨慎、深藏不露。我原来的一位同僚，准将伯纳德·钱巴克斯就具有坚韧的毅力。那时候，我是旅参谋长，有机会一睹他工作的风采。在那一年里，我负责为一支部队的特别行动小组制订作战计划，该小组有 1 500 名士兵，要为超过 6 个主要训练项目出谋划策。这对我，一个仅仅在部队待了 8 年时间的上尉来说，无疑是一个很大的挑战。面对这种挑战带来的压力，我感到很紧张。

在路易斯安那州的联合训练中心进行的部署活动把我们的工作推向了高潮。为了检验我方部队的实力及作战技能，我方和世界一流的对抗部队开展了为期 14 天的军事演习。这支对抗部队是名副其实的训练有素的超强部队。由于战场情况瞬息万变，我在这 14 天的战斗期内制订出了大约 30 套作战计划，因为战士们能否保住性命完全依靠我们能否及时制订出周密的作战计划。在演习中，军事行动步调过快，士兵们平常的生活模式被打乱了，吃饭、作息的时间点都可能被提前或推后。这是理所当然的。我们总是在谈论敌军是如何的诡计多端，如何的冥顽不灵，以及敌方是如何将我方明确的作战任务变得复杂化，从而使我方无法掌控战斗局势。虽然我方在尽一切努力给敌方制造麻烦和混乱，但是对于我方来说这场战斗还是不好打。演习进行到中期的时候，很容易看出我方处于不利局面。

只有无知的人才会期待百战百胜。无论是军事行动还是公司的业务，成功的获得须以几次失败的尝试为基础。

钱巴克斯很快意识到这一点。事后我想，这也是他预料之中的事情，他只是在等待着这件事情的到来。他迅速把我们召集起来，说："当大家面临巨大挑战的时候，不要指望任务会变得更容易。相反，应该指望用自身的潜能来解决眼前的难题。"在这么关键的时刻，我们旅长用简单的几句话就迅速鼓舞了他的士兵，使他们士气高涨。他的影响力促使我们取得了我们一直认为可望而不可即的成绩。他的领导赋予我们完成任务的力量。同时我们也看到了他的领导带来的影响力的特征——即使当领导者本人不在场的时候，这些伟大领导者的影响力也存在于人们的心中。当钱巴克斯已经不是我们指挥官的时候，我们依然用那种毅力来对待我们单独或集体的军事行动。直到今天，一旦回想起他那强有力的话语及其影响力，我就感觉自己拥有无穷的力量。

坚韧不拔的第二个方面就是要正确地认识自己，给自己准确定位。年轻的领导者们容易犯的最大错误之一就是，他们总认为自己攻无不克、战无不胜。他们能这样想很乐观，可是他们没有把自己真实的一面展现给大家。这也并不意味着乐观主义和现实主义是互不相容、相互排斥的。但是你必须对自己有充分的了解，认清自身的优势和缺点。只有无知的人才会期待百战百胜。无论是军事行动还是公司的业务，成功的获得须以几次失败的尝试为基础。

一个人多数的经验都是从他最惨痛的失败中获得的。考虑周全的计划到底是哪儿出现了问题？你有没有想过可能有很多要发生的意外事件？当你领导全体人员渡过难关的时候，有没有尽你所能来减轻风险？只有以一颗坦诚的心接受失败，我们才会走出自我的樊笼，从而以全新的眼光来面对错误，从多个角度来剖析整件事情。在部队里，我们将这种反问方法称为事后审查（AAR）。

事后审查执行起来简单、直接，也很严格。当进行审查的时候，会追溯到由领导者下达的最初的军事行动计划，通常这些计划由参谋长提出。一旦明确了计划内容，他们就会审查后期到底是如何执行的。部队中的每个人都有一次审查的机会来说出他们心中的顾虑。我们没有故意避免谈论错误，而是把注意力都集中在所犯的错误上。我们要使大家确信将来不会让同样的错误发生。即使这种审查方法有一定的局限性，但是从中得来的教训成了部队里共有的智慧。由此，部队或组织在获取经验的基础上变得更强大。

> 欣然接受这个自我评估观点后，这些沉静领导者变得更有勇气了。这股勇气不仅要求他们自己要做好自我评定工作，从而使自己得以改变和完善，而且还应以自己的言行来带动组织里的其他人，给其他人创造可以使其得以改变和完善的机会。

勇于承担责任和通过自我评估而给自己准确定位是部队能够从失败中重整旗鼓的两个最重要的因素。无论领导者的背景如何，只要他们不断做好评估工作，他们都能够充分发挥自身的优势来挑战自我，从而使自身的缺点最少化。欣然接受这个自我评估观点后，这些沉静领导者变得更有勇气了。这股勇气不仅要求他们自己要做好自我评定工作，从而使自己得以改变和完善，还应以自己的言行来带动组织里的其他人，给其他人创造可以使其得以改变和完善的机会。

结论

领导力并不会因为我们在复杂的环境中工作而变得难以理解。组织往往会以领导者的品质为典范。不管是在商界还是在部队里，各层级都具有高水平领导者的组织必然优于其他同行。但是，如果领导者的能力达不到标准，就会给组织带来不良影响。在商界，领导者才能不高就等于减少盈利。在部队，领导者才能不高就可能在战场上酿成人员伤亡的严重后果。因此，组织必须充分利用每次所获得的经验来培养领导者掌控工作环境的能力。

领导技能在商界和部队的互用可以促使领导者对组织产生的影响达到最大化。以我个人的经验来看，组织如果想获得成功，注定需要不一般的领导者——沉静领导者。他们具备以下能力：目标明确，能从多角度分析问题，具有坚韧不拔的毅力，真诚渴望自己组织的发展超出预期。他们有先见之明，认为可以从每个人身上学到很多知识，并把这些知识纳入自己的指挥系统。比如说，在战场上，下级军官可以在与上级下达目标的根本要求保持一致的前提下充分施展自己的个人决策能力。士兵可以总结出这样的规律：一名好的聆听者可以学到很多有用的知识。聆听者在采纳别人的意见后会改变和完善自己的管理方法。上级领导者为鼓舞大家做得更好会直率地做出自我评估，就像斯巴达的领导英雄 Dienekes。公元前 480 年，他统率 300 名勇士在塞尔莫皮莱（Thermopylae）与由波斯国王薛尔西斯（Xerxes）率领的部队对抗。我们在他身上找到了很多上面所讲到的领导者的素质。

我现在明白了，Dienekes 与阿基里斯（Achilles）不一样。阿基里斯是超人。超人可以大肆杀戮，在杀害无数仇敌的同时自己却不受丝毫伤害，因为超人是无懈可击的。然而 Dienekes 不是超人，他仅仅是在做自己的工作。这份工作要做得出色的话最重要的就是要做到自我克制和自我镇定。他不是为自己的利益着想，而是为整个团体的利益着想。他的工作目标就是："在平凡的岗位上成就非凡的事业。"

领导者们具有 Dienekes 那样的领导才能是一个集体具有凝聚力的标志。在这样的集体中，每个人对待他人都很忠诚，所有人全心全意地投入到工作中。尽力达到明确的工作标准，甚至更出色地完成工作任务。具备这样领导才能的领导者组成的组织能促进那些想成功的人获得成功。这些人不仅仅因为自己想成功，而且出于他们对那些无形中影响集体的、为整个集体奠定发展基础的领导者的仰慕。

第12章

无声领导

杰夫·伯格曼

我来自美国中西部密苏里州的一个农村家庭，第一次接触领导力（leadership）和非言语沟通（nonverbal communication）时，我还是一个大学预科低年级的学生。因为学校的一个沟通合作项目，天真无邪的我有幸去了莫斯科，集中学习俄语。在此期间，我一直在研究苏联人民的生活。在莫斯科的学习很快陷入了困境，语言修养不够和沟通技巧的匮乏使我不能适应异国生活，于是我学到了非言语沟通的方法和有效性。

尽管我起初不能理解这些俄国人在说什么，但是当坐在中间的那个人解开他的夹克露出黑洞洞的枪口时，我瞬间明白了他们的意思！

在莫斯科的第一个星期，我本就应该学习这些课程。因为有好心人提醒我街头的小混混犯罪活动比较猖獗。我的经历也恰好证实了这一点。有一次，我和几个同在莫斯科大学学习的朋友走在人行横道上，突然看见一辆轿车缓缓靠近我们并停了下来。当我看见有三个人蹲伏在轿车后座的时候，直觉告诉我他们准备打开车门，对我们实施抢劫。尽管我起初不能理解那个俄国人在说什么，但是当坐在中间的那个人解开他的夹克露出黑洞洞的枪口时，我瞬间明白了他们的意思！

没有思考，我把手伸进夹克，就好像在寻找武器，与此同时我把两位朋友推至我们身后的一个垃圾桶后面躲起来。我死死地盯着那个坐在后座拿着枪的歹徒，非常紧张。当我站在那个地方，一只手触摸着那并不存在的武器时，我感觉两只膝盖仿佛在不停地撞击，尽管我两腿分开站立，两腿之间的距离有一肩宽。可能是我在愤怒地凝视着他们的同时，内心也在悄悄地祈祷，最后那个拿枪的歹徒朝着司机轻声地说了几句，他们驱车离开了。

> 领导力和非言语沟通是相互联系的，它不仅能够帮助我们在战场和莫斯科的街头生存下来，还能够帮助我们在任何组织里都能更好地与下属沟通。

三个星期后，我几乎犯了一个同样的错误。我怎么能够如此愚蠢呢？我热切地希望得到我在莫斯科的最后一件纪念品，这种迫切心情妨碍了我理解那些非语言暗示，而最终真是这种非语言暗示帮助我再次成功脱险。在即将告别莫斯科的最后一星期，一位朋友告诉我：有人愿意用 KGB 制服来交换我的一条牛仔裤。我觉得这是一个好机会，几乎没有什么防备的我决定去和那个人见面，地点是在莫斯科城区的一个免费的公园里。

在公园里，交换很快就结束了，我俯身正要把 KGB 制服放进背包里，突然每一个人都迅速跑掉了。于是，我站起来，迅速拉上背包的拉链，朝着公园边缘旁边的一个灌木丛跑去。当我沿着灌木丛往前跑的时候，恰好撞到了一个健壮的俄罗斯人的胸脯上。在我意识到前面有人之前，我已经无法控制自己的脚步了，我的上臂感觉到一阵挤压，疼痛使我意识到我被抓住了。

这个时候，抓住我的那个俄罗斯人的一个同伙也赶过来了，他们俩开始用俄语说话，当然我听不太懂。刚开始，我猜测他们肯定是便衣警察，于是我决定告诉他们我是美国人。我很迅速地拿出我的护照，并小心翼翼地不让我背包里面的东西被他们看见。刚开始我并没有怎么留心，直到我把护照交给他们的时候，我才开始注意他们沟通的非语言信息。如果他们是警察，我可能没有麻烦，但是直觉告诉我他们很可能是拥有枪支的黑社会，这些人控制着我的护照，而它是飞回家乡的重要证件。

在他们用身体挡住了我的去路的时候，我发现他们没有一个人和我有眼神的接触，他们只顾着相互窃窃私语，研究着护照。其中，一个人抚摸着下巴，另一个人说话的时候捂着嘴，生怕被别人听见。他们的面部表情、身体姿势和手势使我迅速紧张起来。我感觉应该行动起来，不然的话，我会很危险。于是，我用左手紧紧抓住背包，右手向前夺回我的护照，然后迅速地往后跑了。

17岁时身处俄罗斯的那段经历，使我知道了理解和有效使用非语言沟通的重要性。进入西点军校学习，之后又作为一名较低军衔的军官服务于美国军队，这一经历又加深了我对非语言沟通的有效性和影响力的认识。领导和非言语沟通是相互联系的，它不仅能够帮助我们在战场和莫斯科的街头生存下来，还能够帮助我们在任何组织里都能更好地与下属沟通。

作为一个领导，你必须通过沟通使得你的意图更加明确。沟通不一定非要使用语言，事实上，在处理一些事务的过程当中，语言的表达方式往往比精确的语言本身更重要。

沟通如何影响领导力

领导力包括与下属沟通的组织和个人两个层次。虽然领导们花费大量的时间与他人沟通，但是他们经常不能够尽可能有效地沟通。沟通对于个人及组织都是至关重要的，并且在组织内部与领导力密切相关。

对非言语沟通的理解对于个人和职业发展都是很有必要的。作为一个领导，你必须通过沟通使得你的意图更加明确。沟通不一定非要使用语言，事实上，在处理一些事务的过程当中，语言的表达方式往往比精确的语言本身更重要。尽管没有交谈，但是我们经常在进行着沟通。非语言的暗示比语言的表达更直接、更本能、更自由。这些微妙的信息包括人们身体姿势、手势、眨眼睛或者他们语调的改变。

对非言语沟通的认识会使你成为一个优秀的信息接收者及良好的信号传递者，这种认识同样会增加你与其他人之间心理上的亲密程度。如果你知道怎样进行有效的沟通并传达各种信息，你就可以节省大量时间和精力，这同时也会提高你作为领导者的工作效率。通过使用非语言沟通，你就能够进行无声的领导。

领导沟通的过程

好的沟通需要一个信息发送者和一个信息接收者。在领导沟通的过程中，一个领导者向信息接收者传递一个信息，这个人通常是直接下属。编码是领导沟通过程的开始环节。领导沟通开始于一个他想要传递给下属的信息。作为信息发送者，领导将信息转换为能够传递并被直接下属理解的形式。在信息被编码之后，就可以通过沟通渠道传递到需要信息的下属那里。

存在很多不同的能够使信息成功传递的渠道，包括电子邮件以及其他形式的信件和会议。不管通过哪种渠道，领导的目标通常是准确向信息接收者传递编码信息。

当直接下属从领导那儿接收到信息后，沟通过程仍将继续，他们要将信息解码。解码是下属将接收到的信息还原为领导的原始想法的过程，这可能包括理解信息并了解其意思。一个领导者的信息被直接下属准确解码的程度决定了沟通的精确水平。

沟通过程通常包括一个反馈的环节，在这一环节中领导从下属处接收关于信息已收到的回执信息。有些因素扭曲或限制了信息的流动，比较常见的就是噪声，噪声有可能在领导与直接下属之间的任何点上进入沟通过程。领导者要想有效地沟通，必须消除这些非语言噪声。虽然沟通过程有很多通道，关注非语言沟通是本章的主要目标。

领导者需要了解哪些非语言沟通

很多人没有认识到有多少沟通是在没有使用语言的情况下完成的。对人际沟通的研究表明，人类至少 2/3 的沟通是非语言沟通，有些统计结果甚至高达 90%。

领导需要表达出他们在积极地倾听他们的团队成员，这常常可以通过非语言行为来表达，以便不去打断谈话者的谈话。一种有力地表现你在积极倾听的沟通方式是通过面部表情、肢体语言、预期、语调、适当的沉默、控制个人空间及目光接触等方法，所有的这些都是非语言行为。

例如，我作为军事警务人员的第一次任务是担任在意大利维琴察地区南部欧洲特遣部队的排长。我的职责包括为宪兵司令提供训练有素的军事警务人员去执行法律规定的强制义务。一个非常特别的宪兵司令在她的整个领导沟通过程中展示了她一贯的工作效率。

在我们的第一次办公室会面过程中，我明显表现得很紧张。宪兵司令从她的大书桌后面走出来，与我打招呼时坚定地与我握手，并微笑着欢迎我到她的办公室。她的办公桌上反映出有一个大型项目正在进行。她招手示意我在离她书桌不远的一个非常舒适的椅子上坐下。当她在旁边坐下以后，我感觉我好像坐在客厅里而不是一个司令的办公室里。她以一种很温暖、很欢迎，同时也很专业并带有诚意的语气与我沟通。我立即感觉到她好像在那个时间最重要的事情就是与一个初级军官聊天。

她营造出来的那种融洽的氛围，让我感觉她对我所说的话的理解程度超过了我的语言表达。当我谈到已婚士兵面临被派驻海外工作的挑战和各种不可预知的变化时，她的面部表情显示了她的关注程度。当我谈到我在训练排里的战士时遇到的时间和资源不足的挫折时，她点头以表示她同意并理解我所说的。她令我知道，她是在认真地倾听我所说的话，并且体现了一个领导者的风范，她有效地运用了非语言沟通与一个下属进行了沟通。

肢体语言的基本要素

了解如何去控制你的身体能够使你的沟通更加有效。学习控制肢体语言需要对肢体语言的三个层次有一个基本的了解。

- 自然或先天的肢体语言。这种肢体语言是你天生就有的并且会自动显现出来的行为，就像当你生气或尴尬的时候你的脸会变红一样。
- 后天学到的肢体语言。平时我们在社会交往或周围环境中看到的肢体语言，由于不同的背景和文化而赋予不同的含义。
- 混合的肢体语言。是指由自然和经验结合而来的肢体语言。人们认为这种肢体语言很好地传递了要沟通的信息。混合的肢体语言包括当你生气时，用拳头砸在书桌上的同时，你的脸也变红了。

通过自然的、学到的、混合的肢体语言，你在沟通的过程中不用说话就可以表达你的情绪：愤怒、幸福、悲伤。任何情感都可以表示出来，即使与你所说的语言有所不一致。肢体语言因人而异，所以在人们的交往中，对日常交往中出现的肢体语言的模式进行了解是十分有必要的。这些日常交往中插入的肢体语言是一种无声的沟通，而不是平常的身体动作和行为。在下一节中，我们将更加详细地探求它们的基本概念。

由于肢体语言都是很自然表现出来的，它是可以学习和可以操纵的。如果你提高自我意识，学习控制某些方面的肢体语言，这样你就可以通过非语言的方式来表达你的信息。这种语言和非语言的一致性可以使别人更好地了解你要表达的意思。

我记得我第一次与我的新教官谈话，他在主持有排长等领导参加的一个会上对我们说："我的大门永远为你们打开，我们可以讨论任何事情。"他还指示我们要记住我们的义务和责任，始终都要明白："士兵会注意我们的行为，我们要以身作则。"然而，当我下午去他的办公室的时候，他把他的双脚放在桌子上，正在办公室电脑上玩游戏。当我给他一份关于我们排维修所遇到的困难的报告时，虽然他停下游戏，但是他多次看着窗外打哈欠。最后他给我的报告的唯一评论就是："好的，我会看一下我能为这个做点儿什么。"他的话表示他对这我的报告很关注，但是他无声的行为出卖了他，我知道他没有关心我们的维修状况，也没有认识到他在上班时间玩游戏所造成的负面影响。

保持语言和行动的一致性是非常重要的。如果你的话语、面部表情、目光接触等表示你感兴趣，那么你的语言要与其保持一致。如果你的沟通很乏味、缺乏目光接触等表现出你不感兴趣或者表现出分心的动作，你的下属会怀疑你的诚意。

非语言沟通的维度

非语言沟通一般分为四个维度：

（1）空间关系学（Proxemics），是指社会与个人所使用的物理空间以及领导者与下属之间的交际距离，包括身体接触、利用空间上的身体距离来区分领导和下属、上级和下属进行沟通时空间环境的特征。

（2）人体动作学（Kinesics），或者说是身体动作，研究包括面部表情、眼球的运动、头部运动和手势。虽然研究的重点是在身体动作变化的正常模式，但是那些相对保持不变的身体特征也同样是人体动作学非语言沟通的一部分。

（3）伴随性语言（Paralanguage），或者传递信息的方式，包括对声音特征的考虑，也包括讲话时的流畅程度。

（4）对时间的认识与运用（Perception and use of time），这是上下级之间进行非语言沟通时的一个重要因素。对不同问题分配不同的时间段或时间量可以体现出一个领导者对不同问题的重视程度。这也同样可以导致不正确的权力观念，导致下属对他们的上级进行推测，而这些推测有可能是不正确的。

空间关系学：人们如何通过私人空间来定义他们的关系

我第一次真正的关于空间关系学的经验是我成为一名营地助手的时候。助手是为将军服务的，作为一个私人助手，在将军工作时跟随着他。在将军日常工作之外的地方遇见将军，如何带有敬意地与将军交往常常困扰着助手。作为一个年轻的助手，我观察了一些将军与经过行为培训的士兵之间的行为模式。如果下级离将军一臂远，将军要是停下来的话，这表示有话要对下级说，下级可以与将军边走边谈直到将军让他离开为止。下属离将军比较远时，应该向将军敬礼问候，但是如果这个距离一直保持比较远，则通常不会有进一步的沟通。我发现有些下属非常了解怎样利用距离来更好地与他们的领导沟通。

我学会了发现那些会潜在干扰上司的打扰者，并且学会了在上司没有时间停下来讲话时，利用肢体语言和他们沟通。当我们要赶飞机时，似乎总是有人试图改变我们的行程。在我们走向车子准备去飞机场的时候，我会看见有下属正从社交距离走向与上司的个人距离，这时我会走到上司前，把自己横在上司和这个下属之间。我把自己看作上司的挡箭牌，表情严肃地注视着这个打扰者。如果他继续走向前，我会直视着他并将胳膊夸张地抬起在离面部 6 英寸的地方，看一下我的手表，再看一下那个下属。在很多情况下，这些暗示根本不起作用。这种情况下，我会离开，走向办公楼或者停车的地方，把门打开，然后注视着和上司讲话的那个人。每过一分钟，我会清一次喉咙，看一下手表，再盯视一下那个下属。虽然我没有用语言来打断他们，但是我有效地用非语言的沟通来完成了我的使命。

其他一些下属在见上司的时候会采取另一种方法。他们会通过不停地在圈外移动或者在致意的时候走近上司的方式来说明他们的想法。作为领导或团队成员，你必须利用空间关系学进行沟通。如果你想发出正确的信号，你必须牢记和别人的距离是很重要的。

我知道有一个领导，当他的士兵们在训练时，他会站在士兵旁边观看，所以他的很多下属认为他是很可亲和上进的领导。而另一个我所知道的领导，在他的士兵训练时，只会待在部队的办公室里，他被评价为是一个冷漠的、不关心下属的领导。

你也可以通过观察下属们的反应来确定与下属的合适距离。举例来说，如果你走向某个人，他却往后退，那么你有可能已经走进了他的个人空间，这时你就应该往后退一点了。当人们觉得事情很有趣，他们会走向前去；反之，如果人们觉得是枯燥的或者害怕的事情，就会离远一些。意识到这些非语言的暗示能帮助你理解下属们的想法。如果你从未打破平常的社交距离的界限来和你的团队成员沟通，不管你在你的欢迎致辞或领导风格的介绍中说得多好，还是不可能让别人相信你是个平易近人的领导。下面是空间关系学中关于 4 种基本距离的概括说明：

- 亲密距离——18 英寸以内
- 个人距离——18 英寸～4 英尺
- 社交距离——4～12 英尺
- 公众距离——12 英尺之外

除此之外，我们布置我们的办公室和公共场所的方式也会影响在这些地方发生的沟通的数量、流程和沟通的类型。明白这些基本的距离会增加你作为一个领导的自我意识，并且会影响一些因素来帮助你传递给你的下属非语言信息。举例来说，当你在桌子后面对下属讲话时，你所表现出来的就是统治甚至是竞争。把桌子移掉，你这时所表现的就是开放和关心。

下面是在 2001 年 12 月的一次关于支持全球反恐战争部署的一个故事，这个故事清晰地说明了空间关系学的重要性。

在阿富汗边界上的小帐篷是我办公和睡觉的地方，同时也是宪兵和我部署任务的地方。在三周之后，一个士兵来向我咨询有关一些回家的问题。我们之间的交谈看起来很自然和真诚，所以在这个问题上我们的交谈取得了很大的进展。这次部署回国之后不久，这个士兵又来我的办公室咨询问题。这次交谈似乎很困难，我感觉到我们没有像上次在帐篷里的那次谈话一样流畅顺利。察觉到了这个问题后，我很不情愿地结束了这次交谈。在第二天早上跑步之前的伸展运动的空隙，我又去找这个士兵，准备和他重新谈一次。这次我们站在草坪外边，这个士兵开始敞开心扉和我沟通，一下子我们之间又没有了沟通障碍。

我们布置我们的办公室和公共场所的方式会影响在这些地方发生的沟通的数量、流程和沟通的类型。明白这些基本的距离会增加你作为一个领导的自我意识，并且影响一些因素来帮助你传递给你的下属非语言信息。

意识到在你的办公距离中无形壁垒对沟通过程的影响，能够使你更有效地和你的下属沟通。

1．身体接触

首次与士兵握手是领导取得与下属进行非语言沟通成功的关键。尽管每个人对这一点都有一个清晰的认识，但这里仍值得重复提一下，因为这通常是一个领导留给下属的第一印象。

我以前的两个指挥官与我们握手时采取了两种截然不同的方式。其中一个用他那强有力的手紧握着我，炯炯有神地凝视着我，说："欢迎加入我们团。"另一个则仅瞟了我一眼，随即目光就移向办公室的椅子上，用他那湿漉漉的、有气无力的手抓住我，说："欢迎加入我们团。"尽管这两位军官都对我说了同样的话，然而他们留给我的印象大相径庭。不管我期望将来与这两位指挥官的关系如何，那种强有力的握手让我感觉到我是受欢迎的、被重视的。而那种有气无力的握手让我迷惑不解，到底是欢迎我呢，还是对我漠不关心？即使下属不是很清楚地记得你们第一次见面后谈了些什么内容，但第一次握手给他留下了永久的印象。握手的不同方式可以很直接反映出你是否是一个谦恭的人、关心他人的人、冷漠无情的人。

2．身体位置的环境特点

开会坐的椅子以及开会的座位安排，不用说很自然就显示出领导的地位以及在这次会议中领导与下属身份的明显差别。地位较高的领导坐在"高高在上"的位置上，这样看起来他就颇有领导气势，比如，长方形桌子的上席，所有会议桌前方的一个位置等。这样安排座位使人们很容易想到权力与位置的关系是建立在对社会地位的审查和为便于领导进行指挥的基础上的。因为这样安排可以让领导与下属之间有一个很好的眼神沟通机会。

在科索沃空战期间，我仔细观察了一个战斗会议。在这次会议上，高级军队指挥者们讨论了关于爆炸目标的相关事宜。尽管这是我第一次观察这种级别的会议，但在这次会议上我能很容易辨认出谁是最高领导，因为他就坐在会议桌前一个显著的位置，这样可以便于他从有利的视角与每一个下级领导以及坐在他们后边的下属们进行强而有效的沟通。

人体动作学：如何运用不同的肢体动作进行沟通

人体动作学的非语言表达能力与肢体的位置和动作表现有关。人体动作学的内容包含人的姿势及手势。在沟通中姿势又包含以下几种形式：

- **辅助性说明**。这种肢体语言不是孤立静止的，它们伴随着说话者说话而运作以完成说话人所要传达的信息，例如，扬起你的眉毛，不停地摇头等表示你不赞同之意。
- **象征性说明**。这种肢体语言是说话者有意用一种非语言动作传达一种精确的意思，比如，点头或者用手指摆出“OK”字形表示同意之意。
- **自触性说明**。这种肢体语言通常不是很显著或者是在压力下人们使用这种肢体移动来让他们显得镇定，例如，舔嘴唇，拨弄头发，用手指不停地抓东西等。

提高对一些常用交际手势的认识以及对这些肢体语言的理解，能促进更加有效的上下级之间的沟通。一些常见的姿势与手势在表 12.1 中有很详细的说明。

细想起来，在我第一次执行空中任务时，很多习以为常的肢体语言对帮助我们理解表 12.1 中的内容起到了非同小可的作用。那是 1999 年 10 月 1 日，我们团被指定要降落在科索沃。我们都异常激动，而且为这次行动做了充分的准备，因为这是自第二次世界大战以来我们第一次去敌方军区。士兵们都在柏油停机坪上等候着登机的命令。在这期间，有些人坐在那儿双腿叉开得大大的，双手圈在脑袋后；有些人双腿盘坐着，一副悠闲自得的样子。很明显，这些姿势都表明士兵们对自己的能力充满自信，相信自己一定能够成功顺利地完成此次任务。然而，有些人显得焦虑无比，他们不耐烦地玩着自己的手指，发出噼噼啪啪的声音，还不停地抖动着自己的身体让自己舒服点；还有些人坐在那儿，一条腿搭在另一条腿上，其中一只脚悬在风中慢慢地蹭来蹭去，这一群人显得烦闷、无奈，就好像自己马上要葬身异国他乡似的。

表 12.1 对一些典型的肢体语言的解释说明

肢体语言	解释说明
轻快端正的步伐	信心十足
站立时，双手交叉放在臀部上	准备就绪；挑衅
跷腿而坐，双脚轻踢	厌倦烦躁
双腿张开而坐	自在轻松
双臂交叉于胸前	戒备防范
双手插袋，肩膀耸起	沮丧失望
手托脸颊	思索评判
轻轻触摸或揉鼻子	反对；怀疑；说谎
揉眼睛	疑虑重重
双手紧握于背后	愤怒；挫败；担忧
脚踝僵硬	忧心忡忡
手撑着头，双眼沮丧无神	厌倦烦躁
搓手	期望；跃跃欲试
双手紧握于脑后，盘腿而坐	信心十足；优越高傲
手掌摊开	真诚；公正；友善
揉捏鼻梁，双眼紧闭	否定；不满
用手指轻敲	厌烦焦急
竖起手指	威严；命令
轻拍、抚摸头	缺乏安全感和自信
轻抚下颚	试图做决定
微微抬头	兴趣盎然
眼帘低垂，避开别人的目光	疑虑重重
拉搓耳朵	优柔寡断
咬手指	紧张；缺乏安全感
坐立不安	厌倦烦躁；紧张焦虑
手捂嘴巴	反对；不愿意公开讲话

我发现自己属于后面一群人，懊悔没有充分检查自己的设备。我本应该翻看

一下自己的降落伞，细心检查每一个小小的地方，而所有的一切都已经晚了。我急得手心冒出了汗，不停地把汗湿的手放在裤子上擦来擦去；有时候则抱着自己的脑袋，无所事事。对于登机和降落科索沃我显得紧张不安，一阵懊恼涌上心来。作为一个年轻的军官，我并没能充分意识到用这种非语言的暗示去理解每个不同层次的军官是怎样发出信号去面临即将来临的任务。

如果领导者能够掌握一些基本的非语言手势及动作，那么他就能对他的团队有更加深刻的了解，因为纯语言沟通是远不能使对方真正理解彼此的。如果上司问我准备得怎样了，我仅回答“好”或“一切准备就绪”是远远不够的，因为这并不能准确地反映出我内心的感受。我对自己的能力心有余悸，觉得自己跳机练习得还不够，我担心如果在着陆点联系不上自己的团队应该怎么办。所有这些身体及心理语言信号都是无法用语言表达的。

领导者通过赋予语言相应的面部表情得以传递更多的信息。语言同面部表情的不一致往往会误导人，因为这会使得下属反复揣测领导者所表达的真正目的和意图。

领导者关于有效地利用这些典型的非语言信号来传递信息的意识能够促使他们制定科学的决策，进而采取正确的处事方式。在上述例子中，领导者可以恰当合理地使用一些非语言的信息来将等待执行任务的士兵分成三组，一组是已经产生厌烦情绪的士兵，一组是信心十足的士兵，最后一组是精神紧张的士兵。通过促进有着十足信心的士兵组和精神高度紧张的士兵组之间的相互沟通和相互影响，那些组内成员之间聚集在一起谈论某些负面话题的可能性就会大大减少，而所有的程序、步骤都可以在大家探讨商议之后趋向最优化。对于已经产生厌烦情绪的士兵，领导者可以安排适当的演习；对那些信心不足的士兵，可以分配给他们一些在短期内能够取得显著成效的任务，尽力帮助他们克服紧张情绪，由此增强全军士兵的信心，鼓舞军队的士气。

在非语言的沟通方式中，面部表情就是一个很好的例子。一般来说，领导者在传达信息过程中若能更恰当合理地使用面部表情，使之与他们的语言相得益彰，互为补充，那么不言而喻，它起到的成效会比单纯依靠语言要高得多。举例来说，有一次我的上级遇到了一个问题，因为时间紧迫，他需要工作数小时，而与此同时又有一个重大的聚会要他出席。聚会那天，他没有出现。第二天上午，我遇到他时询问了他没有出席聚会的原因。听到我提起这件事情，他的脸一下红了，很快把头扭到一边，并且极不自然地跟我解释。显而易见，他的脸红以及不敢直视我的眼睛这两个细节告诉我，事实并非如他所说，他极有可能隐瞒了什么。事实上，许多研究表明，通过观察一个人的肢体语言或面部表情，我们就能够较为准确地了解他的喜怒哀乐。语言同面部表情的不一致往往会误导人，因为这会使得下属反复揣测领导者所表达的真正目的和意图。

除此以外，当人们碰到语言和面部表情传达不一致的信息时，他们往往更倾向于相信非语言方式传递的信息。同样也是我的一位上级领导，他多次跟我谈到，领导者应该在士兵训练的时候去视察并了解情况，这样能够更好地深入士兵，了解士兵，并且可以通过这种行动告诉他们：领导者非常体贴和关怀下属。这种关怀甚至渗入士兵每天的例行训练中。在接下来的六个多月的时间里，像他再三强调的那样，我及时深入并了解士兵，忠实地履行了作为领导者的义务。然而，尽管他对我再三交代这些事情，但他自己从没到过士兵的训练场地，也几乎从没与任何一个士兵进行过实质的沟通。如果士兵的制服上没有佩戴有姓名的徽章，他甚至都叫不出他的名字。每次跟他提到训练，他总是挠挠下巴，或者摸摸鼻梁，试图为自己找一个不能够亲临训练场的理由。

我对这种言行不一的举动非常失望。最后，我决定不再邀请他出席我部下士兵任何训练或者其他活动。我选择相信他的非语言方式传递给我的信息，并接受这样一个事实——对他来讲，知道一个士兵的名字或者视察训练没有任何实质意义。

当领导者与部下进行沟通时，面部表情的影响不可小觑。一个面部表情或者仅仅一个眼神沟通就能提供很多的非语言信息。研究表明，面部表情能够反映很多最基本的感情。即使不说一句话，通过面部表情，领导者也可以表现出惊讶、恐惧、愤怒、反感、快乐或者悲伤的情绪。同时，一个微笑的影响力也绝不能低估，因为它是传递温暖、宽容、友爱和信心最强有力的武器。眼睛最具有说服力和影响力，在与他人沟通时，眼神沟通是最重要的一个方面。保持眼神沟通能够充分表示你对对方的尊重，并且会透露给他们这样一个信息——你对当前讨论的话题很有兴趣。当然，不同的国家有着不同的文化习俗。这种文化差异在眼神沟通时间的长短与是否合乎礼节这方面也有所体现。举例来说，在美国，不论双方是什么关系，通常情况下，在沟通的过程中，60%～70%的时间他们都有眼神沟通。相反，在韩国，下属与领导者通常会避免直接的眼神沟通。因为对于领导者而言，那是表示对他的不尊敬，甚至是一种挑衅。直视对方往往让人觉得有冒犯之意，而完全缺乏眼神沟通则表明害羞或者谦卑。间断的眼神沟通表示被某件事情或者某个问题所困扰，感觉不自在。最后一点，当讨论一个自己十分感兴趣的话题的时候，他的瞳孔会不自觉地扩大。反之，当一个人在讨论一个很无聊或者没有意义的话题时，瞳孔就会缩小。

在纽约大学参与研究院的工作期间，我受雇于一家成人康复中心，帮助那些吸毒成瘾又无家可归的人戒除毒瘾，并且帮助他们再次融入社会，为人们所接纳。有一件事情至今仍是记忆犹新。在劝诫一位有毒瘾的人时我碰到了前所未有的难题。不论我用什么方法，谈论什么话题，他都只是给予极其简单的回应。根据以往的经验，结合我在这方面所掌握的技能，我试图找到一个可能使这个特殊的顾客产生兴趣的话题来开始一次有意义的对话。然而遗憾的是，我发现我的努力并没有多大的成效。在这次谈话中，大多数时间只有我一个人唱独角戏。

在我的百般努力换来的只是令人灰心丧气的结果之后，我做出了一个决定：谈一下我自己的经历，也许能让他排除厌烦的情绪，打破这种沉闷的气氛。当我说到我出生于一个信仰基督教的家庭，经常去教堂祷告时，我注意到他的瞳孔扩大了。起初我并不知道这是一个非语言的迹象，所以看到他的反应，我误以为他的毒瘾又要开始发作了。出乎我的意料，他开始讲话了。虽然接下来的时间我们谈论的话题只是宗教神学，与怎样戒除毒瘾没有任何关系，但是我了解了一个很重要的非语言暗示，在这个基础上，在以后的咨询中，我的工作效率大大提高了。

伴随性语言：人们讲话的方式也有传递信息的功能

伴随性语言也是一种表达信息的方式，它具有不容忽视的影响力。事实证明，听者往往关注伴随性语言更甚于谈话的具体内容。伴随性语言有以下几个特征：

- 特殊发声，如呻吟声和叹息声。
- 发声的间隔，如谈话中的停顿、犹豫或者一些插入语。
- 讲话的流利程度，它包括讲话者的语速、论断的确定性和正确性等方面。
- 音高，它指的是说话的音量。

- 音调，取决于声波的振动频率。

举例来说，当说到某些很重要的信息时，人们往往会提高声音，尤其是一些词和短语。这种举动大多数时候是无意识的，人们并不自觉。此外，如果一个人试图掩饰他的恐惧或者愤怒，那么很可能他的声音会比通常情况下更大，语速也会比平常更快。悲伤的时候，他讲话的声音就会变小，音调变得低沉，语速也会减慢。谈话中表现出来的犹疑或者间断常常暗示着迷惑和压力。最后一点，当一个人清嗓子的时候，这就意味着他要讲的话对听众来说不是什么好事。

有一次我和我的家人都被困在机场。我把这个情况向有关部门说明，希望航空公司承担费用为我们安排食宿。相关负责人表示很乐意为我们提供帮助。当了解了事情的来龙去脉后，这位负责人建议我找她的上司，而恰巧那位上司不在，她就打电话给航空公司客运部的主要负责人。当她开始打电话时，我就感觉到情况不妙。因为她表现得比较平静，语调有些低沉，语速也有点慢。我知道，尽管她很乐意帮助我，但她还是用这些细节暗示我，她是心有余而力不足，不能给我提供进一步的帮助了。于是我请求她让我直接和主要负责人沟通，她很快恢复了之前正常的音调和语速，答应了我的请求。

当我见到主要负责人后，她同样表示很高兴为我提供帮助，但当我跟她讲明事情的原委后，她叹了一口气，说她能理解我的处境。我明显地感觉到，她在见我之前就已经想好了如何回答我，对于我说的任何事情，她都没有实实在在地考虑过。在谈话中，她不但使用了很多事先想好的插入语，而且每说一句话时，她都会清一下嗓子。随着语速的加快，她的声音也变得越来越大。她回答时句子的结构、语速、音量让人产生错觉，好像她很乐意与人沟通。事实则不然，她说的话与她非语言传递的信息不一致已经表露无遗，她甚至都没有用心倾听我讲话，这一点让我的心情郁闷到极点。三个小时以后，当航班宣布取消时，我回到机场，接到航空公司为我和家人安排的酒店房间的书面协议时长舒了一口气，并对他们表达了我的谢意。

组织里的领导者们经常通过非语言暗示让其下属等待指令，从而显示自己的地位。会有这种非语言信息的传达是因为下属的时间远不及上级的宝贵。

对时间的认识与运用：另一种非语言信息

组织里的领导者们经常通过非语言暗示让其下属等待指令，从而显示自己的地位。会有这种非语言信息的传达是因为下属的时间远不及上级的宝贵。虽然这是公认的，但实际上领导者分配给下属的工作所传达的信息才是最有价值的。当领导者有效地分配下属完成任务的时间以及避免举行任何不必要的会议和不切题的讨论时，下属们会觉得自己得到了上级的尊重。但是如果领导者没能合理利用下属的时间，那么在提出某项计划或组织一场决议性会议时，下属们就不会有积极性。

领导者们可以告知下属每周例会的具体安排，包括会议时间、地点及持续时间，通过这种方法向下属证明他们是如何周全考虑下属的宝贵时间的。这样既可以让下属们有效安排自己的时间，又能保证下属在参加会议前做好充分的准备。在会议中，领导者应就组织里的重要事宜进行讨论，并对每个下属回以简短中肯以及易于接受的评述。领导者还可以提前拟好议程，依主次顺序分配会议中各话题的时间，这样便于掌控整个会议的时间。对于下属来说，会议是组织内部相互沟通不可缺少的部分，而这种简单的会前计划无疑是一种有效的非语言信息传达。

> 仅仅领会他人的非语言信息是远远不够的。学会如何恰当运用自己的非语言信息不仅能提升你自己的形象，还能让你在待人处事上取得长足的进步。

提高你的非语言沟通技能

能领会他人的非语言信息是一种很有用的技巧，它能让你在生活的方方面面都取得较大的收获。更多地了解他人的感受及想法会给你的生活和工作提供更多的有利条件，同时还能增强你的自信心。当然，仅仅领会他人的非语言信息是远远不够的，学会如何恰当运用自己的非语言信息不仅能提升你自己的形象，还能让你在待人处事上取得长足的进步。下面我用我曾经在非洲工作的一段经历来说明几个重点问题。

那段时间我正随同一个防御部门的代表团访问非洲各国。一天我正在白象海岸的一家旅馆睡觉，凌晨3点，一阵敲门声把我惊醒。作为一名普通军官的军营助手，我已习惯时刻准备接收最新的消息、旅行调整计划或任何其他重要的信息，哪怕是在寂静的深夜。我打开门，是一位穿着长雨衣的高个女人。她一言不发，我问她需要什么，她没有回答我，而是在门厅里四处张望，然后径直走进我的卧室。

起先她一句话也没说，我意识到她不懂英语。于是我走到桌子旁起拿起一个笔记本，这样她就可以写下她的信息，然后我再将它们翻译过来。但她马上走到一边，解下了身上的雨衣坐到我的床上。虽然现在是凌晨3点，但我很快意识到这个陌生女人的来访与公务无关。虽然我知道她不懂英语，但我仍然指向门口大声说："不！"我双手叉腰愤怒地看着她，她明白我是让她立即离开。

理解非语言信息时保持谨慎是很重要的。由于我工作性质的原因，我从未怀疑过在异国他乡凌晨3点的陌生敲门声会有任何异常之处。这是我认识上的第一个错误，让我身陷窘境。这说明非语言暗示也同样重要，就像我的这位夜访者，她既没有文件夹、笔记本，也不带公文包，而是穿着一双高跟鞋，化着浓妆，还拎着一个手提包。适当注意非语言暗示并时刻保持谨慎是很有必要的。从我在这次糟糕经历中所总结出来的教训也许会对你在提高运用非语言信息的技能方面有所帮助。

另一次是我正在与我的前指挥长交谈一些关于自身改进的建议，我注意到当他每问完一个问题后就在那张需要填写的表格上奋笔疾书。他一边问我问题，一边记下我的回答，在我们交谈的过程中他与我没有任何眼神沟通。我很快意识到他只是在机械地记录表格里相应的条目，根本没有注意到我所谈的内容与他所提的问题不是那么一致。对于他的这种交谈，我开始感到厌倦，我烦躁地摆弄着我的笔并不耐烦地左右移动我的脚，想试图让他注意到我的这种厌烦。很显然，他没有注意到我的举动，因为他根本就没意识到我此时的沮丧感。

作为一名领导者，你要想在沟通中表现得自信、坦诚，并让整个沟通都有条不紊，那么你就应注意非语言信息的传达。要想与下属进行良好的沟通，须牢记以下几点：当与你的下属沟通时，应看着对方的眼睛给以眼神沟通，但不要一直盯着对方，应不时地转移视线；最为重要的一点是不要一边与你的下属交谈，手里一边干着其他事情。作为领导者你也许很忙，感到时间紧迫，所以在与下属沟通过程中你觉得你还可以同时干点其他事情，如打开你的电脑，更新你的日历或浏览文件。但千万别这样做，因为你无意识的行为会让你的下属觉得你没有在认真听他说话，或者觉得你有更重要的事情需要处理。

另外，你还应尽量注意你谈话时的姿势。当你站着与下属沟通时，不要双手叉着腰。坐着时，不要双手背在脑后。这些无意识的动作都会表现出你高高在上或不易接近，这样会让你的下属感到畏惧而不能自如地与你沟通。你还应注意当别人在说话时，不要移动身体或双手叉在胸前。应及时注意你的不适当的小动作，不要不停地弹手指，要尽量保持放松，这样可以避免诸如此类多余的小动作。

领导者在沟通中应尽量避免使用术语和惯用的添加词。经常使用术语会让下属觉得你是在老生常谈，而一些惯用的诸如“就像”“呃”和“你知道”等添加词一样容易分散沟通者的注意力。最后，确保你的肢体语言和你说的话要一致，否则你的下属会觉得你对他不够坦诚。当你想肯定下属或给他人鼓励时，你可以对他微笑；相反，眉头紧锁则表示你的态度坚决或对对方的表现感到不满。在沟通中若上级与下属的观点最终没能达成一致，在一定程度上，不恰当的非语言暗示是造成这种结果的原因之一。

结论：格式塔沟通成就更有效的领导

一个领导者应该渐渐意识到格式塔沟通的重要性，并且为之努力奋斗，这是领导沟通的一个重要目标。何谓格式塔呢？格式塔指的是一种整体大于部分集合的概念。在人与人沟通的过程中，格式塔沟通意味着领导者在传达信息时，语言表达和非语言表达即肢体语言并用。如此一来，领导者与下属之间的沟通就更有效率了。肢体语言使语言沟通锦上添花。久而久之，领导者与下属之间在无形中建立了信任感，而下属在整个沟通过程中时不时地对领导反馈和回应都使这种信任感显而易见。

还记得我在任领导时，我面临过对我领导能力的一个不小的挑战。公司里有人声称我的两个高级下属领导人有歧视他人的倾向。我鼓励那个检举的“原告”根据公司“机会面前人人平等”的原则主动提供证据，与此同时，我又让“原告”和我坐在一起，冷静下来，仔细分析这次问题的争议所在。后来我请了一位“公司雇用机会均等”负责人和那个检举人协商合作。为了以示公正，这个负责人不是本公司职员。随后我们在一个空会议室详谈了检举事件。

作为领导者的我，郑重其事地坐在办公椅上，在我的办公室里谈公事。这种情况下的沟通明显会给别人造成距离感，这时我就得想办法消除隔阂。我应该以一个中间人的姿态，公正公平，乐于接受各方意见。这种做法势在必行，领导者不能忽视。此外，我还想表现出我很关心我们的这次沟通并且查出了事件的原因，所以我让那个非本公司代表人支持我的高级下属领导人。

记得召开那次关于检举事件的会议时，为了不让下属久等，我特地早到了 10 分钟。我想让大家了解我把这次会议看得很重。我早到的举动就是一种肢体语言。在整个会议过程中，我认真倾听他人的发言，并时不时传达肢体语言的信息：点头表示认同和理解，或轻声应答“嗯，我懂了”，拿出领导者的风范，全神贯注。听到不理解的部分，我就让他们解释说明。其间，我会显露出诚挚的兴趣，身子前倾，进行眼神沟通以表现出自己的求知欲和对发言人的尊重，而绝对不在那儿乱指责一通，对检举的真相滔滔不绝，不给他人辩解的机会。会议自始至终，我以松弛开放的坐姿面对大家，没有盘腿叉腰，尽量避免手触摸脸部，或表现出烦躁难忍，坐立不安。轮到我发言时，我把这当作日常的咨询服务会议一样，一样的语速、一样的语调、一样的音高。我得让我的属下有足够充裕的时间商讨检举事件。

领导者在与下属沟通的过程中，表现出诚挚的倾听兴趣，面部表情显示关心的渴望，点头、加手势、适宜的站姿和坐姿，这些无疑都是领导人开明的最佳体现。我在下属面前从不装腔作势、盛气凌人，反而亲切大度，与他们友好相处，让他们在这种轻松自由的环境下更好地工作。为了改变自己凡事都戒备的心态，我给他们创造了轻松自由的讨论环境。为了解决我那两位高级领导下属的矛盾冲突，我费了不少口舌，那些无关的肢体语言会混淆我的语言信息。当然肢体语言在沟通过程中如果运用得恰到好处，沟通就变得清晰明了、实时有效了。

久而久之，如此有力的沟通下诞生了解决检举事件的方法，摆在眼前的问题已经没有刚开始时那么严重了。然而，沟通过程中也凸显了两个高级下属领导的潜在问题，但是我们也想到了很好的解决办法——放下官架，用心聆听，语言表达和肢体语言互相结合，贯穿沟通始末。值得一提的是，我能顺利通过这次对我领导能力不小的考验，肢体语言部分的一致性和连贯性可是帮了大忙的。

在沟通过程中，利用连贯的语言信息消除所有干扰因素，再结合肢体语言，则领导最为有力。领导者要具备运用肢体语言沟通的意识，这样有助于沟通良好进展，同时传达出了自己的所有旨意。需要注意的是，这种自我意识一定是一个反复训练的过程，领导者要时不时警醒自己，肢体语言是否正确传达了旨意。如果领导者养成了善于运用肢体语言沟通的好习惯，利用这种习惯来消除人与人之间互动沟通的障碍，这样的领导者就易获得成功。

第13章

谨慎地发展领袖魅力

丹娜·布拉戈

在我整个军队生涯中，我努力寻找最具领袖魅力的人，与他们一起工作或为他们工作。我把卓越的领导力等同于领袖魅力，并且在我的上级军官、同僚和下属中寻找这种领袖魅力。与这些具有领袖魅力的人在一起感觉非常不错。具有领袖魅力的人促使他周围的人也逐渐培养自己的领袖魅力。

但是，过去的历史事件使我领悟到魅力型领导者的危险性，他们使用自己拥有的权力促使人们通过不道德的和有害的方式做事。历史使我懂得，那些使用自己权力煽动人们行事邪恶且卑劣的魅力型领导者是危险的，如希特勒、乌萨马·本·拉登之流。尽管历史中有些关于领袖魅力的反面人物，但我始终相信领袖魅力是一种积极的领导品质。我在伊拉克掌管一家公司之前，我从来没有过多地思考过领袖魅力的内涵。

在探索领袖魅力内涵的过程中，我发现了一些存在于我自身和我对领袖魅力的期望值的局限因素，我发现领袖魅力能够限制一个组织的成长和发展。

每个人或许都有关于魅力型领导者的故事。有些是我们心目中的英雄，有些是我们最崇拜的目光远大的领导人。这些人占据了我们的记忆，并且为我们勾勒出非常强劲有力的领导者特征模型。其他更多的人则是日常改变的促成者和领导者：我们的父母、教练、老师。他们激励我们，使我们每天都很振奋，生活得有意义，并且在生活中帮助我们，使我们比独自努力前进得更远。

领导力的训练可以在人生的早期进行

斯图·格林，我的第一位游泳教练，曾经是并且一直是不可否认的具有领袖魅力的人。他的威严、健壮的体格、超过 6 英尺的身高配合以热情的微笑常常吸引着其他人。他私下里与他的所有游泳学员保持联系。不管你在团队中是最差的还是最好的学员，他都会使每一个人都感觉自己是独特的。他有自己的方法能够使你愿意成为他的小组一员，或者成为他团队的一分子。他有着发展一支大型游泳团队的想法，没有什么是不可能的。他有强烈的吸引力和魅力并能鼓舞人心。我所在的梭鱼队就在他的辅导下，曾经无数次在新英格兰锦标赛上获胜。

在斯图担任我的教练及老师期间，我不仅成长为一个出色的游泳运动员，也从斯图那里学到了很多非常有影响力的领导能力，这些领导能力一直影响着我的成长。斯图老师相信我的能力比我自己认为得更好，他对我的付出甚至比我自己付出的还要多。当我不能达到他的期望时（一般就是我对训练不再感兴趣的时候），他会以一种很友善的方式与我交流他对我的看法，激励我想要改变自己，就要更加努力地训练。在我很年轻的时候，斯图就为我建立起了领导人特征的标准。因此，我对领导力根深蒂固的观念就是：领导力就是个人领袖魅力的展现。

就像我们很多的成见和偏见一样，自己领袖的魅力被掩藏在自我意识之下，因此通常没有被察觉到。在我的上司、同僚及下属中，我喜欢并尊重那些具有领袖魅力的人。领袖魅力的展现是我判断和评估一个人的标准的一部分，但是我缺少对为什么领袖魅力是我判断和评估一个人的标准之一，或者这个标准意味着将要给组织带来什么样的含义的自我认知。

> 在多变的商业环境中，领袖魅力加上坚定的自信心对一个领导者来说是一个非常有帮助的品质。

领袖魅力对组织及个人的影响

在部队中，我已经遇到过很多魅力型领导者。在某些方面，我认为是组织的使命成就了领袖魅力。服兵役是一个严肃且极其重要的使命，或者说服兵役是一个令人惊恐的使命。现在，部队中的士兵们志愿捍卫着美国政府的政策，这使他们自己和为他们工作的人们陷入危险的境地。在多变的商业环境中，领袖魅力加上坚定的自信心，对一个领导者来说是一个非常有帮助的品质。

部队生活并不是成就领袖魅力的唯一方式。处于竞争性商业环境中的“运动团队”在它的“运动员”和“教练员”中成就了一批具有领袖魅力的人。企业家精神的不确定性和易变性特征，同领袖魅力是一样的。在具有高期望值和在世界范围内对资产进行高级监控的大型企业中，领袖魅力加上坚定的自信心，对一个领导者来说是非常有帮助的品质。实际上，在教育领域也能成就领袖魅力，在一个是否受到教育成为一条财富分界线的国家，要求教育工作者激励并鼓励人们学习和掌握能保持国家强大的技能。就像在部队里，对一个具有悠久历史的伟大且民主的国家来说，教育可以看作一个极其重要的事业。许多商业环境都是多变的，在面对不确定性和恐惧感时，当那些具有领袖魅力的英雄在我们中间时，我们就会感觉到很欣慰。

我在指挥一场战斗时，能从自己和其他人那里学到很多，其中一些经验是很清晰的，其他的一些却是很隐晦的。在领导力方面我学习到的比较持久的经验之一就是领袖魅力对一个组织或个人的影响很大。

我的新上司是一个称职的、有爱心的、富有同情心的人，他具有领导组织的能力和技巧，但是他对于我来说并不足够好。我曾经因为我的新上司不像我原来的上司那样具有领袖魅力而感到失望。

回顾过去，由于 2003 年伊拉克不稳定的环境，我相信我开始以不同的方式看待魅力型领导者。虽然伊拉克军队已经获胜并且布什总统已经命令撤退大量部队，但是一场叛乱正在形成，同时政治、社会、文化及军事形势复杂而且模糊不清。在伊拉克，我开始看到在我周围充满着对领袖魅力的渴望，包括我自己、我的同僚、现在的组织以及和我已经不再有联系的组织。

我不记得自己是什么时候开始把它们联系在一起的，但是当我自己把关于领袖魅力吸引力的感受开始公开化的时候，我记得我自己感觉非常困惑。这些困惑来自我自己意识的一种改变，这些偶然的改变使我把自己以及我持有的偏见和成见、不足之处当作自己的问题而不是其他人的问题。那些至今让我记忆犹新的经历让这种想法坚定而又清晰。

我曾经是伊拉克一个拥有 300 名士兵的连队的连长。我是一个领袖，他们期望我能够树立好的榜样，他们认为我是成熟、无私、头脑冷静并且积极上进的，但是我一直都不是他们想象的那样，那时候不是，在那之前也不是。我那时候私下里对自己感到失望，为自己不是成熟无私的人而感到失望，为什么？让我们来看看其中一些原因，它们能够让我们理解魅力型领导者的危险。

> 我从来没有将领袖魅力归于消极的品质或一种缺点，但是我开始认识到领袖魅力对一个组织是多么的危险，尽管它可以为组织带来变革、创新和生机。

魅力型领导者必须严格执行法律

我因为新的上司不像原来的上司那样具有领袖魅力而感到失望。他没有激情，不能鼓舞人心，也不够酷。他从来没有让我感觉到自己能够获得成功，就好像如果没有他的指挥和监督，就不能成事。我对新的上司很不满，并没有太多的原因。我的新上司是很有能力的，有爱心并且善解人意。他有能力和技能领导组织，但对我来说不足够好。

从那时起，在我对我的新上司的失望和不满中我开始真正看清自己。我意识到我已经被领袖魅力唤醒。我那个具有领袖魅力的上司已经走了，而我的心理需求不再能得到满足，我感到空虚。激情过后，剩下的就只是无聊。这就如同在喜欢的电视节目或者那些让人振奋、屏住呼吸的季赛结束后，我浏览着各个频道试图能够找到同样具有吸引力的节目。遗憾的是，所有的看上去都显得毫无吸引力。所以领袖魅力需要被唤醒。

我原来的上司非常有领袖魅力，他很有能力并且很有爱心。他是我曾经一直在寻找的那种具有领袖魅力的领导，他就像我的第一个游泳教练斯图·格林，我从来没想过他的领袖魅力会带来什么负面影响；事实上，我欣赏他性格中的这一面。但是自从他走了以后，我开始思考领袖魅力是怎样给组织带来危险的，尽管它能够给组织带来变革、创新和生机。

我开始问自己为什么会被这些具有领袖魅力的榜样所深深地吸引？他们对我做过些什么，为组织做过些什么，使我一直渴望找到这些人？

明确界定领袖魅力是很难的，但是当我看到这种气质时，我几乎都能把它识别出来。汤姆·克鲁斯在《壮志凌云》中演绎了这一领袖魅力，罗宾·威廉斯在《死亡诗社》(*Dead Poets Society*)中同样演绎了这样的领袖魅力。魅力型领导者充满激情，他们看上去自信心十足并且相信自己的能力。具有领袖魅力的人通过他们的个人魅力鼓舞人心并创造激情。他们拥有不可思议的能力去影响他人并使他人感觉良好。

我对领袖魅力的渴望使我的思想和期望产生偏见。对领袖魅力的期望不仅是自私的，而且是不合适的。在我的组织之外寻找魅力型领导者，使我不愿意向我的新上司学习。

虽然我的新上司很有能力，也非常友好，并且对营里的各项工作及各项任务都亲力亲为、一心一意，但是他缺少领袖魅力，不像我所要求的那么有吸引力，也缺少个人魅力。他的个性不能够吸引我，所以我很失望。在领袖魅力的召唤下，我从组织周围的那些人中寻找其他具有领袖魅力的高级官员。我因为新上司缺少领袖魅力而抱怨，他没有或不能提供给我可追随的东西。我对领袖魅力的判断标准是不公平的。

因此我不断地在其他地方寻找，而不去致力于维护我与新上司当前的上下级关系。当我本可以与新上司建立良好关系时，我却去从我的教练和值得信赖的同僚那里寻找建议。我怀念我原来上司的那种激情和无畏的自信。如果我没有因为我的新上司缺少领袖魅力而感到如此的失望，我可能已经学到了很多做事的新方式和他能够提供给我的新的思想和见解。从那以后，我就认识到我对领袖魅力的渴望使我的思想和期望产生了偏见。对领袖魅力的期望不仅是自私的，而且是不合适的。在我的组织之外寻找魅力型领导者来满足我的那种心理需要，使我不愿意向我的新上司学习。

我从这些经验中学到了领袖魅力并不是一个优秀的领导者必备的品质。我知道自己对魅力型领导者的渴望深深地嵌入了我对一个领导者应该是什么样的想法之中。原来由一个具有领袖魅力的上级领导过的人，都希望自己的新上司具有同种品质。但是对有些人来说，领袖魅力是可遇而不可求的。一些领导者虽然不具备领袖魅力，但是他们很有能力并且很谨慎。能力和爱心是令人钦佩的、不能缺少的领导品质。领导并不是一场表演或娱乐的舞会，作为下级，我们不能将快乐和激情凌驾于真正的能力和爱心之上。

我认为，有关对领袖魅力的认识也为我们敲响了警钟。当你的周围有具备领袖魅力的人存在时，你仔细去想一想，这是否会使未来接任这一角色的人或领导看起来单调乏味或缺少某方面的特质。我读五年级时的历史老师 Matulewicz 先生非常有个人魅力。他充满自信，并且激励他的学生也应如此。使我印象深刻的一件事情，是他给同学们讲保罗・里维尔（Paul Revere）的故事时非常生动，引人入胜，且富有激情，即使是在马萨诸塞州的一所郊区小学里教五年级的美国历史。他使学习美国历史成为一件很有乐趣的事情，同时他也使我感觉后来遇到的那些历史老师讲课都很苍白无力。

自那以后，我一直在历史课堂上寻找像 Matulewicz 先生那样的具有个人魅力的历史老师。回想起来，我很确定，期望所有的历史老师都具有个人魅力是一个很不合适的评价标准，这个标准有可能使我认识不到其他老师的优势，无法给予一个公正的评价。领袖魅力并不是优秀的领导者的必备品质，但是很多人（即使五年级的小学生）也渴望领袖魅力，并且很多组织将这一方面的能力看作一个领导的个人品质。

因此，缺少领袖魅力不应成为我对一个领导者生气或失望的原因。有很多非常重要的领导品质有待我们去发掘，比如能力、爱心及责任感。

> 当魅力型领导者离开组织时，下属对他的忠诚度及责任感是不会转移给新的领导者或回馈给组织的，而是随着这个领导者的离开一同离开。

魅力对领导者个人有利，但是对组织可能并不利

魅力型领导者的另一个潜在的问题是：他们会在无意中使自己的领袖魅力为自己而不是为组织服务。魅力型领导者不断培养下属的忠诚度和责任感，这些通常是我们希望领导者在组织中做的事情，然而，当魅力型领导者离开组织时，下属对他的忠诚度和责任感不会转移给新的领导者或回馈给组织，而是随着这个领导者的离开一同离开。我认为这是魅力型领导者的现实危害之一。魅力型领导者怎样才能保证他培养的下属的忠诚度和责任感能够变成组织持续发展动力的一部分呢？

在伊拉克，当具有领袖魅力的营长离开我们时，我并不是唯一的因为新领导

者缺少领袖魅力而感到失望的人，我和同事们经常谈论过去美好的日子，我们情绪很低落。当领袖人物离开时，相似的事情会发生在世界各地的茶水间、咖啡厅和露天茶座。作为一个团队，我们很看重原来的那个领导者所具备的固有的自信心，因为他同时使我们感到自信。但是，我逐渐发现我们的忠诚未必是对组织的忠诚而是对某个领导者的忠诚。当我们的领导者离开以后，我们就不再像他在时那样负责，并且我们经常讨论着想要离开组织的意向，我甚至已经找到了另一份工作。

以前，我很难看出领袖魅力的号召力对整个组织的影响。现在，我能感到我自己的挫折感成倍地增加了。当领袖人物离开公司之后，我就放纵自己，使自己的忠诚度和责任感减少，我确信这种情况会有意或无意地在整个组织中重复发生。在政府部门、私立或公立组织、教育及运动事业中，忠诚度及责任感对一个领袖人物通常是非常重要的。因此，尽管在我们的组织中有这样的人物通常是好事，当他们离开时却意味着一种危害。

在魅力型领导者中拥有的权力源于他们自身

魅力型领导者拥有的权力完全源于他们自身，这种权力与组织赋予他们的权力是不同的，当我还是一个旅级参谋时，我有一个具备领袖魅力的执行官。他离开后的几个月，我与新的执行官在一个办公室工作，我提示他应该为即将开始的培训课程制订一个计划。在完成训练任务的过程中，我们有一些需要克服的困难，我建议他用他个人的说服力改变一些做事的方法。他沉思片刻后，用很直接的方式说："我不是梅杰 · 布朗。"梅杰 · 布朗已经死了。他当然不是梅杰 · 布朗，并且他不可能在组织中使用梅杰 · 布朗那样的个人权力。在过去，依靠梅杰 · 布朗的领袖魅力，我们能够很容易地处理类似的事情。梅杰 · 布朗是一个经验丰富的沟通专家，同时也是一个经验丰富的游说专家，所以他要求什么人们就愿意为他做什么。

新的执行官非常有能力，但是作为一个杰出的领导者或管理者，他缺少一些领袖魅力。在各种类型的商业组织中，有很多人很有能力，但是没有必需的领袖魅力。在管理岗位上，一个具有领袖魅力的管理者的离开而被一个没有领袖魅力的人所代替，这对于组织来说是很危险的。在我工作的总部，作为一个职员，我们依赖前任领导者的领袖魅力产生的权力来推动变革，而不是完全依赖他的角色或岗位所赋予的那些职权。

我知道我们本应该建立新的机制来解决问题，我们却依靠用领袖魅力来解决问题。在短期内，这种战略还是可行的，但是从长期来看，这样对组织是很不利的。

以前，源自领导个人领袖魅力的权力对我来说就像一种资本：它使我工作起来更加容易，并且我们取得了成功。我确信在民营企业中同样存在大量的类似于具有领袖魅力的管理者运用权力的故事。具有领袖魅力的管理者深深地影响并激励人们乐于奉献，他们的权力来自他们的个人品质，而不是来自他们在组织中的岗位和角色。我知道我们本可以建立新的机制来解决问题，我们却依靠领袖魅力来解决问题。在短期内，这种战略还是可行的，但是从长期来看，这样对组织是很不利的。当有危机存在时我们必须有信心去自己解决问题，并相信我们自己的能力，而不是借助于魅力型领导者的力量。

我相信动乱及突发事件会推动魅力型领导者的产生。突发事件会使人感到很无助。在情绪不稳定的情况下，魅力型领导者能够带领组织走出危机。通常，他们都具有明确的目标和远见。在危机中，他们能够使阻力变小并且容易克服，减少人们的焦虑以及在解决问题过程中的无助感。

我认为，我在伊拉克时开始注意到的魅力型领导者所隐藏的缺陷并不是一种巧合。从深层次上讲，我需要一个魅力型领导者来减少我的焦虑和压力。经过仔细考虑，我能看出在个人层面上，我承受着巨大的压力：我总是担心着士兵们以及他们的安全，我同样也担心部队对伊拉克人民产生的影响，我担心我们作为一支部队以及我作为一个外国人，在伊拉克做的事情是否正确。我的领导者所具有的领袖魅力能够减轻一些我的压力和担忧。从某种程度来说，魅力型领导者让我有安全感：我的上司坚毅的自信心使我感觉更有自信。

工作场所也是产生危机及恐惧的地方。失业、兼并、激烈的竞争、非赢即输的体育竞赛及最后通牒是我们感觉无助和充满恐惧的时刻。在这些情况下，我们总是将希望寄托在领导者、教练、宗教领袖或者一个有天赋的管理者身上，希望他们能使我们远离灾难。

我知道我对领袖魅力的偏好是作为一个下属所共有的，这种偏好对上下级关系的平衡是很有意义的。我希望我的上级有坚定的自信心并且能开扩下属的视野、奉献精神以及对所从事工作的忠诚。从更深层次上说，感受具有领袖魅力的人的那种坚定的自信，使我觉得非常的安全和舒适，尤其是在不确定的商业环境中。这种坚定的信心是我认为在伊拉克我作为一个追随者所需要的或应当具有的。通常我们下属的需要就是对领导者的期望。我们希望在我们自己审视内心和采取行动之前领导者就能满足我们的需求。

在经历了飓风卡特里娜后，新奥尔良的人民、海湾地区的人民以及美国其他地区的人民都在寻找一个能够在危机中领导人民走出困境的具有领袖魅力的英雄。我们期望一个具有坚定自信心的人来重燃我们的希望。我们期望有人能够为我们指明精神及物质上的出路。有时，当我们自己的恐惧感很强烈并且我们感觉自己不能克服变革中的阻力时，我们期望魅力型领导者能够完成我们自己不能够完成的事情，或认清我们因为处在困境中而不能认清的事情。

无论是在战场上、自然灾害中或在工作场所中，危机都不可能由一人独自解决，即使他有领袖的气质。这个愿望是愚蠢的。通常我们作为下级有能力走出危机，但是，我们可能对自己的能力缺乏自信，并且我们缺乏强烈的责任感去这样做。寻找一个具有领袖魅力的人来领导我们走出危机比依赖我们自己要容易。作为下属，我们必须学会怎样缓解自我焦虑并学会容忍冲突。依赖一个领导来降低我们的恐惧并不是称职的下属。在危机中，我们必须相信我们自己的能力并且为我们能够做的事情承担责任。一个具有个人魅力的领导，虽然令人感觉舒服，但是不能仅仅依赖个人力量领导组织走出困境。作为下属，我们必须克服我们自己的恐惧并采取行动。我们必须从自己的身上发掘那些我们在领袖身上所找到的品质。

> 魅力型领导者能够创造浓厚的组织文化，这种文化使人们很难去批评这些领导者以及他们的思想。并且当一个下属指责魅力型领导者时，这个下属通常被认为是不忠诚的。

魅力型领导者会泯灭异己

在一个由魅力型领导者领导的组织中存在另一个潜在的危险，即领导者的行为方式可能占主导地位；因此，其他的可供选择的行为方式将不会被考虑或采纳。在伊拉克期间，在一个与我们旅关系紧密的部队中我见证了这种现象的发生。一个步兵营有一个指挥官，他的领袖魅力在他的下属及上级那里都很出名。在他指挥这个营一段时间后，即使伊拉克的民众也知道了他富有感染力的个人品质及坚定的自信。他就是能够使你感觉在他的身边做事很舒畅的那种具有领袖魅力的人，人们被他的领袖魅力深深地吸引。他的个人品质使他的下属对他个人产生巨大的忠诚度和责任感。从第三者看来，他如同有了神秘的力量。我的一些同事，之前他们非常独立且思维活跃，现在好像也在他的领袖魅力下着了魔。

魅力型领导者所创造的组织文化不管是对领导者还是对组织来说都是不幸的。这些领导的领袖魅力如此强烈，以至于他的支持者们因为他的个人魅力而变得盲从。结果，他们不可能去批判他的思想及行为。伊拉克处于一个尴尬的环境中，并且错误往往要付出政治上及感情上的代价。我相信这种局面需要领导者的周围拥有一些坚定的支持者，这些支持者能帮助他们的领导者目光更加远大，或者在看问题时为领导者提供另一种思考方式。

但是魅力型领导者能够创造浓厚的组织文化，这种文化使人们很难去批评这些领导者以及他们的思想。并且当一个下属指责魅力型领导者时，这个下属通常被组织中的其他成员认为是不忠诚的。因为有了这种高忠诚度，可能使那些敢于挑战组织常规或领导行为的人被看作异类或被排斥。

魅力型领导者可能弱化组织的创造力

魅力型领导者通常使团队更加强大。他们会创造强大的情感纽带，由这些强大的情感纽带联系的团队显得格外的团结。这种特征使得整个团队朝着相同的方向以一致的方式行动和思考。

可是，虽然这一特征在完成新的或非常困难的任务时很有用，但是团队的强大、团结的特征可能导致思维的相似性以及缺少独立思考的习惯。对于一个具有凝聚力的团队来说，看清自己是很困难的，并且整个团队可能养成骄傲自大的习性。尤其是当他们所信奉的领导者的行事方法被认为是唯一和最佳的时候，这种相似的思维方式可能阻碍创造力及新的更好的实践方式的产生。当需要团队成员向不同方向努力时，成员偏离团队或魅力型领导者几乎是不可能的。

对于一个具有凝聚力的团队来说，看清自己是很困难的，并且整个团队可能养成骄傲自大的习性。尤其是当他们所信奉的领导者的行事方法被认为是唯一和最佳的时候，这种相似的思维方式可能阻碍创造力及新的更好的实践方式的产生。

我们在努力培养魅力型领导者的同时可能忽略了其他领导者

作为一个连长，我在连队里寻找能够感染士兵去完成任务的具有领袖魅力的基层领导者。当面对困难、风险或高难度的任务时，我总是首先求助于具有领袖魅力的领导者。这些基层的领导者充满自信并使我也感觉到有信心。由于他们的领袖魅力以及我自己对这种领袖魅力的偏爱，我通常会花大量时间来培养这些基层领导者。

实际上，相对于具有领袖魅力的基层领导者，我更需要那些具有其他突出品质的基层领导者。我通常习惯性地将重点放在我觉得合适的地方，即那些为我工作的具备领袖魅力的人。因为具有领袖魅力的人更能吸引高层领导的注意，所以他们做的工作更多。我相信在许多组织中很多高层领导依赖具有领袖魅力的基层领导。

事实上，我在曾经就职的所有组织中都见到过上述模式。但是，从一个领导者的发展角度来看，一个组织并不会因为小部分人做大部分的工作而受益。这将会影响组织的进步，原因如下：具有领袖魅力的人会因拼命工作而累垮，不具备领袖魅力的人可能感觉到被忽视，领导经验不能在组织内部广泛地共享。

伊丽莎白·鲍尔斯中士是我们连的一个小队长，我们在伊拉克执行军事任务中，她通过面试成为连里的执行军士。她将在战区协调训练，并组织一个300人的军事活动。她充满智慧并且很有能力，但是她缺少许多她的同事所具有的个人魅力，所以我不愿意将工作交给她。在面试后的那个早上她找到我，明确告诉我她不仅需要这份工作，而且她能够很好地完成这份工作。我却认为具有一些领袖魅力的人会更容易或更好地完成工作。

然而鲍尔斯证明我错了，她具有其他被我忽视的优点。她很有能力，关注细节，并且她在工作中的那种个人自豪感使连队在运作管理方面上了一个新的层次。她是一个能干的小团队的队长，在她周围工作的人能够很好地在第一时间将工作完成。她的领导才能虽然不全是领袖魅力，但是连队在很多方面成功的重要原因。

我们能够更容易看清那些缺乏领袖魅力的领导者的优势和劣势。当我们接触到领袖魅力时，我们的情感会妨碍我们做出公正的评价。

很难评估魅力型领导者所具有的影响力

我们不能采取与判断其他人一样的标准来判断魅力型领导者。领袖魅力的诱惑力和迷人的特质，使我们仅仅关注一个魅力型领导者某些方面的技能。魅力型领导者通常具有传奇色彩，勇于冒险。我们经常忽略他们的不足而青睐其能力和感染我们情绪的方式。例如，一个具有领袖魅力的退役球星，他虽然有些不好的哗众取宠的滑稽行为，并且他的价值也令人质疑，但是通常不会失去英雄的地位。在相同的情况下，一个缺乏领袖魅力的球员可能被赶出球队，或成为替补队员，或者被诋毁。在组织中也存在相似的事情。由此我们能够更容易地看清缺少领袖魅力的领导者的优势及劣势。当我们接触到领袖魅力时，我们的情感会妨碍我们做出公正的判断。

实际上，一个魅力型领导者也会在领导方面存在一些不足，这些不足是我们所不期望的。因为这些缺陷与我们所期望的领导形象是冲突的，我们可能忽视领导者的这些缺陷以满足我们对英雄的定义。

如何避免领袖魅力的陷阱

我始终认为领袖魅力能够成为一个领导者好的特质，但是领袖魅力同样存在不利因素。领袖魅力可能是神秘的，具有吸引力、很诱人，并且它通常是促使组织变革的有效因素。但是我不再将杰出的领导力与领袖魅力联系在一起。领袖魅力不再是我评价优秀领导力的标准。了解魅力型领导者的影响力能够帮助我们避免它所带来的危险。以下是一些行为准则，我希望通过这些准则能够帮助你谨慎地看待领袖魅力，不管你现在的角色或职位是什么。

如果你是一个魅力型领导者，你应该怎么做

如果你认为自己是一个魅力型领导者，这里有一些方法来避免领袖魅力所隐藏的危险：

- 鼓励提出不同意见，同时确保在你的周围有能对你提出不同意见而不会感到对你不忠的人。
- 评估你所领导的团队所处的环境。环境混乱并令人焦虑吗？要认识到领袖

魅力能在组织处于危机时为组织带来安全，但是在组织稳定发展时并不那么有效。如果可能的话，尽可能少依赖领袖魅力。

- 运用你的领袖魅力克服短期困难。从长期来看，确保你在组织中的权力深深嵌入在组织中，而不是依附于你的个人权力。
- 谨慎地确定你的接班人或继承人。你的领袖魅力已经对你的下属产生了强烈的情感纽带，试着将这些情感纽带转移给组织或新的领导者。
- 在组织中建立比你的任期更持久的领导系统。

如果你为一个魅力型领导者工作，你应该怎么做

如果你为一个魅力型领导者工作，这里有些方法能使具有领袖魅力的领导力的影响最小化：

- 如果领袖魅力是你期望的领导者应该具备的品质之一，那么不要期望所有的领导者都具有相同水平的领袖魅力。
- 如果一个魅力型领导者离开了组织，要意识到你可以从其他方面发掘新来者的优秀品质。
- 当你更信任你的领导而不是自己的切身经历，你就要谨慎。千万不要让你对领导者的忠诚蒙蔽了你明辨是非的能力。

如何管理具有领袖魅力的下属

如果在你的组织中有具有领袖魅力的下属，这里有一些管理准则：

- 必须认识到一个由魅力型领导者团结起来的团队通常具有凝聚力，并且可能与其他团队有严格的界限。要鼓励团队内部的相互协作并激励团队找到新的具有创造性的做事方法。
- 不要将你的注意力放在领袖魅力上。在真正需要的地方强调并发展领导魅力，而不是你觉得合适的地方。
- 判断你所在的组织是否依赖于领袖魅力。要在整个组织中分配责任。
- 告诉你的下属他们具有领袖魅力。在如何使用他们强有力的领导能力及领袖魅力是如何影响组织的动力方面给他们提供建议。

第14章

信任：战争中持久领导的关键

帕特里克·J. 斯威尼

如果你能得到下属的信任，就能让他们跟着你赴汤蹈火。

——101 空降师某副排长

2003 年 4 月于伊拉克 Tall Afar

对于军队的领导者来说，战争是对他们领导能力的最终考验，因为领导者需要在战争中去影响他属下的士兵，使他们自发地为完成组织目标而献身。以我作为军队领导的 24 年军旅生涯的经验来看，士兵对领导者的信任，使得他们自愿地跟着他们的领导在战场上出生入死。本章开场白中来自战场上某位副排长的话，言简意赅地指出了如果你能得到下属的信任，他们就会跟着你赴汤蹈火。因此，身为领导者，必须先努力取得下属的信任，然后才谈得上运用战争中所需的影响力去卓有成效地领导军队。事实上，不管是哪一种类型的组织，下属的信任都是领导者工作的关键。凡是领导者，都必须先赢取下属的信任，然后才谈得上真正去领导。在这一章里，我将信任定义为：基于对一个人（不管是领导者、下属或者同人）能胜任他所担任的角色的信心，以及乐于合作的特质，而愿意对其行为进行影响的状态。

领导力就是对领导者和下属之间相互关系的影响过程，而信任正是建立在这类关系的基础上的。有领导能力和关心下属的领导者们，只要在他们与下属之间建立积极、合作的关系，就能够赢得下属对他们的信任。因为这些有领导能力及关心下属的领导者们能使他们的团队成员相信，他们所在的组织可以完成任务，而且他们的领导者也会为他们的安全负责。

一旦对领导者产生信任感，下属不仅会接受领导者对他们行为举止的影响，而且他们的思想、态度、价值观、目标乃至动力，也会深受领导者的影响。因此，赢得下属信任的领导者，就有能力与下属共同积极地工作。因为下属会将其所信任的领导者视为榜样，并且接受他们身上所特有的品质、性格、价值观及信仰，又或者，那些赢取了下属信任的领导们，可以努力去使得下属接受组织的价值观及目标。当下属开始将其领导或组织的价值观、信仰及目标视为思考问题、感受事物、信仰以及行动的正确宗旨时，他们就会改变自己的思考模式。这种将组织及其领导者的价值观和目标内化的过程，极大程度地促使下属的行为发生改变。团队成员受到激励后，就能发自内心地与领导或组织的价值观和目标行动一致，因为这样才能与他们自己的价值观体系和信念保持一致，而并不是仅仅因为外在的奖励，或有处罚的威胁。基于此，信任使得领导者能真正地、从本质上去影响和改变下属，并激发他们为完成组织目标而努力奋斗，尽管有时这样意味着很高的风险或者牺牲，领导者的这些行为却能极大地提高组织的绩效。

通常来说，一个领导者运用其所处职位的职权来对下属施行奖惩是下属遵守命令的原因。在低风险的环境之下，领导者通过运用与其权威相联系的、外部的激励手段，比如，奖励或者处罚的警告，来实现其影响力的方法是有效可行的。因为在这种情况下下属对命令的遵守，只是暂时改变他们的行为来获得一定的奖励或者避免某种消极结果。然而下属这样对领导者命令的遵从是很短暂的，这种行为只存在于领导者能监控下属的行为或者领导者有办法对下属的行为执行奖惩的情况之下。所以这种基于领导者权力力量的影响力被人称为强制或处罚，而不是领导力。

另外，在诸如战争、灭火等高风险工作的情况下，那些仍然依靠职权去影响下属的领导者会发现，仅凭这样就想让下属去冒受伤或者死亡的风险是近乎不可能的。因为在这些情况下，下属一方面会想着怎么才能降低他们可能面临的风险，或者甚至彻底地抗命，另一方面也会犹豫不决地遵从上司的命令。不管是哪种情况，下属们都不会有为了达到组织的目标而使自己身陷危险的动力或意愿，而组织成员中缺乏责任感及动力将极大地阻碍组织的高效发展。

综上所述，我坚信，领导者必须获得下属的信任，才能在为完成组织使命而又会让成员承担风险或做出牺牲的严峻情况下领导团队。因为信任使得领导者有能力在下属遵从命令之外，实施其影响力，而若要让组织中的个体在考虑自身之前，先考虑到组织及其他组织成员，这种对领导者的信任是非常必要的。团队成员会自愿地跟随他们所信任的领导者冲锋陷阵，因为他们相信，他们有能力去完成本职工作，他们的领导者也会为他们的安全着想，他们也相信领导们的所作所为是与领导自身及组织的价值观及目标相一致的。

什么样的领导者在战争中深受信任

通过定义某些特质，这些特质是比较了士兵心中关于战争中能获得信任的领导者的理想（典型）的形象得出的，然后对各个特质对于营造信任感的重要程度进行评估，领导者们可以深入洞察如何获得其下属的信任。所谓典型，简单地说就是一个固有的属性及特质的组合，这样的属性及特质很有代表性，与特定的组合和类别联系在一起。领导者可以用战争中深得信任的领导的典型，来评估和发展自身的特质，以及制订计划，把他们所拥有的特质传达给组织成员。

组织的领导者越是接近其下属心目中深得信任的领导者形象，他们就越容易赢得下属的信任，越有能力去运用其影响力，而且能使组织活动更加高效。除此之外，对士兵关于信任和影响力间的关系的观点进行研究，使得我们能深入洞察信任在战争中维持领导力的作用。从研究信任和战争中的领导力的关系中学到的技巧，对于任何一种类型的组织领导来说都是值得尝试和学习的。

我在伊拉克战争中与第 101 空降师并肩作战，并在 2003 年 5 月，在实际作战环境中利用一个极佳的机会，研究了信任及领导力间的关系。这个研究有两个主要目的，一是全面描绘出士兵心里典型的领导者特质，这些领导者在战争中能赢得下属的信任；二是研究在战争中，信任与影响力间的关系。72 位士兵完成了一份开放性的调查问卷，这份问卷被设计来研究战争中信任与影响力间的关系。这 72 位参加调查问卷活动的士兵是派去北伊拉克执行军事及维和行动的炮兵和步兵团。我分别在摩苏尔（Mosul）、Tall Afar、西卡亚拉空军基地（Qayyarah West Airbase）这几个地方的基地营地里拜访了他们。位于巴格达北部 240 公里外的摩苏尔，是伊拉克第三大城市，它也是尼尼微（Ninawa）的市政府所在地。Tall Afar

就位于摩苏尔西部大概 38 公里的地方。西卡亚拉空军基地是位于摩苏尔南部大概 40 公里的一处伊拉克的空军基地。这些接受调查的士兵在以下几方面为本次调查提供了所需的信息：

- 他们自发地描述了（用他们自己的话）希望看到的在战争中备受信任的领导者身上应具有的特质；
- 他们探讨了各种特质是如何影响信任的；
- 他们根据营造信任的各种特质的相对重要性对这些特质进行排序；
- 他们分享了关于信任与领导力相互之间是如何联系的看法。

战争中能赢得信任的领导者应具有的十个特质

在对来自 72 位士兵所描述的特质进行分类组织后，我们对士兵希望看到的在战争中受信任的领导者身上应具有的特质根据其重要性进行了排序。

如表 14.1 所示，研究表明了领导者的能力及特质对战争中营造信任感产生很大影响。在战争中，下属们必需依赖他们的领导者制订并有效地执行计划，以将他们的生命危险降到最低并完成组织的任务。因此，下属们希望并相当重视领导者的特质，因为好的领导者特质能帮助组织完成任务，并顾及他们的安全，提高他们在战争中的存活率。

表 14.1 战争中能赢得信任的领导者应具有的特质

1. 胜任工作的能力
2. 忠诚度
3. 诚实/正直
4. 以身作则
5. 克己自制（压力管理）
6. 自信
7. 勇气（外在的和精神上的）
8. 信息共享
9. 与下属的人际关系
10. 强烈的责任感

注：以上特质以相对重要性程度排序。

我根据被调查士兵对这些特质的描述，将这些特质进行了分类。为简化对这些调查数据的表述，我将某些特质进行了合并，因为它们符合逻辑，而且它们也与美国军队领导力的框架是一致的，比如：

- 领导者对工作的胜任能力这种特质需要领导者有以下能力：专业知识、智力、决策能力、管理能力及人际交往技能。
- 领导者的忠诚这一特质包括对下属的关心和对命令、部队及对国家的忠贞不渝。它也包括了领导者愿意把其团队和团队成员的需求置于自身之前（换言之，无私地服务）。
- 以身作则这个特质一般被认为意味着包括冲锋在前、树立所应有的行为榜样以及与下属们同甘共苦、同生死共进退。
- 在这项研究中，大多数士兵们将“正直”同“诚实”视为可相互间转换的，因此我把这两个特质归类为“诚实/正直”。

尽管以上所罗列的，士兵们认为在战争中对于营造信任感有至关重要的十大因素彼此间是相互区别的，但它们有着内在的联系。

士兵们把领导者对工作的胜任能力列为战争中最影响信任感的关键特质。因为士兵得依赖领导者技术性及战术性的专业技能、决断力以及智力，来制订和执行计划，从而既不危害到士兵生命安全，又能成功地完成任务。

1. 胜任工作的能力

士兵们把领导者对工作的胜任能力列为战争中最影响信任感的关键特质。因为士兵们的反馈表明了当既要保证组织使命的顺利完成，更要保证他们在战争中的生命安全时，领导者的胜任能力是极为关键的因素。士兵得依赖领导者技术性及战术性的专业技能、决断力及智力，来制订和执行计划，从而既最不危害到士兵生命安全，又能成功地完成任务。综上所述，对领导工作的胜任能力对于保证组织的成功及组织成员的生命安全是至关重要的。

对士兵们的反馈进行更深入的研究表明，当评估领导者对工作的胜任能力时，下属们倾向于将重点放在领导者的专业知识（技术性的）及决策技能（决策性的）上。他们需要的领导者是既拥有明确的决断力，又精通于自己和下属的工作的技术性层面，能够人尽其能、物尽其用，有效地完成组织的任务。那些能精通自身职责技术性及决策性两方面的领导者，更能激发士兵们对领导者及团队成功地完成使命的信心。

技术性及决策性专业技能使得领导者有能力根据战场上多变的环境，快速、准确地做出决策。因为战场不是给领导者提供在职培训的地方，任何一个失误可能让士兵赔上性命。所以，领导者对工作的胜任能力，特别是在战场上，对于保证组织成功完成任务，同时又能确保组织最珍贵的资产——士兵的生命安全是极其关键的。一个能胜任工作的领导者能提高他的士兵在战场上存活下来的概率，因此士兵们将这一特质放在如此重要的地位是无可厚非的。

在商业领域中，领导者对工作的胜任能力对于赢取信任感也是至关重要的。在一个对企业领导者是如何与他们的下属发展良好关系的纵向深入的研究中，我们发现，发展这些良好关系的核心要素就是任务能够得以顺利地完成。在这一研究中，企业雇员们是从功能性或区域性的专业技能、商业头脑及交际技能这几个方面来评判领导者对工作的胜任能力的。与军事领域上相似的是，商业领域的领导者对于工作的胜任能力，也是以一种卓有成效的方式去完成组织使命，在组织中扮演一种功能性的角色。如果企业雇员们相信他们的领导者有能力胜任工作的话，他们会更加自愿地去承担发展和改革（如向市场投放新产品、改变商业模式、重组组织结构或者完善业务流程）带来的风险。

以下将会提到的情景表明了领导者对于工作胜任能力在赢得下属们的信任、完成组织目标以及保证团队成员的安全方面所体现出来的重要性。

在伊拉克战争刚开始不久，一个步兵连被派到巴格达南部大约 100 公里远的纳贾夫市去执行组织下达的一个任务。连里的士兵们都担心此次的任务，原因是他们不知道当地的群众对于他们的出现会有什么样的反应，他们也不知道如何与当地这些语言不通的群众打交道，更担心当地伊拉克军队会在此设有埋伏。这是一个极为危险的任务，因为有可能卷入与当地萨达姆·侯赛因的支持者的冲突中。当时在前线某步兵连的一名中尉是这样描述当时的情景的："我们是第一次进入这个城市，而且还对我们可能将会碰上的所有事情一无所知。我们的领导为了确保我们不会犯任何错误，以最快的决策应对了各种变化，理所当然地，我们所有人都完好无损地完成了任务。"

上述的这种情况强调了在如何安全而又成功地去完成一个任务的情况下，领导者对于工作的胜任能力是何等的重要，它能帮助增强士兵们对领导者的信任。

下面引用了士兵们的观点，以此更深入地表明领导者对工作的胜任能力对于下属的安全以及营造信任的重要性。

> "作为一个领导，必须是个技术上与决策上的能手。如果一个领导表现出对他本职工作一窍不通，那么他不会意识到，他手上士兵们的性命就取决于他做出正确决策的能力"
>
> ——伊拉克，Tall Afar，某士兵
>
> "精通于技术及决策技能的领导很难相信一个不精于工作的人。"
>
> ——北伊拉克西卡亚拉空军基地，某步兵排观察兵、中士
>
> "领导对于工作的胜任能力，就是知道你得做什么。在战场上，没有第二次射击的机会，你只有一次开枪的机会。"
>
> ——北伊拉克西卡亚拉空军基地，步兵火力支援连某少尉

有忠诚度的领导者会真心诚意地关心他们的下属，支持他们，将士兵们的利益置于自身之前，尽管这意味着这样做会使领导者遭遇危险或者说承受损失。士兵们可以依赖他们的领导者来保障自己的利益，特别是在较危险的环境中。

---

2. 忠诚度

领导者的忠诚度是另一个在极大程度上关系到下属们存活的关键性领导者特质。在下属的眼里，他们所理解的忠诚度是一种狭隘的定义，他们关心的是领导者是否关注他们的安全以及为他们的安全着想。士兵们的调查反馈表明，一个有忠诚度的领导者能以最小的危及他属下士兵生命的代价去完成战争任务。领导者们会真心诚意地去关心他们的士兵，支持他们的士兵，将士兵们的利益置于自身之上，尽管这意味着这样做会使领导者遭遇危险或者承受损失。士兵们可以依赖他们的领导者来保障自己的利益，特别是在较危险的环境中。因此，士兵们会信赖对下属忠诚的领导者，原因是这样能确保士兵们在战争中的存活率。

在商业和政治的领导环境中，领导者的忠诚度也是十分重要的。事实上，忠

诚度对于营造以及发展信任感和领导力是如此的重要，以至于前纽约市市长鲁迪·朱利亚尼（Rudy Giuliani）将领导者的忠诚度视为他领导哲学的基石，而且称之为“关键性的品质”。在他的一本关于领导力的著作中，他指出，领导者自愿地站出来代表其雇员的利益，可以在他的组织中促进信任以及奉献精神的发扬。朱利亚尼的忠诚度大大地促进了组织中信任感的发扬，因为市民们知道即使在最艰苦的处境下，朱利亚尼也不会像大多数的政客一样逃避责任，而是会与他们站在一起并为他们的利益着想。

领导者在面对多样化问题面前所体现出来的忠诚度，向他们的追随者们传达了对下属的关爱及承诺，也会促使下属以同样的方式回报，这样做就能在组织中培养和促进相互间的合作。进一步说，领导者对于组织的忠诚度也鼓舞下属，令他们变得更加主动，也敢于承担风险，这样做也就提高了组织的绩效。领导者对于组织的忠诚度也使得其追随者有充分的自信，当他们采取行动时失败了，或者造成了负面的影响，他们的领导者也是会站在他们这一边，为他们的利益着想的。

下面是来自一名中尉的故事，表明了他的上司在组织遭遇攻击时为了保护他的士兵的利益而不服从命令这一行为，是怎样表现了其忠诚度及如何促进信任感的营造的。

> 这位中尉是某步兵连的一个火力支援军官，当时他所在的连队正在纳贾夫执行一个攻击任务，他们遵守营长的指示，穿着防辐射的生化衣全副武装。执行袭击任务时周围温度相当高，而该步兵连又在攻击行动开始时遭受了两次惨重的人员伤亡。如果此刻队里每个人还被防护衣套着，那士兵们将会受伤，作战成效也会大打折扣。中尉是这样描述当时的情形的：“连长当时做了一个很符合常识的决策，就是命令我们都只穿着T恤衫，而且还要把裤腿卷起来。这个决策可能看起来理所当然，可这样做是违抗命令的，因为上司要求我们得穿防护服。然而，让我们除去防护服这样的命令大大地增强了全连对领导的信任，因为这个决策，是将战士们的利益以及完成任务放在首位，而不是装模作样地执行任务。”

在这个故事里，强调了当一个领导者能自愿为了保护他的下属们的利益而甘心冒风险时，表现的就是对组织的忠诚，而这样又能激发士兵们对领导者的信任。更进一步说，下属们的反馈表明了当领导者展现出忠诚度的时候，也就为他们的士兵创造了可以以此回报的条件。

> 领导者正直的特质，是合乎道德地执行任务的基础，这维护了领导者的下属对于战争的道德标准的判断，也支持着他们去取胜。

3. 诚实/正直

士兵们把领导者诚实/正直的特质列为在战争中影响信任的第三大重要因素。诚实/正直是一个人品质的最核心的特质，它需要领导者一言一行都要是真诚的。这是因为士兵们每一次的冒险奉命，都是根据他们的上司提供给他们的信息做出的，因此他们就需要领导者必须是诚实的，而且领导者的行为是符合组织的价值观的（正直）。领导者诚实与正直的品质会让其追随者们信任他们，因为下属们知道即便在艰难的处境中，诚实而正直的领导者都会是言行一致的。

在商业或者政治组织里，一个领导者诚实/正直的特质对于赢取信任也是同等重要的。一个研究公司总裁如何与他们的下属建立良好关系的纵向调查中发现，下属们认为领导者诚实/正直的特质是十分重要的。企业雇员希望他们的领导们能合乎道德地做事，而且能在探讨问题时做到开诚布公。坦诚地相互沟通同时也减轻了对领导者日程安排及动机的怀疑。一个有着诚实和正直特质的领导者能让他的员工对领导的下一步行动能有所预见，特别是在严峻的或者难以做出道德抉择的处境中。就是凭着对领导者的信心，相信领导者能在任何处境下都会诚实及正直地行事，营造了这种信任。

一个正直的领导，能使士兵们安心，在紧张而又混乱的战场上，相信有人能确保他们的安全，组织使命也能以合乎道德的方式顺利完成。领导者正直的特质，是合乎道德地执行任务的基础，这维护了领导者的下属对于战争的道德标准的判断，也支持着他们去取胜。

至于诚实这一特质，士兵们的反馈集中在希望能得到关于战况以及未来行动的真实而确切的信息。不管处境如何，士兵们（如任何一名下属，即使是在无战争状态下）总是希望知道下一步行动的真实信息。真实而确切的信息可以帮助他们应对流言蜚语，并对未来的任何挑战做出真实的预测。对战场上未来状况有准确的认知，可以帮助士兵合理地缓解压力。一个中士是这样总结一名士兵对于诚实的沟通在战场上的重要性的："在我看来，诚实成就一名卓有成效的领导者。

连里的执行长官总是能让我们掌握信息，也从不粉饰任何事情。如果我们将会面临一些棘手的问题，他就会让我们知道。他总是能让我们对处境有所了解，而这又是士兵们所需要的。”

在任何一种组织当中，领导者的诚实与正直的特质都是必要的领导力的关键特质。士兵们希望他们的领导者创立道德标准并且依照其行事。通过树立典范，奖励合乎道德的行为，惩罚有悖道德的行为，领导者的品质及价值观形成了组织文化。组织文化就是一套不成文的信仰及期望的组合，它期望员工在组织之外应该如何进行商务往来，以及在组织之中应该如何与他人打交道。

进一步说，领导者诚实与正直的特质为员工设立了如何去从事商务活动的道德底线。而这些由组织文化设立的道德底线，促使了员工与客户以及团队成员间信任的发展，因此，领导者诚实与正直的特质为企业员工指明了道德取向，也使员工们相信领导者的一言一行及相信组织，在组织之中营造了凝聚力和相互间的信任，更促进了与客户间建立合作共赢与相互信任的商务关系。

然而与此截然不同的是，正如在安然、Tyco 和 Adelphi 这些案子中所体现出来的，一位不按道德行事的领导者将会危及其所在的组织，并使他们的员工、股东还有离退休人员蒙受经济上的损失。由此可见，领导者诚实及正直的特质对于强化领导力和提高组织绩效是何等的重要。

敢于在战争前线冲锋陷阵的领导者们让所率领的士兵们知道，他们对于自己的能力及团队的能力是十分有信心的，他们有在战场上坦然应对危险的勇气，不会让士兵们去面对或者去执行他们自己都不愿意去做的事。

---

4. 以身作则

凡是坚持他们信奉的价值观以及自愿与其士兵同生共死而在前线冲锋陷阵的领导者，都能营造信任感，这是因为以身作则的作风能提升下属们关于领导者品质及公信力的看法。领导者的公信力是建立在专业技能及优良品质的基础上的。以身作则，尤其是在战场上，能大大提高士兵们对领导者品质的看法，这是因为，信奉一个人的某些价值观和信仰是一回事，而当性命攸关时还能坚持按这些价值观和信仰行事又完完全全是另一回事了。

所以，在战争的压力与危险面前仍能坚持以其信奉的价值观和信仰行事的领导者，就是诚实的（这就是他们的个人特质），这将有助于提高他们在人们心目中的公信力。士兵们清楚地知道，在战场上以自身，还有组织所信奉的价值观及信念行事的领导者，会为作战行动制订和执行计划，去卓有成效地以一种合乎道德的方式完成组织使命，同时极力降低士兵作战的风险。

敢于在战争前线冲锋陷阵的领导者们让所率领士兵们知道，他们对于自己的能力及团队的能力是十分有信心的，他们有在战场上坦然应对危险的勇气，不会让士兵们去面对或者去执行他们自己都不愿意去做的事。除此之外，以身作则并在前线冲锋陷阵的领导者会将自己的生命安全与下属们的生命安全联系在一起。这种联系加强了领导者与下属间相互依赖的程度，会让领导者更有可能利用战场上不稳定的情况去完成团队使命，而又能极力降低牺牲生命的风险。能够在前线危险或者紧急的环境中冲锋陷阵，这样的实际行动显示出具有以身作则的领导特质的领导者会赢得他们的下属的信任而且鼓舞下属们能在战场上取得最后胜利的信心。某炮兵排的领导者的话就很好地说明了以身作则对于营造信任感的影响："因为士兵知道他们的领导不会要求他们的下属去执行那些连自己都不愿意去做的事。以身作则这一领导特质增强了下属们的信心，并在他们心中营造了一种信任感。"

不管对哪一种类型的组织来说，以身作则对于营造部下的信任感都是非常重要的。不管是为了在生产的最后期限忘我地加班工作，还是分担因为企业兼并而造成的风险，与下属站在同一战线的领导者们会让其下属觉得他们是可靠的。凡是自愿地分担困难或风险的领导者，向他的组织成员们传达了以下这些品质：

- 领导者及其下属共处同一战线相互依赖的感觉；
- 无私的贡献；
- 对组织及团队成员的利益的关注；
- 对自己及团队拥有的应对挑战的能力的自信心。

2006 年，为了追求利润的增长，通用电气公司采取了经济性裁员，减少股东们的红利股息，而且降低了公司高层领导者的薪酬。Rick Wagoner，通用电气公司的总裁说，减少公司高级管理者的薪酬及分红标志着为了使公司整体上变得更具盈利能力，每个人都得为此做出牺牲。通过以身作则并积极与其他成员共同执行削减成本的措施，通用电气公司的高层领导们将自身的利益与公司雇员和股东们的利益紧密地联系在了一起，而这样做也使得削减成本的措施更为让人接受，全公司上上下下能团结在一起，共同应对公司当前所面临的各种挑战。在这个案例中，公司高层管理者们自愿地与其成员分担了困难，使得他们与公司雇员及股东们更加相互依赖了，也增强了他们的公信力，这有助于相互间的合作与信任。

领导者必须注意到，下属们会时刻通过评判他们在压力下的应对能力，来预测当出现重大事件时他们会如何应对。

5. 克己自制（压力管理）

下属们将领导者处于高压环境中时仍能克己自制、保持镇定列为战场上影响信任感的第五大重要特质。因为对士兵们的调查反馈表明，在战场上面临高压时仍能保持沉着冷静头脑的领导者，更有可能做出更好的决策。事实上，无论在哪一种类型的组织中，那些在高压环境中仍能保持沉着冷静头脑的领导者能实实在在地将他们的能力及技能应用于决策之中，用一种卓有成效的方式去解决困难。与此截然不同的是，那些在高压环境中乱了阵脚的领导者，只会变得过度激动且情绪化，这样只会极大程度地阻碍做出明智的决策。在高压情景下，领导者处理压力和保持冷静的能力，将增加他们的可靠性。

士兵们将领导者管理压力的技能视为是极其必要的，只有这样，领导者才能在战场上有效地应用他们的作战技能。下文中引用的观点强调了下属们是如何看待处于高压时，领导者的压力管理技能与专业技能之间的联系的。

“沉着冷静的领导风格对于我来说是极为重要的，它使我在压力之下不会惊慌失措，所以当领导者能沉得住气时，他们通常就能够做出最佳决策。”

——伊拉克 Tall Afar 步兵连某军士长

“对压力的处理能力，即他们（领导者们）是如何应对压力的（非常重要），因为当他们承受了极大的压力时，他们的判断能力及领导能力都会受到影响。”

——北伊拉克西卡亚拉空军基地炮兵连狙击部队某中尉

另外，士兵们的反馈表明，士兵们会观察他们的领导者是如何在和平年代应对压力，以此来预测在战场上他们将会如何表现。在任何一种类型的组织中，下属们通过每一个细小的、富有压力的状况，比如说出现差强人意的销售成绩时，或者说上司的一次出乎意料的视察，来预测他们的领导者如何应对高压的表现。领导者必须注意到，下属们会时刻评判他们在压力下的应对能力。思考一下下面这段评论吧，它来于某电子指挥官："拥有一个冷静的头脑是很关键的。如果一个人不会因驻地里的一个小事而激动不已，那么他就很有可能在战场上脱颖而出。"

以下将提到的状况说明了在紧迫处境时领导者的不沉着，将会如何严重地降低下属对他的信任。

某炮兵团在行军去巴格达执行任务的过程中，同时遭受三起交通工具故障。在作战行军过程中交通工具发生故障是很严重的，因为这样将会使车辆所携带的供给物资及人员处于危险之中。如果停驻下来进行修理，时间过长将会打乱整个作战计划，并使部队不能完成作战任务。部队停滞不前也较易被孤立且受敌人攻击。更糟糕的是，那些被遗弃的交通工具通常会在数小时内就被当地居民拆分了。某排长，即某一下属军官，提到了当时指挥官是如何应对如此紧迫的状况的："在一次执行护送的行军任务中，我们几乎同时惨遭三起设备的故障。我的指挥官居然足足花了半个小时的时间冲着下边的人大声叫嚷并胡乱指责别人。在可能是最为关键的时候，我开始对他失去了信任，因为他的这些行为让我对他是否有能力做出果断的决策产生了怀疑。"

处于高压环境中，上面提到的那位指挥官缺乏沉着与冷静，极大地损害了下属们对他的信任。因为交通工具的故障，他对下属大加斥责，其实正表明了在保持冷静和抓住解决危机的关键这方面他的无能为力。正如上边的那位排长所说的那样，缺乏沉着冷静的头脑让指挥官无法果断地做出决策，这是最为关键的。

领导者的克己自制能力对于下属与领导者间的沟通也是有影响的。对于那些无法沉着冷静地应对高压状况的领导者们，下属是不大可能会为他们提供真实可靠的信息的，特别是如果这些信息是负面的时候。在战场上，领导者们依靠其下属为他们提供自己部队及敌军的信息——不管是正面的、积极的信息，还是负面的、消极的信息。以上这种情况在任何一种类型的组织之中也同样是真实存在的：领导者们必须依靠下属时刻为他们提供信息——关于他们团队的处境以及当前环境的信息，才能根据现状进行调整并为未来的经营活动做好计划。那些当听到负面信息时无法保持头脑冷静并打击下属的领导者们，会影响到自己与下属间的沟通并且会使自己孤立。下属可能因此而隐藏某些信息，犹豫或者拖延提供信息，或者粉饰某些信息，以使信息能够更加被领导者所接受。不管是哪一种情况，领导者们都会被孤立，这将阻碍他们做出有效和及时决策的能力。

综上所述，在任何一种类型的组织当中，对于那些能保持沉着冷静头脑的领导者们，下属们更愿意与其沟通，并信任他们，追随他们，因为他们可能依赖这些领导在艰难的处境当中合理地行事。那些有能力应对压力并保持沉着冷静的头脑的领导者们有办法应用他们的专业技能在艰难的处境当中，做出果断的决策。此外，在接收到负面的信息之后，他们保持冷静的能力可以促使他们与下属间畅通地沟通，这样就更让领导者有能力做出及时和明智的决策。因此，一位领导者对于压力的应对能力会影响他是否能获得和维持下属对他的信任。

6. 自信

自信的领导者强化了下属们对领导者的信任，以及对他们自己的能力还有团队的能力和行为动机的信心，并鼓舞他们自愿地去追随领导者。领导者通过做出决定性的决策，特别是在像战场上这种充满压力的环境中，来显现他们对自己的能力充满自信。

不管是在哪一种类型的组织里，对于领导者们而言，在严峻紧迫的环境当中做出决定性的决策都会是一个挑战，因为一般情况下，他们做决策时尚无法掌握所有必需的信息。他们必须依靠个人的决断能力，根据有限的信息及时做出最有效的决策。当决策环境不断发展而且拥有更多的可用信息时，他们无疑充满了信心。做出及时决策，以促进组织的发展和问题的解决是关键。因此，无论是在战场上解决一个不可预知的难题，商海中抵制恶意收购，在施行法规的过程中解决棘手的情况，还是面临突发火灾警报，领导者们必须通过做出及时决策来显示其自信心，并在必要时根据实际需要调整这些决策。

士兵们的调查反馈表明，下属将领导者的自信心作为一个附加性的指标，他们用这个指标来补充判断领导者是否有能力卓有成效地领导团队。这是合乎逻辑的，因为在大多数情况下，领导者是在其专业技能的基础之上建立其自信心的。领导者通过表现出来的自信心来显示他们的领导能力，这种观点使下属们更加认同他们自己及其所在团队有能力去完成使命，这样也会激励他们自愿地去战斗。下面的这名炮兵连计算机操作员的观点，就抓住了领导者的自信心与下属们对领导者工作能力的看法间的联系：“我希望我的领导者在面对某种特定状况时对他自己充满自信，这样我才能知道，也能感觉到他们知道自己正在干什么。”

值得一提的是，下面这名来自某炮兵连的领导的观点表达了一个领导者的自信心是怎样去增强其下属们的自信心以及激励下属们自愿地去参加战争的：“一个领导者的自信心会感染到下属，使他们不再犹豫，并且激发斗志。”除此之外，一位副排长的话也说明了，一名领导者显现出来的自信心会如何激发下属的自信心：“当排长完完全全领导了一次在战争中的护送工作时，他的工作给下属树立了一种敏锐和自信的形象。”一位炮兵团副排长的话准确地抓住了领导者的自信心与下属对于领导做出的决策的信心有着如何直接的联系：“一个领导者的自信心是非常关键的——领导者必须清楚他在做什么，否则我是不会信任他的。”

> 战士们知道领导者也会恐惧，然而他们不想看到他们的领导者露出一丝恐惧或者因为恐惧而不知所措。

7. 勇气（外在的和精神上的）

对下属们的调查反馈表明，他们从两个角度看待战场之中领导者所应有的勇气：血气之勇及道义上的勇气。

（1）血气之勇的重要性

一个领导者的血气之勇表现在拥有克服害怕受伤或死亡的能力，隐藏或者说是控制好对恐惧的表现，还有就是自愿地去与他们的战士们分担战场上的风险，以及在危险面前尽忠尽责。

战士们知道领导者也会恐惧，然而他们不想看到他们的领导者露出一丝恐惧或是因为恐惧而不知所措。领导者所表现出来的血气之勇可以增进下属对他们的信任，因为下属们在战场上可以依靠勇敢的领导者来尽到他们的责任，这样也增进了下属对领导者的信任感以及激励他们在战场上自愿地跟随领导者，正如一位少尉所说的：

> “领导者的勇气是非常重要的，因为如果你把你的恐惧表现出来了，

那就没人肯跟着你冲锋陷阵了，这意味着你把他们的生命置于险境。”

——北伊拉克西卡亚拉空军基地（Qayyarah West Airbase）

步兵火力支援部某少尉

“在我们所处的位置上发生了一起大规模的爆炸。当我们到达（某一伊拉克陆军部队遗弃的弹药储藏地）时，又发生了较小规模的爆炸。现场火势很猛烈并且因此而引发了多处爆炸。我当时跟一名指挥官、一名军士长，以及其他十名士兵在一起。我们当时都奋不顾身地冲出去营救了5名伊拉克人。这样的行为着实使我更加信任在场的每个人了。”

——北伊拉克，西卡亚拉空军基地（Qayyarah West Airbase）

某炮火组专家成员

“领导者的勇气是至关重要的，我信任那些自愿与他人分担任何潜在危险的领导者。”

——伊拉克摩苏尔（Mosul），炮兵连某中尉

领导者所表现出来的血气之勇为他们的士兵树立了榜样并帮助士兵提高了在战场上面临危险的勇气。与此截然相反的是，一个缺乏勇气的领导者将会使属下的士兵们更加恐惧。对于那些不敢上战场的领导者，士兵们可能将原因归于个人因素或者环境因素。那些把领导者性格上缺乏克服战争恐惧的勇气的原因归于个人因素的下属，会失去对领导者的信任以及走上战场的积极性。同样，下属们可能因为相信所处环境是那么的危险，所以领导者会显得恐惧是理所当然的。这种环境因素所造成的领导者的恐惧，也会使得下属们变得不愿去面对接下来的行动所存在的危险。不管哪种情况，一个领导者所表现出来的恐惧都会大大影响下属们为完成组织目标而去面对危险的能力及意愿。

关于为什么一个领导者的勇气对于营造信任感以及培养下属在战场上克服恐惧感的能力是如此的重要，一名弹药团参谋长的回答是这样的：“领导者个人拥有的克服恐惧感的勇气对于营造信任是很重要的。因为作为领导者，如果他表现出恐惧的话，只会让下属们（面对战争时）更加恐慌。”

以上这些关于领导者们的血气之勇对于营造信任感的重要性的研究，对于所有组织来说都是适用的，这些组织都需要为了完成组织的使命而让其组织成员去面对外在的危险，如执法、救火、冶炼、爆破、采矿、商业捕鱼及钻油。领导们

所表现出来的血气之勇向下属们表明了他们拥有控制压力的能力，他们对应付危险挑战有充分的信心，他们愿意身体力行地领导下属并且与其分担遇到的困难，他们在面对最苛刻的处境时，拥有履行他们应尽职责的意志力。这就是为什么一个领导者所表现出来的血气之勇将增强其下属对他们的信任，激励他们去应对危险，以及激励他们自愿地跟随领导者去赴汤蹈火的原因。

（2）道义之勇的重要性

领导者的勇气的另一种表现形式是，无论在什么处境下，领导者们拥有道义上的勇气去做正确的事。道义之勇表现为领导者为了遵循他的价值观与信念而愿意承担风险，还表现为为了保护士兵们的利益或维护士兵的决策能勇敢地抵抗权威的考验。正因为这样，道义之勇使得领导者们能诚实、忠实地维护他们的下属，并充满信心地去履行他们的职责。下属们可以信任这样的领导者，因为他们坚信这样的领导者所发出的命令将是诚实的，而且是基于正确的价值观的。对于那种虽然拥有较高的工作技能，也拥有一套正确的价值观与信仰，并忠诚对待他们的下属，却缺乏道义之勇，将技能、价值观和信仰付诸实践的领导者，下属们不会去指望或者是相信他们的。综上所述，领导者的道义之勇能让领导者拥有力量，去做正确的事情，而不管碰上什么困难及付出多少代价。在战场上，道义之勇是极为关键的，因为领导者的道义上的勇气以及正直的性格为下属们的行动界定了道德底线。

此外，战士们的反馈表明，他们愿意在战场上信任这样的领导者，他们无所畏惧地坚持着他们的信仰、决策以及所应有的正确方法。领导者们必须拥有道义之勇，去应对因为坚持他们的信仰而做出的决定所导致的各种结果。下面引用的话表明了领导者道义之勇所营造的信任：

“当需要接受连队指挥官所做出的命令时，我非常看重领导者的勇气，因为只有这样，火力支援小组成员才会被合理地分配任务而不仅仅是把他们当成枪手。”

——北伊拉克，西卡亚拉空军基地（Qayyarah West Airbase），
步兵连火力支持部某上士

“勇气是极其重要的，这是因为身为领导者必须敢于冒风险，并且

在冲突对抗中毫不退缩。”

——北伊拉克，西卡亚拉空军基地（Qayyarah West Airbase）

某步兵连通讯员

在商务领域中，非营利组织、政治机构或者任何其他类型的组织中，道义之勇对于领导者来说也是同样重要的。组织成员通常希望他们的领导者能根据他们自己的或者组织的价值观来行事。因此，领导者的道义之勇使得组织成员相信领导者会以一种合乎道德和伦理的方式，为谋求组织和组织成员的最大利益去采取行动。这种对领导者们有能力按伦理道德办事的信心，促进了信任感的营造，同时也激励了组织成员自愿地去追随领导者。

Enron，Tyco 及 Adelphi 的高层领导者们就缺乏这种勇气，以他们自己的或者他们所在组织的价值观行事。而这种领导上的失误所导致的后果对他们的公司、员工、离退休人员及股东来说都是一种灾难。结果就是公司雇员失业，离退休人员没有了退休金，也失去了安全感，股东们损失了应得的红利，并且公众对这些公司失去了信任。不管这些公司的高层管理人员们是主动参与了商业欺诈活动，还是对此不闻不问，睁一只眼闭一只眼，他们的做法都是缺乏道义之勇的表现。因此，拥有道义之勇的领导者能使组织成员相信他们的所作所为是正确的。

在混乱及危险的处境中共享信息，能使组织成员感觉到他们需要并且渴望的东西是可以预知和控制的，这样就能有效地促进压力管理。

8. 信息共享

在战场上，下属们有一种极强烈的渴求和需要，希望他们的领导者可以时刻让他们知道当前的处境及未来的行动。因为持续不断的信息流让下属们有能力参与未来的挑战并做好物质和精神上的准备。在物质准备方面，下属们可以整理和检查他们的装备，安排休整计划，并随时根据实际需求调整任务。在精神准备方面，持续不断的信息流能够使组织成员们对现时需求以及即将出现的任务做出合理的期望，这样做也有助于阻止流言蜚语。因此，在混乱及危险的处境中共享信息，能使组织成员感觉到他们需要并且渴望的东西是可以预知和控制的，这样就能有效地促进压力管理。看看以下的言论：

“随时让士兵们了解情况，不要让任何人在战场上感到迷惘。在战场上，子弹乱飞、士兵相继阵亡是再糟糕不过的事了。”

——北伊拉克，西卡亚拉空军基地（Qayyarah West Airbase）某前方观察员

“能让我还有其他士兵们很好地了解情况很重要。如果我心里对任务完全没有任何疑问，知道所有细节的话，我会很好地去贯彻执行。”

——伊拉克，摩苏尔（Mosul），某炮兵连电脑专家

“分享信息是如此的重要，因为如果你对即将会发生的事情很了解的话，你就可以准备得更好了。”

——伊拉克，Tall Afar，某炮兵军士

“领导者必须懂得分享信息，这是必需的。这样能让士兵们时刻了解情况而不是身陷流言蜚语中。”

——伊拉克，Tall Afar，某步兵连上士

在任何组织中，领导者自愿地与他人分享信息，特别是在关键时刻，将起到以下 4 个非常重要的作用：

- 可以使下属们为迎接挑战做好准备并处理好压力；
- 向下属们表明，领导者不会想着要去隐瞒任何事情；
- 可以增进领导者与下属之间相互依赖的关系；
- 可以使下属们以同样的方式回报。

一家正面临着财务困难的公司，可能为了削减成本而进行组织结构重组，通过与所有公司雇员们分享这个真实的信息，公司的领导层给了所有雇员为减少支出而采取行动的时间，这样雇员们也可以为了避免公司进行组织结构重组，而调整自己的行为方式来主动地减少开支，公司雇员们也能获得为公司高层管理者出谋划策的机会，使公司既不必进行组织结构重组，又能降低成本。这样一种为了组织未来而相互间真诚地交换信息的行为，增进了领导者与下属们之间相互依赖的关系，也为下属们提供了一种可以影响组织未来经营的方式。

这样相互间真诚地交换信息也很好地防止了流言蜚语的传播，使得组织里所有成员得以把他们的精力集中于解决公司所面临的财务困难上，而不必去担心那满城风雨的流言蜚语。

综上所述，开诚布公地共享信息，是组织成员的强烈要求，这样他们就能保持预知感，阻止流言蜚语造成压力。开诚布公的领导也有助于增进信任。

领导者与下属间的交流是非常重要的，因为这能增进上下级之间相互依赖的关系，使领导者更有可能从人性化的角度为他们的士兵考虑，而不仅仅将他们当作一种消耗性的资源。

9. 与下属的人际关系

那些肯花时间和心思与下属建立相互依赖的人际关系的领导者，可以增进彼此在战场上的信任。来自士兵们的调查反馈表明：他们希望领导者能尽心尽力地去了解他们，倾听他们所关心的事情，并且了解他们的基本需求。领导者和下属之间的关系或联系是非常重要的，当领导者们在战场上制订计划或者发布命令时，这种关系增进了上下级之间的相互依赖关系，使得领导们更有可能从人性化的角度来为他们的下属们考虑，考虑到他们有家庭，也有抱负，当然也会有所恐惧，而不是仅仅将下属们当作一种消耗性的资源。除此之外，与领导者相互间的交流为组织成员们提供了一系列沟通的机会，来潜在地影响组织活动。对于那些拥有个人凝聚力的领导者来说，他们更可能听取来自下属们的反馈。综上所述，从下属们的观点来看，要求与领导者建立人际关系这样的渴求是有其功能性的意义的，这是因为这样使得下属们更有机会在竞争之中生存下来，并且也能从潜在的方面影响自己与组织的业绩。下面引用的来自士兵的两段话，强调了领导者与其下属之间的人际关系对于营造信任感的作用：

"我很看重那些能将士兵放在个人以及专业层面来考虑问题的领导者。完成任务固然重要，但是了解你的下属也同样重要。下属们也会更加尊重并信任这些领导者。"

——北伊拉克，西卡亚拉空军基地（Qayyarah West Airbase）

某无线电维修专家

"我会尊重与他的下属站在同一阵线的领导者，他们了解下属，而不仅仅是把下属们当作另一种负担（包袱）。他们了解下属的感受。"

——北伊拉克，西卡亚拉空军基地（Qayyarah West Airbase）

某步兵连前方观察员，中士

人们加入组织里面来是为了满足一些最基本的需要，比如为了生计，寻找保护以及安全感，还有就是为了获得归属感和实现个人价值。在大多数公司里，雇员们的这些最基本的需求都是通过获得薪水而得到满足的，但这只是一种公司雇员们用他们的劳动换来报酬的关系。那些努力在他们与下属之间营造个人凝聚力的领导者清楚地知道什么才能够真正激励下属们去行动，并且也会给予组织成员一种归属感。这些为了了解员工们而努力的领导者让员工们知道他们是有价值的，并且是组织之中受到尊重的一员。为了在他们之间构建关系而花些时间是值得的。这样做使得组织成员能感受到他们是受到珍惜的，并且也可以加强他们在组织当中的归属感。

更进一步说，与下属间相互的交流使得领导者可以深入地洞察到组织成员受到什么因素的激励，他们的强项及弱项。这样就可以使领导者有能力为所有成员量身定制影响他们的策略。更为重要的是，像这种与下属之间开放地沟通交流，为领导者们提供了关于团队的一些宝贵的信息，这些信息包括以下几个方面或者更多：

- 关于组织政策有效性的看法；
- 关于提高组织绩效的反馈意见；
- 关于下属领导们的反馈意见；
- 关于领导者自身领导绩效的反馈意见。

这些来自下属们的反馈意见对于领导者自身的发展以及对于组织的发展来说都是极为重要的。领导者当然也可以通过这样开放的交流沟通来传达他们的意见，给予组织成员反馈意见，让他们知道他们所做的工作对于整个组织来说是多么重要。这样做也能使下属们在工作之中能找到努力的方向。综上所述，与下属们建立人际关系不仅对组织成员来说是有益的，对于领导者自身来说同样也是有好处的。

10. 强烈的责任感

在战场上，士兵们希望他们的领导者对于其所在职位相应的责任有足够的认识。那些有着强烈责任感的领导者更有可能去履行他们的职责，特别是当身处战场上那种危险和高压的环境中时。因此，那些有着强烈责任感的领导者们会使他们的下属有着一种信心，认为他们的领导者是可以履行原有的义务的，并且在照顾好士兵的同时圆满地完成组织任务，这样就能促进信任感的营造。

以下是士兵们关于为什么责任感对于营造信任是如此重要的看法。这三段话表明了责任感、完成任务及关心下属利益三者间的联系：

> “责任就是首先考虑到任务，经常关心下属。”
>
> ——伊拉克，摩苏尔（Mosul），某炮兵
>
> “责任就是不管付出什么代价都要完成任务。”
>
> ——伊拉克，Tall Afar，某步兵连狙击手
>
> “能知道你的领导正在做正确的事真是棒极了。”
>
> ——伊拉克，Tall Afar，某步兵

在任何一种类型的组织，领导者能有强烈的责任感对于领导工作来说都是极为重要的。强烈的责任感使得领导者们有动力在最棘手的处境当中去履行他们的职责。这能提高组织成员们对领导者履行职责的信心，从而营造了信任感。

领导力的普遍适用性

对于可以在战场上赢得信任的典型领导者的全面描述，使得从事领导工作的人可以深入地研究如何在下属中营造信任感。这些研究在其他类型的组织实体当中也是同样适用的。领导者们可以运用这些知识理论来审视自身，并为自己制订计划和策略，让下属知道他们身上也拥有这些领导特质，特别是当接手一个新的组织的时候。那些勤奋致力于营造这些关键特质的领导者们，就能在下属当中营造信任感，并去实施他们的影响力。

信任感与战争中领导力间的联系

当被要求用自己的话来描述信任感与领导力的关系时，大多数（78%）受调查的士兵认为，在战争中，信任感对于领导者践行影响力来说是必须和必要的。这是一个非常强有力的结论，因为调查结果表明，在极端的情况下，就是当下属们承受着最大危险的时候，从心理层面来说，信任感使得下属们愿意接受领导者的影响，而将自己的个人利益置于组织的利益之后，并且甘于冒危险。

只有赢得了下属的信任感，领导者的工作才是有效的

为了在战场上能有效地领导下属，领导者必须首先赢得下属的信任，正如下面引用的话所说的：

“我认为信任感就是领导力。领导力就是通过指明目标、发布指令，以及激励行动来影响士兵完成作战任务。如果士兵们不相信你会让他们吃饱睡好，无法把他们的顾虑说给你听，那他们怎么会跟着你冲锋陷阵呢？”

——伊拉克，摩苏尔（Mosul），某炮兵中士

“如果你信任你的领导，那么你就会心甘情愿地去上刀山下火海。”

——伊拉克，Tall Afar，某炮兵中士

“战士们首先得信任你才会去跟随你。追随领导者跟遵守命令是完全不同的两码事。如果他们信任你并且相信你，那么就没有什么是他们不能为你做的了。”

——北伊拉克，西卡亚拉空军基地（Qayyarah West Airbase）
某步兵连火力支援部中士

“在我看来，信任感对于领导者意味着很多。我越信任我的领导，就越愿意去追随他并且接受他的领导。”

——伊拉克，摩苏尔（Mosul），某炮兵连电脑程序员

“如果领导者可以赢得士兵们的信任，那么士兵们会为他付出很多。另一方面，如果士兵们不信任他们的领导者，就会在行事之前猜疑他们的领导者。”

——伊拉克，摩苏尔（Mosul），某机修工

“这就像一本战地手册，如果我根本不相信它，我又怎么会去读它呢。我才不会从中获取任何信息或者将它应用于实战，或者冒任何生命危险。对领导者的信任意味着你去做了所希望做的事。而且因为你相信你的领导者，你就知道他是不会愚蠢到拿你的性命或者你的战友的性命来开玩笑。”

——伊拉克，摩苏尔（Mosul），某排长

正如这些例子所强调的那样，下属将对领导者的信任视为让他们自愿地去接受领导者的影响以及承担战场上的风险时，必要的、也是关键的因素。下属会自愿地服从他们所信任的领导者所下达的命令，并且也会自愿地为完成组织任务而付出额外的努力以及承担更大的风险。

那些不信任他们的领导者的下属，是不愿服从领导者的命令的，他们会质疑所下达的指令，并且不愿去承担战场上风险。因为这会使组织成员面临生命危险，并且也会对组织的绩效产生不良的影响。

信任对于在战场上有效地运用领导力是至关重要和关键的，这个调查结果对于任何一种类型的组织来说都具有适用性。一般来说，人们更倾向于自愿地接受那些有极高能力去履行工作职责，并且有良好的性格特质去以一种合作的、合乎道德伦理的方式行事的领导者。一个以纵向的角度来研究企业内总裁是如何去与他的核心下属营造良好关系的调查表明，领导者运用影响力的能力是下属信任他们的一个功能性的表现。因此，调查研究得出的这些结论表明，信任就是持久领导力的关键所在。

缺乏信任感会削弱有效的领导力

调查反馈表明，那些不信任他们的领导者的下属，是不愿服从领导者的命令的，他们会质疑所下达的指令，并且不愿去承担战场上风险。因为这会使组织成员面临生命危险，并且也会对组织的绩效产生不良的影响。对领导者缺乏信任感会导致下属更加关注以及担心他们自己的个人安全，还会导致下属质疑领导者所下达的命令是否可以使组织的目标顺利完成。

这种怀疑领导所下达的命令以及关心自身安全的做法会导致下属采取自我保护或者保守的态度，进而使他们在战场上不愿去面对危险。下属可能会把服从那些他们不信任的领导者的命令视为无可奈何，或者他们会为降低危害他们生命的风险而努力地去更改或者是不服从领导者所下达的命令。在一些极端的情况中，下属甚至会违抗他们不信任的领导者。下面的调查反馈表明，一个领导者缺乏下属对他的信任感会如何阻碍下属自愿地去接受领导者对他们的影响的：

“如果你不信任你的领导者，那么要服从他们所下达的命令会有点困难，特别是当遇到致命或致残的情况时。”

——北伊拉克，西卡亚拉空军基地（Qayyarah West Airbase）
某步兵连前方观察员，中士

“如果你不信任你的领导者，你就会对你的生命安全产生疑问，正如对你战友们的生命安全产生疑问一样。如果没有信任，你就不会为你的领导者付出百分之百的努力。”

——伊拉克，摩苏尔（Mosul），某炮兵

“如果士兵们不信任他们的领导者，就可能导致猜疑和抗命。”

——伊拉克，摩苏尔（Mosul），某计算机火力控制系统参谋长

“作为领导者，你有权命令他去战斗。但如果他并不信任你，他就不会实现你想要达到的效果；如果他信任你，他就会照着你的命令行事。”

——北伊拉克，西卡亚拉空军基地（Qayyarah West Airbase）
某供需部中士

“对于领导力，信任是最重要的因素。因为如果我不信任我的领导，我就会在心中对每一条命令产生怀疑，进而使我行事摇摆不定，并且还可能因此而丧命。”

——北伊拉克，西卡亚拉空军基地（Qayyarah West Airbase）
装甲步兵连某专家

“领导力的重要基础就是信任。如果你无法信任领导你的人，那么基本上你就输了。想想，如果你对那个指挥你去行动的人无丝毫信任的话，你又怎能接受他的命令去行动呢？”

——伊拉克，摩苏尔（Mosul），某炮兵中士

“一个不信任其领导的士兵会质疑他的领导所下达的命令，并且也不愿意跟着他的领导陷入困境当中。”

——伊拉克，摩苏尔（Mosul），某排长

“如果一个士兵不信任他的领导，他就会在需要他的时候犹豫不定，从而造成人员的牺牲和设备的损失。”

——伊拉克，Tall Afar，某步兵连反坦克部队狙击手

正如以上所引用的例子所强调的那样，那些不信任他们的领导者的下属，不愿意跟随他们的领导者，会质疑领导者所下达的命令，并且可能为了降低他们的生命危险而采取措施来抵抗领导者所下达的命令。调查结果清楚地表明，为了能卓有成效地进行领导，特别是像在战场上这样的极端情况下进行领导，作为领导者必须得到他们下属的信任（见表 14.2）。

表 14.2　为所有从事领导工作的人所设计的领导力教程

第 1 课：信任是运用领导力的关键

第 2 课：当处于如战争那样的极端环境中时，在营造信任感方面，胜任工作的能力是决定性因素

第 3 课：通过关爱来实现领导

第 4 课：对工作的胜任能力以及性格特质决定了一个领导者的可靠性

第 5 课：以身作则的领导提高了领导者的公信力，并为下属们提供了方向和动力，特别是处于棘手的处境当中

第 6 课：领导力就是与他人营造良好的关系

第 7 课：头脑冷静是进行领导的必然要素

第 8 课：通过共享信息来领导，特别是处于棘手的处境当中

第 9 课：绝不要让别人看到你害怕——在所有的言行中展示自信

第 III 部分

领导组织

第15章

社会化领导

托德·汉肖

一天晚上熄灯号响过之后，我走进麦克阿瑟营4楼的过道，我很想看看长官不在时学员们通常在做什么。刚走进过道，我听见有人在哭。顺着声音，转入拐角，我发现黑暗的过道里有一个身影，他边哭肩膀边耸动，身体也不由自主地颤抖；同时，我还看到过道里站着一位年长的学员，显然他一眼就看出了我是谁。

"能为您效劳吗？长官！"他问。

"我是托德·汉肖，来这里做调查，能告诉我发生什么事了吗？"

"长官，我是班长琼斯。这个新学员很执拗，我们决定要他做一些体育运动好让他听话。"

"那你们让他做什么了，琼斯？"我问道。

"长官，我们让他做了浅打水和俯卧撑。"

"那他为什么哭？"

"长官，可能我们做得过分了点。他不肯听我们的，我们就想整整他。我们先让他做了些俯卧撑，然后做浅打水；后来又让他不停地做，直到他没力气再做为止。我们想让他清楚这里谁说了算。但是当他做浅打水做不下去的时候，他突然哭了，一直到现在也没和我们说话。"

这是许多班长想向新学员展示"谁说了算"的例子之一。当我问班长他们是从哪儿学到这些方法的时候，他们通常会回答："长官，当我是新学员的时候，我也是这样过来的。"

这个故事为我们提供了西点军校里一个关于文化影响领导力发展的例子。军校学员之间的这种文化是训令领导，强迫新兵认识到谁说话算数，告诉新学员毕业前必须经历的历练，以及形成“谁领导，谁服从”的关系。

虽然我们绝大多数人认为好的领导者都应该符合社会公认的标准或特征，可是领导的艺术和实践还受个人内在文化修养的影响，因此也具有某些个性，并且受个人经验的影响和社会规章的制约。新的领导者需要尽快学习新组织的文化，同时要学习与新工作相关的技能与知识。当他们进入正式领导职位或是在工作中有机会施展其影响时，对于“谁说了算数”的认识会成为他们选择领导风格和实践的依据。影响这些社会共识，并且在不确定的情况下通过象征性的行为及语言来巩固和强化这些共识，使领导具备了文化力量。

领导的艺术和实践受个人的文化修养影响，因此具有某些个性，并且受个人经验的影响和社会规章的制约。

过去，管理学家曾广泛研究过领导力的典型本质及其形成。很多学者提出，组织里的领导者在按照自己的意愿通过使用各种方法引导社会认知或责任的同时，会激发组织成员实现共同目标，最终达到影响和改变文化的目的。事实上，如果我们将组织视为文化，即一种共同认知的系统，那么领导者必须意识到这种文化本身具有的影响力和感染力。

组织新成员的早期经历与他们在未来社会交往中如何运用领导力之间的联系不是十分明确。在最初入行时，新领导者不仅要学习在新的环境中如何与他人共处，更要学习在组织里如何运用领导力。这才是新手和具有一定经验的领导者在进入新环境时所需要做的事情。

在最初入行时，新领导者不仅要学习在新的环境中如何与他人共处，更要学习在组织里如何运用领导力。

大量的管理案例表明，新雇员通常把他们的注意力放在学习那些在职责范围内要求掌握的知识和技能上。如果我们考虑到新雇员同时也会了解一些有关他们的工作小组与整个组织的情况，那么我们可能以进一步得出结论，即这些新手会去学习那些老雇员是如何应对他们所处的环境以及如何去和组织内的其他成员保持互动的。

> 正如社会化教会新组织成员如何用组织的方式思考和行动，领导力可以理解为是一个得到潜在下属信任的过程，让下属相信领导的能力是值得大家拥护的。

不管是通过正式授权还是通过下属自身的信任，都给予领导者机会去解读和定义情景，并且从以下几个方面来影响下属：告诉下属在特定情景下发生的事情及其原因，怎样应对这种情景，领导者为什么会以这样的方式做出反应。通过思考其意义，尤其是对于重大事件的思考，就形成了一种引导深入思考和行动的文化。对过去事件的思考能够引导下属完成体验，而领导者随后对于事件的解释又对下属有着更大的影响。所以领导者对于重大事件的回应是组织文化构成的一个要素，如同组织故事、传说常常成为组织典礼和仪式的基础一样。

突出的交流能力是领导力的一个必要条件。近年来阐述领导力和故事解说之间关系的文章都在强调领导者与下属之间沟通交流的重要性，良好的沟通能够清晰地传达讲述故事的目的，同时也能使领导者更加清楚透明地与下属交流。为了激励下属朝着特定的方向行动，领导者应该能够运用各种各样有意义的并与组织文化相吻合的沟通实践和方式，以保证领导者传达的信息能得到了下属恰当的理解，同时能够充分调动下属的积极性，激发他们的斗志。

当从这个角度考虑领导者的社会实践时，新成员的社会化过程与领导力的认识过程就很相似了。正如社会化教会新组织成员如何运用组织的方式思考和行动，领导力可以理解为是一个得到潜在下属信任的过程，让下属相信领导的能力是值得大家拥护的。这两个过程都提高了社会认同度，并使我们在如何完成工作、如何对待彼此以及为何作为一个组织而存在等问题上的认识更加趋于一致。

军校学生的基础训练和新领导者的社会化

几年以前，我得到了观摩西点军校学生基础训练（也被毕业生和学员们称作“野兽集训”）的机会。学生基础训练不仅让新学员融入军队生活中，也为高年级学生（大三、大四学生）提供了更多践行领导力的机会。在为期两个月的暑期培训中，新学员的社会化过程和领导力培训是穿插进行的。比如当老学员（他们负责监督培训新学员）教新学员指定的军事任务如行军、枪法以及如何穿戴军队制服时，会告诉新学员一些规矩以及对部队文化的理解。

这些新学员将会在两年内完成一个学习周期，并被告知如何让下一届新成员在部队文化下理解领导力以及如何践行他们领导者教导的领导规则。

高年级的学员是新学员的学习榜样，因为他们的经历与新学员将要面临的经历是大致相似的。新学员通常都被告知，在军校的第一学年他们要学会做一名好的下属，但是以后在某一刻他们会意识到，自己将成为一名西点军校的领导者并且最终成为军队的领导者。在整个经验形成中融入的学员自身价值和文化主题构筑了领导力实践，这些实践给新学员提供了诠释经验的新视角，同时更为重要的是，提供了对未来领导角色和未来领导中实践规则的诠释。尽管高年级学员的领导经验无法完全反映新学员将来所要面对的情境，但是情况是大致相似的，而且很有可能会出现相同的情境以及与经验丰富的老学员相同的所作所为。这些新学员将会在两年内完成一个学习周期，并告知如何让下一届新成员在部队文化下理解领导力以及如何践行他们领导者教导的领导规则。

西点军校的基础训练给学员提供了见证新领导者逐步社会化的过程。高级学员（作为军队中的成员和领导者）都是通过他们对文化的理解来引导新成员的。这种通过言传身教对新成员形成文化认知便形成了他们未来的领导方式。当他们面临以及考虑到未来早期领导情景中的不确定因素时，新学员一般都会采用在那个暑假集训中学会的方法。

新学员不是仅仅扮演下属的角色，他们已经做好了担任领导者的准备。他们观察，并且学习，经常会获得新的认知，这些认知要么反映了学员对于领导力的理解，要么和学院里的政策和领导意愿相左。很多文化知识都是隐性的，既不是正式的学院政策或培训项目中所规定的，也没有在上级之间公开讨论过，它们通常是高年级的学生借以维持他们自己与新学员之间的社会差异性的东西。

这种领导力维护并加强了文化主旨，与此同时也具有反作用。西点军校中（至少是针对新学员而言）的领导力培养，体现了循环往复的领导力学习过程，高年级学员间对于领导力的理解也在每年夏天强化了这种培养。

军校生的文化主旨

在为期 10 周的学生基础训练中，通过对学员的观察以及对一些高年级学员和新学员的访谈，我了解到了很多学员的想法和观点，这些想法和观点影响了他们日后的社会交往以及领导方式。这些想法和观点源于对一些记录和访谈内容的归纳总结，它们为军官教育新学员提供了内容和方法，并且为他们在学生基础训练期间提升和锻炼新领导提供了理论基础（见表 15.1）。

表 15.1　学员的文化主旨

团队合作	“你必须学会依靠他人的帮助来完成任务，且必须对整个团队有所贡献。”
善于表演	“当长官在场时我们是一种表现，但是当周围只有我们的学员时我们又是另一种表现。我们通过隐瞒上级保留自己的行动自由。”
分担苦难	“我们经历过，你们也应该经历一次。这也成就了如今的我们。我们不能让你们轻松逃过去。你今后将会理解这一切的。”
筛选和把持	“学院允许你进来，但是部队决定谁留下来。我们将对你进行测试，测出你的能力水平，并决定你是否应该继续留在这里。”
提高心智的韧性	“战场上需要的是那种不会被压力压垮的人。”
我们仍然是大学生，我们喜欢找乐子	“这是一个严肃的场合，但是学员们必须保持幽默感以熬过去。”

表 15.1 所示的文化主旨有助于说明什么才是对高层次领导力的最好概括和描述。这种领导模式强调了阶级差异和阶级特权，本质上是惩罚性而非鼓励性的，并用传统观念作为区分和筛选的依据，或是对于新学员意志力和应变力的检验。相对于学员们都渴望在西点军校、军队和组织中成为领导的强烈愿望，这种领导模式很受青睐。

表 15.2 指出了显性（正式的，西点军校和部队中的）和隐性的文化模式中不一致的领导者期望。学校对于领导者和领导力的预期与美国军队对他们的预期是一致的，然而军队内部的文化期望更强调了要捍卫军队传统、保证区别新老学员，通过区分和筛选的方式来规范成员关系以及经常用支配下属的方式来取悦高年级学员。

表 15.2　不一致的领导者预期

部队或者学院的领导者预期	高级领导者预期
通知下属	保密信息增加压力
指导、教育和帮助	发现并强调错误和失败
管理压力；让下属们能够完成	增加人际压力，并测验应变力、找到突破口，标准
任务，标准和预期清晰化	模糊，方向不明
强化成功，建立自信	打击，设置障碍，失败（放弃）
尊重下属	轻视、贬低甚至折磨新成员
成长和学习	教条式，淘汰
修正	惩罚，压制

西点军校统一制定了一套详细的领导培育系统，以培育和促进那些反映了显性的组织价值观的有效领导者的习惯和行为。然而部队成员对于文化的理解和实践并不相同，关于领导者如何与下属交流的理解反映在两个方面：一是反映在高层的领导实践中；二是反映在那些已经存在的领导模式中（他们依此来教育未来的军队领导阶层）。

在军队学员的文化价值范围内，对于如何成为一名优秀的高级学员有着不同的要求；同时对于怎样才是一个好的领导者的标准也是存在争议的。为新学员未来担任领导者而实施的循环领导力培养，为文化主旨提供了支持并使其得以继续发展；但是文化主旨仍和正式的培养体系存在冲突，包括高级军队长官给学员领导者的明确指导等。事实上，它背离了曾经评价学员领导力绩效的标准。

然而，这种领导满足了部队成员的期望，同时也使他们承担了部队成员相应的责任。这可从高年级学员在暑期训练中承担的角色中体现出来，同时也可从那些秋季返回部队学习时还要带领新学员的学员中也得到体现。在塑造新学员的过程中，将会有一些标准来评价老学员的绩效，这些标准不同于那些学院的正式标准。在暑期训练中，老学员精英有义务为军队培养接班人，这些接班人要有幽默感，在受到卑微的对待以及被接纳过程中受辱的情况下应具备坚忍不拔的品格。新学员必须在身心上做好准备承受来自领导者施加的人际压力，同时学会当他们成为精英时处理人际关系的相关知识和技巧。当新学员两年后也进入领导阶层时，他们将会有现成的、成熟的领导榜样，同时文化会根植于每个领导者的领导风格中。

在应对和试图理解领导情境时，学员领导者可能专注于他们所观察到的实践、他们熟悉的和过去他们经历过的训导或培训。这些领导者继承了高年级学员的领导实践体系并且又将其传授给新学员，从来没有反思过这种行为和语言中所体现的意义。当我问军官们，他们通过制定各种各样使人受辱的规则想要达到什么目的时，他们要么沉默，要么回答说大家已经公认了这种方式的合理性。

军队学员基于自身的社会化经验建立了运用领导力和社会化下属的方法，这是一个不断发展的循环过程，并且有时这个过程带有虐待和侮辱的性质，同时还反映了在领导力实践中潜在的、自然的文化特性，而并没有考虑什么样的领导风格对目前的环境和下属才是最适合的。在很多情况下，学员领导们并没有考虑到他们在整个学生基础训练中的经历对于目前的特殊形势是否合适这个问题，他们只是对记忆进行模仿，从局部重塑一些领导风格，因而往往弱化了事态的严峻性而夸大了结果的成功性。

这是一个不断发展的循环过程，这个过程甚至带有虐待和侮辱的性质，同时还反映了在领导力实践中潜在的、自然的文化特性，而并没有考虑什么样的领导风格对目前的环境和下属才是最适合的。

一天在吃过午饭后，我再一次经过军营，这次我穿了制服。当我到了楼梯顶部时，听到一声大叫。定睛一看，我注意到一位新学员背对着墙，正向上伸直手臂。这位新学员遇到了困难，他显然是疲倦了，根本就无法将其手臂伸直。当他的手臂落下来的时候，一旁的高年级学员就会大叫："举起手臂！"

当我走过去的时候，那位学员看着我，当时他正站着，看起来像犯了错似的，想要为自己辩解。我说："你不必担心。我只是想知道发生了什么事情。"在我说这话的时候，那位新学员转过身去，伸出手臂，开始打起嗝来，好像就要呕吐了似的。那个高年级学员便向着走廊外的人大声叫喊着，让他们拿个垃圾袋过来。另外两个高年级学员拿着一个黑色塑料袋过来了，把袋子递给了正在惩罚新学员的军官手上。接过塑料袋之后，那个新学员几乎将他的午饭全都吐了出来。

我将那个高年级学员拉到一旁，按惯例问了几个问题。"长官"他这样回答我的第一个问题，"那个新学员忘记锁上他的箱子了，我想给他一个教训。"

我问他："你这样做有多久了？"

"长官，大约是 30 分钟。我先让他做了 15 分钟的'超人'，接下来让他将手臂伸直。"

"超人？"我问道。

"是的，长官。我让他趴在地上，使劲向上抬起手臂和腿，就像在飞一样，只有肚子能够贴着地。直到他再也坚持不下去的时候，我再让他去锁上他的箱子。"

"你这样做是想达到什么目的呢？"

"长官，当我还是新学员的时候，我也曾忘了锁上我的箱子。我的长官让我做'超人'。从那以后，我再也没有忘记过锁上箱子。"

我观察了学员在不同情境下表现出的领导力，并就此对学员领导者做了一些访问，我问他们究竟想要达到什么样的目的，他们在哪里遇到过这种特别的实践训练，他们又是用什么标准来评价这种方法成功与否。从很多学员领导者的话中都能听出，他们确信新学员能够获得一次切身的体验，经受了身心上的痛苦折磨，在整个夏季学员基础培训中新学员才能坚持下来。他们都认为"传统"在西点军校培育领导者的过程中扮演了十分重要的角色。很多领导实践在外人看来很苛刻或具有侮辱性，但是很多新学员声称这种待遇很有效。

若要通过学院基础训练，新学员必须克服巨大的困难。如果学院的正式培训计划中没有带来身心上的挑战，高年级学员会在一段时期的间歇中引入一些体力惩罚或是心理压力。训斥（大声吼叫或是语言上的谩骂），让新学员跳舞、唱歌，或是让他们和专业演员一起表演娱乐剧、唱流行歌曲以增加压力。负责学员的长官们也曾经提到过对此的顾虑：那些对新学员们经常使用严厉手段的学员领导者们已经习惯了这样做，学员们似乎也接受这样的待遇。

当问及有关领导实践时，很多高年级领导学员都没能说清楚其确切的职能，认为一些富有创意的点子虽有些侮辱性，但可以检验并培养新学员的心理承受力，他们还会在将来的某个时刻提到自己的这些实践。西点军校的正统文化也不完全支持这种做法。军官告诉学员们，检验、筛选或是决定新学员的命运并不在他们的职权范围之内。

对于领导者的启示

组织的一个主要责任就是培养新的领导者。培养新领导者的完整过程包括新学员的入学训练或者称为社会化过程，以及那些将承担组织未来领导责任的成员的早期学习。当新的领导者了解了文化之后，他们还会学习如何用合适的方式去与其他人交往并影响他人。所以领导力是由文化决定和形成的，同时新领导者通常会观察和复制别人共享经历中合理的领导力实践。

组织通常采用各种方式来管理新学员的入学训练，组织也许没有合适的正式体系辨认新学员的所见所学都是合理的，与组织的方向、目标和政策是一致的，但会利用一套详细的、正式的程序，以确保未来的领导者是适合组织的人并且能掌握到与工作相关的知识。

和其他典型的组织一样，西点军校也针对新学员的入学训练制定了正式的程序和政策。但是在实际操作中存在两套竞争性系统：一是正式系统，它被很清楚地公开阐述出来了；二是非正式系统，是被心照不宣地默认、支持，并且是部队内的老学员们实践过的系统，它对新学员理解组织内的领导方式产生了重大影响。人们对每套系统的内在预期是不一样的，在西点军校，甚至是相反的。

组织无法确保新学员学到的所有知识都与组织的正式项目计划保持一致。在这种情况下，非正式的社会学习通常与正式的领导培养计划目标相互矛盾甚至相互冲突。文化学习，特别是新学员在刚来时所了解到的领导力形式和实践，是与其未来领导力实践相关的，并且可能巩固这种文化。因此，我们必须谨慎对待新学员的社会化过程，以确保他们的第一印象与组织的方向、目标和理念保持一致。

> 组织无法确保新学员学到的所有知识都与组织的正式项目计划保持一致。在这种情况下，非正式的社会学习通常与正式的领导培育计划的目标相互矛盾甚至存在冲突。

约翰·杜威将这种非正式的、由老兵管理的社会学习称作“错误教育”或“附加教育”，这主要是指组织学习的目标和任务仅仅是新成员真正学习的小部分。对于西点军校的新学员来说，军事技巧、相关知识和积极的领导力都是第一个暑期培训里精力和体力投入的重点。学院制订的正式训练计划中没有提出非正式领导力训练和培育，这些训练主要出现在高年级学员和新学员交往的过程。学院对于显性知识和技巧以及可以衡量的结果的重视，产生了很多传统的、消极的领导实践。

这些说明组织内部有不同的文化内涵，这些内涵与正式的政策、受过训练的士兵和新兵的想法或许相同，或许不同。在西点军校，训斥式的教育已经成为传统，并且受到维护；与此同时所谓的“未来领导能力训练”（斗争、受到奇耻大辱、保持幽默感）而变得合理化。我所说的西点军校的例子中就有两套培养体系：其中之一是为了学院的需求而制定的，另一套文化是为了新学员的文化需求和成长而制定的。

这里的确存在目标冲突。一些未经授权的训练在老学员的默许下变得合理，并且越发严格，这也是为了使新学员在他们今后的军旅生涯中能适应挫折。老学员为这种训练辩护说，对于学员们的需求，只有他们才知道。他们说那些管理新学员的长官根本就说不清楚或者不理解新学员发展的需要，那些不是从西点毕业的人也没有切身的感受。

既然同时有两套体系，社会化的结果则会与计划者和管理者的意图背道而驰。新学员（尤其是那些未来的领导者）在起初的互动中展现的领导才能大部分会因此遭到磨灭。

文化会自我创造、自我强化、自我保护，新的领导者对它的理解已经心照不宣，很多默认的做法在大多数组织内都是畅通无阻的，因为它们被所有的社会化成员认为是合理的而接受了。在组织内新领导的社会化过程中，经验丰富的高级领导者通过他们的领导（包括文化形式）让新的领导者形成了一些认知，包括领导的含义是什么，他们应该做什么，他们对于环境和问题的认识以及该如何对环境做出反应等，这样就形成了历代领导者和下属在早期的社会化过程中的发展循环过程，它告诉有潜力的人如何成为一个好的领导者，并且通常植根于富有经验的领导者的言行中，以帮助他们训练新的领导者。

对这一观点的支撑来源于大量的研究，这些研究结果表明：一个人早期的组织学习对其日后在组织中的信仰、态度和行为产生决定性影响。对于西点军校的新学员来说，学员基础训练至少向他们展示了在学院的第一年其所要见到的部队中最真实的内幕。在这段时间里学到的知识十分有用。暑期训练是在西点军校中的最好的军事经历，最真实的军旅生活，卫戍区与战场之间不断转换，学员们从中学到了如何做未来军官的相关知识。

所以这里有一个与环境相关的问题。新学员在刚进入组织时掌握到的有关领导力的知识之所以很有效而且很持久，原因有两个：首先，新学员相对而言更顺从，比其他人在组织中更易受到影响。一切都是全新的，每堂课都在告诉他们世界是什么样子的，他们应当怎么看待以及如何在心理上和行动上做出反应。其次，组织会对要完成的任务和需要学到的知识进行区分和排序，因为后者更与新人的利益息息相关。它呈现的环境之间的关联性会对日后他们的生活产生重要影响，他们将来要用到这些知识，这也使得学习成了刻不容缓的任务。社会化训练会在日后很长时间起作用，告诉人们怎样去做事，绝不仅仅是技巧。这些学习给新学员留下了不可磨灭的印象，它告诉他们在特定团体中成员的职责和作用。新学员可塑性很强，比将来任何时候都易受影响。

西点军校认为新学员在早期经历中仅仅是在学如何成为一个下属，这一观点忽略了他们同时学习扮演多重角色的能力。新学员已经将领导力、日常训练以及能够引发各种行为和反应的情况联系起来，他们是领导见习生，正在观察和理解着相关的角色的言语和行为。

如果对社会化过程不加以监管可能引发意想不到的后果，这些未预料到的后果是所有社会化过程的一部分，它们通常不会受到审查，这是因为缺少合适的评价、研究和评估方式。西点军校一直以来都在应对那些不恰当的学员领导力训练方式，许多负责人曾经试着去改变现存的方式，主要是通过改变政策和个人影响的方法去实现。文化的形式和实践将“上级的地位、控制范围和职责权限”的信息传递给那些处于发展阶段的新军官。尽管改变政策可以影响到实践，但是内在的文化主旨依然存在。这也是西点军校的一个难题。西点军校尝试着通过正规机制来消除消极的领导力行为，鼓励与要求相符合的领导行为，但届届相传的一些观念成为系统中最难以根除的方面。

要想改变那些传统的、基于文化的行为方式，组织必须首先找出其源头。

组织应该做些什么

对于领导者而言，知道当新学员刚刚进入组织时应该教给他们什么是非常重要的，因为教导的内容可能不总是与组织愿景、战略或意愿保持一致。领导者应该问自己这几个问题：

- 我们目前是按照什么体系和程序来培养领导者的？
- 对我们组织来说，什么样的领导形式和领导行为是合适的？
- 我们更高一级或更低一级水平的领导力是否与组织方向和目标保持匹配？
- 组织文化是如何影响组织的？它是否适合组织的发展？

为了了解新领导者的社会化过程，组织采取的最初行动必须定位于了解入门训练中产生的一些现象。确定潜在行为形成过程和形式的唯一方式是更好地了解组织文化。组织必须了解学员对于组织内部领导力实践的普遍看法，甚至是最粗浅的看法。

要想改变那些传统的、基于文化的行为方式，组织必须首先找出其源头。文化模式、语言和行为必须在变革中得到持续发展。组织内的领导者不应该认为他们只能通过制定政策来改进教给新学员的内容，内在的基本理论必须随之改变以反映组织中新的责任体系和对领导角色的预期。

例如，在西点军校，当前潜藏在高年级学员领导模式里的理论和思想意识揭示了精英学员必须加强训练——不是按照学院标准，而是依据那些影响新学员早期社会化过程的文化主旨。基本理论也包括了苛刻的人际关系和未来挑战之间的关系，例如，在战场上应对压力的要求、增强心理承受力的要求等。

要正视新学员在传统意识中出现的错误，对基本理论加以改进。学员必须了解传统、文化和自身行为调整之间的联系。强调文化主旨和未来行为之间的关系对于任何社会化过程的循环来说都是至关重要的。为了控制每年文化再造的循环过程，要说服或改变高年级精英学员的信念使其获得与军队主旨更加一致的有关领导力的理解。这也要求揭露和清除那些被传统视为合理的，但不利于发展的潜规则。

在新学员进来之前，高级领导者应该帮助更多的初级领导者弄清楚领导者这一角色，特别是对那些没有或仅有一点领导经验的初级领导者。在此期间，组织中的高级领导者和其他同水平的人可以给初级领导者提供反馈，进一步强化积极的方面，通过隔离和质问的方式改变那些消极的训练。

组织领导者应该参与如下的活动：

- 领导培养计划的制订与实施；
- 确保传递的信息清晰并且一致；
- 和文化相联系，特别是在发生变革后；
- 弄清楚你希望领导培养计划达到什么目的；
- 将社会化视为文化完善和加快变革的机会。

改变社会化过程的唯一方法就是采用具有针对性且行之有效的方法。“之前接受的领导方式、其他领导者的影响以及互动训练的参与”对一个人心中形成正确的领导力概念具有很大影响。在每年西点的夏天，文化主旨都通过高年级学员的模范行为得以强化和保持，同时受到很高的期望，这些行为与新学员的发展息息相关。为了改变对于文化的理解，某些基础理论必须被提出来、被质疑，并且由领导者在思想上进行重塑，使之符合组织的目标，满足未来领导者的要求。

第16章

领导政策执行者——以人的发展为中心的管理艺术

詹姆斯·特怀特

在大多数组织机构中，领导者都要负责制定组织的整体决策，发表组织的使命宣言，分配组织的任务，以及确立组织的团体价值观——这一价值观为组织中的每一个成员的行为和表现提供了指导和方向。这些在组织中至关重要，领导者正是通过它们把组织的整体目标传递给每一个成员，并构筑了管理和运行整个组织的基本框架：各项工作应该如何进行；应该如何对待客户；组织中的各部门应该如何运行，等等。一般情况下，制定这些政策的领导者往往并不是在日常工作中将这些政策付诸实施的人，而是留给了那些在组织中工作在较低一层的领导们。组织必须依靠这些人来执行各项决策，而且以一种能够体现组织价值观的方式完成它的使命宣言。从某种意义上来说，他们是组织政策的执行者。不管文件中所写的内容是什么，只有这些执行者的行为才能综合地展示出整个组织的价值观和政策。

我写这篇文章的本意并不是为了揭示什么。然而，我怀疑很多领导者都不太清楚应该采用一种什么样的领导方式，才能给员工以精神上的鼓舞，使他们能够在他们的工作和行为中积极主动，真正体现出整个组织的价值观和整体目标。

在你所领导的组织机构中，你的员工或下属是你们这个团队的代理人。每一天，他们都被要求从事各种各样的活动，所有这些活动的影响和成果累积起来就能达到团队的整体目标。他们在进行这些活动的时候，可能按照这个团队所拥护和采纳的使命宣言和政策完成他们的任务，但也会有另一种可能，他们的行为并不符合组织使命观和政策。很少有人是介于两种情况之间的。事实上，他们在做任何事情时，可能选择遵守他们这个团队所拥护的政策来采取行动，从而为整个团队的成功添砖加瓦，当然也可能会选择不符合政策和标准要求的行为。

在很多组织机构中，制定政策的领导者往往并不是那些在日常工作中将这些政策付诸实施的人，而是那些工作在基层的人。他们可能在团队所拥护的使命观和政策要求下完成任务，也可能并不按使命宣言和政策的标准要求采取行动。

当你的员工或下属忽视了你所制定的政策会发生什么情况

最近我偶然得到了一次以旁观者的身份和视角来观察这种现象的机会。前不久，一阵紧急的刹车声把我从睡梦中惊醒，原来是一辆垃圾车开到了我家附近的一个转弯处。猛然间，记起前一天晚上没有把垃圾送出去，我赶紧从床上跳下来，匆匆套上几件衣服，从厨房里抓起垃圾就冲出门外，去追赶那辆开往路边的垃圾车。

这是个特别的早晨，它碰巧是我们社区一项新政策开始执行的第二个星期，这个新政策是关于垃圾处理和回收的程序，因此，我想保证我要扔的垃圾都是符合标准的。在这个新政策的规定下，所有的瓶罐、玻璃以及塑料容器都应该放在一个黄色的垃圾箱里；所有的纸质和纸板制品应该放在一个蓝色垃圾箱里；而其他的所有废品（所有无法回收的垃圾）则应首先装在透明的垃圾袋里，然后再放进一个绿色垃圾箱里。每一类垃圾会被安排在每一周中不同的时间里被取走，而这一天早上恰好应该是绿色垃圾箱的收取时间。

在这一新政策刚出台时，我们得知使用透明垃圾袋的目的是方便垃圾收集员检查每一个垃圾袋是否符合新政策的要求。如果他们发现有任何这样的垃圾袋中装有可以回收的垃圾，就不会把它收走，而且反复违反这一新规定的住户，将会在某个时期内失去扔垃圾的权利。

等卡车停下来后，我满怀信心地将收拾得整整齐齐并系好的垃圾袋递给垃圾收集员。扬扬自得地等待着他的检查。我敢肯定我的垃圾一定符合新政策的要求，在他检查我处理得很好的垃圾袋时我期待能从他的脸上看到赞许的表情。但让我感到意外的是，当我把垃圾袋递给他时，他甚至连看都没看一眼那垃圾袋，只是从我手上接过后迅速地将它扔进了垃圾车后面的储物箱里，然后径直走到其他那些属于我的邻居们的绿色垃圾箱前，将里面所有的垃圾直接倒进了储物箱里，根本就没有检查里面装了些什么东西。

我注视着他的这些行动，心里还在猜想，也许他还没有接到关于新政策的通知；又或许是没有人告诉他，他应该对那些垃圾进行查看，看里面是不是有放错了的可回收的垃圾。仅仅在几秒钟之后，所有的垃圾箱就被他倒空了。我感到有点失望，开始往回走，而这时候那个垃圾收集员开始对那些垃圾进行压实处理。在回家的路上，我经过了那辆垃圾车后面的储物箱，还是忍不住往里面看了看，发现储物箱的最下面全都是压碎了的玻璃瓶和被压扁了的汽水罐。难道这些不是可以回收的东西吗？我认为，他肯定已经从透明的垃圾袋中看到了这些东西。

从那一刻起，我起了很强的好奇心。我必须弄清楚，为什么在我们被告知那个垃圾处理和回收的新政策后所应该呈现的情况和我在家门口看到的实际情况会有如此大的差别呢？那个垃圾收集员还在对垃圾进行着压实处理，我看到越来越多被压碎的玻璃瓶和被压扁的罐子，我最终决定问那个垃圾收集员一个重要的问题：“哎，看起来有很多人偷偷地把可以回收的东西和一般的垃圾放在一起了，不是吗？”

再次回想这次谈话时，我想我应该可以预料到他的答案。他转过身来看着我，指着那些绿色的垃圾箱，面无表情地对我说：“如果你们把那些垃圾放到那个垃圾箱里，我就得把它收走。”哦，这就解开了我的疑惑。所有那些被放在垃圾车储物箱里的铝罐和玻璃瓶是因为这个垃圾收集员——社区新政策执行过程中一系列问题和所有相关人员中的最终执行者——已经做出抉择，不管是出于什么原因，他不愿意检查垃圾袋中装了些什么东西。

你可能问：“这是多大一件事啊？”毕竟，我们这里谈到的只是关于垃圾和一个决定不去遵守执行一项新政策的人，这些看起来是毫无意义的琐碎小事。也许你的这种反应很正常，但这件事向我们揭示了一个关于领导和管理方面的重要真相。管理和领导的艺术不仅仅在于精心起草和制定健全的政策和鼓舞人心的计划；更为重要的是，这种领导艺术必须能够对那些政策的执行者们有足够的激励作用，使他们真正关注整个组织及组织中的其他执行者，这样他们才能成为组织优秀的管理者，即使在没有人监督他们的情况下也能心甘情愿地为组织的整体目标贡献并付出他们的努力。

此外，一个组织中个体的行为可能透露出整个组织真实的文化特征。人们总是倾向于在一个组织整体文化的标准下从事各种活动。例如，你真的认为我遇到的那个垃圾收集员可能恰好就是他所在的那个组织中唯一一个不愿意遵守新政策的人吗？我认为肯定还有其他垃圾收集员，在每天的收集工作中也像他一样并没有按照新政策的要求完成他们的工作。而且，他们很可能对彼此的这种行为都心照不宣。在某种程度上，这种行为在他们之中似乎已经变成了一种可以接受的行为。那么在这一点上究竟出了什么问题呢？——这一点指的是这些职员在无人监督的情况下的行为。如果政策的具体执行者在领导不在场的时候不愿意按照政策来行事，那么把这些政策记录到文件中就毫无意义。当你不在场的时候，你的员工或者下属可以随意做出他们自己的决定，而且他们通常也更乐于自作主张。

现在，再想一想你的组织中每一个员工的个人行为对你的组织的意义和重要性。是他们构成了你的整个组织。他们的行为不仅仅解释和定义了组织的政策，同时还会把组织的价值观传达给客户和其他职工。他们是你的政策的实际执行者，所以你得充分地信任和依赖他们。那么你怎样才能保证他们的表现和行为符合组织内部所制定的方针呢？你怎样才能使他们成为合格管理者？你该如何避免在你的组织中出现诸如那个“糟糕的”垃圾收集者一样的执行者而使组织遭受不必要的损害呢？所有的这些都是难题，你仅仅通过加强对员工的监督或者制订更多的员工激励方案并不能有效地解决这些问题。要彻底解决这些令人棘手的问题，我的建议是你得采用以人为中心的领导方式。

认清你所信奉的政策和在实际中被采用的政策之间的差别

2000 年秋天，我接受了在北卡罗来纳州的布拉格堡（Fort Bragg）一个空降步兵连的连长职务。在我接受这个职务之后不久，我就获得了一次机会观察我们这个连队是如何实施职责、完成任务的。在我接任一个星期之后，我们就被安排开展一次历时 20 天的实战演习。这次演习主要强调的是枪法训练和小规模的战役操练。在这次实战演习最关键的阶段，我们连队中的一个排被要求在夜间进行一次实弹射击演习。

由于很少参加到真正的战斗中，这次实弹射击演习对于大多数步兵来说是相当逼真的。我们试着把 35 个士兵想象成有三个班大小的队伍，并让他们在 4 公里的范围内移动，用真枪实弹射击目标，引爆一些物体，而且只能用无线电装置和夜视镜进行联络。这种类型的训练压力是相当大的，而且很容易引起混乱，但能更好地训练士兵，使他们掌握必要的技能和方法来应对战场上的各种情况和要求。

作为一个步兵连队，我们所需掌握的核心技能之一就是枪法。保证士兵们能够始终如一地射中目标是为这次夜间实弹射击训练做好准备的第一步。更为重要的是，能够击中目标是所有士兵都必须掌握的少数几个技能之一。掌握了这几个技能，他们才能在战场上保障他们自己的生存并能够完成他们各个团队所被赋予的使命和任务。每个人都应该能够在第一次发射时就击中他们所瞄准的目标，因为他们可能不会再有第二次机会。要把所有的士兵都训练成这种水平，连队中的领导者必须拥有十分出色的射击技巧和成绩，并对枪法的知识和技巧熟练有加。

值得庆幸的是，在我们的连队里有一些在射击和枪法方面颇有经验的军士，以前他们都曾经经历并指导过无数次这种类型的训练，而且他们对我说他们都知道该怎样完成这次训练。实战演习的日子越来越近，他们向我保证我们连队的每一个士兵都能得到良好的训练，并能够在这为期两个星期的实战演习的最后阶段做好一切准备。他们还向我展示了他们为这次射击训练所制定的计划，我被他们这些计划的详细程度和严格的标准深深打动。在他们向我简要描述计划的时候，我听出了他们的弦外之音：他们在告诉我让我退后，放手让他们自己准备。他们想让我了解他们比我更有经验，而且他们完全了解关于射击和枪法的每一个标准和要求，完全能够在没有我的任何干涉的情况之下圆满地完成这次训练。

考虑到我仅仅接任了一个星期，也许我确实没有他们经验丰富，我就真的后退了，决定完全放手让他们自己来完成训练。他们已经让我相信，他们可以使训练中的一切都尽在他们的掌握之中，并感觉这样支持他们应该是正确的选择。我很乐意让他们完全获得射击训练的领导权，按照他们告诉我的情况，我相信我们的士兵在他们的领导下能够得到很好的训练，能够在演习中表现良好。但让我感到意外的是，事实完全不是这样的。

仅仅在训练进行了两天之后，我就发现了这些军士们在进行射击训练这方面的表现是多么平庸，并对他们渐渐失去了信心。他们最初告诉我的那些他们将在训练中用到的标准及要求和我实际看到的相去甚远。尽管我刚来这个连队不久，但我曾在第 75 骑兵团待过两年左右，在那里，我从那个组织机构的军士那里学过很多关于枪法的知识和技巧，所以我很清楚什么样的射击训练看起来才是正确的。在我看来，我们这两天的训练完全是浪费时间，但我决定再给他们一次机会，所以我一开始并没有将我的这些真实想法说出来。也许他们一开始只是想故意慢一点。

我发现了这些军士们在进行射击训练这方面的表现是多么平庸，并对他们渐渐失去了信心。他们最初告诉我的那些他们将在训练中用到的标准及要求和我实际看到的相去甚远。

在训练的第二天太阳快下山时，距离着手准备晚上的射击训练之间还有一个短暂的晚餐休息时间。一般来说，第一天晚上的训练内容应该包括让每一个士兵调整他们的武器装备，使它们能够在各种射程范围校准红外线激光发射器。校准是每一个射击者调整他的视线使之能符合子弹射中目标这一要求的过程。这可能是一个相当长的过程，它要求每个射击者都能正确掌握。要使整个连队（大约有 130 个左右的士兵）都能校准是一个需要有耐心的系统过程。我曾经看到过这样的训练过程用了将近一整个晚上的时间，所以我准备用一晚上来观察这次训练。但在我们的晚餐休息时间已经接近尾声时，我却没有发现有任何一个军士或是士兵已经把红外线激光发射器装到他们的武器上，而且看起来他们除戴上夜视镜外，似乎也没有做任何其他的准备来进行这场训练。

我满怀困惑地走到负责这次射击训练的军士（他恰好就是那个简单地给我描述过那些射击标准的那个军士）面前，问他这是怎么回事。我质问他激光发射器在哪儿，为什么它们没有被装到武器上面。他回答我说："先生，我们不需要那些东西，我们通常只需要在目标的上方挂一盏灯，然后用我们白天的视线就可以射中它。"什么？我想，他不是在开玩笑吧？这和他向我描述的标准并不一样啊？我接着问他："那么如果目标上方没有灯光，你打算怎么射中它呢？比如说是一个敌军的士兵？"他回答道："如果真的要部署一场战斗的话，我们会安排很多人同时开枪，那么肯定会有一个人能有机会射中他。”对于他的这些话，我感到十分惊讶，又对这些话是从那个曾经告诉我士兵能得到良好训练的同一个人的口中说出而感到有些失望。我开始想知道他究竟是怎样定义“良好的训练”这个概念的。

在我的组织机构中有一些领导者的行为方式并不能支持我们这个组织的目标。然而我又用到了导致失败的最后一击：我认为是时候该我出来干涉了。

缺乏经验者所犯的错误：试图用强制性的方法控制员工的行为，使他们符合组织的政策

这时候我认识到，我们的训练之所以很糟糕，不是因为我们起步得太慢，而是因为我们故意选择了以一种较低的标准来衡量我们的训练。作为一个步兵团，我们的目的和任务很清楚：用火力和策略与敌人进行交战并摧毁他们。很明显，我们所进行的训练并不能使我们有能力接受这一使命。在观察并参与了这一糟糕的训练两天之后，我觉得是我该出面干涉的时候了。

我首先不得不面对我的第一个决定：我该如何去面对这种形势？如果我什么也不做，我将会树立一个接受这种糟糕的训练方式的先例。如果我决定负起责任来，我又可能要遭遇与我的军士和士兵们疏远的风险，因为我毕竟是新来的，他们会把我的这种行为误解为对他们的不信任。说实话，我认为他们甚至没有一个人在等着我的反应。显然，这种类型的训练已经持续了很长时间，所以我相信这种不符合标准的夜间训练已经变成了一种他们习以为常的标准。只要涉及这样的训练，他们就会认为他们正在进行良好的训练。

在仔细权衡我的选择之后，我决定采取后一种行动。不管怎么样，如果想让训练得到提高，就得有人站出来把问题提出来，而这就是我的职责和义务。所以在和我的军士谈过之后，我命令连队的领导人员派出一个特遣队到后方去把所有的激光发射器和必需的设备搬运过来，然后返回到队伍中。他们归队后，我把那些激光发射器分发给士兵们并教他们装到每一个武器上。完成这些后，我命令所有的领导人员回到队列之中开始进行枪法训练指导。就在那个晚上我两次都有这

样一种感觉，这将是一个漫长的夜晚。

当最后所有人在营地集合时，他们的不满情绪完全可以觉察出来。我能从他们的表情里看出了他们的烦躁，看出他们很不理解我这样大惊小怪到底是为了什么。对于他们来说，这样的训练方式已经被持续使用了很多年，并没有出现什么问题，为什么这个“新来的家伙”就想要改变它呢？由于我可以很明显感觉到他们的沮丧，于是我试图用一种方法来鼓励他们的积极性，我开始问他们，是否有人知道激光发射器是怎么工作的？知道的人可以指导其他的人。但是没有人站出来，所以最后只能由我自己来回答这个问题。在接下来的两个小时里，我给他们介绍了这些激光发射器安装、操作和校准的方法。我还解释了正确地使用这些激光发射器能够怎样帮助我们更有效地完成任务并使更多的士兵活着回家成为可能。他们对于我的见识并没有完全接受，对这一点我并不感到奇怪。

我能从他们的表情里看出他们很烦躁，也知道他们很不理解这样大惊小怪到底是为了什么。对于他们来说，这样训练已经被持续使用了很多年，并没有出现什么问题，为什么这个“新来的家伙”想要改变它呢？他们并不太能接受这些。

在我的指导下，我们又花了两个小时的时间进行训练以确保每一位领导者都会安装、操作和校准他们的激光发射器，而且，更为重要的是要保证每个领导者都已准备就绪，第二天能教会他们的士兵这些方法。当我们最终离开训练营时，我们已经在那里度过了一个长长的夜晚。在这个漫长的夜晚之后，我看到每个人都耷拉着脑袋，拖着脚不吭声地走出了训练场，我并没有感到特别意外。我想他们已经感觉到这只是我这个新的连长将会在接下来训练中采用的很多“好想法”之一。

在接下来的整个实战训练中，我注意到人们所做的很多事情与他们曾经做过的计划和保证并不一致。看起来似乎这个连队中的每一个人都喜欢谈论我们会做得如何如何的完美，但等到实际行动起来的时候，我们充其量只能做到一般。我们所有的标准似乎都处于最低的可接受水平，我不明白这样又怎么能帮助我们高效地完成任务呢。我很想知道：为什么他们不在乎追求好的表现和成绩呢？为什么他们只是满足于最低的标准呢？我感到很失望，我不打算就这样允许这个连队停留在这样一种水平上，我们要做得更好。

我观察到我的军士和士兵们仅仅以最低的标准完成的训练和任务越多，我对他们的不满就变得越强烈。因此，我不再给他们留任何余地，每件事情我都会亲力亲为。每当我发现了不佳的表现和成绩时，我会立刻对他们进行责备，并要求他们及时改正。每次我发现下属出现失误时，我也会马上对其进行批评指正。在我坚定的意志下，我们确实有了提高——至少在表面上是这样的。我们不仅在射击技巧上有了提高，而且在训练的其他各方面都有所进步。我们在体能训练上获得了提高，我们在耐力上有所增强，我们的战斗演习也比原来做得更好。尽管我们确实取得了进步，但我开始意识到我的这种提高方式得付出代价。

在所有的训练都在改进提高的同时，我发现有好几个人正在设法从我的连队里调出去。这让我有点吃惊，但我没有细想，只是把他们的离开归因于他们没有能力成为一个伟大连队里的一分子。毕竟，要做好一件事情并不容易，要做到尽善尽美就更加困难了。这需要奉献精神和大量艰苦的努力。也许他们的离开只是因为他们并不具备这些必要的品质。

领导能力不仅仅是单纯使组织和团队的表现和成绩得到提高。即使我们在每个评价标准上都取得了进步，但在我的连长身份被其他人替代后，没有哪种提高和进步能够真正经得起时间的考验。并不是因为这些标准不好，而是因为除我以外，没有哪个人从内心深处真正接受了这些标准。

一个人强制执行的政策并不是政策，它只是一种微观意义上的管理

假如我有时间对在我的连队中实际发生的情况进行反思，我就不会在有人设法离开的时候感到吃惊。现在我认识到领导不仅仅是简单地使组织在成绩和表现上得到提高和改进。看看我自己的例子，我确实在提高我们连队成员成绩和表现上取得了成功，但我必须在场。在我任职的几个月里，我想连队里没有哪一个人会认为他们可以凭一种很差的成绩表现就可以逃脱。他们都知道如果他们稍有放松，我就会出现，对他们进行责备和指正，如果他们已经做得很好，则可能得到

更多的激励。我的领导行为——或者更确切地说，我对这个连队的管理，几乎都是建立在交换的基础上的：我用责备和奖励来获得士兵对我的服从。遗憾的是，服从是我获得的唯一的东西。我的行为所带来的后果是，我助长了一种氛围和环境，在这种环境下，我成为连队里面唯一的标准制定者和支持者。我变得像阿特拉斯控制整个世界一样完全控制了我们的连队。这就是我的问题所在。

我现在可以肯定地说，在我的连队里，我的那些领导者之所以会提高他们的标准并对他们的士兵行为进行批评指正，也许只是为了避免我的惩罚，而并不是因为他们真的相信更高的标准会使我们有所提高。而且尽管我们在客观评测的各个方面都有了改进和提高，但这些改进和提高没有一个是能够持久的。在我的连长身份被其他人替代后，没有哪种提高和改进能够经得起时间的考验。并不是因为这些标准不好，而是因为除我以外，没有哪个人真正地从内心深处接受了它们。我现在也很肯定在我就任连长的过程中，我的士兵们也有很多机会可以自己做决定，但我并没有发现这些场合。我永远都无法知道他们在这些情况下是如何表现的，但我能猜到他们的表现很有可能像我在住所附近看到的那个垃圾收集员一样。

我采用微观意义上的管理方法使我的连队取得了暂时的成功，但在连队中建立团队精神和发展其他领导者能力这方面我做得很差。我那时候的观点是，作为一个领导，如果能使自己成为一个好的榜样，并把你所有的努力和精力都致力于提高团队的成绩和表现上来，你就能建立起更多的自豪感和凝聚力，而这些都会为组织带来更好的成绩和表现。我现在知道我错了。领导应该是以整个组织中的人为中心。这样，这个组织和团队才能紧密地团结在一起，更辉煌的成就也就自然随之产生了。我好不容易才学到这宝贵的一课。在我这次担任连长职务的前半部分时间里，我越是想努力地试图促使我们的连队获得成功，在尝试达到目标的过程中我就越加感受到自己的孤立。

另一种可供选择的方法：把对你的员工和下属的发展放在优先于追求结果的位置上

在第一周过去之后接下来的 10 个月里，我一直在努力把我们连队的表现和成绩推向更高的水平。我坚持改进我们所进行的每场训练，但我开始注意到这些进步增长非常缓慢。尽管我们有了进步，但我们提高的量似乎并不等同于我们所投入的努力程度。

我采用微观意义上的管理方法使我的连队取得了暂时的成功，但结果是，在连队中建立团队精神和发展其他领导者能力这方面我做得很差。真正的领导应该是以整个组织中的人为中心。这样，这个组织和团队才能紧密地团结在一起，更辉煌的成就也就自然随之产生了。

我变得越来越疲倦，每一个决定都要兼顾。为了使我们所做的一切训练的所有行动都满足要求，我每一个任务都亲自检查，这必然会让我感到十分疲惫。很多时候我都会想：为什么这些家伙不能以他们自己的连队为骄傲呢？他们什么时候才能开始因为关心这个团队，并且能够像专业人员那样而不只是为了避免我的责备去做这些事情呢？他们到底怎么了？当我的挫败感越来越强烈的时候，我不得不设法做出一些改变和调整了。我不知道以这种状态我还能不能再坚持一年。值得庆幸的是，我被赋予了另一个机会来展示作为一个领导者我真正关心和在乎的是什么。正是这一次机会，我把我的领导重心从我们组织表现和结果转移到了对人的发展上。

几乎在我的挫败感达到最高点的时候，我们的部队被安排接受布拉格堡（Fort Bragg）的最高战备状态的任务。这意味着在后面的几个月内，如果世界上发生了什么事情需要我们这样的部队，那么我们最有可能成为第一个被派遣的部队。因此，我们所有的设备都必须保持最高级的准备状态，所有被安排到战斗中的人员都要准备好在任何时刻一接到通知就马上动身。

为了保证我们确实有能力并已做好准备，布拉格堡的一个检查小组在我们接受这个任务前几天对我们进行一次检阅。这次检阅包含多个部分，几乎需要一整天的时间。任何东西，从医疗记录到训练分数以及军事装备和武器保养都要进行仔细审查，如果检查有任何一方面达不到要求，就会进行一次复查，或者得到一个否定的表现评定。

对布拉格堡来说准备并通过这次重要的检阅是他们整个生活中极其重要的一部分，没有人会小看这次检阅，特别是检查小组中的检查长们。但是不管怎样，我的连队中大多数士兵曾经多次成功地完成过这种类型的检阅。我也曾在我连长任期内的早期，通过一次这样的检查。因此，并没有什么问题能够真正让我们团队里的任何人担心。即便如此，一个星期专注的准备还是有必要的。

在我们开始准备的阶段，我对我们会继续重现我们前几次成功的表现很有自信。我的每一天都是以在训练营里连队列队报数开始，然后每个士兵都被分配到排一级的领导那里，获取更详细的指示并弄清楚他们这一天应该完成的任务。当士兵们在训练场和连队里各个位置进行训练的时候，我都会到周围巡视，看看训练的进展如何，以便于我可以与他们交谈，并观察他们是否需要我的帮助。

在这一周最初的时候，我注意到在士兵们完成他们的任务时，很少有真正关心他们的领导行为。看起来似乎是我们的一群努力的士兵和专家们正在以他们所了解的最好的方式进行着各自单独的训练。这提醒了我对以下两个问题进行思考：

- 那些低层的军事领导去哪儿了呢？
- 谁能保证我们的每一个士兵都能按照已经宣布的标准保护我们的设备呢？

> 不管我看到了多少问题和不足，我却没有做出任何干涉的举动。那些领导者们告诉我他们已经制订了一个计划，如果我允许他们付诸实施，我们就能通过这次检阅。我必须信任他们，因为我已经对自己似乎是唯一一个关心和管理这个连队的人这一点感到疲惫。

在我们每天下午稍晚一点的日常例会中，我提到了我对连队指挥链中缺少军士的领导和管理这个问题的担心。他们的回答是："先生，我们也有这个担心。我们知道做好这次准备的最好方法，因为我们已经经历过很多次这样的检查。让我们自己来管理我们的排吧。"我倾听着他们的意见，心想，我并不介意让你们自己管理你们的队伍，但是如果没有一个人领导，又如何能高效率地准备好这次检查呢？我很自然的想法是倾向于继续接管领导权，但为了改变我在作为连长最初的 10 个月里所使用的方法和措施，我决定退后。我不再试图用很清楚地给他们各种指导，告诉他们具体详细的训练内容和方法来控制我们连在检查中的表现，而是告诉他们我信任他们并且对他们能够通过这次检查抱有信心。我认为通过这种方式，我们可能得到两种结果：要么我们能够通过这次检查，而且我的军士领导们也获得了更多的自主权；要么就是我们不能通过检查，这样我们可能得到一次教训，这次教训对我们这样的连队来说是很有价值的，只要我们能在失败中生存下来。

在这一周接下来的几天里，我所看到的情况与我第一天所看到的相比似乎并没有多大进展。士兵们仍在毫无管理和监督的情况下独自训练，而且我看到很少有人在对各种军事设备和器具进行维护的时候用到技术手册。尽管我看到了许多问题和不足，我却没有做出任何干涉的举动。我认为如果这样做了就只会为了要保证检查的成果而削弱了我的军士们的领导责任。那些领导者们告诉我他们已经有了一个计划，如果我允许他们付诸实施，我们就能通过这次检阅。我必须信任他们，因为我已经对自己似乎是唯一一个关心和管理这个连队的人这一点感到疲惫。

当检查的那一天终于到来的时候，每个人都精神抖擞。连队中所有的士兵和领导者对于通过这次检查抱有很强的信心，因为他们都感觉自己已经投入了足够的刻苦和努力。遗憾的是，他们的这种乐观想法很快就破灭了。在检查进行到第三个小时的时候，我们连队获得一个让人无法接受的头衔：我们成为第 82 师历史上唯一一个没有通过 TOW 发射系统中的所有 20 项检查的连队。这是一个巨大的失败，这个失败不仅使我们需要进行一次复查，而且引起了师长和他的下属们的关注。我们这次引起震动的失败很有可能耽误整个营对这次任务的接受和承担，这将会对整个师都产生极大的影响。

这是一次重大的灾难，而且它对我的事业也会产生不好的影响。这个令人感到耻辱的失败不仅在整个营面前使我颜面扫地，我还从营长那里得知我的职位晋升也很危险。他告诉我在复查中如果再次失败后果不堪设想。他们给了我 30 天时间。在第二次检查中，我们必须通过 TOM 发射系统 90%的检查项目，这样才算通过。

那一天，在检查小组对我们的检查结束后，整个连队里的每一个人都受到了沉重打击。我们垂头丧气，慢慢地离开检查场地，向我们的训练营走去。在我们往外走的途中，我通知连队所有的领导们，我想把设备收好后和他们见见面。

在回到连队后，我的下属领导们默默地聚集到训练场上，等候着我的发言。我很生气，也很沮丧，但当我扫视了他们每个人之后，我看到了一些我以前认为并不存在的某些东西：他们确实有些心烦意乱——不是因为他们想到我会责备或痛骂他们，也不是因为他们认为这次检查不公平，而是由于他们在专业和技能上遭遇了尴尬的处境。这次失败让他们感到有点盲目乐观了，而且他们都知道不能怪任何人，是他们自己的过错。现在，我想，我们终于可以开始真的向更好的方向发展了。

发展引起授权这能产生持久的成效

我的领导人员聚集在一起之后，我首先就问他们，到底出了什么问题？我们怎么会与标准相差得这么远呢？这两句似乎都是反问句，所有站在那里的人都已经完全认识到这次的失败完全是他们咎由自取。他们都清楚他们自己都从某种程度上放纵自己没有投入十分的努力来迎接这次检查，所以我们就为此付出了代价。我们最终换得的是我们的失败，但这次失败没有让我们气馁，而是提醒我们是该采取行动向前迈进的时候了。

在我对他们讲话的时候，我告诉他们我已经将我们的复查安排到了下一周。听到这个消息，每个人都抬起头来，用不敢相信的目光注视着我。他们从来没有听说过可以只用 7 天的时间来准备一次复查。没有人能在那么短的时间内准备好一次复查，特别是，他们大多数人都已经知道，第二次失败将意味着我连长生涯的结束。我想他们都对我会冒这样一次险而感到惊讶，但我也同时想到我的决定充分展示了我对他们的信任。

在我的讲话即将结束的时候，我告诉他们我并不认为将我们的复查安排在仅仅一周之后是一种冒险，因为我对结果很有把握。我继续说：

“上个星期，你们曾经告诉过我你们很清楚自己在做些什么，并且知道应该怎样通过这次检查。那时候我相信了你们。如果你们现在仍告诉我我们能通过复查，那么我会继续相信你们。我不知道今天这里到底出现了什么问题让我们无法通过这次检查，我也不知道为什么我们看不到这些问题，但我知道这里没有一个人能够理直气壮地说，他为通过这次检查付出了他最大的努力。我们都需要做得更好。我们确实失败了，这是一个事实，我们不得不承认，但这一次已经结束了。我们要么继续为这一次失败沮丧难过，怨天尤人；我们也可以继续完成通过这种检查所需的各项艰苦工作，继续前进。我需要你们的帮助和支持，如果我们想要证明我们并不是失败者，我们就要彼此鼓励和支持。如果我们每个人没有付出最大的努力，我们只会继续失败。我对这一点很肯定。所以，现在我们唯一的问题就是，我们接下来怎么做？”

在我结束上述讲话的时候，我们这群人的情绪已经有了很大的变化。他们不再垂头丧气，脸上尴尬的表情也不复存在。很多人开始就我们应该怎样改善我们准备工作的某些方面提出了他们的意见和看法，还有些人请求我赋予他们实施那些建议的职责。在他们讨论的时候，我仔细地倾听了每一个意见，然后又开始了一次新的谈话。很快，我们就有了一个计划。对于我来说，这个计划与我们曾经做过的其他任何计划并没有多大区别，我常常要求他们全力投入，但从某种意义上来说，这次的计划又有些不同之处。通过信任他们和对他们投入的鼓励，这次的计划已经不再仅仅是我一个人的计划，它是我们大家共同制订的计划。

在为复查做准备的那几天里，我们的连队成员以一种比以往任何时候都要努力的状态工作着、训练着。没有人缺勤，大家都在为即将到来的检查投入所有的精力。我赋予了那些领导人员足够的权力，让他们实施他们的计划，并看到了他们所付出的努力的结果。通过这种方式，训练有了很大进展。现在，他们对想要成为一个优秀的连队所必须付出的努力有了更加深刻的理解。由于不再是将我的计划强加给他们，我取消了他们完全听从于我时的安全网，却给了他们自治的责任和义务。

当我像往常一样在连队附近巡视时，我看到了好现象：我的士兵们都以他们的工作和训练为荣，并且付出了他们最大的努力。在接下来的一周里，这种新建立起来的士气和奉献精神渗透到了整个连队的每一个地方。7天后，发射系统的所有项目都通过了复查。在一个星期之内，我们第二次创下了新的布拉格堡的纪录。

我对于改进和提高这个组织使它变得更好的目标从来没有改变过，但我改进这个连队的方式发生了很大的变化。开始的时候，我是一个交换式的领导，但我并不在意。很显然，那时的我错了。尽管我的愿望是好的，但我并没能把我的组织引向成功，而是试图用强制性的方法促使它得到成功。

得到的教训：用强制性的方法进行领导并不能促使组织取得成功

在我辞去连长职务之后的 3 年里，我有很多机会对我的这些经历进行反思。尽管我的连长职务仅仅持续了短短 19 个月，但拥有领导 100 多个士兵的经历实际上在我这一生中极有价值。

我常常回想为什么在我开始领导我的连队时会这么困难呢？我对于改进和提高这个组织使它变得更好的目标从来没有改变过，但我进行改进的方式发生了相当大的变化。开始的时候，我关注的是整个组织的表现和成绩，并且致力于使组织中的制度处于一种能够不断自我提高的良好状态。这意味着我不仅需要制定所有的制度和政策，还必须保证得到组织中所有人对这些政策和制度的拥护和遵守。这需要付出极大的努力，而且无疑会耗尽人的精力。我是一个交换型的领导者，但我并不在意这些。我的态度是：我要严格控制你们，对你们所能做到及无法做到的一切事情负责。我相信只要树立榜样的作用和坚持高标准严要求就能激起团体精神和获得高质量的表现。但很显然我的这种想法错了。

尽管我的愿望是好的，但我并没能把我的组织引向成功，而是试图用强制性的方式迫使它取得成功。这种形式的领导仅仅在获得他人服从这一点上有效（而且在某种情况下，这种顺从也包含着潜在的抵制）。如果我的员工或下属关注的只是该如何服从我的命令，我又如何能够改变他们的观念，激起他们对自己的专业和整个连队的关注呢？答案只能是我完全做不到。如果人们看不到改变的需要，那么当你不在场的时候他们的行为就不可能改变。事实上，他们的表现更像在我家附近所看到的那个垃圾收集员的行为。

关于领导力的一课：借助职位权威的领导方式并不能持久有效

在不久后，我碰巧读到了 Gary Yukl 的一本书——《组织机构的管理》。在书中，他对由 John French，Bertram Raven，Bernard Bass 以及他自己提出的关于社会权威的各种见解进行了讨论和阐述。在他的文章里，Yukl 对一般领导者普遍所具备的权威以及产生这些权威的原因和因素进行了系统的总结。其中两种最简单的形式来自职位和个人的权威。

职位权威是领导者依靠他在组织中的地位和角色所获得的权威。例如，一个中层领导对于他的下属来说可能有一定程度的权力和威信，可以对他们发布命令、提供奖励以及实施惩罚。在同样一个组织中，最高执行官拥有更高的职位权威。这种影响力往往取决于一个人在组织中的地位高低，领导者只有在那个特定组织的环境内部才拥有这种权威。

在我自己的例子中，作为连长，我可以采取发布命令、给予奖励或进行惩罚这些手段达到对下属产生影响的效果，我也确实是这样做的。我在连队内部利用这些权威来促进整个连队的提高，但这种提高是以我和整个连队士兵的疏远和成为高标准的唯一强制执行者这一事实为代价的。这种结果应该不是一个很大的意外。如果领导者倾向于只是利用他们的这种职位权威，他们最多只能获得下属的服从。事实确实如此，在我读到 Yukl 的书中的这一段时我也这样认为，这也是我感觉到我只是一个能力有限的微观意义上管理者的原因。我获得的就只有下属的服从。我们平庸的表现并不能完全归罪于我的那些领导者们；我自己的行为也对当时的情况产生了一定的影响。

Yukl 在书中所形容的另一种形式的权力是个人权威。这种权威又由两个方面组成：对象权威和专家权威。对象权威来源于领导者和被领导者对彼此的友好和尊重。这种友好关系是需要经过时间的考验而获得的，而且它是以一种通过信任建立起来的关系为基础的。所有领导者必须赢得这种权威。专家权威也是由下属赋予领导者的。只有在下属把领导者看作他所在领域里的专家，领导者才能用他的经验来影响他的下属。

使用职位权威进行领导的领导者可能碰到下属的顺从，也可能遭遇他们的抵制。这为我在指挥初期所经历的挫败感提供了充分的解释。我认为我的下属懒散而且毫不专业，我也不愿意浪费时间等待他们慢慢地提高和发展。我想要的是快速的结果，而且，在我的观点里，我让他们做的事情是符合他们愿意服从的标准的。对于我来说，这是理所当然的，所以我利用了适当的职位权威来获得我想要的结果。遗憾的是，我得到的只是他们表面上的服从（也可能还有一些抵制）。这就是我感到疲惫和沮丧的主要原因：仅仅为了得到他们的这种服从，我就得保证每一件事情都做好。我的这种行为所引起的结果就是，我剥夺了连队中其他领导者执行标准的责任和义务。

个人无法指挥团队精神，也不能强求高标准的表现和成绩。而是应该鼓励这种精神在组织中的发展。一直到我开始以人的发展为中心，情况才发生了改变。要树立个人权威需要将高标准内化，使组织中的每个人都从内心接受它们。我必须和我的下属建立起一种友好关系。我必须表明我的态度：我对他们是关心的而且我完全信任他们。

后来，我发现这并不是最好的方法。我发现个人无法指挥团队精神，也不能强求高水平的表现和成绩，而是应该鼓励这种精神在组织中的发展。一直到我开始以人的发展为中心，情况才发生了变化。促进改变和引起高标准的内化，使每个人都能从内心深处真正地接受这些标准，领导者的个人权威起着至关重要的作用，因此我必须和我的下属们建立起一种友好的关系。

在我决定让他们按照他们自己的想法为检查做准备时，我就在向他们证明我对他们的信任。当我将工作交到他们手里时，我对他们的这种信任就更强烈了。要赢得他们的尊敬，我得首先对他们尊重。通过让我自己为检查失败而受责，并让他们明白我和他们一样失败了，我们需要共同努力，我向他们表明了我对他们的关心和在意。我想就是在我们公开我们的失败的那一刻，他们认识到我改变连队的原因并不仅仅是为了获得好的成绩，而是为了让他们所有人都取得进步。如果我的意图从一开始就是自私的，那么无论我做什么或者说什么都无法改变他们对我的态度。我通过让自己受责和与我的下属们共同承担失败的风险来证明我对他们的态度是诚恳的，我是在真正关心他们。

在经历了 10 个月的连长经历之后，我终于明白：领导者要真正关心你的下属并在日常工作中用你的行动表明你的关心和用意。在我们令人尴尬的失败以及我们奇迹般地恢复之后，我把自己看作连队里的一个服务者而不是连长。正是通过这种观念上的转变，我对我下属们的行为才发生了改变，我才能够得到他们的尊敬并获得我的个人权威。我不再是掌控世界的阿特拉斯，而是和他们一起共同掌控着我们的连队。从那时起，我们开始有了更多的乐趣，我们连队的表现和成绩有了惊人的进步。

领导不是简单地让一个组织取得好的成绩，而应该致力开发和激励组织内的所有人员，使他们达到最佳状态，付出最大的努力。当你把你的关注集中到你的下属身上，并真正关心和在意他们个人的发展时，你就能赢得他们的尊重和忠诚。他们就会愿意为你的团队倾注他们所有的努力，即使在没有你的监督下他们也会这么做，因为他们相信你同样也会这么对待他们。发展往往会引来成功的垂青。如果你愿意接受这种垂青并把它运用到你的员工身上，向他们证明你关心他们，那么你就可以使你的组织取得卓越的成绩。

第17章

利用文化差异的力量提升组织绩效

雷迷·海侠　莫滕·G. 恩德

美国陆军在如何利用文化差异的力量来积极影响任务绩效方面提供了许多有价值的课程，这些课程涉及所有类型的组织及其领导者。对于美军以及其他职业领域、商务领域，它们的目标都是生存下来并在多变的商海中繁华壮大。因此，关于如何最好地利用文化差异的理论和方法不断受到重视且越来越重要。

> 我们在社会化的进程之中领略了文化的内涵；我们从生活当中、从所加入的组织里知道了什么是习惯、道德观念、价值观、法律，以及其他规范。

文化的定义及其对组织的重要性

为了真正地利用文化的潜在力量，任何一个组织的领导者都必须对文化的概念有一个全面而彻底的认识。文化是由集体价值观、信仰、规范、假设、语言、行为、愿景等构成的。文化之于组织的作用就相当于性格之于个体的作用，它就像一个内在的雷达，使我们能够分辨其中的差异。

我们在社会化的进程中领略了文化的内涵；我们从生活当中、从所加入的组织里知道了什么是习惯、道德观念、价值观、法律，以及其他规范。我们有选择性地加入一些集体，我们也因为特定生活圈子的道德观成为其组织中的一分子，比如说我们的家庭、所生活的社区、我们的民族、族群，还有我们所处的社会阶层、我们的性取向、国籍、宗教信仰，以及其他许多带有我们的家庭与生活经历印记的组织。就在这些组织当中，我们学会了模仿社会上公认为正确的行为，以及在这些集体当中的每个圈子里接受那些合乎规范的期望。最后，为了赢得并维持组织的认可与接受，我们将许多根深蒂固的社会规范和思想内化为自身所有。

文化作为一条极其重要的社会化界限，被用来分辨什么是公众可接受的、什么是不可接受的，如行为、信仰、职业、婚姻、生活方式等。综上所述，在塑造我们如何为人处世、如何感知思考以及如何去生活的过程中，文化起到了极为重要的作用。

美国的核心价值观

在认知以及利用差异方面，了解美国文化非常重要。社会学者们最近对美国人民做了一次调查，要求他们列举美国人的核心价值观，结果发现了 15 条核心价值观。表 17.1 罗列了这些来自不同宗教、性别、社会阶层、年龄、民族、种族、性取向以及行业的所有美国成年人心目中的核心价值观。

表 17.1　美国社会的核心价值观

• 成就与成功	• 个人主义
• 活动以及工作	• 舒适的物质生活
• 民主	• 进步
• 教育	• 种族群体的优越感
• 有效性以及实用性	• 虔诚的信仰
• 平等	• 浪漫的爱情以及夫妻生活
• 自由	• 科学技术
• 人道主义	

资料来源：Henslin, J. Sociology: A Down-to-Earth Approach, 7th ed. (Needham Heights, Mass.: Aallyn & Bacon, 2005).

表 17.1 列出的一些核心价值观所表达的意思直接明了，比如自由，这可以追溯到美国独立战争之前，自由就始终是美国人心目中一条很重要的价值观。美国

人不会去支持那些对人身自由有极大约束的规范与条例。另外，美国人很强调进步，这个价值观念使他们充满勇气和创业精神，并且为他们的资本市场注入了活力。

但是有些价值观就不那么直白了，比如个人主义是一条被人们视为理所当然的价值观，但是他们通常不会表现得很明显，因为个人主义会被人们当作自私的表现。但是纵观历史我们可以看到，对于个人的成就以及成功，美国人是会给予相当高的评价的。同样地，美国人也要求他们对自己的所作所为负责。

一个通常不为美国人公开承认的价值观就是种族与族群优越感。但是很显然，美国历史上曾有长达250年的奴隶制度，以及超过100年的为废除种族隔离的战争，目前这个国家仍在与有关种族方面存在的问题做斗争。值得一提的是，在美国现今社会里存在着很多种族隔离。只要去一些高校的餐厅走一走，你就会发现吃饭时学生们按他们自己的种族分群而坐。在美国社会中，星期天是被认为最具有隔离性的一天，因为这一天人们去教堂总是按种族结伴而行。

特别值得注意的是，价值观在美国社会里也充满了矛盾，这种矛盾性使得美国的文化变得非常特别，比如说，尽管美国非常强调个人主义，但是美国的文化也有着非常明显的人道主义关怀——非常为他人着想，特别是对于那些被公众视为弱势的群体。

除此之外，一些价值观或多或少与特定的组织相联系，进而形成了组织独有的价值观系统。这些小规模的价值观体系（或者说亚文化体系）是一个群体或社区所形成的一套或一系列与主流价值观截然不同的独特价值观体系。很多情况下，这些特殊群体的价值观体系表现出了相似性，并且强化了民族价值观。这种支持亚文化的文化体系为美国社会的不同群体提供了一个影响人们社会规范、理想、信念以及最为重要的行为的参考标准。

领导者必须考虑到，组织中的人们通常是同时处在几种主流文化和亚文化的影响之下。

美国军队的核心价值观

除以上美国人通常列举的15条核心价值观外，美国军队也有其自身的一套将军队中所有成员联系起来的价值观体系，该价值观体系从文化层面提供了一个影响成员行为的价值导向。本书表 5.1 列举出来的 7 条军队价值观指引着军队的所有成员融入一个集体，并且营造了一种为完成组织使命而分担个人责任的文化。

组织中亚文化带来的影响

亚文化经常被大多数美国社会错误地视为不同于主流的不正常的组织文化，比如年轻人的亚文化：嬉皮士文化、朋克文化以及嘻哈文化等。然而调查研究表明，尽管存在着一些独特的差别，但是总体上这些群体传达的文化与主流群体是一致的。当然，同时也存在一些与民族价值观完全相悖的亚文化，诸如那些武装组织或恐怖组织的反传统文化。

> 组织需要那些能积极推动和维护已有文化精华的人，同时也需要能创新和挑战现有流程与信念并导致有益变化的成员。

领导者必须考虑到，组织中的人们通常是同时处在几种主流文化和亚文化的影响之下。比如，美国军队中存在一种以公认的价值观体系为中心的正式文化，但是他们同时也会为拥有独特亚文化的不同群体效力。举个例子，某海军的一个人口统计显示，一女兵与其他同事存在文化差异，包括民族、种族、宗教信仰、能力、社会阶层背景以及年龄，她可能作为美国大使馆的一名安全人员而接受外国文化的熏陶。与此形成对比的是，一名空军上校可能是民间俱乐部、运动队或者是其他非军事组织当中的一员，每一个成员都会给这名军官带来不同的亚文化影响以及价值观影响。

因此，领导者必须重视多样的动态文化对组织成员造成的影响，这是对领导力的挑战。领导者需要在组织价值观的基础上创造一种功能性的亚文化，以使该文化能够营造内部凝聚力，并能够理解和尊重组织成员间存在着的区别与不同的个性。在领导者的整个职业生涯中，创造一个由独特的、多样的人组成的稳固的亚文化，以及营造一种凝聚力来追求组织的最优绩效，是一件至关重要的工作。

领导者同样必须观察和利用不同组织成员对于组织文化的不同反应，以此来提高利用文化力量的能力。对于文化，组织当中有两种不同类型的反应：服从组织命令和不服从组织命令。第一种类型的反应通常通过多种方式来表达，人们遵从、应用，同时也期望其他成员服从基于以往事实的文化期望、实践、思维方式以及价值观。组织遵从者积极地通过增强已确立的价值观念来重塑组织文化，这是一种组织文化繁衍的过程。第二种类型的反应一般包括那些尝试着改变文化，并且有时在思想上和行为上均有悖于文化期望的反应。一个例子说的就是这种以新的方式行动的人，这些新的方式与既定的文化规范不一致，结果虽然他们同样对组织文化进行反应，但是他们有助于（或者说是努力地促进着）组织文化的变革而不是维持，而且如果他们的观念或新的行为方式最终被事实证明是与组织息息相关并且结果能被大众接受和采纳的话，他们就从整体上促进了文化以及组织的发展。

这两种对于文化的不同类型的反应，对于所有组织实体的生存以及成功都是至关重要的。组织需要有人去增强已有文化的积极方面，同样也需要有人去变革甚至挑战已有的方式和信仰，从而带来对组织产生有益影响的改变。领导者就是培养以及利用这两种类型的反应，来帮助他们的组织在瞬息万变的世界中适应和生存下来。而且组织文化建设的一个十分重要的内容就是对于文化上有差异的人们都能包容。

文化差异

差异就是人们对群体或者组织产生有影响的差别。有几种因素可以用来区分不同的人群，我们把这些因素归类为“幸运/倒霉的 7 个特质”，并以此作为参考标志检验在美国社会当中存在的那些最为重要的文化差异性因素。根据该参考标志，符合美国社会所认可的价值观的人是比较幸运的。在美国社会当中，“最幸运的 7 个特质”是：男性、年轻、白种人、基督教徒、异性恋者、身强力壮以及中产阶级者。与此相反的是“最倒霉的 7 个特质”是：女性、老年人、有色人种、非基督教徒、同性恋者、残障人士以及底层人民。

- 民族与种族
- 宗教信仰
- 社会阶层
- 性别
- 年龄

- 身体健全或者有残障
- 性取向

在西点军校，通过运用“幸运/倒霉的 7 个特质”作为参考标志，我们很少会为军校学员对于美国社会文化差异的各种截然不同的认识而感到惊讶。在一些学术会议当中，我们已经注意到，与会者对于与此相类似的问题给出了类似的答案。对于组织中的领导者来说，利用文化差异的首要步骤就是了解这些群体所处的社会圈子、所在的社区、他们的客户以及他们的组织。下面是有关“幸运/倒霉的 7 个特质”的一些统计数字。

- 美国的人口总数：极少有美国人知道美利坚合众国的人口总数。我们从专家那里得到的数字从 500 万～3 亿不等。其实根据 2004 年的全国人口普查所得出的真实数字应该是 285 691 501 人。
- 性别比例失调：大多数人认为性别比例大致上是平衡的。实际上在 2000 年，男女比例是 96.3：100。从 0～34 岁这个年龄段里，男性的人口数量略多于女性的人口数量，而这个数量关系从 35～90 岁这个年龄段中就完全颠倒过来了，因为女性的寿命通常比男性长。
- 年龄：美国人的平均年龄是 35.3 岁。在 35～44 岁这个年龄段的人口数量所占的比例最大（16.1%），而 5 岁以下的人口所占比例是 6.8%，65 岁以及 65 岁以上的人口所占比例是 12.4%。
- 宗教信仰：就宗教关系来说，据 2001 年的全美宗教信仰大普查所得出的数据报道，全美在当时有 1.595 亿名基督教信徒。天主教徒、浸信会教徒、卫理公会派教徒以及无宗派基督教徒在所确认的 35 个基督教派中所占的比例最大。另外还有 770 万人隶属于其他宗教教派，2 950 万人无宗教信仰。表 17.2 列示了 26 个不同宗教群体的分布情况。除了犹太教教徒和牙买加塔法里教教徒，所有的宗教群体自 20 世纪 90 年代后都有所增长。
- 残障人士：在非收容机构里，有 3 790 万名 5 岁及其以上的人口有一定的残疾。
- 性取向：在美国人口总数当中，估计有 4%的人口属于同性恋者。有些估计把这个比例定在高达 10%，还有些估计是定在 1%左右。这个比例可能在全国每个地区都不一样的，在城市及大都会中，这个比例可能高一些。

表 17.2　2001 年美国成年人口关于宗教信仰的自我确认

宗　　教	所占人口数（人）
犹太教	7 740 000
伊斯兰教	2 831 000
佛教	1 104 000
唯一神教派/信普救说	1 082 000
印度教	766 000
印第安人	103 000
基督教科学派	55 000
伊斯兰教巴哈派	84 000
道教	40 000
新世纪主义	68 000
艾坎卡教	26 000
塔法里教	11 000
印度锡克教	57 000
威卡教派	134 000
神教	49 000
德鲁伊教	33 000
古巴圣特里亚教	22 000
异教	140 000
唯心论者	116 000
伦理文化	4 000
其他未分类的	386 000
无神论者	902 000
不可知论者	991 000
人文主义者	49 000
非宗教者	53 000
无宗教信仰者	27 486 000

资料来源：美国人口普查局，2000 年全国人口大普查（华盛顿：美国商务部，2000 年）。

- 社会阶层：这一特质衡量起来有点困难。收入是衡量社会阶层的一个指标。2004 年，对于一个 16 岁及其以上年龄的男性全职工作者，全年收入的中间数字为 41 194 美元。对于女性而言，这个数字是 31 374 美元，一个女性工作者赚取的 0.76 美元大致相当于一个男性工作者赚取的 1 美元。这一收入随着教育程度以及其他因素的变化而变化。
- 民族与种族：该特质是“幸运/倒霉 7 个特质”当中很重要的元素。民族与种族群体在美国历史当中从来就是最具争议性的。表 17.3 表明，在 4 个历史时期中这些民族/种族群体在美国总人口数量当中所占的比例。1980 年和 2000 年的比例数据是在真实的全美人口普查数据的基础之上得出的。后面两个比例是对 2025 年以及 2050 年的所占人口比例分布的预测。2000 年非西班牙裔白种人所占的比例是 71%。非洲裔美国人以及西班牙裔美国人各自占了 12%的比例，除此之外的种族群体就由亚洲人、印第安人、阿拉斯加裔人以及阿留申土人组成。

表 17.3 民族/种族群体在全美总人口中所占比例（%）

民族/种族群体	1980 年	2000 年	2025 年	2050 年
非西班牙裔白人	81	71	62	53
非洲裔美国人	11	12	13	13
印第安人，爱斯基摩人，阿留申岛人	<1	<1	<1	<1
亚洲人及太平洋岛国人	2	4	6	9
西班牙裔美国人	6	12	18	24
总人口数（人）	226 546 000	275 306 000	337 814 000	403 686 000

注：1980 年以及 2000 年的数据来自全美人口大普查的真实数据。2025 年以及 2050 年的数据为预测位。

数据来源：美国人口普查局，2000 年全国人口大普查（华盛顿：美国商务部，2000）。

开展全美人口普查的目的是能够全面了解以及总结在美国社会当中种族的复杂性。图 17.1 是 2000 年人口普查中关于种族以及西班牙血源的调查。西班牙人/葡萄牙人/拉丁美洲人被视为一个群体，其中包括墨西哥人、波多黎各人、古巴人等。值得引起注意的是，目前有很多人认为自己具有双重人种与多种族特性。在 2000 年的人口大普查当中，大约有 700 万美国人选择了这个类别。

转自 2000 年美国人口大普查关于种族以及西班牙裔的问题

→注意：请同时回答第 5 题及第 6 题

5. 此人是否是西班牙或者是拉丁美洲人？如果不是就在选项框里画上“×”

□ 不是，不是西班牙人/拉丁美洲人　　□ 是，是波多黎各人

□ 是，是墨西哥人，墨西哥裔美国人　　□ 是，是古巴人

□ 是，是其他的西班牙人/拉丁美洲人——请在以下注明

6. 此人的种族是？请在一个或多个种族选项框里画“×”，表明此人认为自己是属于那个种族的。

□ 白种人

□ 黑人，非洲裔美国人，或黑人后裔

□ 美洲印第安人或阿拉斯加本土人——请把名字在以下注明

□ 亚洲印度人　□ 日本人　□ 夏威夷土著

□ 中国人　□ 韩国人　□ 关岛人或夏莫洛人

□ 菲律宾人　□ 越南人　□ 萨摩亚岛人

□ 其他亚洲人——请在以下注明　□ 其他太平洋岛国人——请在以下注明

□ 一些其他的种族——请在以下注明种族名称

图 17.1　2000 年的美国人口大普查中有关种族的调查

资料来源：美国人口普查局，2000 年全美人口大普查调查问卷。

那些忽视存在于他们的客户、他们的机构及他们的组织之中的文化差异的领导者，是不能完全利用其组织成员当中那些丰富、独特以及富有洞察力的思想的。不仅如此，他们还潜在地制造或加强了破坏性的障碍，妨碍了组织营造稳固性和凝聚力。除此之外，那些无法去理解、认同以及运用存在于他们的客户、同行业竞争者以及组织环境之中其他人的文化差异的领导者，将会错失提高组织绩效的大量机会。

与此相反的是，那些接受文化差异并鼓励他们的组织去接受、理解以及从根本上尊重文化差异的领导者们，将会通过影响人们之间存在的差异去创建更具凝聚力以及更高效的团队。这时候，一个显著的问题就是，为什么我们如此强调文化差异的这 7 个方面。

在文化差异方面，“幸运/倒霉的 7 个特质”为什么会受到特别关注

“幸运/倒霉的 7 个特质”之所以存在，是因为相当多的调查表明，这些群体

在美国社会中（在很多案例里，甚至是全世界）会受到群体之外以及少数派的不公平的对待。除此之外，在各领域，不管是历史上占统治地位的，还是相对贫困的群体，都会对其产生带有偏见的判断以及不公平的评价。在整个社会以及很多组织中，这种现象十分明显。

当文化差异使这些不平等的分类得到强化的时候，人们对于各种有价值的资源，包括物质、权位、机会以及经验就会出现不公平地占有。除此之外，在健康、权利以及声望方面，他们所得到的也是不公平的。那些处在顶层的群体会得到更多：他们在决策方面享有特权，在其他领域也享有特权。与此相反的是，处在底层的群体就得不到很多资源：他们的呼声得不到回应，不管他们的思想多么具有内在的力量，也不管他们多么具特殊才干、能力和可为组织绩效做出贡献的特质。

> 那些无法去理解、认同以及运用存在于他们的客户、同行业竞争者以及组织环境之中的文化差异的领导者，将会错失提高组织绩效的大量机会。

成见与以偏概全的危害性

对于美国陆军以及所有其他类型的组织来说，“幸运/倒霉的 7 个特质”导致的一个严重的危害就是产生成见。通常处于统治地位的群体会提出标准来评判那些弱势群体，那些处于弱势的群体有时会被视为异类，或者较之强势群体来说不值一提。

举个例子，图 17.1 中所示的全美人口大普查的旧标准是由四类种族再加上一个“其他种族”而组成的。人们只能选择其中一个类别。发展至今，人口大普查包括了 6 个类别，更重要的是，调查者可以同时选择多个类别。我们可以看到美国政府最终“做到了”——至少是部分做到了。在关于人种以及种族划分的“幸运/倒霉的 7 个特质”中，人们经历了够多的歧视，在多重类别问题上也提出了足够的呼声。实际上，多种族性已不被归类为“其他种族”了。

分门别类的危害性在于它是一种思维的形成过程，那些被归类为“其他种族”的人们通常会陷入被人以偏概全的成见当中，这对于那些特定类型或群体的人是一种负面影响。尽管通过概括可以抓住某些相互间有关联的特质，但是认为同一群体的所有成员们都拥有相同一种特质完全是一个错误，特别是在有些情境中，这些成见不公平地造成了对特定人群的偏见，最终他们的声音被淹没，并使得一些极端的影响长久地植根于组织当中。

“幸运/倒霉的 7 个特质”的分类对于人们来说同时也产生了另一个重要的作用。这些分类为我们身份确认提供了基础，也就是我们对自身与社会之间关系的看法。这些分类不仅仅告诉他人如何与我们打交道以及如何去期待我们的一言一行，也让我们感觉到我们想要去变成什么样的人，以及我们应该如何去做。领导者必须了解他们的下属具有怎样的特性，并营造一系列的亚文化，使这些特定的个体能被人接受，以及有正面积极的价值观。

然而个体对于在这些分类的基础上形成的特性通常不会有太强的认同感，而且这些特性一般是随着所处环境的变化而变化的。比如说，由于周围都是男性，而且高尔夫球运动从历史以及文化的角度来看一般都被定义为男性的运动，因此少年高尔夫球职业选手魏圣美（Michelle Wie）在参加职业高尔夫球巡回赛时，可能不会把自己视为特定阶层的人士，而会更加意识到自己是一名女性。同样，一个犹太人在出席基督教徒的结婚典礼时会对他的宗教信仰更加敏感。

与上文所提到的例子相类似，如果你曾经出境到美国旅游过，那么你很可能会对美国人有一个更真切的理解和更深刻的体会，尽管你可能也不知道一个美国人应该具有什么样的特性。在与其他民族不一样的文化环境中，生活的经验经常会为我们提供一个丰富的、有价值的窗口，通过这个窗口我们可以省视我们自己的群体，并在文化层面上定义自我。“幸运/倒霉的 7 个特质”的一个关键点在于，尽管这些特质不会与每一种形式的文化相融合，但在所有类型的组织中，当代领导者们都应该将这些特质视为一个重要的特点，并利用文化差异来提高他们所在组织的绩效。

身为组织的领导者，当你影响公司职员时，你是有意无意地漠视文化差异，还是认可并正确对待文化差异？

文化差异在组织中可作为助推器

身为组织的领导者，当你影响公司职员时，你是有意无意地漠视文化差异，还是认可并正确对待文化差异？那些善于利用文化差异的组织会把在人们中存在的差异视为提高组织绩效的一个重要资源，并且这些领导者会运用恰当的方法把文化差异变成一种助推器。我们认为接受、理解并重视文化差异将有助于完成组织使命。重视文化差异的首要步骤就是理解形成文化差异的基础。

有效地形成文化差异

有效地形成文化差异的基础在于：

- 理解文化的概念所具有的意义及复杂性；
- 保持客观与自我意识，这包括一个人根深蒂固的价值观、信仰和偏见是如何对他的思想形成影响的，以及如何导致种族主义的；
- 认识、理解、接受、欣赏以及渴望去了解多元性的文化和人群——做一个思想开明的文化相对论者。

下面我们将从更多的细节来了解以上这三个要素。

理解文化的概念。有效地形成文化差异最基础的一个方面，就是需要对复杂而多面的文化有一个全面的了解，理解文化是如何深刻地影响人类的思考过程和行为的。

保持客观与自我意识。有效地形成文化差异的第二个基础，就是对自己是如何形成价值观、人生观、道德观以及信仰的自我认识。成功的军事专家将这种对于自身的认识视为非常重要的一步。清醒地认识并从思想上有效地控制潜在的偏见和先入为主的看法是一个巨大的挑战。这是因为每个人对于其他不同类型的人，都怀着并且在思想上都会进行分类并贴上不同的标签，这样往往会导致不正确的观点，即人们只看到某些事物的一个方面，却没有看到另一方面，从而产生偏见，引发一些让人困惑的情绪，这些情绪会不符合逻辑并会导致关于某类特定群体的不恰当的看法。

在那些由各种各样的人构成的部队以及临时任务团队里，美国陆军努力提倡开放，这有助于部队与那些相互间存在差异的人们之间的关系变得更加紧密和亲近。对自我的准确认识以及有效地克服思想中潜在的、影响开放性思考的障碍，对于有效地与那些来自不同文化背景的人共事都是极为关键的。

接受文化相对论。为了最大限度地开发文化差异的有效性，美国陆军的领导者们通过应用文化相对论和避免种族主义来有效地处理文化差异。种族主义意味着将自己的文化及相应的信仰作为标准去评判其他文化，这通常意味着带有偏见地看待不同文化的观点。与此相反的是，文化相对论意味着基于不同类型文化自身独特的信仰体系、价值观、理念、道德、历史、规范、习俗等来看待该文化。

文化相对论并不意味着压抑自己所持有的个人信仰或者是要求自己屈从于中庸的想法以及行为；反之，文化相对论意味着军事专家们必须避免草率地对不同的人群及其文化下判断。最成功的军事专家对各种各样的人都能心怀真诚，以开放的视角，坚持文化相对论的观点。军事专家尤其需要以身作则去熟悉和了解其他不同文化的准则和信仰，以便在他们的组织中团结所有的人去完成组织的任务。

举个例子，在伊拉克自由行动（OIF）以及持久自由行动（OEF）当中，美国与其盟国的武装部队指派女兵们去与当地的穆斯林女性接触，这种卓有成效的方法显示了对当地重要文化习俗的尊重——穆斯林与人打交道时是要分性别的。

利用文化及其差异性领导美国军队

正如在其他类型的组织当中一样，美国军队的文化包括了悠久的历史传统、价值观、信仰、规范、愿景以及一些物化的东西。当然，这些文化的内涵也在不断地变化，它引导着整个社会发生着深刻的变化。美国军队的组织文化表明了这种特性。

美国军队的组织文化信奉牢固确立的规则和标准的操作流程。一个等级森严的组织，能够团结起来完成特定的任务，这是因为军队中有着一系列的权威职位，它能保证上下政令畅通，同时也有一种无形的期望，每一位组织成员都应该服从指令，完成组织使命。这就是美国军队文化的一部分，它巩固了所建立的等级森严的组织结构，并有效地管理着大量的士兵，他们是来自全球的美国公民。

为了保证可靠性，美国军队必须保持封闭的状态和自身持续不断地提高。军队需要有这样一种文化：不断地吸收新的技术、改进作战和其他军事行动（比如维护和平）的方法、严格地自我省视以提高组织绩效，高度地关注组织核心价值观以凝聚组织中不断增加的多样化成员。

美国军队也同时聘请内部以及外部的专家来考察军队的文化，以此来保证文化有助于组织高效率地运转。通过这样的方法，美国军队可以持续不断地对其文化进行评价，在需要的时候对其进行相应的变革。这样，不同层级的领导者们能够在统一的文化环境下进行领导。

了解军队成员们的文化差异具有十分重要的意义。我们可以参考表 17.4 所显示的人口统计分析数据。

表 17.4　对美国军队人口普查的分析

种族：非裔美国人占了美国总人口的 12%，但是占了美国在册军人总数的 22%及军队总人数的 9%

性别：美国军队中女性大约占了 15%

年龄：美国军队是一个由年轻人构成的组织，很少有人年龄超过 55 岁

社会阶层：军队成员基本上是来自工人阶级以及中产阶级，来自这两种阶层的人占了军队总人数的 85%

宗教信仰：美国人口的多样性反映了军队成员们在宗教信仰方面也具有多样性

伤残人士：虽然军队越来越包容有些伤残的人士，特别是那些近几年来从战场上退伍了的老兵，他们仍希望能留任在现有的岗位上。但是军队当中有着明显伤残的士兵几乎是没有的

性取向：尽管我们没有正式提出这个问题，但保守估计大约就有 5%的军人是女同性恋者、2%的军人是男同性恋者，总人数在 36 000 人左右

资料来源：来自 D.R.Segal 以及 M.W.Segal，“美国陆军人口”。总人口公告，2004,59(4).http://www.prb.org/pdf04/59.4AmericanMilitary.pdf.

卓有成效的军队领导者们通过管理文化来达到绩效的最大化

我的一个伙伴，名叫瑞米·哈加，从 1989 年开始在美国军队服役。他根据个人的经验认为，卓有成效的军事领导者们都会意识到文化的重要性，他们会努力地去利用文化来最大化地提高士兵的士气，并最终使团队的绩效达到最大化。那些无法认识到组织文化重要性的领导者通常都会错失机会。

> 在分析一个组织所拥有的文化时，领导者必须注意表层价值观（人们认为很重要的价值观）与实质价值观（实质上很重要的价值观）之间的区别。

那么，军队领导者们在具体行动上又该如何通过影响文化来提高组织的绩效

呢？答案可以从两个方面来讲：① 对组织现存的文化进行评价与分析；② 对组织文化里有助于完成组织任务的因素进行强化，改变组织文化的某些部分，以图组织在未来有更大的发展。对文化进行评价进而改变文化的一部分，这听起来似乎比较简单，要想做得很好却非常困难。以哈加个人的经验，可以总结出这样的方法，即通过所有可能的方法，包括文化游戏计划，去营造一个高效的团队。这种做法能够使优秀的军队领导者脱颖而出。

评价一个军队的文化

利用组织文化的首要步骤就是对组织文化进行一次可靠的评价。Edgar Schein 在其著作《组织文化与领导力》中，建议我们从文化的三个层面来评价一个组织的文化。

了解组织文化。第一个层面就是要对那些看得见、听得着，察觉得到以及感觉得出的东西有一个全面的了解，这就是物质文化，比如说标志、办公室设备、组织结构、系统和流程，以及组织成员自身（他们的语言、外表、人数比例、着装、行为等），这些还仅仅是许许多多潜在的物质文化中的极小一部分，那些潜在的物质文化使我们能像隔着纱布似的朦朦胧胧地了解组织的价值观。文化第二个层面就是实质文化。

区别组织中表层价值观与实质价值观。在分析文化的第二个层面时，领导者必须注意表层价值观（人们认为很重要的价值观）与那些实质价值观（实质上很重要的价值观）之间的区别。举个例子，一家诊所在显著的位置张贴着告示：高谈阔论地描述着服务顾客的重要性，等于是对大众表示了其价值观就在于服务顾客。但是如果这家诊所对它的病人服务不当，它的所作所为就已经明显地与其表层价值观相悖了。因此，这家诊所实际上信奉的价值观并不是客户服务，而是其他方面——可能吸引大量的病人以获取暴利。

再举一个关于实质价值观的例子，优秀的军队会营造一种文化，这种文化强调在战场上“无私”这一价值观。士兵们认为，团队的使命及团队的生存被视为是值得他们去为之付出生命的东西。组织所需高于士兵个人所需。为了保护团队而奋不顾身地扑上引爆的手榴弹的行为正是这一价值观的体现。而一个组织实质价值观是通过愿景表达出来的，文化的第三个层面就是愿景。

理解组织成员共有的愿景。愿景就是潜意识的信仰，这些潜意识的信仰能使组织成员自动地保持一种积极的态度，约束自己的行为。愿景帮助组织在不同的处境当中能正确地行事。（在这一章的后半部分，我们将会提出一些建议，谈谈如何改变一个组织的文化，还提供了一个具体的例子。

为了理解一个组织基本的愿景，领导者必须收集一些可靠的信息：关于物质文化、表层价值观以及实际价值观的相关信息。为了评价组织文化是否与组织使命相一致，关键之处就是要理解文化的三个层面（物质文化、价值观、愿景）。军队领导者可以运用几种技术来评价组织文化。举个例子，许多军官都要求开展一个关于组织工作环境的调查，这个调查可以使他们了解属下的士兵们的态度，以及对那些枯燥的事情的感受。军队组织结构中有一个专门致力于此的机构，为那些要求开展调查的领导者们执行调查。这项调查为我们提供了一些十分重要的见解，比如以下所引用到的主题：

- 关于整个组织的总体道德观；
- 关于不同的文化群体、性别及职位存在着的显著的不同；
- 同人们关于完成组织使命的感想。

领导者们同样也通过非正式地访问许多人来获得对组织文化的深刻认识。他们一般与如下所提到的三个关键岗位的人进行交流，获得他们的观点：

- 基层的领导者以及一线的士兵；
- 较高职位的管理者和特定组织当中掌权的人；
- 来自兄弟连队的同级人员。

领导者们常常在士兵训练时深入基层，从而深入地洞察组织的文化，这样做能够让他们获得有关组织文化是如何影响组织运作的第一手资料。

公平的机会营造了健康的竞争，与此同时文化差异为组织带来了更多的技术专家以及更深的背景的人。

文化差异的后果：当军队领导者无法成功地领导时

为了更好地说明文化差异的积极意义，我们来一起研究一下反面案例，讨论认识不到文化差异，以及在文化差异的基础上奉行教条式的行动的领导者们是如何阻碍组织发展的。作为某个连队的执行官，我们曾经的战友瑞米·哈加，当时察觉到他的连队无法营造合适的文化来为组织服务。连队的管理者极少去为做决策获取信息，即便有这个必要时，他也从来不是真心实意地去倾听他的下属们的意见，而这也导致了一个完全集权化的组织文化。

这个管理团队没有能营造这样一种文化，即努力去获取团队信息、成员的创意以及共同认可的观点，这样不仅仅降低了组织的士气，打击了组织成员的积极性，而且也无法去获得潜在的创意、创新和有建设性的意见。结果，这个组织的绩效只能达到很一般的水平。连队的管理团队无法通过文化的变革来营造良性合作的规范、共有的价值观、信念和创新的理念，而这些直接影响了组织完成任务的绩效。

改变组织文化：案例分析

卓有成效的军队领导者们通过营造组织文化来促进组织完成使命。瑞米·哈加曾经是某部一个连队的参谋，他的经验告诉我们，如果管理层不能与时俱进地变革其组织文化（如规范、信仰、决策过程和领导方式），那么陈旧的文化会使组织遭受到损失。

4 年后，瑞米·哈加被委以重任，成为某个连队的上尉，他曾经的中尉军旅生涯让他很快适应了这个职务。上任之初，他的营长和营长助理就已经告知他，其所在的连队存在着相当多的问题。在他上任的前几周里，通过自己初步的观察，对领导所提到的问题也有了进一步的认识。

新的连队有着极为明显的种族以及性别方面的差异，然而这里的组织文化显得与之格格不入。举个例子来说，这里的许多人反映说，某些领导者偏袒女兵，也有些领导者偏袒特定的种族群体。除此之外，他也观察到一个棘手的现象：在很多工作场合中，中士们只在特定的种族和性别群体里面进行交往，这种情况成为许多士官们不成文的行为规范。在小群体中他们用相似的眼光来看待连队的价值观，尽可能避免与群体其他成员发生冲突。

美国军队倡导的文化是接受文化差异，在完成任务的过程中强调团队合作精神，对不同种族以及性别一视同仁。尽管这种文化有助于将士兵们团结在一起，然而在军队里实质价值观增强了种族群体及性别群体内部之间各自的凝聚力——这种状况暗示着潜在的危机，因为这样会降低连队整体的凝聚力及组织的绩效。同时在组织文化差异的基础上，在连队当中会形成一些非正式的愿景。

作为连队新的指挥官，哈加同样也注意到连队内部存在一种有趣的文化现象：一些较低职务的中士们习惯于发号施令，而不是给予有建设性的建议。营级领导曾经告诉他说，一直以来他们都无法确定谁在真正地掌管这个连队。哈加走马上任后的几个星期中，根据自己的观察以及某些教官对待他的方式（或者是说想要对待他的方式），他感到连队中潜在的规则使得某些教官的行为更加鲁莽、放肆、专横与愚昧。

换句话说就是，在他刚接手的连队里，存在着两种重要的文化障碍：

1）在不同种族和性别群体中存在着根深蒂固的两极分化。

2）某些教官希望连队领导听从他们的所有愿望以及请求。

看看我们将如何表述这些问题。

治理越权。作为一名新上任的指挥官，哈加当即就着手变革组织文化，以期建立一支能打胜仗的队伍。他发现组织当中的许多问题来自连队的军士长，因为一项调查表明了来自军士长的不恰当的行为助长了一些歪风邪气。于是他决定在这名军士长军旅生涯的最后一年里将他安排到另一个位置当职员，也就是说这位军士长再也当不了军队的领导了。

接着，一名新的军士长被委任到管理层中。当管理层在应如何与教官们建立良好关系这个问题上达成共识之后，他们召开了大会，会上连队管理层与基层教官们就彼此之间的沟通问题展开了讨论，交换了意见。然而，在连队管理层与教官们沟通过程中涉及组织行为规范的改变时没有明显的进展，因为与少数教官的博弈是需要时间的，他们想要管理层授予更多的权力，才会完全接受管理层倡导的规范的变化。所以，当这些意图被以恰当的方式改正过来后，组织文化中关于规范的改变也开始产生效力了。

消除在种族群体和性别群体中存在着的两极分化。要想改变连队里基于种族和性别的分化现象，需要从连队领导层开始。当连队需要做出有关本组织的愿景、目标、训练策略、中期训练策略和长期训练策略等重大决策时，他们采取了连队每一位领导者都参加的头脑风暴法，这种方法与过去截然不同。过去组织在做重大决策时，与会成员相互之间斗嘴、管理层小团体互斗，每名团队成员拥护站在他那边的人的利益。毫无疑问，以前的这种惯例形成的是一种相互猜忌的组织文化，到头来，一个人心不齐的组织其表现必然十分糟糕。

哈加他们创建了一种新的组织文化，它认同、看重人们的差异性，而且创建组织新文化的过程也与以往不同，它以在决定公司未来发展方向时给予组织成员发表自己意见的机会为开端。此外，在连队开展一些社交活动，这些社交活动有助于在非工作场合巩固团队凝聚力，改善连队的组织文化。新的组织文化给连队带来了上下一心的团结，提高了组织绩效，最终使组织里存在的文化和个体差异成了一种无形的资产，并利用这种资产去不断提高组织的绩效。

回顾利用组织文化差异的力量

要最大限度地提高组织的绩效，领导者们需要最大限度地运用文化管理方面的技巧。想要这样做，有效的领导者要从多个方面、运用多种方法来评价他们所在组织的文化。在对组织文化有一个清醒的认识之后，领导者们就应着手去改变文化当中阻碍组织绩效的因素，并且同时增强、促进现有组织文化的积极因素，组建能够营造完成组织使命的文化的领导团队。正如最棒的军事团队会持续不断地对他们组织的绩效进行评价，以保证能够尽其所能在最好的状态上执行各种任务一样，连队领导者们应不断努力确保自己的组织文化将最好地支持他们完成组织使命。而且在连队中尊重、理解文化差异化同样也增强了组织凝聚力，对组织绩效的提高产生积极的影响。

美国军队中文化差异的成功案例

在美国军队里进行种族融合，尽管无法做到尽善尽美，但仍创造出有不朽价值的成功案例，这些例子不断为全美国社会树立优秀的榜样。比如说，我们已注意到,在人口多样性方面,美国军队中非裔美国人所占的比例已超过了任何一个组织。

为了解决部队里的种族冲突，美军在 1971 年建立了保护平等机会管理机构（DEOMI）。在 20 世纪 60—70 年代，美军在性骚乱和种族歧视等方面存在严重的问题，影响了整个组织的建设，对完成任务的绩效产生了消极的影响。DEOMI 协助美国国防部解决了这些棘手的问题，这也成了该机构的标志性事件。今天，DEOMI（http://www.patrick.af.mil/DEOMI/DEOMI.HTM）为美国国防部的军事成员和普通成员提供培训，并且开展关于机会平等以及多样化问题的调查研究，以促进提供更多的平等机会、相互理解以及使文化差异变得更易接纳。

时至今日，军队中不同种族相互间的关系已经与当年截然不同了。举个简单的例子，在军队的食堂里，来自不同种族的士兵们坐在一起进餐是一件十分平常的事，休息日时不同种族的士兵们常一起结伴外出，另外还有其他一些自愿的行为，如：不同种族的士兵相互赠送礼物作为友谊的见证，超越种族和民族的社会联系等。与此相反的是，我们的一个朋友最近在一个以学术贡献而知名的学院里工作了几年，像这种多种族群体和睦相处和不同种族间在食堂里一同进餐的场景就不那么常见了。

在军队里还有一个关于种族之间相互融合的成功例子值得一提。在军队中有一个普遍存在的特征就是，你可以看到非裔美国人，还有西班牙裔美国人，在指挥着高加索裔的美国人，这是一种在美国主流社会当中极少能见的现象。军队有效地使它自身的价值观体系发生了变化，这种尊重其他文化的价值观体系是通过在部队里时刻进行教育而形成的。

取得如此引人注目的成就是需要花费大量的时间以及需要大量投入，而且在武装部队里彻底地融合以及利用种族的多样性和民族的多样性这个项目时至今日仍在继续当中，在未来也将处于一个极受人关注的位置。任何一个组织的领导者都可以在美国军队中学到很多这方面的知识来提高绩效。

文化差异的未来趋势

大概是 10 年前，主流文化差异工作组（Leading Diversity Working Group，LDWG）在位于美国西点镇的美国军事学院诞生了。这个工作组的想法、所得出的结论以及它们的观点与文化差异研究项目有着极密切的关系，在一定意义上可以说它描述了另一个发展中的、潜在的成功故事。

主流文化差异工作组给我们描述了这样一个例子，美国军队强调在倡导多元化文化方面要表现得比较专业。有趣而又必然的是，主流文化差异工作组在文化差异这个问题上提出的观点与某位军队的创始人所持有的哲学观极为相似。特别值得一提的是，主流文化工作组对渗透于美军文化的哲学的有效性表示怀疑。他们指出，一般的哲学观有一种错误的认识，即认为所有的军队成员穿的是千篇一律的制服，并在同一个价值观指引之下工作，因此文化差异所起的作用就微乎其微了，军队可以忽视这些差异性。

主流文化工作组同时指出了相反的观点，即军队成员在千篇一律的军装之下其实是不尽相同的，尽管他们在着装以及职业价值观方面是一致的，但是文化上的差异所起的影响是很大的。他们也指出，如果军队想要在下一个阶段关于文化差异方面有所建树的话，那么军队就接受、理解以及尊重存在于人们之间的差异。

美国军事学院的目标是在毕业生中培养一致的价值观。文化意识就是美国军事学院严格的核心教程所希望达到的 8 个学术目标中的一个。文化意识这一目标有数个支持它的课程，包括在文化差异很大的军队里对他的部下进行教育，提供机会领导来自不同文化背景的士兵，学习关于全球的文化知识。这些培训都是要求即将走马上任的年轻军官们必须能够与独特的、不同的人一起有效率地工作。

主流文化工作组关于组织文化差异所提出的新的观点和思想，代表着在新千年里如何去更好地利用文化差异这方面研究上出现的新思潮，并且你在美国西点军校可以感觉到它所带来的影响。当然，其他组织也发展出相类似的工作组，而且可以肯定地说这些工作组会采取类似的方法，建议领导者们去接受、尊重、理解以及利用文化差异。

美国军队受到文化差异挑战的一个例子

在美国职业军人中基督教的精神占有极大的位置，这为美军带来一定益处的同时也让它们付出了一定的代价。在大范围的社会里所能看到的宗教文化差异，多多少少也可以在美国军队中看得出来。

在美国军队里，选择信仰基督教培育了军队成员和有相似信仰的家庭成员之间的凝聚力，特别是基督教的活动和服务把这些家庭都凝聚到了一起。

尽管如此，过分地强调这种精神也使美国军队付出了一定的代价。其中一点就是对那些精神追求上存在差异的人有潜在的排他性。在极端的情况下，无法正确处理这种文化上的差异会导致不专业的指挥，带来一定的困扰，甚至会对军队里那些在精神追求上存在着差异的人有所伤害。

专家已经指出过这个问题，而且也坚定地表示，精神追求层面的包容性是军队倡导的价值观。当在这方面问题时，领导就会插手，对这些组织进行教育。美国军队这样做是为了保持并提高组织凝聚力，提高整个组织的素质，从而有效地服务祖国。

利用文化差异为社会带来的益处

本章的一大主题就是在美国陆军部队中有效地处理文化差异以及将同样的

技巧应用于部队之外。通过营造一个理解文化复杂性、强调自我意识、认识到种族主义的危害以及拥有的开放眼界，美国陆军将会在文化差异的问题上处理得更好，武装部队也将营造出内在的凝聚力，促进部队成员与部队之外在文化上存在着差异的人之间的工作关系。正因为美国陆军需要与文化上存在着差异的人更好地团结在一起，它处理文化差异的能力也就变得前所未有的重要了。

总结

领导者要懂得充分利用文化差异所带来的益处，它既包括组织内部因素，也包括外部环境因素：

（1）利用组织内部文化差异将可能带来的益处：

- 平等的机会营造出更健康的竞争以及专业性；
- 带来更多的技能以及经验；
- 减少人力资源耗费在“幸运/倒霉的 7 个特质”上，更准确地定位文化差异，接受、理解以及尊重组织中的文化差异提高绩效；
- 激发关于组织、思考以及创新的新的方法。

（2）利用组织外部文化差异将可能带来的益处：

- 在美国人、我们的盟友们以及那些批评者眼中，存在着文化差异的组织会变得更加合理合法。
- 使我们能够在新的市场、存在着文化差异的市场以及在特别的消费者群体中取得胜利。
- 与外部组织合作——多边组织、联盟、媒体、非政府组织以及不同国家，获得前所未有的高效。

关于文化、文化差异的知识以及如何去高效地处理文化差异变得越来越重要。来自美国军事学院的课程为领导者们以及各种组织强调了多方面地、高效利用文化差异的力量。对于那些希望在下一个组织的发展阶段取得胜利的领导者们来说，在这个经济全球化的时代里，正在发展中的国际间的联系需要前所未有的、更高的能力来利用文化差异的力量。

第18章

以人为本发展组织承诺

托德·伍德瑞夫

对于美国的士兵以及他们的家人来说，责无旁贷的义务和大公无私的奉献就像贯串于我们日常生活中的点点滴滴一样平凡朴实。在炮火连天、硝烟滚滚的伊拉克和阿富汗的战场上，又岂止 2 005 名士兵献出了他们年轻而又宝贵的生命？久居军队的士兵们同时在内心也可以深刻地体会到他们远离亲人、远离朋友、远离家庭生活的岁月已不再仅仅是生命中的一小段插曲。军队生活中士兵们的日常需求毫无疑问地使战时总需求雪上加霜，在军队中我们随处可见：让人始料未及的短期或是长期的日程安排；士兵们身体上的伤痛和疲惫；频繁的战斗迁徙；士兵们对住房问题的忧心忡忡；因担心战场上的爱人而无法正常工作的军属；儿童保育需求的日益增长；士兵们接触亲戚朋友的机会日渐减少；来自大家庭和朋友的支持和鼓励日趋下降；久居军队，服役在外的战士们对家里重大事件无奈的"不闻不问"；友情的销声匿迹；儿童教育的停滞不前以及婚姻的破裂完结，不胜枚举。

即使军队的生活再艰苦，即使士兵们在军旅生活中有着上述诸多的舍弃、牺牲和奉献，他们仍然义无反顾地践行自己的原则，坚守严格的纪律、忠实的承诺和无悔的责任与义务。在军队中，即使军衔再高、军饷再多的将领也毫无私利而言。因此，发展并拥有具有高度责任义务感的士兵的重要性不言而喻，无论我们如何强调这种重要性都不足为过。军队的生活同日常老百姓的生活是迥然不同的。在军队中，几乎所有的士兵都是通过最基本的应募入伍的方式或获得最低军衔的方式进入的，继而这些入伍的新兵们都会受到严格的训练，使之在各方面不断得到提高。这样，他们才能被提升到一个更高的职位——一个需要他们承担更多的责任与义务的职位。所以在军队里职位的晋升是循序渐进的，而我们所谓的那种由普通士兵一跃而成为将军的横向进入是不存在的。因此，保留基层和中层领导者的意义是至关重要的，我们不能因为缺乏基层或中层领导者就随便找个毫无经验的士兵代替，这是不允许的，也是不可能的。

士兵们和他们的亲人做出了巨大且无私的奉献，这可以从我的一个老朋友亚瑟（Arthur）身上显而易见。我的朋友亚瑟是一名中士，军衔虽然低，却是一位十分优秀的士兵，也是千千万万个美国士兵们中忠诚的一员。亚瑟和他的妻子与军队融为一体已经近 20 年了。记得曾经有连续 4 年的时间亚瑟都在远离亲人、远离家乡的异国度过。在这 4 年里，他无法陪伴在妻子的身边，给她温暖与力量。在这 4 年里，他无法陪伴在两个儿子的左右，给他们父亲的慈爱，履行一个做父亲的责任。为了完成在朝鲜的任务，他在那个远离亲人的国家战斗的时间长达 1 年之久。然后，他又将整整 6 个月的时间放在了拟定对阿富汗作战的军事部署上。更艰苦的是，面对战事频繁、形势严峻复杂的伊拉克，他的战时军事部署长达一年零一个月。即便士兵们承受着一而再、再而三地与家人和朋友分离的痛苦；即便他们千百次冒着生命危险驰骋在硝烟滚滚的战场；即便他们看着自己的一次次冲锋陷阵给家人带来的担心和焦虑心里有着太多的不忍，他们仍然面不改色，无所畏惧，义无反顾地用他们无悔的行动向世界证实着他们彼此间的承诺，践行着他们对军队许下的誓言。亚瑟的例子绝不是个特例，更不是杜撰出来的。因为在过去的 4 年里，军队在逐年增强战斗力。士兵人数不断增加，达到了预期的目标，并且在此基础上，还在不断努力着向更高的目标前进。

军队如何发展士兵的责任感以及军属们的奉献精神？又如何为士兵着想，不断满足士兵及其家人的需求？下面将士兵们对上述问题的回答总结如下：

- 胸怀大志，目标明确；
- 战友间和谐相处；
- 领导者间氛围和谐；
- 将家人的利益放在心上并且获取家人的支持；
- 将学到的知识技能应用于实践。

根据研究显示，在责任感方面获得成功的诸多因素可以归结如下：

- 自主自治；
- 责任和义务的明确化；
- 任务的多样化和目的化；
- 领导的支持；
- 个人的发展与进步；
- 职业机遇的把握；
- 工作与家庭的平衡；
- 薪酬和福利的合理化。

> 士兵们需要明确的是他们冒着生命危险是为了一个更高的目标，为了一个更加意义重大的使命。这样，他们就会激励自己向着更高、更伟大的目标发展，他们的贡献也会更加突出，更加优秀。

对于军队来说，每一个士兵都乐于贡献。尽管在军队中士兵们所赋予的任务和使命与私营企业和非营利性机构中的大不相同，但是领导者们已经十分成功有效地培养了数以百万计的、具有较高水平和职业素质水准的士兵，这些时刻充满高度责任感和无私奉献精神的士兵即使走出军队，走进其他任何组织机构，他们也能够游刃有余，发挥作用。本章主要详细探讨了军队的领导者们是如何行之有效地了解士兵生活中的方方面面，进而通过自身的行动和原则信条去影响士兵们的责任心和义务感。那么，究竟士兵们生活中的哪些方面引起了军队领导者们的注意呢？其中包括如下几个方面：士兵们在执行任务和完成使命时所坚持的人生信念；士兵们内部坚不可摧的凝聚力；士兵们所拥有的积极果断的洞察力；军队所崇尚的价值观；士兵们志得意满的程度；士兵们获得福利的情况；士兵们平衡工作与家庭关系的效果；士兵们是如何从多个层面和角度看待自己的工作。

发展多样化与支持性的责任制

为什么我们的士兵能够对军队拥有如此强大的责任义务情感呢？其实，最好的解释就是：士兵们能够创造多种多样的并且相互关联的责任义务关系，从而在这些诸多责任义务关系的基础上鼓励他们自己对军队贡献一份责任心和义务。下面我们举一个普通士兵的例子。这位士兵是一个网络系统工作人员，是千万个士兵中的平凡一员，但是这位士兵拥有着多种多样且相互关联的责任，希望这个例子中该士兵的话语能够帮助大家更形象、更具体地理解上述观点。

我是一名士兵，我的朋友也和我一样是当兵的。那边的那位是我最好的朋友迈克，他旁边的那三位也是我的挚友。剩下的这些家伙呢，都是我一个排的兄弟们。对于长期离家、久居部队的我们来说，我们共同生活、共同奋斗的这个排就是我们的第二个家。看那边的那一位，他是我的长官，虽然在平时的训练中他对我们要求十分严格，但在许多方面，他就像我的兄长一样对我关爱有加。他决不允许任何人给我们带来麻烦。剩下那些住在这栋楼的士兵们都是我一个连的战友（100～150 个士兵）。这些战友和我就是一帮亲兄弟。我和他们中的大多数都是生死之交，所以，我大部分的闲暇时间都是和他们在一起度过的。

这幢综合性建筑坐落在 Rakkasan 的区域范围（Rakkasan 是这个团的名字，是在第二次世界大战中同日本战斗时获得的称号），这个区域是该师中最精锐的部队居住地，也是他们在部队的第二个家。其实，我真的很想告诉你我们军队的士兵们所有的历史、所有的经历、所有的故事，但是他们的事迹犹如天上的繁星一样难以计数，恐怕让我说上三天三夜也无法说完。当然，毋庸置疑的是，Rakkasan 区域仅仅是第 101 空降师的一部分，这个师也就是人们所说的空降师“怒吼的雄鹰”。我主动要求在此服役是因为这个师是军队中一支最具威信和最具战斗力的精锐部队，更加重要的一点是他们会在今年远赴伊拉克战场作战。所以，如果你渴望成为这个师中的真正一员，你最好跟随这支精锐部队奔赴伊拉克战场，那么，你就能挖掘你的潜力，发挥你的专长，用你平凡的行动为军队做出不平凡的贡献。噢，差点忘记了，我是一定要奔赴伊拉克战场的，为什么呢？因为没有我，谁来照顾我的这些兄弟们呢。

通过上面这个例子，我们不难看出，士兵们在如下几个方面的责任心与义务：

- 士兵们所肩负的使命（如上述事例中的伊拉克战场）；
- 士兵的战友兄弟们、领导者们和他们的团队（战友们之间真挚的情谊与凝聚力）；
- 士兵们的第二个家——军队（我是一名士兵）；

- 军队所信仰的价值观体系（对士兵们的关心照料以及士兵对这个大家庭的感情）；
- 报效祖国。

图 18.1 可以生动形象地说明上述观点，这些观点代表着每个士兵不同的个性特点、他们的责任心和义务以及他们对国家和人民虔诚的承诺。同时，这些深切的内心情感和坚定的承诺所蕴含的巨大能量也鼓舞士兵们毫无怨言地、积极主动地为自己的使命牺牲着、奉献着。无论他们的生命面临着多么大的危险；或是他们的身体遭受着多么大的痛苦；抑或是他们舍弃了多么丰厚的物质报酬（尽管士兵们的军饷已经有所提高，并且对延长服役的士兵的平均奖金也达到 6 000～12 000 美元）；或是他们心有不忍地同满是泪水的孩子们依依惜别，心如刀割地同爱人海角天涯，与亲人天各一方，与朋友难诉衷肠，面对如此种种的不舍，他们丝毫没有动摇，毫不畏惧，毅然决然地将自己奉献给了军队，奉献给了祖国，奉献给了无限的为人民服务。本章的第一部分主要讨论了领导者们是怎样通过理想的推动作用、人民力量的鼓舞作用和构建责任义务感来发展提升部下的责任和义务感的。

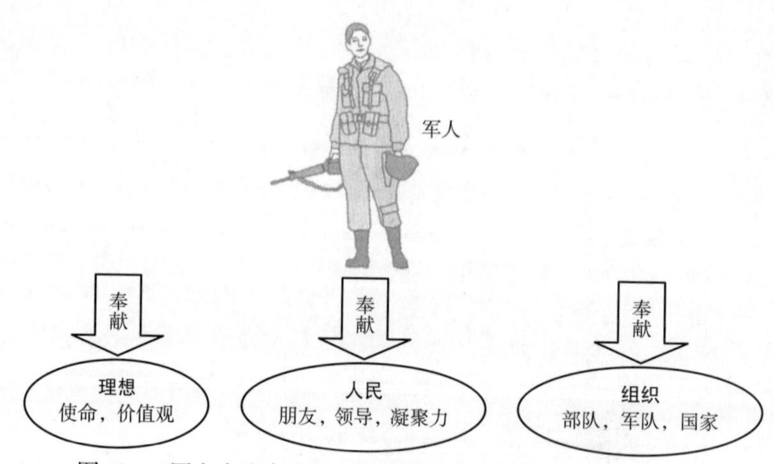

图 18.1　军人为追求理想、服务人民、报效祖国而做出的奉献

目的（我的志愿）：我会永远将我的使命放在第一位

在一次普通的访谈中，军属 Diane Campbell 对《华盛顿时报》的编辑 Thomas Ricks 说道：“有一次我带女儿去看电影，女儿转过她的小脸对我说：‘我爸爸在

拯救全世界呢。’这就是我们的目的、志愿和决心的力量。”是啊，士兵们内心所渴望的是他们冒着生命危险是为了一个更高的目标，为了一个更加意义重大的使命，这样，他们就会激励自己向着更高、更伟大的目标努力，他们的贡献也会更加突出、更加优秀。

研究表明，对于很多士兵来说，一心渴望服务他人、奉献他人而从不考虑自己利益的这种大公无私的精神是个人意义价值的充分体现，也是满含着巨大能量和强大志愿加入军队的动力，即便在军队以外的任何地方，这种观点也屡试不爽，经得起任何考验。从另一方面来讲，为什么即使成功人士，如果缺乏了个人意义和个人价值，责任义务感就无从谈起呢？汤姆·亨利（Tom Henry）就是一个很好的例子。汤姆从事饮食业，并且通过自己的努力将自己的事业发展得有声有色。但是慢慢地，汤姆发现自己的事业已经步入正轨，即使继续投身于此，也不会探求到更多的生活价值和人生意义，于是他结束了自己的饮食业生涯，离开了他那个欣欣向荣的事业，他与人合作建立了“Feed America First of Tennessee”社团，这是一个非营利性团体，一个致力于向一些好心人免费提供食物的团体，这些好心人不遗余力地四处募集食物救济品，然后将这些带有爱心的食物救济品分发给田纳西中部当地的慈善机构，借此来帮助更多需要帮助的人。其实无论在军队、私营企业，抑或是在那些非营利性机构，所有团队里的成员都对一项任务或工作发自内心地去关心，因为他们深刻地理解到那不仅仅是一项孤立的任务或工作，其中还包含了个人情感和意义，并且他们深信他们不懈的努力会给他人带来积极的意义和非凡的影响，会使他人在生活中更加积极向上，更加重视生命的真谛。这种超越个人利益的情感，不仅带给亲人欣慰，也给他人带来了震撼，对正确行使职权和发挥组织责任观念起到了巨大的推动和促进作用。

同大多数的私营机构相比，军队有着十分有利的优势，这是因为军队的天性造就了其在社会中的角色，赋予了其不同寻常的神圣的职责。但是，即使在军队中，具有意义和影响力的使命不是随处可见的，行之有效的和蕴含深意的任务也不是信手拈来的。所以每当面临机遇时，士兵们总是不忘提醒自己究竟该如何用自己的实际行动诠释任务和使命的意义和真谛，从而不辜负机遇的降临。通过对军队的公共机构所具有的精神特质深刻的研究、具有想象力和洞察力的陈述、对领导者的公正合理的评价以及回顾军队的职业生涯所带来的重要的影响，美国士兵们几乎无时无刻地在提醒自己，他们的服务和军队的贡献对他们的祖国和他们的理想有多么深远的意义。

尽管上述方法十分重要，但还是不足以十分有效地强化士兵们的责任义务感。另外，军队的领导者们还必须清楚明白地告诉士兵们他们付出的努力和艰辛的重要性，告诉他们每一项使命和任务的出色完成都会极大促进和推动更艰巨的任务的成功。作为军队文化的一部分，军队的领导者们亲自示范了完成任务的重要性。那么军队的领导者们是如何以身作则，躬亲示范的呢？他们在艰难困苦和重重险境中同士兵们一起分担困苦，分享快乐，他们证实了他们心甘情愿、以身示范的决心，他们自愿像每一名普通军人那样，接受同样的任务，完成同样的使命。且让我们在一个例子中具体感受一下领导者们的领导风范。

在一个伸手不见五指的黑夜，冰冷的雨水铺天盖地。我们唯一能借助灯塔所看到的只是风雨中一个坚定的身影。我们所能感受到的只有一个忠诚强大的灵魂，那便是伫立在风雨中的哨兵，这时，另一个身影也渐渐近了，一个长官出现在了哨兵的岗亭，他迫不及待地走近哨兵，就是要亲自告诉他：“我的孩子，你做得很出色，你正在用你的行动保护着军队，保护着我们的家园免受外来敌人的攻击和侵袭，我为你感到骄傲与自豪。”显而易见，这位长官的感人行为说明了一切，震撼了所有人，诠释了责任义务感的重要性。那么，不如我们来假设另一个场景，看一下这位长官的另一番作为会不会收到如同上面的效果。假设已经是第二天的早上，雨过天晴，阳光灿烂。这位长官睡眼惺忪地爬出暖和干爽的帐篷，走向在风雨中站立一夜的哨兵，送上几句鼓励的话语，我们的士兵会不会从心里感到震撼与鼓舞呢？同前一种情景相比，结果可想而知。

价值观：“我服务于美国人民，无愧于此价值观”

军队的价值观贯穿于军队各级的责任义务感中，并且成为力量的源泉。军队在不断地发扬着它的价值观，从容不迫地使士兵加入这种价值观体系中来，并且将价值观作为衡量士兵能力和表现的一种有效的手段，不断加强价值观的影响力和作用，使军队价值观渗透到军队生活中的方方面面（第 5 章更为详细深刻地讨论了价值观这一话题）。许许多多的例子为我们提供了充足的依据，证明了军队价值观在一定程度上吸引着士兵们并引导着他们，使他们走进军队。大多数士兵之所以加入军队是因为最基本的和最内在的原因，比如，士兵们渴望服务祖国和人民的心愿，希望找寻到能展示自己能力的舞台，抓住毫无种族歧视的公正的机遇。另外，他们之所以投身军队也许是因为他们深刻地认识到他们的理想早已和军队有了不解之缘，这种千丝万缕的联系让他们无法和军队分开。换言之，士兵们之所以具有如此积极向上的思想与精神，是因为军队价值观本身对军队这个团体在责任义务感上做出了很好的诠释。其实，这种价值观同我们社会现实生活中的各种职业部门所崇尚的价值观是始终如一的。那么我们社会现实生活中的各职业部门所崇尚的价值观又具体是怎样的呢？调查结果显示，人与人之间价值观的和谐与组织总体价值观的统一，鼓励了个体成员更加努力地将自己的责任心义务感毫无保留地奉献给了自己的组织。

从另一方面来看，如果士兵们不能够同军队的价值观达到共鸣，也就是说如果士兵们不能够崇尚军队价值观，那么他们又怎么能够将服务人民和贡献祖国植根心间，又怎能深刻理解责任义务这种深刻的情感？又怎能积极主动地去践行诺言、奉献人民、奉献祖国？且让我们举一个简单的例子来说明一下上述现象。在军队中我们大体可以发现两种士兵，其中第一种士兵是因为渴望得到大学奖学金和发展自身各方面的能力而走入军营，成为一名军人。而另一种士兵呢？他们所能渴望的是用自己的实际行动服务人民，服务祖国。同获得自己的利益相比，他们选择了服务和贡献于更伟大的事业，他们超越自我、忘记自我是为了完成自己的大志大义，所以他们穿上了戎戎军装，走上了铿锵之路。我们不妨来简单地比较一下，上述的两种士兵中，究竟哪一种更具责任心、更具奉献精神？答案是明显的，也是毋庸置疑的，第二种士兵显然更乐于奉献，更乐于服务人民。即使在军队中，存在着许多诸如上述第一种士兵的情况，军队价值观也能够不断地引导他们，使他们狭隘的价值观得到升华，进而觉醒，慢慢地走进军队价值观这个体系中来。因为随着时间一点一滴地流失，我们的军队也在反复地向士兵们灌输军队的价值观的思想，对他们进行谆谆教诲，告诉他们军队价值观的忠诚度，军队价值观所担负的责任和他所发扬的大公无私的奉献精神所能够创造出来的成就，进而促进组织责任感的发展。我们不难想象一下，一名最初因为谋求个人私利而入伍的军人所面临的情况。尽管他的心里最初想的是怎样满足自己的利益，但是他生活在军队这个大环境下，我们可以说从一定意义上讲，不同的环境可以造就不同的人，他每天接受着军队价值观的熏陶，天长日久，耳濡目染，慢慢地他也会向军队价值观靠拢，他也会体会军队价值观所包含的忠诚度和他所担负的责任与义务，他也会体会奉献的意义，那么，他最初的那种只渴望得到自身满足的价值观就会慢慢地从他的心中退却直至消失，取而代之的是不断地学习军队价值观的精髓，不断地积极强化自己的责任心和服务意识，并不断地向军队贡献着自己的力量。

士兵："我绝不会抛弃任何一个掉队的战友"

一个军队其实就是一个民族的小小缩影。当士兵们穿上军靴，踏着整齐的步伐，铿锵有力地迈出第一步时，他们就已经在用自己庄重的行为和不悔的誓言影响着军队这个组织的性质，这个团体的精神。那么我们的士兵们是怎样影响军队的呢？是士兵们的天性让他们不论何时何地都像亲兄弟一样同患难，共进退；在离开家的那些岁月里，他们能够把军队当作自己第二个家，他们彼此像家人一样住在一起，相互依靠；他们共同在军队的教导下成长，分享共同的军队价值观，并且共同沐浴在军队的价值观体系中；他们自主地选择人生的道路，不悔地走进军队；其他的种种因素也都在影响着军队这个团体。尽管这些士兵们都来自军队中的最基层，但他们所形成的非比寻常的情感和凝聚力震撼了整个军队，也在冥冥之中影响着军队的性质，诠释着军队的真正的意义。从中我们不难发现，在一个组织中同事之间与管理人员之间的和谐统一的关系对组织责任感会产生积极的影响，值得我们强调和注意的是这种积极的影响在军队中发挥着重大的作用。

也许大多数人认为军事纪律如此严格、军事技能和军事本领要求如此之高的军队，不可能是一个充满温馨的团体，也许冷峻才是它的特色，但是事实恰恰相反，从某种意义和某些方面来讲，军队确实是个温暖的大家庭。在军队中我们也有爱，我们所倡导的是强健的爱，是顽强的爱，包括对爱人执着的爱，对亲人诚恳的爱，对人民无私的爱和对祖国坚韧的爱。我们要求士兵们为了他们的国家和民族的利益不断强壮自己，用他们强烈的感情和行为完美自己的坚忍和强大，从而让他们克服重重困难，即使最难的日子也能从容度过。同时，士兵们自己也经常谈及他们同自己的兄弟战友们的感情和凝聚力，以及他们每个人所持有的责任义务感也在不断地加强、巩固着这种真挚的兄弟之情。这些士兵与士兵之间的个人情感纽带已经被确定为军队中不可或缺的一部分，并且这种友谊纽带也是促使士兵们对军队无私奉献的坚定的基石。

士兵们经常把战友们当作家人一样看待，他们共同分享着彼此带给对方的家人的关怀和家的温馨。他们都称自己的战友们为“兄弟”，并且他们认为“关爱”这个词是描绘他们兄弟之情的最好的诠释，因为“关爱”这种感情中既包含着战友间无微不至的关心，也包含着一种真诚的爱护。对于一些士兵来说，他们对自己亲密的战友们的忠诚的感情所带给彼此的力量是巨大的，如此深厚忠实的情感成为他们内心中最重要的和最强大的动力，这种强大的动力鼓舞着他们与战友兄弟们同冒险，共进退，而他们内心所存在的这种强大的动力都始于不令自己的兄弟失望的初衷，诸如此类的情感关系在同级士兵们中是十分普遍的，也是十分典型的，而且在领导者与被领导都之间，也同样屡见不鲜。

举一个例子来说吧，这个例子是我们在 PBC 中的《前线》这一栏目档中精选出来的一个真实的故事。在伊拉克的一次纪念仪式上，加布里埃尔·加西亚中士向我们描述了他的一名战死沙场的士兵在临死前的话。他的士兵叫特拉维斯·巴比特，是一名陆军专业人员。加西亚中士泪水盈眶地一句一句地重复着巴比特的话，他说：“长官……加西亚中士，我不会让您有事的，我不允许您有危险，我会永远在您身后。”子弹穿透了巴比特的胸膛，在他生命的最后一刻他用自己的身躯挡在了战友的前面，他知道他死前唯一能为战友做的，就是竭尽全力保护自己的兄弟。即使巴比特在那时已经受了致命伤，他仍然跌跌撞撞地捡起自己的武器，用尽全力去刺杀那些对战友们的生命造成威胁的敌人们，直至献出自己宝贵的生命。加西亚感动地说道：“如果不是他拼死相救，我今天就不会有机会站在这里同你们说话。”面对这样忠肝义胆的士兵，我们做领导者的，做朋友的，夫复何求？

巴比特所在连的指挥官，怀特利上校在宣布巴比特的死讯时说道：“我们都像爱自己的亲兄弟一样爱巴比特……我同样也像爱我的亲兄弟一样爱你们……爱你们每一个士兵，每一个军队的孩子，并且我为我们在此所做的一切而感到骄傲与自豪。”这种同级士兵间的一种水平的亲密关系和领导者与他们部下之间的上下级的亲密感情可以使士兵们在工作中得到满足与快乐，并且促进士兵们对自己所在的集体做出更大的奉献。在巴比特牺牲以后，当被问及是否需要一段时间休息一下时，加西亚坚定地说：“这个问题对我来说真的毫无意义，因为无论何种情况，我绝不离开我的军队，绝不。”加西亚的这种无私的奉献精神在军队里被广泛流传着。

尽管军队的生活环境为发展凝聚力增添了动力，但是，如果同组织的远大目标相对立，那么，无论多么具有凝聚力的集体也会出现沟通障碍。因此，军队的领导者们竭尽全力地去构建具有凝聚力的团队，并且保证这些团队能够担负军队的使命，支持军队价值观。尽管在军队中发展凝聚力和团队内聚力的方法与私营部门有所不同（例如，集体的体育锻炼，将士兵置于需要完全的和成熟的信任的情境下，或者让士兵们共同承担风险），其中有很多方法（例如，对成员们和家庭频繁地提出社会问题让他们不断面临挑战，为团队的成功创造条件）可以在任何的商业或非营利性组织中得以适用，并且上述诸多方法与很多关于构建团队凝聚力和团队建设的调查研究在某种程度上达到了共鸣。

士兵们渴望成为军队里具有卓越功绩的一员，为他们的经历增光添彩，从而践行已逝的英雄们所留下的道德标准。

集体荣誉感："永不言败，永不退缩"

调查研究显示，一个组织的成员们经常将他们最强大的责任义务感奉献给予他们最贴近的单位，而当这些单位离他们渐渐远去时，他们的这种强大的责任感就会减弱，他们对集体的奉献也会慢慢减少。如果我们暂将一些附加的挑战放置一边，那么我们可以说中层单位中责任义务感的发展水平与公司的发展水平相比，是略胜一筹的。并且，军队还提供了一种有效的政策来帮助克服由于距离使贡献不断减少而带来的负面影响。军队也在努力设法发展强大的责任义务感，这种强大的责任义务感不仅针对更贴近士兵的单位（班、排和连），同时也针对那些与士兵关系较疏远的 4 级到 6 级的单位（营、团、旅和师）。因为它们缩小了这些团队的等级概念。换言之，如果这些 4 级到 6 级的团队不是与士兵们的关系日渐疏远，士兵们就会培养自己与团队之间坚定的社会和心理认同感，使自己和团队达到和谐统一。

在军队中，连队这一级别的社会凝聚力和直接领导权发挥着十分重要的作用，但是如果到营，或者是更高级别的队伍，社会凝聚力和直接领导权所带来的积极影响就会慢慢地减弱。不过，这些更高级别的团队也有它们自己有力的、不同寻常的方法去发展责任义务感。在军队中，当我们谈到团队精神这一概念时，我们就会自然而然地想到"集体荣誉感"。这种集体荣誉感包含了士兵们的毅力，自豪和骄傲，他们为军队不朽的历史自豪，为逝去的英雄们自豪，为自己所获得的成就自豪。作为军队文化的一部分，士兵们在孜孜不倦地学习他们团队的历史，领导者们也不断积极地保持他们的洞察力和理解力来证明他们的军队是不同寻常的。士兵们渴望成为军队里具有卓越功绩的一员，为他们的经历增光添彩，从而践行已逝的英雄们所留下的道德标准。

对于士兵们来说，使他们认清自己是中等级别单位组织中的一员是件不同寻常的事。比如，让团和师中的士兵们清楚地知道自己在团队中的地位和作用是极其有意义的。同时，使士兵们始终保持着对团队做出贡献的责任与义务感也具有非凡的意义。不妨让我们来回忆一下，在本章的一开始我们所引用的那个关于第 101 空降师士兵的例子。那些士兵可以原原本本地向你倾诉他们激动人心的历史，倾诉他们在第二次世界大战时是如何英勇非凡地跳伞降落在诺曼底的；他们是如何在越南战争和海湾战争中驰骋沙场，英勇杀敌的；他们是如何在解放伊拉克的军事行动中两度进行艰难而又精密的军事部署的。其实，在营和团中，诸如上面那些感人故事也在时时刻刻地上演着，这些故事将永载史册。

回想起我当时作为一名中士在第 187 军团服役的那段岁月，我仍然可以清晰地告诉你："我们的团队就是 Rakkasan 军团，而我们团队中的每个人都是 Rakkasan 人。自从空中战术被引入军事领域后，我们是美国军队历史上唯一的一支在所有的战争中都抛洒热血的空降师，我们乘着降落伞在不同的区域，在战场上义无反顾地同敌人进行殊死对抗。" 曾经在 Rakkasan 军团服役过的士兵也会毫不犹豫地说："在海湾战争的历史上，我们成就了范围最广和强度最大的一次直升机空袭军事行动，我们在阿富汗的山区用尽全力同敌人拼杀，并且我们两次回到伊拉克战场同那些暴动者和恐怖分子进行英勇搏斗。"那些士兵还可以讲述一些关于（美国国会对最高军功授予的）荣誉勋章的获得者们的光荣事迹，以及在当今社会，这些英雄们又是如何致力于不辱军队的历史和坚持令他们引以为荣的传统信仰的。即使士兵们离开了自己的团队，离开了军营，他们这种对团队的奉献精神也会长久地持续下去，因为长期接受军队培养与教育的士兵们在不断探寻着如何回报他们的团队，已经退役的士兵们也会继续留在自己的团队里长达数十年，用他们的热情陪伴着曾经培养过他们的团队（营，团，师）。我曾经在许多营、团和师中服役过，我这种对军队的认同感和奉献精神始终没有过丝毫的衰减。

那些中级团体中的指挥官和主要的领导者都被集体荣誉感带来的勃勃生气

所感染着，而且每个团体中的领导者们所具有的凝聚力和强烈的社会意识在发展平级间或上下级间的奉献精神中扮演着十分重要的角色。每一个团体中的领导者们都彼此亲密地联系着，和谐地相处着，他们以自己为典范发展着奉献精神，并慢慢地将这种发展渗透下去，使每个士兵都有所领悟。当士兵们看到他们的领导者在全心全意地为自己的团队以及其他领导者做出奉献（无论是营中还是师中的领导者），他们也会巩固自己对团队影响力的认知。

在夏威夷的时候，我们营是第 25 步兵师和“猎狼”军团的一部分，我们的营长就会经常为队里的军官和军士组织一些社交聚会。每到周末的时候，我们团队里的几个长官会带着各自的家人，选择其中一位长官住处的湖滩作为他们周末野外烧烤的乐园。他们经常会在聚会上欢迎新上任的长官或欢送即将退伍的长官们。他们还举行一些领导者们的运动会和比赛项目，在发出一声哨响之后，就开始进行。随着时间的流逝，慢慢地，我们彼此间所形成的亲密和谐的关系也在无形之中加强了我们团内所有队员的联系，充实了彼此间的情感。

在另一个营中（全是男兵），士兵彼此间的感情已经非常深厚，他们是真正的刺刀上的兄弟。当他们初到部队时，就安排了一些长官和年长的军士来到他们中间，发给他们每个人一个带有编号的徽章，这样他们就正式成为队伍中的一分子了。在年长的军官俱乐部里，我们会看到频繁的社交活动和为庆祝团队的历史功绩而举行的庄重的聚会。这些活动在很大的程度上促进了上级与下级之间的感情交流，加强了彼此间的信任。使 30～40 岁的主要领导者间存在着一种和谐的关系，这种和谐的关系就像一种强力黏合剂一样，将一个团队中的几乎 700 名士兵紧密地黏合在一起，牢不可分。

另外，还有一点是值得我们大家注意的：我们的士兵对各自的团和师所做出的贡献与他们对整个军队所做出的贡献是相互统一，不可分割的。除了尽心尽力地服务于自己所在的团队，我们的士兵还不断地重申着他们奉献整个军队大家庭的坚定立场，强调着士兵们彼此间的真诚相待和关系的和谐，铭记着他们的中心价值观和他们所肩负的神圣使命。在军队里，士兵们时刻被教导着如何因为自己是团队中的一名不可或缺的一员而引以为荣；如何因为军队不朽的历史功绩而骄傲自豪；如何因为逝去的英雄们所留下的宝贵的精神财富而得到鼓舞震撼。同时，所有的这些军队的教育方法和途径在私营企业也屡试不爽。因为这些有效的方法，员工们知道了如何鼓励自己更热爱自己的企业与工作，能够更加充分地发挥自己的主观能动性，为企业创造更多的价值。其实，用讲故事的方法来激励和鼓舞员工们更加富有激情地奉献于自己的组织也是十分有效的。大陆航空公司就是诠释这个观点的最好例证。在军队中，领导者同士兵们分享着关于团队和士兵们取得成就的诸多故事，使大家更富有激情和动力地去为自己的团队奉献。大陆航空公司就是通过讲述过去有意义的事件来营造一种积极的氛围，从而使员工们同领导者和组织建立起情感纽带。

更高的追求：“我是美国生活方式的守护者”

领导者们能够不分级别地投身到团队中的下级单位，并孜孜不倦为这些基层团队贡献自己的力量。同时，他们也能够引导自己的队员如何具备服务于其他社会团体的素质。在军队中，士兵们服务于军队和服务于国家、服务于社会、服务于自由信念和美国生活方式之间是自然和谐的。对于一些士兵们来说，服务于连队的热情在一定程度上让他们懂得了如何热爱自己的家庭，如何虔诚于自己的信仰。在军队中，这种和谐的关系所带来的积极影响是十分明显的。私营企业的领导者们也可以发展团体组织与社会结构与社会信念的良好统一的关系。例如，微软公司的领导者们致力于加强公司同社会其他方面的联系。如教育事业、国家安全以及美国人民生活质量等方面。

发展多样化的贡献

士兵们能够保持着自己对人民、志向、原则和团队无私奉献的热情，他们对人民的服务精神，对自己志向和原则的坚持精神和对自己所在团队的奉献精神在很大的程度上是统一的，是士兵对军队和国家做出贡献的具体体现。军队的专业人员凯西·卡罗尔（Casey Carroll）就是一个很好的例子。

在一次突如其来的排爆行动中，卡罗尔失去了一根手指，军医还从他的臀部和脚上取出了很多榴霰弹片，2005 年 3 月，卡罗尔被军队送回家进行疗养。那个爆炸装置造成其他 3 位士兵身负重伤，1 名士兵献出了自己宝贵的生命。卡罗尔说：“军队把我送回家是想让我在家人的照顾下能够很快地把伤养好，并且军队特许我在以后的日子可以退役回家，和家人共享快乐。但是我之所以回家并不是期盼享受生活，我所渴望的是回到家我可以把身体养好，那样，我就能够早日回到部队。”这就是有两个孩子的年轻父亲的心声。1个月以后，卡罗尔便起程返回伊拉克，他说他对祖国有义务，对团队有责任。卡罗尔把他所拥有的这种责任心和义务感归功于他的两个孩子。对于卡罗尔来说，他对军队的无私奉献以及他毅然决然地返回伊拉克战场的行为，就是几种奉献精神的综合，其中包括他对自己团队的责任，对战友兄弟们的关爱，对祖国的义务，以及对自己价值观的执着与付出。并且这层层叠叠的责任义务感也使他和他的家人更加亲密，更加和谐。

通过上述的多个关于为组织的目标贡献力量，为人民服务，为不同的工作团体无私奉献的例子，我们可以看出，领导者们可以给他们的下属人员带来潜在的影响：

- 问：“我怎样做才能使我的下属成员彼此间互相关爱，互相帮助，让他们更信任自己的领导，更乐于奉献他们所在的团队，更乐于为组织的目标和价值观奉献？”这些问题需要深思熟虑的分析和领导者自身起模范带头作用。在商业机构、非营利性组织和政府机构中，情况也基本同此。你可以向你的下属成员进行详细透彻的解释，告诉他们为什么他们的工作和任务如此重要，告诉他们如何为自己的组织增添价值，告诉他们怎样服务社会。
- 鼓励并促成员工之间以及领导者之间友好的职业关系。采取有效的措施，建立并保持团队内部的凝聚力。
- 发展中级单位的奉献精神，在中层领导者之间构建和谐的关系，并通过此关系使领导者们像黏合剂一样在各部门之间行使职权，发挥作用，使各部门统一起来。我们所必须坚持的是中层领导者对于所有成员（从初级水平的员工到直接下属）必须是一个高度清晰可见的模范角色。
- 确保你的组织提倡的是令员工感到骄傲与自豪的价值观，这样，才能鼓励他们更好地为组织和其他员工服务。
- 实践你所信仰的价值观。

关爱的氛围

我钟爱于描述军事领导这一题材的电影。在众多军事题材的电影中，《全金属外壳》是我最喜爱的一部。这部电影里的海军钻探教练严格执行纪律、不畏艰难险阻和不懈地将年轻人培养为合格的海军战士的能力和精神带给了我巨大的震撼。我服役的军队里的钻探中士们也如上面的那位钻探教练一样令人钦佩，他们是我所见过的最坚韧、最能吃苦耐劳的人。但是，他们的领导方法也在根据不同的情形进行不同的调整。例如，他们认为通过基本训练把一个平民老百姓培养成为一名士兵是十分恰当的方法，但是这些方法对于执行单位中的那些一等兵来说就派不上用场了。毕竟，又有谁心甘情愿长期臣服于如此严格的领导权之下呢？——特别是那些同家人居住在一起的士兵们。

在军队里，领导者们在每一个团队所创设的氛围影响着每一个士兵怎样更好地奉献自己；影响他们如何努力成为一名优秀的军人。领导者们在不断努力探索着怎样去提高士兵们对工作的满意度；提高他们的生活质量和生活水平；提升他们个人的发展；确保他们工作和家庭的平衡；增加对士兵家人的关心和照料等。领导者们的这些努力探索在很大程度上影响着组织的责任感和士兵们的奉献热情，这些影响所带来的诸多成果在那些退役后又再次回到军队服务的士兵们身上有着具体的体现。军队里不同级别的指挥官都肩负着一项使命，那就是留住士兵。也就是说，他们能够在潜移默化的影响中鼓励自己的士兵退役后能够再次投身军队。使士兵们服从命令的能力也是领导权的一种反映。我相信大多数的军队领导者是同意这一观点的。另外，还有一些因素也是十分重要的，比如说领导者们必须坚持公平和公正的原则，对其他的领导者给予真诚的支持和关心等。做到上述两点的领导者们都是优秀的。可是对于那些不关心别人、自私自利、对家人毫不负责的领导者来说，他们是留不住士兵的。

我们对士兵们要求得越多，我们对他们所付出的关爱就应该越多。

心系士兵

通过了解自己的士兵，明晰他们的要求，将下属、团队和军队的需求和利益放在自己之前等诸多行为，展现了领导者们的关心。

优秀的领导者是下属员工的拥护者，并且他们在对他人付出关爱时，并没有以一个领导者的身份自居，而是出自朋友间的关心。不妨让我们来回忆一下怀特利上校曾经对他的士兵们说过的话："我像爱我的亲兄弟一样爱你们……爱你们每一个士兵，并且，我为我们在此所做的一切感到骄傲与自豪。"无论是从他的声音中所散发出的真诚坦率的情感，还是他送给一个悲痛欲绝的士兵的拥抱，都是如此地历历在目。在他的演说结束的那一刻，他便开始帮助一个又一个士兵安排他们的车辆、武器和军事装备，然后，在第二天的一大早，送他们起程回到那个虽危险却需要他们的战场。

对于那些对军队和军队文化不熟悉的人来说，这样的领导方法是令人出乎意料的，也是新奇的。《领导力》一书（此书中译版已由电子工业出版社有限公司出版）的合著者巴里·波斯纳（Barry Posner）曾经访问了西点军校，他想通过在西点军校的一些调查研究来发现究竟下属士兵们期盼自己的领导者具备哪些能力和素质。在一个非正式的军队民意测验中，他惊讶地发现，领导者们"关爱他人"这一素质远远超过了他的研究中的其他各项素质，位居第一。在后来我们的谈话中他说："这个结果真的大大出乎我的意料，我连做梦也不会想到，对于一个超具男子气概的战士军营文化而言，'关爱他人'成为他们最推崇的价值观。"听完他的话，我解释道："在军队中，我们必须把我们最深切、最真诚的关爱献给我们的士兵们，我们必须时时刻刻心系士兵，因为我们要求他们用自己的生命冒险；要求他们将幸福都献给军队；要求他们信任自己的领导和他们的战友；要求他们心甘情愿地为领导和战友们的安全和幸福而付出。所以，我们对士兵们要求得越多，我们对他们所付出的关爱就应该越多。

先前我们讨论的那个关于人才和凝聚力的话题，以及紧接着的那个关于士兵自身发展的话题都证明了"受到拥护"和"关爱他人"的领导者品质能够提升组织的责任感。尽管对于那些没有孩子的单身士兵来说，领导者们上述的行为已经足以影响他们，但如果谈到对那些有家庭责任的士兵来说，领导者们所付出的关爱就要更加深切了。在军队里，对士兵家人的关爱和支持所带来的积极作用在商业部门和非营利性组织中也是非常适用的，因为在商业部门和非营利性组织中，把握好工作与自身发展的平衡性以及工作与家庭的平衡性也同等重要。根据调查研究显示，75%以上的员工对工作与个人生活以及工作与个人优先权之间的平衡性进行过深思熟虑的思考，并且 2/3 以上的男员工宁愿放弃报酬、放弃权利、放弃地位以换取和家人在一起的时间。

领导者对士兵家庭的关心

对于军队里的大多数人来说，具有爱心和支持性的领导对士兵家庭的和谐发展以及士兵对军队的奉献起同样重要的作用。几年前，在军队里流传着这样一句话："如果军队想让你成家，那么，它就会分配给你一个家。"而如今，军队里却流传着这样一句不同的话："我们的军队关切的是士兵之家"，也就是说，在当今的军队里，士兵已不再仅仅是军队所关注的焦点，在关心士兵的同时，军队也把自己的关心延伸到士兵的家人。这句话说明了士兵们对婚姻、家庭和军队生活的满意度在很大程度上影响了士兵是否打算长期留在军队的决定。

在当今的军队里，军队家庭成员的人数大大超过了士兵的人数，两者比例为 3∶2，并且 60%的士兵不是已经结婚，就是已经为人父母了。如同其他组织一样，军队也同样面临着许多来自社会的和家庭的新的发展趋势所带来的挑战。例如，夫妇双方都有收入的家庭数量的不断增长，单亲家庭数量的不断增多，组织中的女性数量的不断增加以及以牺牲家庭为代价来满足工作需求的人数不断下降等。

这种不容改变的趋势举足轻重，因为对于每个人来说，家庭的影响力和感召力是无可估量的。在已婚士兵（包括已生育孩子的士兵）当中，他们十有八九更倾向于当一个孝顺的儿子、体贴的丈夫和慈爱的父亲。这种角色和身份远比扮演一个忠诚的士兵来得重要。这一点不免令人诧异，因为士兵在军队也经历了伟大的社会化进程，他们开始倾向于与其他士兵建立一种亲密无间、患难与共的融洽关系。对于领导者而言，这就意味着在为人处世方面，已婚士兵可能更多地表现得与来自他们家庭的期望、准则或者价值观相一致，而不是一切以军队为出发点。因此，领导者要努力营造一种氛围，让士兵和他们的家人相信，军队生活与家庭生活是完全可以水乳交融的。倘若不能有效地采用这种方法，要想让士兵和他们的家人对军队保持始终如一的忠诚就不是一件很容易的事情了。

认为士兵家庭是他们关注范围之外的领导者就不能动员家庭的支持和影响力，这样也会导致士兵的配偶产生抵制情绪，并且会降低他们在组织中的表现。

领导力对士兵的责任感和家庭满足感这两个方面的深远影响是不言而喻的，这一点在亚当·马丁内斯和奥顿·马丁内斯夫妇的故事中体现得尤为明显。

亚当·马丁内斯既是一名在役士兵，又是一个满怀期待要当一位好父亲的丈夫。然而根据推算，当奥顿·马丁内斯怀上他们的第一个孩子的时候，亚当却要去阿富汗执行一个为期10个月的部署计划。亚当的领导知道军队即将离开，同时他们也意识到，对于怀孕的妻子奥顿来说，丈夫的陪伴和照料会有多么重要。他们对这件事情给予很大程度的重视，让亚当听从医生的嘱咐，让他去聆听未出生的孩子的心跳，最重要的是在奥顿忍受晨起反应的折磨时能够在她身边照顾她。虽然亚当并没有向领导请假，但是他的领导们还是设身处地地为他们考虑了，他们十分关心这对夫妻的情况，很细心地了解到奥顿的预产期大约在什么时候，并且大概在哪个阶段她会有什么不适的反应，这样就能适时采取一些行动。

亚当在阿富汗执行任务的整个过程中，得到了上级领导一如既往的恳切支持和体贴入微的周到考虑。正因如此，他才能够在特殊时期每天给家里打越洋长途电话，每天给家里牵肠挂肚的妻子发邮件。当他的妻子分娩时，他就立刻被调往军队总部。在奥顿经历人生最大的考验时，仍然是亚当和他的领导们不离不弃，做她最强大的精神支柱和坚强后盾。一边是产房里焦急等待新生儿降临的母亲，一边是电话那头给妻子加油鼓劲的丈夫。而苏珊·摩尔，连队指挥官的妻子也默默地守候在产房，守候在那个远隔千山万水的产房里，紧握着电话听筒放在奥顿耳边，让她感受来自万里之外的爱人的鼓励与支持，感受这人世间最为美好的血肉之情。在这支由120多名士兵组成的连队里，有6个家庭都是丈夫外调执行任务时，妻子在家里生孩子。奥顿和亚当只是众多夫妻中的一对。每次遇到这样的情况，那位善解人意的连队指挥官——托比·摩尔上校总会亲自过问，确保及时将士兵送往总部，通过电话给远隔万里的产房里的妻子传递一颗心、一份爱和一种力量。

当我见到奥顿时，她一次又一次地对我倾诉她的感激之情。她感激丈夫的领导所给予的莫大支持，感激军队里其他亲属的真诚帮助，她也意识到能与他们建立那种虽不是一家人却胜似一家人的关系是一件值得高兴的事情。身在这样的军队，亚当的再次从军，他所属连队在一个由近30个连队组成的军旅里荣居榜首的荣耀……这一切的一切绝非偶然，是实至名归，不足为奇。

这个实例为我们生动而具体地介绍了两种方法，而这两种方法的采用，使得这支军队在士兵与领导者之间建立一种和谐亲近的关系。首先，军队有效地实施亲民计划和亲民政策。和其他许多组织一样，它在亲民政策和计划上投入了大量的人力、物力和财力。比如说，有组织、有计划地成立了一些小组，给予士兵及其家属们大力支持；花钱给那些需要帮助的家属提供医疗护理，帮助他们照顾小孩；建立一些人性化的体制，以满足夫妻两地分离期间感情交流和沟通的需要。在过去的 15 年里，正是由于军队对士兵家庭的密切关注和倾力支持，才得以建立和完善一系列亲民政策和体制，也正因如此，才能得到近 2/3 的士兵配偶对这些政策和体制的高度评价和赞扬。

其次，军队有亲民的领导机制。尽管亲民政策和亲民计划能够有效地减少士兵职责与家庭成员这两种角色之间的冲突，并且增强士兵的责任感，促进士兵更好地效忠于军队，但是它们毕竟只是解决方案中的一小部分，单靠这方面的努力是远远不够的。仅仅依靠自身的力量，这些政策和体制所能提供的解决办法是不完整的，它们最多只能取得一点微不足道的成效，尤其是当组织逐渐发展，而相应产生的需求也不断增加时，这种成效就更加无足轻重了。而当它们与领导的大力支持有机结合时，它们才会发挥较大的作用，起到意想不到的效果。再回到亚当与奥顿的故事中，试想一下，如果亚当的领导在调遣他执行任务之前对他强制采取一些苛刻的规章制度，比如说，约束亚当尽一个丈夫的责任，不允许夫妻两地相隔期间他和妻子必要的交流和沟通，阻止他为迎接儿子出生所做的一些力所能及的帮助……那么，这些所谓的高水平的政策和计划又是如何不堪一击呢？

尽管面临着一些不可预知的风险以及士兵与家人分隔所引起的诸多问题，军队领导者还是成功地创造了一种氛围，在这种氛围下，绝大多数的士兵和他们的家人都相信，一个人，不管在什么环境下，通过努力，他都可以成为一个慈爱的父亲或善良的母亲，一个体贴的丈夫或温柔的妻子，当然也可以成为一个伟大的士兵。在这其中，领导者所关注的焦点就在于如何增强军队成员和家庭成员这两种角色之间的兼容性，而不是想方设法要在这两种“竞争”中赢得士兵所有有限的时间和精力。由此我们可以说，尽管亲民政策和亲民计划有一定的作用，但在为士兵和他们的家人创造满足感的过程中，真正起到至关重要作用的还是这些前线的领导者们。

领导者必须懂得，他们的行为是如何对士兵及其家人的生活产生影响的，而家庭又是如何反作用于军队来影响他们的效率的。

按照士兵及其家人的想法，他们大多期望军队领导能够关心体谅下属，理解并同情他们所面临的困难，并且在他们需要帮助的时候及时伸出援手。正是这些领导者的决策、行为、知识、技能和能力对士兵的家庭生活产生重大的影响，同时也正是由于这些基层领导与士兵及其家人的频繁而亲密的接触，在日常生活中他们才会有举足轻重的影响力和感召力。其实，人们讨论得最多的无非就是家属的支持这方面的计划和政策。而问题的关键在于，如何才能建立人性化和个性化的领导机制。那些认为士兵家庭生活是“事不关己”而被他们“高高挂起”的领导者，既不能有力地动员家属们的支持和影响力，也会导致士兵的配偶产生抵制情绪，并且还可能降低他们在组织中的积极性和主动性。

马丁内斯的事例告诉我们，领导者的关心和照顾会对士兵及其家庭成员的日常生活产生重大影响，领导者既要能理解下属们的需要，在此基础上又能根据士兵情况的特殊性提供特定的支持和帮助。通过他们的言行，他们得以成功地向士兵及其下属传达一个重要信息——家庭也是军队的一个必不可少的组成部分。因此，在军队领导、士兵和士兵家属之间就逐步建立起了一种相互信任、理解和支持的亲密关系。而随着这种关系的建立，留下的士兵就会越来越多，他们的满足感也会越来越强，对组织的责任感和奉献精神也会越来越强烈。

军队领导者的经验（当然这些经验是经过大量观察和实践得来的）向我们证明了一个确凿无疑的事实：士兵家庭对军队组织起着至关重要的作用。领导者通过着眼于提高家属们的生活质量，帮助促进家庭成员们的洞察力和感知力来反作用于这种影响力，以此让他们知道：军队不仅会在思想上、言论上支持他们，更会在实际行动中帮助他们，在条件允许的情况下，尽最大努力满足他们的需求。因此，当士兵的家庭成员相信领导者能够支持和帮助他们，并且愿意采取诸多措施来赢得他们对军队组织的满足感时，士兵工作与家庭之间的冲突就会大大减少，士兵的责任感、满足感积极性和主动性等都会大大增强。与此同时，士兵及其家人之间对婚姻和家庭的满足感、紧密感和安全感都会增强，士兵的孩子们在成长过程中所遇到的一些难题和家庭冲突等不利因素则会减少，因此家庭成员之间的幸福感也会随之产生。图 18.2 就充分地证明了上述关系。

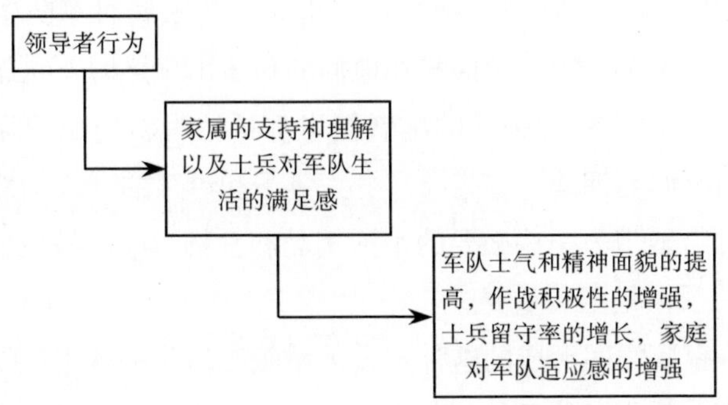

图 18.2　一个领导者决策行为的影响力

当领导者对士兵家庭生活方面的问题缺乏必要的洞察力和感知力时，士兵就可能在工作和家庭生活两方面产生更多的冲突。长此以往，在寻求解决的过程中，他们感情的天平很可能就会偏向于小家庭的利益，而把军队的利益放在一边。当然现实中这样的领导者仍然大有人在，他们把家庭看作令士兵分心的一个不利因素，他们试图减轻这种不利因素对军队的影响。这些领导者没有认识到他们的决策是如何触及和影响士兵的家庭生活的。

仅仅有关爱也是远远不够的。就像领导者必须具备理论和实际操作方面的良好技能一样，他们也必须有能力确保士兵及其家人的健康福利。领导者必须懂得，他们的行为是如何对士兵及其家人的生活产生影响的，而家庭又是如何反作用于军队来影响他们的效率的。同时，他们还必须不断地提高各种必要的技能，逐步完善各方面的知识，以此更好地关心抚恤士兵家属，更好地服务于他们的需要。

与那些全然不关心士兵及其家庭疾苦的领导者相比，这样的领导者已算得上是成功的领导者。诚然，他们也能够关心和体谅士兵，但是他们在发展自身领导素质，比如洞察力和感知力等方面如果有缺陷就必然会制约士兵家属满足感的产生。在这种情况下，领导者就必须深入了解士兵和他们的家庭情况，并根据不同情况采取不同的对策，以此来安抚军心。领导者还要清楚地知道，哪些特定行为会对士兵产生影响，会让他们体察到领导的关怀和支持，这样士兵对军队和领导的满足感也会大大增强。

上面我已经讨论过战友之间的伙伴关系和团结一致的重要性。马丁内斯的故事也强调了日常的社会人际关系网在赢得士兵及其家属对军队生活的满足感中发挥着巨大作用。除在奥顿怀孕期间和他们的孩子出生之时军队领导提供的无私帮助外，组织中其他士兵和领导的配偶们也都帮忙为新生命的降临做了充分准备。奥顿出院回家调养期间，这些同样身为妻子和母亲的女人仍然不厌其烦地去看望她，并经常给她带去一些必要的生活用品和食物。显而易见，这种在家属之间形成的友爱关系也是至关重要。

研究发现，家属之间形成的这种友爱关系颇类似于一种组织结构。士兵在工作中结成的亲密关系很可能延伸到他们的空余时间和家庭生活的各个方面，这样也促进了家属之间的友谊。这种友谊的形成，其中一个原因也在于，领导者一般情况下对都会把士兵家庭看作军队组织的一个不可或缺的组成部分。他们在组织活动时通常都不会撇开士兵家属。不论是聚会、野餐、舞会、正式的纪念日、运动会、会议，还是那些未经周密部署和策划的活动，他们都会抓住这些机会以促进领导者、士兵及其家属之间的密切关系。这在士兵家庭需要帮助的时候体现得尤为明显。当然，这也促使士兵及其家庭更好地效忠于军队，为军队更好地服务。

可以说，领导者通过士兵家庭之间的相互作用和相互影响来发展、建立良好关系的过程就是他们发展建立家庭支持关系网的过程。所有士兵的家属们都能互相关照、互相帮助，因为他们知道，在领导者眼里，他们的小家是军队组织中的一个有机组成部分，她们就像相亲相爱的兄弟姐妹一样。当士兵们告别妻儿，远离家乡赶赴异地执行任务时，士兵家人之间的相互照应就显得更加难能可贵。在战时环境下，那些表现最为出色的家属们是如何克服自身的弱点，坚持以军队利益为重、以大局为重的呢？关键就在于，她们能够齐心协力，团结一致，与其他军属建立深厚质朴的感情，并与她们形成一条坚固的统一战线。就像一位士兵的妻子引用“兄弟连”的口号所说的一样，“我们已经发展成为一个独立的妇女团。”经常听到一些退役的士兵感慨地说，他们最为怀念的就是在军队中那种情同手足、质朴深厚的战友情。对于士兵的家属来说，这一点她们也是感同身受。在军队组织的影响下，她们能够真正做到“有福同享，有难同当”，与其他家属们建立了最为深厚质朴的情谊。因此从中她们也获得了一种幸福感和满足感，而这种幸福感和满足感是与军队密切联系在一起的。我的妻子就是一个非常典型的例子。在她 3 个最好的朋友里面，有两位的丈夫和我是朝夕相处的战友，而另一位的丈夫是我之前执行任务时的一位同级军官。

尽管每个家庭的情况不尽相同，但大多数家庭都希望所有的领导者都能够不断提升他们的技能和扩充他们的知识。表 18.1 所陈述的各个事项是值得军队的领导者注意的，当然它们也适用于绝大多数的民间组织。

表 18.1 如何建立士兵及其家庭成员的责任感

所有的领导者都应该努力做到以下方面：

- 把士兵的家庭看作军队组织的一部分，而不应视之为令士兵分心的不利因素
- 了解士兵的家庭成员情况以及他们所关心的问题
- 寻求新的方法，以增强士兵家属对军队组织的满足感
- 培养领导者获取家属支持等方面的策略，并且把它们运用到领导的实际工作中
- 允许家庭成员最大限度地拥有对家庭事务的自主权，尽可能提供合理准确的日程或时间表，不要浪费每个人的时间
- 聆听每个家庭的心声并了解他们的困难，真正表现出对家庭福利的关心，并且尊重士兵及其家人
- 在组织军队里的活动时，把每个家庭都看作组织的一分子
- 尽可能多地与家属们沟通，并且为配偶提供与部队领导者沟通的渠道
- 给予新兵及其家庭更好的资助
- 不仅要懂得领导者决策是如何影响家庭的，还要懂得为什么会产生这样的影响。要牢记，即便普通决策，也可能对士兵家庭带来影响（比如，占用原本属于士兵的休息时间而指派额外的任务）
- 要知道每个家庭成员是如何理解你的决策和行为的，并且要学会如何提高关心下属、体贴下属、乐于为下属排忧解难的领导能力
- 要懂得如何去区分和帮助那些有特殊情况的家庭（比如，新婚夫妇刚刚组建的家庭、初为人父母的家庭、刚刚从军的家庭、单亲家庭以及有特殊需求的家庭）
- 要知道能够为家庭成员提供帮助和服务的多种形式的社会机构，并且懂得如何鼓励她们合理利用这些机构
- 要理解家属在养育孩子的过程中所面临的各种问题，并且理解她们的需求，认识到培养教育孩子的各种设施的局限性
- 懂得在军队组织中如何建立非正式的关系网，以得到家属更大程度的支持

续表

高层领导者还必须做到：
• 要确保基层领导者能够承担起支持和照顾士兵家庭的责任
• 安排工作时要考虑到家庭的需求，以此保证所有人都能“心往一处想，劲往一处使”，使高层领导者和基层领导者都可以最大限度地发挥其支持作用
• 将领导的实际工作制度化，以促进对士兵及其家庭成员关爱

士兵的训练、教育及个人发展

士兵的训练、教育以及个人发展等方面的计划和方案远远不只是为增强他们在军队当中的表现力，在此过程中，军队每个成员的责任感和忠诚度也得到很大程度的提升。这种提升的原因就在于，军队组织能够成功地创造一种氛围，使士兵真切地感受到来自领导者的关心和支持，同时还让士兵认识到，军队组织是乐意对每个成员负起责任的。事实上，没有子女的单身士兵更会把其自身的发展作为其培养责任感和义务感的过程中最重要的因素之一。军队在这方面的训练水平，其他许多组织是可望而不可即的。或许这种水平很大程度上归结于军队组织中没有平级调动，那些想得到发展的士兵就不得不争取获得更高的军衔。尽管如此，有一点不可否认，它仍是实现军队组织良好管理和高效运作的一种有效方式。在军队文化里，终身学习和领导发展是两个必不可少的组成部分，它们历来就为人们重视，并且得到了军队组织每个成员的高度评价。作为领导者，我们的一个核心责任就在于，要培养出优秀的士兵，使他们能够为来自多方面的任务和计划做好最充分的准备，最好地完成任务。

我自己入伍从军以及任职军官的经历就能够充分地证明军队在对士兵训练、教育以及个人发展方面的投资具有重要意义。在我参军的头 4 年里，第 1 年是这样度过的：进入学校学习，参加户外实训，参加了为期 3 个月的新兵训练，学习了 3 门关于如何提高领导力的课程，当然还有数不清的技能培训课程。当军队组织另外为我们提供在职培训和实际的操作训练后，我绝大多数的时间就花在那些能够提升和发展领导力和专业技术的活动上。通过退伍士兵权利法案和军校奖学金，我得以顺利进入大学学习，并且通过努力获得了工商管理硕士学位。在预备役军官训练团期间，我不仅保证了正常的训练，还在空余时间继续军校的学习。

作为一个军官，在我看来，军队的投资效益非常显著。之后我又花了 4 年的时间在全日制的学习教育上，这 4 年没有参加军队的实训。我还进入了多所技能学校学习，这期间又获得了一个社会学的硕士学位。我先后进入 3 所职业技术学校，其中在每所学校学习的时间不少于 6 个月，最长的达 10 个月之久。

值得强调的一点是，军队的投资远远不只体现在直接的实用技能培训上。它们合理利用一些学校的较为先进的培训课程，使军士和军官在晋升后能够更好地履行义务以及发挥领导才能做更好的准备。当然，除此之外，它们也大量投资于士兵的普通教育。士兵们有资格获得大笔的助学金进入大学学习，他们也可以用这笔钱来偿还之前接受教育的私人贷款。那些经领导者发现在学习技能方面存在严重不足的士兵也会被送进相应的学校学习，以全力克服这种不足，努力提高他们；还有许多军官会进入全日制的研究院进行研究学习，当然学习费用也是由军队全额资助的。

还有更多的证据显示，这种军队投资能够大大增强军队成员的责任感和忠诚度。以参与了诸如大学资助的军队再教育计划的士兵为例：

- 接受过再教育计划的士兵，延长服役的多出 7 个百分点。
- 接受过再教育计划的士兵，服役期满的多出 5 个百分点。
- 接受过再教育计划的士兵，通常具有更高的军衔。
- 接受过再教育计划的士兵，能更早地获得晋升。

除此外，由军队全额资助学习的军官也更乐于留守军队直至退休。

也许更重要的一点在于，军队为其组织成员创造的培养和发展的机会并不仅仅局限于学校或课堂上。尽管士兵们有许多机会来进行集中培训和学习，从而使他们免于一些日常的责任和义务，但我可以很肯定地说，即使最重要的培训和发展也是与军队组织密切相关的，它们不可能脱离组织的约束而单独存在。几乎每天都有培训，领导者投入了大量的时间和精力来培训士兵。军队领导者就像法律顾问、专业教练或者是指导员，耐心为受训士兵指点迷津，对他们进行正确引导，并且为士兵和基层领导提供尝试新的工作的机会，与此同时也大大增强了他们的责任感。即使军队因战争需要而外调时，这种培训和发展也不会停止。这种对士兵的具有重大意义的长期投资，使士兵对工作的胜任能力大大增强。它也向士兵表明了军队组织与领导者们真正对士兵尽到了责任。而无论是前者还是后者，都促使我们的士兵更加效忠于领导者，忠诚于军队。相反，如果领导者只看到眼前利益而忽略士兵个人的发展需求，他们就是在放弃长远利益，舍本逐末，因为士兵的发展与军队的命运休戚相关。我曾经看到不计其数的领导者在两个决定中左右为难，犹豫不决。一是送士兵去学校学习，二是一直拖延或者干脆否决给士兵受教育的机会，因为如此一来，士兵就不会耽误军队的正常训练或者任何派遣计划。尽管士兵在军队的训练或任务中可以发挥重要作用，但是一旦真正否决士兵接受教育的机会，除非领导者能够为他们的决定精心组织语言，给士兵一个足够合理的解释，并且士兵也完全认同这种解释的逻辑性，否则，士兵的责任感就会大大降低，对军队组织和领导者的信赖感也会大打折扣。这一点无论是在公共机构，非营利性组织或是商业机构里都是极其重要的。无数的调查研究发现，培训和发展组织成员的投资能极大地促进他们对组织的责任感和忠诚度，不论这种责任感是出于理性还是出于感性。同时，它也会对生产效率的提高产生不可估量的积极影响。

不要把领导者的眼前利益放在第一位而忽视组织成员的发展需要或组织的长远需要，否则将会逐渐削弱组织成员的责任感。

为组织成员创造不断提升和完善自己的条件

强调工作价值是发展组织成员责任感的一个核心焦点，这也是我认为军队取得最大进步的原因所在。同样，它也可以用来解释为什么在战争期间会有很多士兵甘愿继续坚守阵地。之前我曾探讨过的一个关键因素就是工作以及树立一个明确而坚定的目标的意义。有意义的工作和服军役似乎是一个最佳的匹配。但是授权给组织成员，并随着责任感、判断力的提升，反馈和工作种类的增多而产生的对工作的满足感，很可能与军队领导机制的固定模式背道而驰，或者不符合传统观念上公众对士兵的理解。或许有些人会联想到那个耳熟能详的军官训斥士兵的幽默故事。军官说：“我们花钱是让你无条件服从命令而不是让你自己独立思考!”而士兵眼睛直视前方，以标准的立正姿势响亮地回答道：“是，长官!”很明显，这种行为不太可能促进士兵的责任感，也绝不能运用到军队的规则中束缚人们的思想。

士兵由于很多原因而发展了强大的责任感，这些原因很多都是如出一辙，它们在强调工作价值的过程中得以体现。这些原因包括，权力的授予，责任感、判断力的增强，任务的多样化，以及展示才能的机会。尽管军队里有一些领导者行事过于谨慎，坚决反对一切风险，但是，绝大多数的领导者都非常赞同让士兵和基层的领导者有更多自由发挥的空间。军队的绝大多数军衔较低的领导者也有权参与制定决策并且采取相应行动，而他们这些权力的行使往往会产生重大的战略意义，并可能影响大多数人的看法和意见。

举例来说，在伊拉克和阿富汗，战争形势十分复杂，军队采用的是分权体制，所以在大多数情况下，基层的领导者必须在大众媒体的密切关注下当机立断做出决定，当然他们没有时间去与上级领导进行商议讨论。这些战略决策往往具有重大的意义，因此基层领导者和士兵都必须了解他们所要执行的任务和目的，了解上级领导想要达到怎样的目标，以及这些决策如何适应大局。这种意识一旦与军队崇尚的价值观相结合，就能帮助基层领导者掌握主动权，积极预测形势，发挥创造性，更好地适应对手或者环境，解决复杂问题，并且在压力之下做出正确的决策。

士兵在发展这些技能上投入了大量的时间和精力，因此对于那些参与战争的士兵来说，把接受培训的机会当成是他们长期服兵役的回报也就不足为奇了。当士兵没有接到任何调动计划或部署时，他们就会进行持久的训练，积极为后期的部署安排做准备。就像运动健儿为比赛做精心的准备一样。当许多士兵有机会展示他们的技能，发挥他们的才能并且做出正确的决策时，他们无形之中就产生了一种责任感。

还有一个例子。伊拉克军队里的某个排接到任务，要求他们阻止当地民兵在一个清真寺里存放大规模的武器。当这个排距离清真寺越来越近的时候，一群暴徒从半路杀出来将他们全部包围，企图破坏他们的行动，阻止他们继续前行。在此关键时刻，领导者们马上考虑对策，并且认真思索了每种方案可能引起的后果。因为有新闻媒体在场，所以如果动用武力，很可能就会失去阿拉伯民众的支持和信任，这样一来，他们以前在这方面的努力就前功尽弃了。而如果他们顺从暴徒，原路返回的话，那就意味着他们宣布此次执行任务以失败告终，并且一时的妥协很可能会助长以后类似事情的发生。紧要关头，没有任何可依赖和参考的，他们必须立即做出决定。像这样的情况并不少见，它们向士兵提供了大量展示才能的机会。

其次，任务的多样化和复杂性也有利于组织责任感的形成。在过去，任务的多样性表现在不同的战斗任务上。但是今天的任务和使命的多样性体现在很多方面，它们有可能与当地的经济发展有关，与配合政府管理有关，与建立基础设施建设有关，甚至与训练东道国的警察和军队有关。比如，在初到伊拉克执行军事计划的第一年，一个毕业才两年的年轻中尉很吃惊地发现，他们扮演的角色就相当于当地的市长或镇长，所做的事情无非就是为当地居民提供医疗服务、修复电力和水力系统，委任当地领导，平抚暴动者以及解决其他不计其数的问题。对于驻军伊拉克或阿富汗的士兵来说，他们很可能上午去协助学校开学，帮忙维持秩序，中午要去应付暴徒的攻击，而下午又得与当地的工会进行协商。

在当今的军队里，判断力和责任感成为增强忠诚度的两大因素，它们受到人们同等的关注和重视。军队面临这样一个问题：任务趋向于多样化和复杂化，但士兵本身的适应能力没有完全跟上，而这种差距又在不断拉大。虽然最大限度地满足军队的物质和人力需求是一个不错的想法，但是军队还是得让士兵和领导者行使一定的自主权，使他们决断事情的能力和对组织的责任感都得以提升。

陆军上士霍恩是一个雷达兵，为一个陆军炮兵部队服务。他奉命阻击火箭和迫击炮对美军基地的攻击。如果不考虑其他外部条件的限制，单从战斗本身来讲，他会找出敌方火力所在地，然后指导炮兵部队去捣毁它。但是实际情况不允许他这样做，因为那样很可能会殃及无辜，还会毁掉他们一直以来保护和重建起来的城镇。鉴于此，霍恩就只能积极寻求多种方法，尽最大努力鼓励当地民众提供发动攻击的暴徒的消息，而很多暴徒可能就来自那些部落内部。

起初霍恩对当地的风土人情知之甚少，但他很快就进行有针对性的“普查”，深入了解当地人民，关心他们的疾苦，并与当地领导建立良好的人际关系。通过积极发展与民众和领导之间的融洽关系，资助当地人民解决一些实际的民生问题，比如为 30 个村庄提供饮用纯净水等一系列措施，使那些曾经支持叛党的民众也逐渐偏向了他们这一边。

如果环境复杂易变，军队就很难知道要进行怎样的培训才可以更好地适应未知的新情况，甚至他们都很难找到时间来进行有针对性、有计划性的训练。因此，军队就把重心从完善一些核心任务转移到发展士兵的主动性、灵活性和决策能力方面了。过去，一个排通常是在进行多次重复训练之后再决定哪些地方做得比较好，哪些地方还需要加以改进，因此士兵们会不断地重复训练，直至领导者认为训练到位为止。

相比之下，在如今的军队里，一个排并不会单纯依靠重复训练而达到熟练掌握某项技能的目的。他们更多时候是在不断变化着的形势或者威胁下执行一系列不同的任务。对于他们而言，在压力之下发展应变能力、主动性以及决断能力比熟练掌握其他任何一项技能都重要得多。在这种情况下，士兵和领导者的责任感、判断力都会大大增强，而他们也会有更多机会在训练或实战中向组织证明自己的能力。

在军队，由于全球环境的日益变化以及现实的复杂性，为多种不同任务进行有计划的训练就成了他们工作的重中之重。同样，这些全球性的变幻莫测的局势还使得经济形势越来越复杂，变化速度也越来越快。因此对于许多企业来说，发展应变能力和适应能力是非常有必要的。通过有意识培养领导才能，让他们多积累一些应对两难局面时的主观能动性和决策力，组织不仅增强了他们的应变能力，也提升了组织成员的满足感和对工作的胜任力。

士兵们发展强烈的责任感的原因有许多，包括权力的授予，责任感、判断力的增强，任务的多样化，以及展示才能的机会。

给领导者的话

每个人都想获得发展和提高，都希望自己是组织中不可或缺的一分子。尽管大多数组织为他们的成员提供培训，但实质上或许他们并不完全理解这其实是发展责任感的机会。作为领导者，你要如何在那些已经意识到他们受组织重视的人身上投资呢?

同时，人们还需要展示他们的才能，行使他们的自主权，以及得到组织的信任。作为领导者，你又该如何在承担风险的情况下尽最大努力帮助他们实现自己的愿望呢？当你设法为他们创造条件时，你又如何合理利用这些来促进他们形成更强烈的责任感呢?

以下就是军队领导者对这些问题给出的一些方法：

- 投资于成员的培训、教育和发展。

- 确保成员把你的投资当成是他自身价值的体现以及领导者对他所尽的责任。
- 不要因为太过注重眼前利益而忽视组织成员长远的发展需要，否则将会降低他们的责任感。
- 就任务和使命、你的意图、期望达到的效果以及任务的可行性与组织成员进行交流和沟通，这会为你的组织成员最大限度地发挥其判断力和创造力创造条件。
- 为成员运用新技能、行使更高的责任提供机会，并且在不偏离领导者意图的情况下发挥其主观能动性。

总结

军队是一个独一无二的组织，它面临的需求，使用的方法，它的环境等都有别于其他组织，但是发展组织责任感的原则却是相同的。军队领导者就是通过以人为本的思想来发展组织的责任感和建立组织成员之间良好关系的。

军队领导者帮助士兵建立一种团结互助的良好风尚，并与其他基层组织建立良好的社会关系网。他们也认识到，士兵的努力对任务本身，对他们的战友兄弟、军队甚至国家都会产生重大影响。并且通过为军队效忠，他们也实现了战友、家庭以及他们自身的价值。领导者的模范带头作用让士兵了解到军队对于国家和人民的重要性，它们也时刻提醒着士兵要如何努力保持军队在人们心目中的神圣地位，如何将军人的优良传统发扬光大。

军队领导者还必须体察民情，学会为士兵着想，要“先士兵之忧而忧，后士兵之乐而乐。”这样士兵就可能由衷地说：“对于军队而言，我可以做一个忠诚的士兵；而对于我的家庭而言，我又可以是一个体贴的丈夫或一个慈爱的父亲。”作为军队领导者，他们理解、支持并尽最大努力帮助下层领导者、士兵以及他们的家庭。他们把这种关心和支持落实到行动中，使得士兵对军队的满足感逐渐增强。他们也认识到，仅仅通过一些亲民的政策和计划向士兵传递关爱之情是不够的，他们的职责是从多方面争取士兵及其家庭对军队的责任感和忠诚度，并且这种责任感和忠诚度是根深蒂固、旷日持久的。

最后，领导者还要向士兵传达以下信息：

- 军队是愿意持续为士兵的培训、教育和发展投资的。
- 他们在军队会有一个光明的前途。
- 军队感激他们所做的一切。

英明的领导者会为士兵提供展示才能、表达忠心、发挥主动性的平台。

在困难和风险时期要保持军队的高度责任感不是一件很容易的事情，而如果没有英明的领导，保持军队的高度责任感就只能是纸上谈兵了。要想保持这种责任感，军队领导者要做到以下几点：

- 在任务中帮助士兵建立信念。
- 发展军队凝聚力以及士兵对部队的正面认识。
- 按照军队的价值观行事。
- 增强士兵及家庭对军队组织的满足感，创造条件提高他们的福利待遇。
- 平衡士兵工作与家庭的关系。
- 为士兵自身以及专业技能的发展大量投资，积极引导士兵正确认识自己的本职工作。

以下这些方法对于所有类型的组织都是适用的：加强与上级组织的联系；构建一个互相关心、理解和支持的良好氛围；为军队组织成员的培训、教育以及发展投资；为组织成员创造机会使其不断提升。尽管这些方法并不一定都切实可行，但领导者会发现这些基本准则对于促进成员的团结协作以及组织的责任感是大有益处的。

第19章

领导变革中的期望管理

埃弗雷特·S. P. 斯潘

> 应该在期望产生的时候就开始进行管理，并且贯串于期望发展的整个过程中。对期望的管理需要在公众信息分享及教育方面做较多的努力……然而，期望通常是非现实主义的，当理想开始破灭时，人们必然会产生失望……人们会很容易推翻他们最开始接受的意见。
>
> ——科菲·安南　联合国秘书长2004年11月14日

理解期望管理的重要性是困难的，而做好期望管理更难。在期望管理的过程中，一个变革型领导者会竭力在领导者与利益相关者之间追求或建立有效的沟通桥梁，谨慎地利用这些桥梁去理解并帮助利益相关者理解变革过程中的现实性，保持一种全面积极的态度。虽然期望管理能对领导者领导变革成功与否产生显著影响，但是期望管理是一个复杂的过程，它需要领导者尽职尽责地努力才能成功。

教师、父母、管理者以及教育学家都需要学习如何管理期望。当美国政府致力于协助在一个主权国家（伊拉克）领导大规模革命性变革时，或许目前在世界上没有一个地方比伊拉克更能体现出期望管理的重要性。如果美国打算在协助伊拉克有效变革中取得胜利，那么许多组织的领导们必须明智地选择管理关键利益相关者的期望。在变革过程中，这一观点对各个层次的领导来说都是真理。

例如，针对执行伊拉克自由军事行动的纰漏和合法性，乔治·布什总统试图管理美国国会、全球媒体以及国际领导们的期望。虽然被降低了职位，但仍然具有制订重要战略计划权的美国上尉杰里米·霍尔曼依然掌管着巴格达 Al-Kinde 临近地区的安全，他同时致力于掌握当地部落委员会、他的军事首领的期望，以及当地巴阿斯政权中被剥夺了公民权但仍具影响力的前任成员的期望。总统以及二级陆军中尉面对着相似的挑战，即在期望管理中获得利益相关者的支持是他们成功的关键。

2004 年，一个在西点军校当教授的朋友克里斯蒂娜·施韦彻少校，想要创建一个学术课程，教导下级年轻军官如何成功领导一个军事行动。她将课程命名为“赢得和平”。为了保证 40 个课时的课程能够获得成效，施韦彻调查了从中东美国作战部队返回的指挥官，询问他们应该设置什么样的主题使得未来陆军少尉能掌握某些技巧和思考模式，这些技巧和思考模式都是在伊拉克和阿富汗战争中做出即时积极响应所必须具备的。这些指挥官们将期望管理列为重要主题之一。施韦彻知道我曾经是西点军校“在变革中领导组织”这一课程的课程主任，她问我是否愿意教授期望管理这门新的课程。我知道在这一过程中我将被迫学习领导变革。

我在与施韦彻交谈后不久，就去了美国军事学院图书馆，利用那么广泛齐全的图书资料和在线网络全球资源，尽可能地收集了关于这个主题的全部现存公开资料。令我感到惊奇的是：我发现在现有的资料中明显缺少关于一个领导者如何积极管理不同利益相关者期望的资料。我发现的唯一有意义的资料是内奥姆·卡藤在 1994 年编写的一本叫作《期望管理》的书，这本书广泛关注的是在销售和服务行业中对顾客期望的关注。

现存期望管理知识领域的不完整对我来说既是一种不幸，也是一件值得庆幸的事：说是一种不幸，是因为当我用“在变革中领导组织”这一课程的框架去理解所有潜在的期望管理时，我不得不花费大量的时间去思考我人生中一些关于期望管理的经历；说是一件值得庆幸的事，也是基于同样的原因。

这一章详细地定义了在期望管理中什么是必须做的，并且介绍了当领导者试图在组织中执行变革时需要记住的 9 条经验。这一章不仅汇集了在伊拉克战争中的经历，同时也提供了一个非军事案例，研究利用期望管理来领导变革时运用这些准则和经验如何确定学校的校长才能改变在布朗克斯、纽约高校中出现的不安、危险的校园文化。

> 领导变革的成功是不是在很大程度上取决于现在或将来某个人的积极支持、参与或批准？如果这个问题的答案是肯定的，那么这个人很可能是你的关键利益相关者之一。

作为变革的发起人，你必须首先识别你的利益相关者

作为一个组织的领导和变革发起人，知道关键利益相关者的感受几乎总是决定着事物的成功与否，因此识别谁是关键利益相关者变成了在领导变革中获得成功的首要的关键一步。下面是一些例子；

- 如果你是一个在伊拉克的美军连队指挥官，你的关键利益相关者可能包括你的士兵、你士兵的家庭、你的军队和队里的指挥官，以及当地伊拉克领导，还有全球的媒体；
- 如果你是一个咨询公司的副董事长，你的关键利益相关者可能包括你的团队、公司内部的管理董事、你客户公司的领导，通常还有对你客户公司员工产生影响的关键人物；
- 如果你是一个教授并且是一个学院学术部门的领导，你的关键利益相关者可能包括院长、你的学生、其他部门的领导、你所在部门的教授，甚至包括学校报社职员；
- 美国总统的关键利益相关者包括议会、市民、政治党派、联合国领导、美国各州领导以及其他国家的领导。

令人惊奇的是，利益相关者的主要类型是很相似的。事实上，大多数组织的领导者们对利益相关者都有如下的分类，领导们需要积极管理这些人的期望：

- 雇员；
- 上司；
- 那些组织外部的在客户群中的关键影响者以及潜在的竞争对手；
- 在组织内部的同僚中的关键影响者以及潜在的竞争对手；
- 广大的媒体。

除了通过这个清单来识别关键利益相关者，一个组织的领导还需要通过询问以下问题来决定一个人或一个团队是否真正是一个关键的利益相关者：领导变革的成功是不是在很大程度上取决于现在或将来某个人的积极支持、参与或批准？如果这个问题的答案是肯定的，那么这个人很可能是你的关键利益相关者之一。

美国政府已经慢慢认识到管理伊拉克战争中关键利益相关者期望的必要性，并且在这方面做出了一些努力。例如，在 2005 年的夏天，白宫成立了战略交流规划办公室，这个组织现在由前总统顾问卡伦休斯领导并且被委以如下任务：保证信息的一致性，这些信息将增进美国在国外的利益，防止误解的产生，建立美国联盟伙伴之间的支持，并且向国际读者传递有关动态。

有效的期望管理要求双向沟通，不仅是单向的影响。

类似地，随着 2003 年春天伊拉克主要战场战斗的结束，伊拉克战争进入了稳定阶段，此时美国组建了一支现役心理作战部队，并且该部队的规模扩大了一倍，因为心理作战部队的首要任务之一是要使当地人民相信并支持通过民主方式选举出的伊拉克政府以及合法的伊拉克安全部队。美国军队还成立了信息运作部门，它是一个独立的部门，主要负责挑选全职工作的军官，目的是致力于军队信息的协调，包括与不同利益相关者之间交流的一致性和信息的有效传递，还包括美国公民回国（通过公共事务官员）以及处理伊拉克民众等事项（通过某些组织，如国内事务组织）。

虽然美国政府以及军队正在建立一些系统使各个机构能够有效地管理期望，但是这些努力可能还不够，因为它们主要关注单向的沟通。战略交流规划部、心理作战部队以及信息运作部门都是为传递信息所设计的，并没有太多强调从利益相关者那里接收信息。有效的期望管理要求双向沟通，不仅是单向的影响。

期望管理的内涵

期望管理可以被定义为通过不断与你的关键利益相关者交流，去理解他们已经表达的和未表达出的期望，从而使他们真正获得以下感知：

- 你的真实品性以及意图；

- 长期变革过程中的利益；
- 什么构成了短期的成功；
- 为达到短期和长期目标，利益相关者的特殊责任需求。

严格地说，期望管理就是做出决定，而不是一种偶然的巧合。坚信没有你的有意的帮助，那些利益相关者也会持有一种真实积极的观点是很荒谬和极其虚幻的。一个变革管理者有太多关键利益相关者，这些利益相关者可能有很多不同的目标，并且会产生使期望管理变成一种偶然的内部影响力。这一章节的下一个部分将逐个详细地探讨这些感知。

如果你是为领导一场变革服务而不是为了操纵变革，你最好迅速地证明它。有效期望管理的第一个方面就是要真实地传达你组织的实际品性和意图。

让人真正认识你的品性和意图

我熟悉我生活中的每一个人，所以我有强烈的冲动使他们都能够活着回家。当我们回到家时，我得看看所有人的妈妈。

——上士斯蒂尔，空军少校，第1—153步兵团，
阿肯色州国家警卫队，供职于伊拉克共和国

如果你是为领导一场变革服务而不是为了操纵变革，你最好迅速地证明它。有效期望管理的第一个方面就是要真实地传达你组织的实际品性和意图。

当美国军队第三步兵师在2003年攻击伊拉克时，大多数人民都期望自己被解放。但是很多伊拉克人显示出对美国军队极不信任的态度，因为美国人的真正意图和品性是未知的。类似地，一些国际媒体的成员以及美国民众认为美国袭击伊拉克的主要目的是保证美国在这一地区获取石油资源和其他利益。虽然美国政府表示袭击伊拉克是为了执行联合国的决议，镇压恐怖主义，使伊拉克人民从萨达姆压迫性的统治中解脱出来，并促进中东地区真正的民主，但是大部分伊拉克人并不接受这样的解释，因为他们不相信美国政府。

信任是成功认识期望管理的关键，并且它只能够通过时间的积累和充分的努力来获得。例如，为了获得全球媒体的信任，美国军队现在通过大规模部署军事

单位以帮助记者深入报道。美国军队公共事务主管，准将文森特布鲁克斯认为，将你的意图有效地传递给人们并且使人们对你的意图产生信任的关键是给予人们获取信息的通道和信息发布的原因。使人们自己了解并认识到正在发生着什么（提供通道），并且在任何可能的时候有意地努力解释为什么美国的行动会是这样（包括原因）。例如，当当地的伊拉克人以及世界都看到美国士兵给当地人提供食物和医疗服务时，他们对士兵们的真实意图和品性的理解会发生巨大的改变。

在建立信任时，另一个根本要素是，为了能够更好地聆听和理解利益相关者的意见，应该研究和尊重他们的文化。通过努力理解为什么利益相关者会这样做，以及练习用心聆听他们的意见，一个变革领导者会向他的利益相关者传达出自己具有重要价值并且自己需要他们这样的信息。虽然利益相关者不会总是赞成一个变革发起人的行动计划，但是如果你采取积极行动，通过给予信息通道、用心聆听等方式建立起的信任，他们将开始理解和信服你，并对你的价值和意图有一个正面的认识。

在长期过程中获得他们对你的信任

一个领导者的工作就是给予下属希望。

——鲁迪·鲁蒂卡，巴黎圣母院足球运动员

一个变革领导者必须帮助利益相关者预想到结束时的状态。挑战和艰难通常伴随着变革过程，因此领导者帮助利益相关者了解达到长期变革目标的价值和怀有达到目标的信仰是非常重要的。

美国陆军预备民事事务官员丹尼·哈斯格安排了一个与谢赫·萨阿德进行的会议，谢赫·萨阿德是一个住在卡拉达半岛（这个地方对巴格达来说就相当于曼哈顿对美国的作用一样）具有影响力的伊拉克人。由于萨阿德是一个主要的非正式领袖，哈斯格特意主动将自己介绍给萨阿德，为了掌握伊拉克人民对于美国在卡拉达采取军事行动的看法，哈斯格尽力每隔几个星期就与他会面一次。

对谢赫·萨阿德来说，他是冒着生命危险与哈斯格会面的。尽管谢赫不到 40 岁，但已经在 1 个月前的一起暗杀中受伤，现在只能借助一支拐杖行走。在一段相互玩笑寒暄后，哈斯格问萨阿德当地的居民现在是怎样看待美国人的。萨阿德解释说，他的人民非常高兴美国能够坚持自己的承诺，转交从伊拉克临时政府总理阿拉维和他的临时政府手中夺取的主权。萨阿德同时谈论到，他的人民最近看到在他们的社区修建了新的足球场以及新的花园，谦恭有礼的哈斯格和他的美国军队还资助了当地的伊拉克承包商。伊拉克人民非常高兴自己能够看到美国士兵作为伊拉克警察的搭档一起巡逻，并且也看到美国政府指导伊拉克开始新的民主政府。

现在，哈斯格相信他已经取得了萨阿德对自己品性和意图的信任，因此哈斯格以这种信任为基础向阿萨德建议他可以申请联合专项经济发展贷款，此举将潜在增强谢赫邻邦的经济实力。萨阿德也觉得美国的方案可行，有益于伊拉克，并且是值得信任的，因为一大笔贷款将通过一个长期的商业关系把萨阿德与联盟紧紧地联系在一起。正是基于这样的信任，萨阿德申请了350万美元的贷款。当哈斯格从谢赫那里得到了贷款申请和美国式的收入报表时，他对此很满意并报以微笑，承诺会将贷款提供给适当的人。谢赫·萨阿德回敬微笑并通过“当我们在伊拉克看见美国军队时，我们感觉很安全”这句话总结了他的人民在这一长期过程所建立的新的信任。

作家兼心理学家尤佛兰克写下了他在第二次世界大战中作为一个囚犯在奥斯威辛集中营的经历，给我们讲述了一个例子，在1944年秋天，他同一囚室的室友散布谣言说他们将会在圣诞节被释放。然而圣诞节那天他们并没有被释放，于是他们中的大部分人在圣诞节后的1个月去世了。他们怀有的期望太高了，最后这种期望被粉碎了。

期望管理是一个长期的过程，但是一个变革领导者只有在稳定的短期行为背景下才能影响那些期望。

真正认识到短期成功的本质

伊拉克人民知道美国已经有人登上过月球，因此他们不明白为什么他们仍然不能保持24小时供电，即使他们当时并没有完全处于侯赛因·萨达姆的统治之下。

——少将罗恩·约翰逊，前指挥官

美国陆军工程兵部队，海湾地区部门

期望管理是一个长期的过程，但是一个变革领导者只有在稳定的短期行为背景下才能影响那些期望。美国陆军上尉达林·汤姆森 2003 年在伊拉克领导他的全体部下时就是这样做的。

两个星期后，联军从阿拉伯复兴社会党手中解放了伊拉克，汤姆森和他的步兵部队接到了一个保障 Taliyah 镇安全和稳定的任务。这个镇在巴格达以南约 50 公里处。虽然在镇上的前 72 小时内他和他的部队并没有受到当地 1.5 万名居民的敌对攻击，但是汤姆森意识到他必须尽快和当地的领导人取得联系，尤其是他还不知道他的这个部队会被安排在 Taliyah 待多久。

因为在向北行进以前，他的领导（一名陆军上校）已在这个镇上做了短暂的停留，和当地的领导举行过一个短暂的会议，所以汤姆森不得不对当地居民的期望进行管理。但在此之前，他必须首先使当地人知道，是他这名上尉真正接管了这个镇。

汤姆森召开了一次会议，在会议上，他很快发现，大多数被认可的当地政府官员都是阿拉伯复兴社会党成员，并且在美军到来之前这些人已经离开了这个镇。虽然正式政府被解散了，但是有四个当地居民声称要担当主要领导角色：该镇主要部落代表、城镇水电工程师、城镇粮食分配主管以及一个声称自己具有专业安全技能但看起来又很可疑的绅士。每一个新出现的领导者其优先考虑的事都不同。经过了几个小时的交谈后，汤姆森听到了一个清晰的信息：他们迫切需要并且相当期待美国给予相关方面的援助，包括医疗、食用水、食物以及当地安全等。

关于医疗方面，Taliyah 镇有一个医疗门诊，这儿几乎所有储备用品包括药物都用完了，但依然在为许多病人服务，包括一些伤员（可能是在战争中受的伤）。部落首领也认为这个镇迫切需要医疗援助。

饮水也是 Taliyah 镇的一个主要问题。这个城市的食用水历来是从北边的一个大城市通过管道输送过来的，但是由于镇外的发电设备出现了故障，因此水泵无法运转，只有 25%的家庭能通过地下管道连接到食用水供应网系统。镇上的人目前靠进口的瓶装水生活，但是这种水的供应越来越少，该镇的电工说这个城镇目前迫切需要的是水。

食物也很缺乏。阿拉伯复兴社会党每月会将供应卡车上的食物发放给市民，当地居民用政府发给他们的配给证来领取家人的份额。但是最近一次分发食物已经是 1 个月以前的事了。负责食物发放的伊拉克领导认为，食品对于市民来说也是迫切需要的。

最后是安全问题。Taliyah 镇战前的警卫队是由阿拉伯复兴社会党成员领导的，这些成员在遭到进攻之后不久，就带着警察用的小型武器离开了这个城镇。那个声称自己具有专业安全技能的伊拉克人说，他们需要 150 件武器，同时需要美国士兵提供巡逻协助，因为他们的市民正遭受着日益严重的犯罪威胁，特别是暴力劫持日益泛滥。

显而易见，汤姆森上尉遇到的所有挑战与目前许多城市管理者面临的挑战惊人地相似，尤其是在遇到灾难的时候，没有足够的资源，需要大力的帮助。汤姆森评估了一下他援助 Taliyah 人的能力，清点了一下，自己有 125 名作战步兵、14 部布莱德雷战车以及 6 个扩音器。他的部队缺乏工程能力，但是部队中有一个小型的维修队、医疗队、食品供应部，同时还有几个拥有民用技能的士兵，他们之前学习了多种现在能加以利用的技术。

作为一名熟练的期望管理者，汤姆森知道他确实应该成为这个城镇的真正政权管理者，制定符合民众利益的短期成功目标，否则，民众可能马上对他失去信任。于是他召开了第二次会议，在这个会议上，他向部落领导者说明他没有足够的资源来有效解决除安全问题外这个城镇所面临的其他大多数问题。在进行了充分沟通之后，汤姆森的观点得到了部落领导的认同，即安全是亟待解决的首要问题，恢复重建这个镇有效且合法的保安队是能够达到的最现实的短期目标。同时汤姆森也让伊拉克人民明白他无法向他们提供大量的食物和水。

至于医疗保健方面，汤姆森则让他们清楚了他的部队所擅长的事情，并且兑现了他曾做出的承诺，即为他们提供了几箱物资，包括净水剂，而且本着人道主义精神，汤姆森的部队尽可能竭尽全力照顾伊拉克诊所不能医治的受伤伊拉克士兵。

在规划部，汤姆森和新一批的伊拉克领导者们制订了一个安全计划，即为了恢复社区的安全防护，美军立即开始巡逻。汤姆森通过协商，为当地的领导者们争取到了一些枪炮，使他们能重建一个小规模的警察机关。他制订的巡逻和建立新警局的计划取得了成功，他的想法也得到了这批新领导者们的一致认可，即对于 Taliyah 来说，保证安全是其最重要的短期目标。伊拉克的领导者们和当地居民也都认为这是一个巨大的成功，没有因为伊拉克未能在其他方面得到美军实质性的帮助而感到沮丧。因为汤姆森的部队提供的安全保证已经满足了伊拉克的短期期望，所以伊拉克人对于汤姆森及其美国驻军感到非常满意。

> 变革领导者需要清晰地表明，他希望人们（无论个人还是集体）必须完成的事情，这样才能使变革取得成功。

真正认识到利益相关者所负的责任

> “拉里长官，我什么时候才能够到美国参观您的学校，并且创建交换项目？”
>
> ——艾特比博士，巴格达大学理学院院长

期望管理还要让利益相关者承担起其应负的责任。拉里·季鼎曾经是机械化步兵团的长官，被指派去看管包括巴格达大学在内的巴格达地区。当我和他去会见理学院的院长艾特比博士时，我听到院长要求季鼎设法为他买飞机票，允许他到美国创建师生交换项目。季鼎对此只是置之一笑，回应说他会留意这件事，他知道自己不能保证实现艾特比的愿望，而且知道在这一切实现之前艾特比和巴格达大学有自己的任务需要完成。

在季鼎能够着手做一些事以促成巴格达大学与美国院校之间进行师生交换之前，他考虑到学校依然还有些遗留问题需要解决。例如，巴格达大学的安全是个首要问题。几个月前，一位未拿武器的美国士兵走在校园中时，被附近一群学生杀害，却没有一个目击证人愿意说出当时发生了什么事。

学校的基础卫生设施同样是个令人担心的问题，从校长办公室穿过走廊可以看到条件恶劣的参观者休息室，这就足以证明这个问题的存在。

最后，巴格达大学授予学位的合法性也是一个问题。学校已经给萨达姆的儿子们授予了高等学位，给乌代·侯赛因授予了政治学博士学位，给库赛·侯赛因授予了法学博士学位，艾特比也承认他们并没有花太多时间在课堂上。

尽管如此，艾特比还是希望去美国并创建师生交换项目，他告诉季鼎，这是一条必由之路。季鼎知道在开始交换项目之前，艾特比需要确保他的校园是安全的，他的学位也需要在法定交换之前被授予，在他的学校，像卫生设备这样的基础设施必须是能够让人接受的。

表 19.1 粗略列出联合部队在致力于改变伊拉克时所做出的巨大努力。这里提

到的每一点都需要采取一些相应的行动。

表 19.1　伊拉克的改变

变化的方面	战　　前	变化目标	基本行为
政府	极权的	民主的	竞选公职，投票，支持民选官员
经济	社会主义者	资本主义者	由创业导致的金钱与时间方面的风险，竞争
公众角色	不缴纳所得税	市民纳税	交纳薪酬收入税、销售和物业税
平等和普选	只许男性	男女平等	男性接受两性平等这个思想
政治过程	只有阿拉伯复兴社会党，只有阿拉伯国家,充满歧视与不信任	多党的，涉及不同种族	公开竞选

虽然表 19.1 中所示的各方面的改变都具有重要意义，但是在一场变革中对普通百姓的期望管理取得成功最为重要的。在萨达姆·侯赛因统治的时代，伊拉克普通民众是不允许参加投票的，也不需要缴纳个人所得税，伊拉克政府会向他们提供水、电，通常还会发放食物，政府会用石油收入来资助社会主义者，同时促进邻国环境的完善。伊拉克一直实行油费补贴，在 2004 年的夏天，为 18 美分/加仑。这一补贴导致现存极少的石油站出现了巨额亏损，因为几乎没有企业愿意投资没有潜在利润的加油站，同时这也使它们不得不与少数政府承办资助的石油气站展开竞争。

很明显，像季鼎这样的美国上尉应向伊拉克人民传达这样的期望，即如果改革能够正常进行的话，伊拉克人民将能够自由参与选举投票，同时营造独立自主的文化，实施缴纳税款的政策，倡导男女平等的思想，支持公民选举行政官员的方式。如果完成得好，将促使股票持有者相互合作。如果一开始利益相关者对变革发起人的品性和意图充满信任，对整个长期过程带来的利益充满信心，并且认识到短期成功的本质，那么利益相关者更有可能接受这一切，肩负起自身的责任，推动变革的进行。

明智的变革领导者总会确保用一个健全的体系来完成他们承诺的目标。

学习期望管理的经验

以下 11 条经验中有的是我总结自己职业生涯中尝试期望管理的经验，有的是观察别人进行期望管理时得到的经验。以这些经验作为指导，可以使一个变革领导者与他的利益相关者之间建立一种积极稳定的沟通渠道。

经验一：少承诺多行动

我们相信（美国/北约）任务在一年之内是有效的，并且是可以完成的。

——副总统戈尔

副总统戈尔在期望管理方面所做的努力在当时可能产生了一种牵引力，但是当美国在波斯尼亚结束一年的维和任务之后，这种牵引力很快就变成了阻力。十几年以后这个阻力依然存在。专家认为戈尔当时的主张是恰当合理的，但仅仅是宣称一些根本不可能实现的目标并不能增强组织或这个过程中利益相关者对他的信任。实际上，当美国完成维和行动时，并没有完全控制局面，形势在不断地变化。

明智的变革领导者总会确保用一个健全的体系来完成他们承诺的目标。在专业服务中，例如，工程服务、客户服务（谁是他们的利益相关者），健全的体系取决于你为他们及时、经济和高质量地工作设定的在预算之内的质量标准和时间期限。顾客、老板或同事若对工作的特殊性（包括技术和后勤需要）和环境因素的影响（例如，天气、政治及其他要求）没有一个明确的认识，将会严重影响任务的完成。因此，如何通过制定和沟通你能达到的时间期限和标准来定义自我成功的界限，取决于你和组织领导者。

假设你是第八工程队第一骑兵师的领导者，同时负责监督 Zapharania 镇（一个贫穷的市郊）基础设施的重建，而该镇坐落在离巴格达市中心东南部约 10 公里处的郊外。驾车行驶在该镇，你会发现街坊四邻的过道边许多垃圾和污水混杂着堆积在一起。进一步调查之后了解到，那些淤积的废水主要是因为地下废水管被毁坏所致。针对这一问题，这个城市的领导者请求你的帮助。

期望管理者从根本上来说是一个信息传达者，不断重复和简化信息对他们的工作成效至关重要。

于是你决定和这个城市的行政官员以及当地承包商一起合作，你定下合约要在 2～3 个月内（具体完成时间取决于多种因素）完成城市废水管的修复清理。你和你士兵的能力及每天能完成的工作量是有限的。进一步假设，你想在第二天的市区顾问委员会上向伊拉克权威人士告知你的意图。你明白你在那个会议中定下的完工期限将会影响伊拉克人民对你和美国士兵的看法。如果定为 2 个月，当地居民会觉得比定 3 个月更好，但是期限为 2 个月你根本完不成。

一个明智的期望管理者就会把完工期定为 3 个月。你的团队也许提前完成任务，超出预期，但是如果在工期中受到一些外部因素的干扰，你的利益相关者（伊拉克人民）依然会怀有你在规定期限完工的希望。记住只承诺那些你力所能及的事。

经验二：与利益相关者共同设定短期目标

除为工程设定一个切合实际的完工期以外，你还需要（并且应该）与利益相关者共同设立短期目标来管理期望，特别是哪些需要采取特殊行动才能完成的工程。这将会有助于你和他们之间建立信任，同时使他们肩负起自己的责任。

必须提醒明智的变革领导者，信息的传达应该随着信任或形势的改变而适当地调整，否则你将承担疏远利益相关者的风险。

经验三：在公共会议上得到利益相关者的承诺

当正式要求利益相关者承诺他们要采取行动帮助管理者达到变革的短期目标时，需要有策略地选择会议地点，并考虑出席会议的人选。公共会议是利益相关者做出口头承诺比较有效的环境，因为涉及对同事负有的潜在责任。相比同事对你的看法和他们对你意见的赞同，前者更能影响你随后对承诺的实践。你的利益相关者将会意识到其他人也期望你们将工作在承诺的最后期限内完成，从而利益相关者通常会更愿意将承诺付诸实践并且在变革过程中彼此变成拍档而不是客户关系。

经验四：为了沟通的清晰明了而不断重复信息

一名期望管理者从根本上来说是一个信息传达者，不断重复和简化信息对他们的工作成效至关重要。帕特里克·兰西奥尼在他的《一个首席执行官的四个困惑》这本书中，提到其中的三个困惑都是关于建立和清楚地传达组织正在做什么和为什么这样做。此外，总统顾问卡伦休斯认为，“作为一名信息传达者，我喜欢反复思考一些事情以便能轻松地记住它们。我也知道重复听到这些话会让我们感到厌烦，但当人们开始坚持忍耐这种厌烦感时，他们也能够真正记住这些信息。”

经验五：改变信息是一种优势而不是劣势

必须提醒明智的变革领导者，信息的传达应该随着信任或形势的改变而适当地调整，否则你将承担疏远利益相关者的风险，因为这些利益相关者会认为你是一台宣传机器，而不是一个真正的传达者。这时利益相关者的需要将会改变，他们会通过观察你采取的行动是否因为他们新的需要而改变，从而察觉到你是否用心在聆听他们的意见。

如果你没有用心倾听他们的意见，只传达相同的信息，采取相同的行动，那么你可能失去他们对你的支持，因为他们已不再信任你了。你不可能总是令所有的利益相关者都感到满意，那么你必须坦诚地接受并处理这些事实，从而不影响你为变革所做的努力。如果你尽可能对利益相关者的需要做出回应，就将进一步促进你变革的整体完善。

经验六：建立常规会议和交流中心

明智的变革领导应建立一个主要的、可行的信息交流中心，用来更新长期目标和短期目标变化的态势和信息。这个信息交流中心可能是一个可以频繁更新的网站、一个人人都能看到的公告板，或者是一个带有这方面专栏的日报。

信息交流的连贯性比信息本身的连贯性更重要。要求信息及时传达给利益相关者并使他们能够应对坏消息，不要轻易相信从其他人那里听到的消息。这种信息交流中心能够将相关信息及时传达给利益相关者，特别是能将消极和积极的事实都呈现出来，使得利益相关者能通过一种简单的机制将他们的想法回馈给变革领导者。

经验七：期望管理要求建立双向沟通

与利益相关者的双向沟通是至关重要的。坦白说，仅仅通过向利益相关者演讲和正式宣告是不够的，应该更多地研究利益相关者的文化背景、未表达出来的期望和肢体语言，并让他们清楚坦白地表达自己的意愿。

在聆听的过程中要认真思考他们的意见。如果你是他们会有怎样的意愿？这种双向沟通能够帮助你了解他们文化中宝贵的价值观，同时尽可能理解和整合他们的价值观，从而建立起他们对你意图的感知认识。

经验八：常规交流不能实现的原因

不要害怕说“不”，如果你的观点是可行的就不要放弃。如果你承诺了做不到的事情你将会承担失信的风险。一个变革领导者必须清楚二者的界限。

拉波伦上尉是 Bravo 连 2—7 骑兵队的长官，负责 Salhiya 中心地区的安全工作，该地位于国际（绿色）地带北部，邻近巴格达。2004 年 6 月，他的连队突袭了一名叛乱者的住所，并把他关押了起来。几天以后拉波伦带领一个美国巡逻队来到叛乱者的家里，想告诉他妻子关于丈夫的情况，同时归还了他的钱包和一些身份证明资料——在丈夫不在时，她可能用得着它们。

当拉波伦敲门时，他带着一名伊拉克的翻译站在门的一边，一名高大的随身保镖站在门的另一边，叛乱者的妻子前来开门，要求他们释放她的丈夫。拉波伦很快将钱包和身份证还给她并对她说，她的丈夫因为袭击盟军士兵被送进了监狱，很长一段时间内不会回来。他尽可能把他知道的信息告诉她，包括她丈夫最有可能被关在哪里。其实拉波伦没有必要归还这位妻子钱包和身份证，或者告知她关于她丈夫的消息，但他希望自己能更好地管理统辖安全区内每一名伊拉克市民的期望。

经验九：组织领导者应该领导期望管理的实施

尤其在整个长期过程中，变革领导者需要建立利益相关者对他的信任时，利益相关者倾听组织领导者对于目前期望管理态势的分析和彼此坦诚地交流具有不可替代的作用，如果管理期望的责任被分派给一名长官或助理，那么这个组织的领导者在传递着这样的一个信息：管理期望是一个次要任务，利益相关者的价值不重要。其实这并不是组织领导者想要向利益相关者传递的信息。

经验十：积极向上是期望管理的催化剂

即使你不能达到期望时，也应该充满激情，用积极的心态去看待失败并且思考你应该怎么才做能帮助人们看到瓶子盛满的这一半而不是空的那一半。

经验十一：不要害怕不可避免的意外事情，要做出积极的反应

几乎在每一个长期变革中，都会产生负面压力、流言蜚语或者你的主张与领导发生冲突，有时候这些主张会导致不可预料事件的发生，当你独自承担时，会破坏你的事业，并且在这种情况下，你将失去利益相关者对你的信任。这一系列的想法将对领导者产生一定影响，使得他们把信息集聚于自己手中并且限制下属在沟通中的交流和主动权。我们都明白，个别意外事件可能通过全球媒体传播到全世界，但是一个明智的期望管理不会让一种不好的交流形式潜伏在组织内，因为它会离散组织的各个层级，从而遏制组织成员交流能力的提升。

大多数变革领导者都会努力工作并努力保持组织成员正直诚实的品质，但是，尤其在大规模组织里，会周期性地发生意外事件，给人造成缺乏价值观的印象，同时损害了组织的声誉。这些不幸的意外事件可能会导致暂时性地失去目标利益相关者的信任。然而，大多数管理者没有想到的是，人们估计组织会犯错，并且以比领导者想象的更大的容忍度宽恕这些错误，但前提是组织必须迅速、公开、合理地修正这些错误，如果这样做了，组织将会重建信任。

如果利益相关者发现了你所使用的任何一种掩饰手段，你将会失去他们的长期信任和管理他们期望的能力。在任何变革者努力领导变革的过程中，使用掩饰手段会毁掉你拥有的信任，同时也不可能避免偶然事件的发生，所以不要因为担心意外事件的发生而限制沟通，否则只会妨碍你在意外事件发生时有效地处理它们。

了解你的任务从而专注努力地执行

明智的变革领导者为了能在适合自己的环境中有效调整管理行动，应利用多种手段更好帮助人们了解自己面对的形势，从而对期望有更清晰的认识。期望管理决策的差异主要取决于变革领导者是试图通过他或他组织内部的因素去影响人们，或是通过组织外部因素对人们产生影响，还是内外部都发挥作用。同时，变革发起人必须明白他们将要达到的期望管理愿景是什么样的：是具有战略意义的（当他们试着管理大规模组织或社团的期望时）还是具有战术意义的（当他们试图去管理一个人数有限的组织时）。

表 19.2 列出了 4 种不同情况的期望管理，和我对影响领导者执行期望管理的关键因素的认识。

表 19.2　如何在四种不同的情况下管理期望

层　次	战略/外部因素	战略/内部因素	战术/外部因素	战术/内部因素
背景	外部因素（组织外部的团队）	内部因素（组织内部的员工）	外部因素	内部因素
案例	你是巴格达盟军的指挥官，希望巴格达的伊拉克人民减少暴力事件并且积极支持新选举出的政府	你是巴格达盟军的指挥官，希望你的士兵谦恭有礼，有良好的专业素养并且随时准备好消灭敌人	你是巴格达一个连队的指挥官，希望伊拉克邻邦人民减少暴力事件并积极支持新选举出的政府	你是巴格达一个连队的指挥官，希望你的士兵谦恭有礼，有良好的专业素养并且随时准备好消灭敌人
利益相关者举例	伊拉克部落领导、逊尼派、什叶派和库尔德政党领导人，当地市议员，叛党领导	你的下级指挥官（准将、陆军上校以及其他人）	部落领导、相邻地区领导、行政区警备队领导以及相邻地区电力学家	你的上尉，高级士官以及士兵
国际媒体对你的利益相关者的影响	高	低	中	低

续表

层　　次	战略/外部因素	战略/内部因素	战术/外部因素	战术/内部因素
相同信息的一致性	高	中	低	低
双向交流的次数（倾听需求）	中	低	高	中
你必须向利益相关者更新消息的频率	高	低	中	中
四个非常重要的观点	他们对长期过程的信任	强调利益相关者的责任	构成短期成功的因素	强调利益相关者的责任

一个非军事案例的研究

前面学习的在伊拉克管理期望的经验同样适用于国内的普通变革领导者，纽约市的 JFK 高中也不例外。

2003 年 2 月，当安东尼·托尔托罗同意担任位于布朗克斯地区 JFK 公立高中的校长时，就意味着他接管了纽约城市里最暴力和最麻烦的高中之一。之后托尔托罗施展了一项自己的绝技——利用管理期望作为学校变革的关键因素，并因此成功地领导了学校的变革。

在托尔托罗被聘用前，一个 JFK 的学生在学校外的混战中被枪击致死；一大群学生在走廊中打闹时，由于副校长躲避不及而伤了踝关节；旷课和做事拖沓的情况更是频繁出现；毕业率逐年下滑，JFK 的学术和运动项目陷入了低谷；学生们从 8 楼的窗户往外扔椅子也是再平常不过的事了。

挑战：改变组织文化和系统

托尔托罗知道为了将学校变成一个适合学习和工作的理想环境，他需要改变学校的文化和系统。他认为高中生活应该是学生们一生中最美好的时光，他开始在 JFK 高中开展体验活动。同时，他也深知如果他要成功，他不得不沿着这条路去管理期望。在领导变革和管理利益相关者期望的这条路上，托尔托罗的基本信念是："我必须向每个人证明改变从我开始。"

他的第一个任务是确认他的主要利益相关者。他知道在肯尼迪的学校董事会、城市行政部门等都会对学校变革产生影响，但他将目光主要锁定在教师和学生身上。在以上所有的要素当中，托尔托罗意识到学生和教师是两个最重要的利益相关者，因此他立即谨慎地和他们建立了一条沟通渠道。

为了和老师们建立沟通渠道，托尔托罗在市政厅举办了一个会议以听取他们的意见。老师们主要关心的是旷课的处理、学术标准和建立专业的学术项目等问题，托尔托罗用心听取了这些意见并且认真考虑建立短期目标的时间。他也发现每个人都知道他是从学校的保安部门晋升上来的，所以许多老师质疑他在JFK高中处理行政、教育、体育等相关领域事务的领导力。

托尔托罗知道他在迎接学校任何行政和教育方面的挑战前，应该采取行动去改善学校的安全问题。但是他也知道增加额外的安全程序在形势很紧张的学校里将受到学生们的排斥，同时对学术的不重视也会受到教师们的反感。但是托尔托罗坚信处理好安全问题能够使教师和学生们安心地工作学习，以实现自己的目标，所以他对老师和学生们说明了自己的想法，并且与他们交流了关于安全是首要改革任务的看法（基于他在大规模学校中获得的经验），同时他让他们知道学术环境的改善已在进行中，但是这个问题的解决一定会排在安全问题之后。

托尔托罗发挥了坚持不懈的精神，同时他也得到了教师和学生们的支持，将确保安全定位为改革的短期目标。他立即关闭了学校所有的出入口，在仅留的一个出入口安装了用于机场的金属探测器，这样每个进入学校的人都得经过探测器的检查。一些老师和同学对此感到不满，但是托尔托罗明白通过这种形式让教师和学生们能了解自己的意图和品性。

托尔托罗遇到困难时从不气馁，他将这个唯一入口看成管理日常期望的机会，因此他每天早上都在那里迎接前来学习和工作的学生和老师们。他每天在唯一入口处尽可能记住老师和学生们的名字并和他们多交谈沟通。托尔托罗乐意参与学生和老师讨论的任何他感兴趣的话题，当他离开时还会向学生和老师留下会心一笑。

期望管理是让不可能完成的任务变成现实的根本动力。

托尔托罗无时无刻不在传达着自己的理念。他亲自参加所有的主要运动项目，通过每天早上和课外的活动，增进了学生和老师们对他意图和品性的了解。托尔托罗有意塑造自己的形象，微笑地问候每个人，与每个谈话的人都保持眼神交流，这一切都向利益相关者证明了他发自内心地尊重和重视所有人。老师和学生们开始感受到托尔托罗关心他们，并且尊重他们提出的意见。

托尔托罗基于他之前做得一切，开始致力于建立学生和老师们在潜在长期变革过程中对他的信任。托尔托罗让“荣誉归来”这个座右铭遍布了学校的各个角落，如将它印在 T 恤衫上，海报上和信封上，并告诉每一个愿意聆听它含义的人（这句座右铭让人联想到 20 年前的 JFK 高中，当时这所中学在学术和运动方面是城里最好的学校）。他知道 4 000 名学生有潜力将这个学校再一次变为城里最安全的学校之一，学校的老师和学生们也将共同努力把其打造为一所在学术和运动方面都极为出色的中学。

成就：荣誉归来

当我 2005 年年初访问这所学校时，托尔托罗领着我穿过一条似乎并不显眼的走廊，这条走廊从学校大楼通向运动操场。这条走廊对托尔托罗来说意义非同寻常。我们停下来，他给我讲了一个发生在 JFK 最近一次区域足球锦标赛赛前动员会的故事，在动员会上 JFK 的学生和全体教员用他们的座右铭“荣誉归来”去激励团队在这周的大型比赛上努力拼搏。那场动员会就是在这个走廊举办的，那天他清楚地看到了学校的一种精神，它正在回到那个曾经让年轻人努力学习和快乐成长的伟大圣地。在这个故事里，托尔托罗并没有告诉我他们是否取得了那次比赛的胜利，因为那对他来说并不重要，重要的是他的关键利益相关者——学生们和老师们开始相信他实施的长期变革带来的积极影响，并且这一切已经被证实了。

因为托尔托罗需要学生和老师们对他的意图和长期变革进程建立信任，所以他坚持这样一种理念，即每一个人都应该关心短期目标的成功，学生和教师应该担负起自己相应的责任。托尔托罗正是通过这一理念继续施行着期望管理。短期目标是，老师们有责任坚持把偏离正轨的学生引向 JFK 高中更合理的教育项目中，同时担负起在每个安全时期过后清扫走廊的责任。学生有责任按时上课，爱护教学设施，尊敬师长，团结同学。

检测期望管理是否成功不在于是否建立了交流沟通渠道，而是沟通渠道是否有效以及利益相关者的期望是否按预期形成了。老师和教员们已成功地向大部分问题学生实施了双向教育项目。他们组建了安全团队，负责在安全时期打扫第 8 层和第 1 层楼之间的所有过道走廊，同时负责将逃课的孩子送到校外的监管所。

毫无疑问，学生们减少了打架、缺勤，并且不再拖拉，同时增加了对老师的尊重和对学校设施的爱护（托尔托罗重开了所有的学生澡堂，这些澡堂之前曾因为学生的故意破坏和无人看管被前任校长关闭）。托尔托罗一直用座右铭“荣誉归来”激励利益相关者，使他们建立起对长期变革进程的信心，截至目前，托尔托罗可能是第一个、也是唯一一个这样的人：使大家都怀有坚定的信念——JFK 能够找回从前的光荣。

当 JFK 开始步入正轨、学校再一次拥有良好安全的环境时，托尔托罗已经在 JFK 工作一年了，在这一天他将老师们召集起来，用心聆听他们的需求，总结了处于控制中的安全措施并确定它已不再是首要问题，当前的重点是硬件设施的建设和教育。因此，托尔托罗在老师和教员的支持下制定了大量的短期学术目标，包括一个数学项目、一个环境科学项目、一个双语项目和一个提高 JFK 体育运动的项目。他们的努力似乎奏效了，在统考中分数有所上升，毕业率从几年前的 200 人左右提高到了 2004 年的 400 多人，JFK 高中本学期的目标为顺利毕业 500 名学生。

我想起在 JFK 最近一次庆功晚宴上，当一位背着书包、名叫詹姆士的高年级学生走进来时，托尔托罗微笑着和他寒暄问候，詹姆士停下了脚步开始和我们攀谈。当我们问及他在 JFK 高中的经历时，他说道，当他还是低年级学生时，他做了很多错误的决定，一度甚至感到自己走投无路了。“现在，感谢托尔托罗以及他为 JFK 所做的一切，我现在已经脱离了困境，生活回到了正轨上，正计划读大学。”

总结

期望管理是领导变革的基础。大规模组织的变革领导者应致力于确定其关键利益相关者，与他们建立双向沟通，并努力理解其表达或未表达的期望，从而形成期望管理的四个切入点：

- 领导者的品性和意图；
- 长期变革过程中的益处；
- 构成短期目标成功的要素；
- 利益相关者达到短期目标和长期目标所应承担的具体责任。

这样做将提高组织领导者理解变革形势复杂性的能力，增进领导者与利益相关者之间目标的一致性程度，并且提供有效机制促进团队成员之间的理解，提高团队实现目标的能力。不论是驻伊美军连队还是布朗克斯的高校或是其他任何组织，期望管理都是让不可能完成的任务变成现实的根本动力。

反侵权盗版声明

电子工业出版社依法对本作品享有专有出版权。任何未经权利人书面许可，复制、销售或通过信息网络传播本作品的行为；歪曲、篡改、剽窃本作品的行为，均违反《中华人民共和国著作权法》，其行为人应承担相应的民事责任和行政责任，构成犯罪的，将被依法追究刑事责任。

为了维护市场秩序，保护权利人的合法权益，我社将依法查处和打击侵权盗版的单位和个人。欢迎社会各界人士积极举报侵权盗版行为，本社将奖励举报有功人员，并保证举报人的信息不被泄露。

举报电话：（010）88254396；（010）88258888
传　　真：（010）88254397
E-mail:　dbqq@phei.com.cn
通信地址：北京市万寿路 173 信箱
　　　　　电子工业出版社总编办公室
邮　　编：100036